设备点检
管理手册

张孝桐 ◎ 编著

当今企业设备管理中的点检，是指要"预知状态、超前管理"以最少的费用实现产品基础保障的效果。

本书结合大量应用实例，系统介绍设备点检管理，包括设备运行的状态检查、设备检修的组织管理和附录三大部分。详细介绍了设备点检管理的核心思路、七定方法、实施点检的最佳时间、标准化的设备点检管理流程、设备检修的最佳时期、如何实施设备检修等内容，并附上了企业拿来即可用的点检工作实施必备表格。

本书实用性强，能够指导读者完成点检工作，对于设备的操作人员、点检人员、检修人员和设备管理人员，都有直接应用和参考价值，并可作为"设备点检员"职业技能的培训教材和工具书。

图书在版编目（CIP）数据

设备点检管理手册/张孝桐编著. —北京：机械工业出版社，2013.4
（2025.10重印）

ISBN 978-7-111-41761-3

Ⅰ. ①设… Ⅱ. ①张… Ⅲ. ①企业管理—设备管理—手册 Ⅳ. ①F273.4-62

中国版本图书馆CIP数据核字（2013）第046786号

机械工业出版社（北京市百万庄大街22号 邮政编码100037）
策划编辑：李万宇 责任编辑：李万宇 李建秀
版式设计：霍永明 责任校对：刘志文
封面设计：张 静 责任印制：张 博
北京华宇信诺印刷有限公司印刷
2025年10月第1版第14次印刷
169mm×239mm・23印张・515千字
标准书号：ISBN 978-7-111-41761-3
定价：68.00元

凡购本书，如有缺页、倒页、脱页，由本社发行部调换

电话服务 网络服务
服务咨询热线：010-88361066 机 工 官 网：www.cmpbook.com
读者购书热线：010-68326294 机 工 官 博：weibo.com/cmp1952
　　　　　　　010-88379203 金 书 网：www.golden-book.com
封底无防伪标均为盗版 教育服务网：www.cmpedu.com

  人类社会的发展史犹如川流不息的江河，汹涌澎湃地滚滚向前。要实现科学发展，需要进一步把握发展规律、创新发展理念、破解发展难题，牢牢抓住加快转变经济发展方式这条"主线"。随着改革发展进入关键阶段，科学发展更加注重以人为本和全面协调可持续发展，需要进一步摆脱传统发展模式，探寻可持续发展之路。因此，企业的设备管理在深化改革中，要走好"中国特色发展道路"。

  本书作者拥有传统企业设备管理的知识，积累了多年企业设备现场管理的经验，步入退休后的高龄，仍然热衷于我国企业设备管理方法的探讨，特别是在社会主义市场经济环境下，我国企业应该如何实施设备管理的方法等的探讨。他身上体现出来的虚怀若谷的特质，是作为企业设备管理工作者所特有的"孺子牛"精神，使读者有幸分享作者多年的经验。本书由深入浅出的文字、翔实丰富的图表，融合实际案例汇聚而成，对有志了解、实践在我国社会主义市场经济环境下，如何实施企业设备管理方法的读者而言，是一本不可错过的珍贵手册。

在社会主义市场经济环境下，不论是"货物"类企业还是"服务"类企业，自上而下、努力开拓、全员参加、共同追求的都是企业的"产品"。企业产品的竞争力是需要"作业设备"作为"基础保障"的，所以设备状态的好坏决定了企业的生存和发展。因此，当今企业的设备管理，必须认真贯彻"科学发展观和可持续发展战略"国策，必然要采用适合于当今时代的、新的管理理念和有针对性的实施方法。当今企业设备管理的关键是：如何将市场经济规律与中国国情特点紧密结合，建立自己的设备管理模式。

企业当务之急是要解放领导，要将管理重心下移，要在企业的基层、产品作业第一线，建立产品作业现场的"班组长或作业长制"和产品作业线的"设备管家制"。"设备管家"是指：企业产品作业线设备的操作方、管理方和技术方这三方员工，不用机构变动，也不需岗位调整，更不要办公地点搬迁，而是将他们组成一个虚拟团队，在企业相关部门的指导下，对分管的作业设备实施独立自主、全面、全方位的管理，做到"预知状态、超前管理"、认真负责、当家理财、解放领导，以确保产品制作的顺利完成。也就是说，企业要建立以产品为中心的、以第一线管理者为核心的现场管理机制和以设备管家体系为中心的设备管理机制，即以点检为核心的"点检停产检修"体系。这是当今优秀企业的管理从计划经济模式向社会主义市场经济方式转变的具体实践之一，是企业设备管理实践的核心，也是编写本书的宗旨。

"点检"用于当今企业设备管理上，是指要"预知状态、超前管理"，企业如何花最少的费用而获得产品好的基础保障效果。全面定位"点检"为：它不仅是要"检点、检查"设备的状态，而且还是个设备管家；"点检"已成为现代企业设备管理不可缺少的一种管理方法；"点检"不是"工"、也不是"员"，而是当代企业设备管理中的一个新型的"岗位"，这是一种"企业设备文化"。开展设备技术状态管理，建立和推进"设备管家制，可增强设备管家体系的生命力。"

目前，在图书网上找到的与此相关主题的书籍，大概有13本之多，但基本上还沿用了老传统、老称呼，本书对此作了适当的修改。本书实用性突出，通过"七个定"方法，能够指导读者、对象的实际工作；内容参考了国家质量监督检验检疫总局根据国家人力资源和社会保障部"人社厅函〔2010〕670号"的批复，开展设备点检员职业技能鉴定的精神；本书的"附录"中，在相关表格、资料的提供上，尽量丰富、典型、完善、规划到位，非常实用。本书对各类企业的专业点检人员的自学、培训，提供了可行的方法和具体的内容；为点检的活动、"设备管家制"业务的开展，创造了实实在在的条件；对现代企业产品作业设备的操作人员、检修人员和设备管理人员，也有参考和应用价值。本书可作为"设备点检员"基本职业技能的培训教材和工具书，也可供企业管理人员、专业技术人员和大专院校有关专业师生阅读和参考。

作　者

序言
前言

第1篇 设备运行的状态检查

第1章 设备点检的方法与推进思路 ▶▶▶▶3
1.1 设备管理的定位 ⋯⋯⋯⋯⋯ 3
1.2 设备点检"七个定"方法 ⋯⋯⋯ 4
1.3 设备点检推进的核心思路 ⋯⋯⋯ 6
1.3.1 推进设备点检管理的理由 ⋯⋯⋯ 6
1.3.2 设备点检管理的担当者 ⋯⋯⋯ 7
1.3.3 实施点检管理的12个步骤 ⋯⋯⋯ 7

第2章 什么是点检管理 ▶▶▶▶10
2.1 点检是做什么的 ⋯⋯⋯ 10
2.2 点检是一个"名词" ⋯⋯⋯ 11
2.3 点检是一个"岗位" ⋯⋯⋯ 11
2.4 点检要主动地去管理 ⋯⋯⋯ 11
2.5 点检与传统设备巡检的区别 ⋯⋯ 12
2.6 点检人员既是"管理者"、又是"经营者" ⋯⋯⋯ 14
2.7 中国式的点检——"设备管家体系" ⋯⋯⋯ 15
2.8 点检是作业线设备的管家 ⋯⋯ 15
2.9 建立点检管理设备的制度 ⋯⋯ 16
2.10 点检的五项结论 ⋯⋯⋯ 17

第3章 实施点检管理的理由 ▶▶▶▶18
3.1 新时代企业管理的新动向 ⋯⋯ 18
3.2 设备管理如何适应新时代的需求 ⋯⋯⋯ 19
3.3 市场经济环境为何必须推进点检管理 ⋯⋯⋯ 22
3.4 继承发扬我国设备管理的好经验 ⋯⋯⋯ 24

第4章 实施点检管理的对象 ▶▶▶▶25
4.1 作业设备的分类 ⋯⋯⋯ 25
4.2 设备管理的重点及分级 ⋯⋯ 26
4.3 什么是产品作业线、关键设备和状态受控点 ⋯⋯⋯ 29
4.4 关于设备"故障曲线"的理解 ⋯⋯⋯ 30
4.5 管理三类设备不同"故障曲线"的方法 ⋯⋯⋯ 31
4.6 可实施"点检"管理的故障 ⋯ 33
4.7 可实施"倾向"管理的故障 ⋯ 34
4.8 可实施"预测性"管理的故障 ⋯⋯⋯ 34

4.9 可替代设备与不可替代设备的区分 ·········· 35
4.10 判断是否必须实施"点检"的设备 ·········· 36

第5章 实施点检的最佳时期 ▶▶▶ 38

5.1 初步掌握设备状态的方法 ·········· 38
5.2 设备性能曲线上的 P-F 间隔期 ·········· 41
5.3 实施点检的最佳时期 ·········· 41
5.4 按"周期"点检的重要性 ·········· 42
5.5 设备"点检周期"标准化的推荐表 ·········· 43
5.6 用逐点接近法来确定点检周期 ·········· 44
5.7 点检周期量化的设定 ·········· 45

第6章 当代企业点检管理的责任人 ▶▶▶ 47

6.1 当务之急是建设设备管家体系 ·········· 47
6.2 何谓企业的"设备管家体系" ·········· 48
6.3 以点检为核心的设备管家制 ·········· 50
6.4 设备管家体系的中心——专职点检员 ·········· 51
6.5 设备管家的后继接班人——轮值巡检员 ·········· 51
6.6 市场经济时代管理重心的下移 ·········· 52
6.7 作业长与传统的工段长和班组长的区别 ·········· 52

第7章 设备点检管理的实务 ▶▶▶ 54

7.1 设备状态的劣化及分类 ·········· 54
7.2 设备点检前的五项准备 ·········· 55
  7.2.1 确定设备点检的部位 ·········· 56
  7.2.2 确定设备点检的项目 ·········· 57
  7.2.3 设备点检员的资质 ·········· 57
  7.2.4 确定不同部位的点检周期 ·········· 59
  7.2.5 确定点检的方法 ·········· 59
7.3 设备点检时的五项要素 ·········· 60
  7.3.1 管辖设备的点检标准 ·········· 60
  7.3.2 管辖设备的点检计划 ·········· 67
  7.3.3 分管设备的点检路线 ·········· 70
  7.3.4 分管设备点检作业的实施 ·········· 70
  7.3.5 管辖设备的点检记录 ·········· 76
7.4 标准化的设备点检管理流程 ·········· 77
7.5 设备点检管理的实施方法 ·········· 78
7.6 点检的 PDCA 工作法 ·········· 79
7.7 点检管理要从故障统计入手 ·········· 82
7.8 设备点检管理的标准化作业（一天）·········· 82
7.9 点检的职责"七事一贯制" ·········· 84
7.10 点检实施管理的成本意识 ·········· 86

第8章 点检管理好坏的标准 ▶▶▶ 87

8.1 设备要为生产服务及设备完好率的缺憾 ·········· 87
  8.1.1 企业设备管家体系中好的"点检管理"含义 ·········· 88
  8.1.2 设备管家管理设备的八项原则 ·········· 89
8.2 当今企业设备管理的定位 ·········· 91
  8.2.1 要为企业的产品服务 ·········· 92
  8.2.2 要使设备的用户满意，也就是要让被服务的用户满意 ·········· 92
  8.2.3 使企业的价值最大化 ·········· 93
8.3 企业管理的目标——设备综合效率最大化 ·········· 95
  8.3.1 设备综合效率的应用范围 ·········· 95
  8.3.2 什么是设备综合效率 ·········· 95
  8.3.3 如何计算设备综合效率 ·········· 96
  8.3.4 设备综合效率的实质 ·········· 97

第 2 篇　设备检修的组织管理

第 1 章　设备实施修理的理由 ···· *103*

1.1　设备检、维修管理的含义 ········ 103
1.2　不能照搬发达国家维修政策 ····· 104
1.3　设备的检、维修与可持续发展战略 ···················· 105
1.4　企业设备检修、维修的含义与差异 ···················· 106
1.5　我国设备维修的发展历程 ········ 107
1.6　设备有隐患要维修，有故障要检修 ···················· 107
 1.6.1　设备劣化的主要表现形式和原因 ················ 108
 1.6.2　设备隐患的含义及对策 ····· 108
 1.6.3　设备故障的含义及对策 ····· 108
 1.6.4　设备失效的八条标准及其主要内容 ············· 110
1.7　设备状态受控点 ···················· 111
1.8　检修工程的分类（三大类、四种状态） ················ 111
1.9　停机检修与停产检修的原则性差异 ···················· 112

第 2 章　维修策略的确定和应用 ···· *114*

2.1　策略的定义和重要性 ············· 114
 2.1.1　什么是策略 ·············· 114
 2.1.2　设定策略目标的重要性 ····· 114
2.2　企业确定维修策略的依据 ········ 115
 2.2.1　事后维修（BM） ·········· 116
 2.2.2　计划检修（TBM） ········· 116
 2.2.3　状态维修（CBM） ········· 116
 2.2.4　改良维修（CM） ·········· 116
 2.2.5　库存：设备备品、配件的存量 ················ 117
 2.2.6　停产：企业无产品输出的状态 ················ 117
2.3　不同类型企业的维修策略 ········ 117
2.4　不同时期设备的维修策略 ········ 120
2.5　对外委托作业线的维修策略 ····· 121
2.6　不同故障类型的维修策略 ········ 123
2.7　精益维修的概念 ···················· 124

第 3 章　企业维修管理的组织形式 ···· *132*

3.1　维修管理的业务流程 ············· 133
3.2　维修管理的组织结构 ············· 135
 3.2.1　分散型的维修管理 ········· 135
 3.2.2　集中型的维修管理 ········· 137
 3.2.3　折中型的维修管理 ········· 137
 3.2.4　维修部门基本的组织结构 ··· 139
3.3　实施"对外委托检修"管理的必要性 ···················· 140
3.4　实施"设备轮保"管理的优缺点 ···················· 140
3.5　实施"内部承包"管理的优缺点 ···················· 141
3.6　其他类型检、维修管理的评述 ··· 142

第 4 章　实施检、维修的"最佳时期" ···· *144*

4.1　依据点检状态的信息实施检、维修 ···················· 144
4.2　设备检、维修要"预知状态、超前管理" ················ 145
 4.2.1　平均停产维修时间 ········· 146
 4.2.2　平均故障间隔期 ············ 147

- 4.2.3 平均维修准备时间 …… 148
- 4.3 减少停产时间的方法（优化时间法） …… 148
- 4.4 设定"检、维修时间"的原则 …… 149

第5章 设备检修时的"现场管理" …… 151

- 5.1 企业管理中的"安全管理体系" …… 151
  - 5.1.1 安全文化的发展 …… 151
  - 5.1.2 安全管理体系的发展 …… 152
  - 5.1.3 设备完整性的发展 …… 153
  - 5.1.4 我国的一些设备管理制度 …… 153
- 5.2 停产检修时现场管理的总体要求 …… 155
- 5.3 停产检修中三方安全联络 …… 157
- 5.4 停产检修中三方安全确认 …… 158
- 5.5 停产检修现场的防灾要则 …… 162
- 5.6 停产检修现场的施工秩序管理 …… 165
- 5.7 停产检修期间环境卫生及个人安全要则 …… 166

第6章 设备检修管理实务 …… 168

- 6.1 检修全过程管理是点检管理的后续 …… 168
- 6.2 设备检修计划的编制 …… 168
  - 6.2.1 两种计划和两种工程 …… 168
  - 6.2.2 制定设备检修计划时的注意点 …… 171
  - 6.2.3 编制检修计划的两要点 …… 171
  - 6.2.4 编制检修计划的三要素 …… 171
  - 6.2.5 制定检修计划的工作流程 …… 173
- 6.3 停产检修模型 …… 177
  - 6.3.1 何谓停产检修模型 …… 177
  - 6.3.2 设定停产检修模型的依据 …… 178
  - 6.3.3 制定停产检修模型的流程 …… 178
  - 6.3.4 停产检修模型的应用 …… 183
- 6.4 停产检修实施的"四个步骤" …… 186
  - 6.4.1 工程委托 …… 187
  - 6.4.2 工程受理 …… 189
  - 6.4.3 工程实施 …… 190
  - 6.4.4 工程记录 …… 192
- 6.5 停产检修会议及现场说明 …… 193
- 6.6 停产检修全过程的时间安排 …… 194
- 6.7 停产检修工程的标准化程序管理 …… 195
- 6.8 关于检修工程的效率组织 …… 195
  - 6.8.1 工程效率班与传统调度的差异 …… 197
  - 6.8.2 工程效率班工程管理的内容 …… 198
  - 6.8.3 工程效率班效率管理的内容 …… 198
  - 6.8.4 工程效率班"工程管理板"的编制 …… 199
  - 6.8.5 "工程效率班"与检修施工管理部门的分工 …… 201

第7章 检修管理的考核 …… 203

- 7.1 传统检修考核 …… 203
- 7.2 检修管理的用户满意度 …… 204
  - 7.2.1 现场必清理——环境满意 …… 204
  - 7.2.2 检修不超时——作业满意 …… 205
  - 7.2.3 质量能保证——使用满意 …… 207
  - 7.2.4 全程无事故——自身满意 …… 207
- 7.3 设备检修的自主管理目标 …… 207
  - 7.3.1 按标准工时工序表作业 …… 207
  - 7.3.2 向优良工程成功率努力 …… 207
  - 7.3.3 按检修员工作业率自查 …… 208
  - 7.3.4 按检修比照作业型管理 …… 210

附录 实用点检管理资料及表格

附录 A　企业设备管家点检作业标准化细则 ▶▶▶ *213*
  第 1 章　总则……………………… 213
  第 2 章　点检作业标准化的特点与
           范围…………………………… 213
  第 3 章　点检标准化作业…………… 213
  第 4 章　点检信息化管理标准化…… 221
  第 5 章　点检组织停产检修管理标
           准化…………………………… 225
  第 6 章　专职点检的培训与测试……… 227
  第 7 章　点检作业标准化的推进…… 228

附录 B　点检基本业务表格管理细则 ▶▶▶ *230*
  第 1 章　总则……………………… 230
  第 2 章　"专职点检员专用表格及台账"
           的分类、作用和分管………… 230
  第 3 章　"专职点检员专用表格及台账"
           的内容要求…………………… 234
  第 4 章　"专职点检员专用表格及台账"自
           我管理的检查项目、内容及评定
           标准…………………………… 237

附录 C　点检 14 种常用表格的形式及其填写方法 ▶▶▶ *241*
  第 1 章　设备管家点检管理常用的
           "10 种表格"填写说明……… 241
  第 2 章　设备管家"实绩管理"常用的
           "4 种表格"填写说明………… 261

附录 D　企业停产检修标准化管理细则 ▶▶▶ *267*
  第 1 章　总则……………………… 267
  第 2 章　设备停产检修计划的
           制定…………………………… 270
  第 3 章　设备停产检修准备………… 272
  第 4 章　设备停产检修实施阶段…… 279
  第 5 章　设备停产检修的实绩分析…… 282

附录 E　企业停产检修标准化常用图、表 29 种 ▶▶▶ *285*
附录 F　企业设备故障统计的应用表格 ▶▶▶ *302*
附录 G　企业设备管家体系管理设备的成本意识 ▶▶▶ *329*
附录 H　世界级的设备维修概况 ▶▶▶ *344*
附录 I　宝钢设备点检实用手册概要 ▶▶▶ *352*
  第 1 章　维修的四大标准…………… 352
  第 2 章　设备的点检作业…………… 352
  第 3 章　设备的检修工程…………… 353
  第 4 章　设备备件管理……………… 354
  第 5 章　机械部分…………………… 354
  第 6 章　电气部分…………………… 356

第 1 篇

设备运行的状态检查

第1章　设备点检的方法与推进思路

1.1　设备管理的定位

企业"设备管理"的定位是什么？或者说：企业开展"设备管理"，到底是为了什么？在中国设备管理协会"第九届全国设备管理表彰筹备工作会议"上，王湘秘书长作了"为我国企业的发展提供强有力的基础保障"的主题报告，总结了近年来我国设备管理工作的三项经验，重视设备的基础和现场管理、健全设备管理的法律法规和强化设备管理的体系创新，指出了设备管理是为了使企业"管好、用好、修好"产品作业的设备。

如何正确理解设备管理应"为我国企业的发展提供强有力的基础保障"？这就要对主题报告中以下的几个"关键词"有正确的认识。

1. 关于"企业"

我国加入到"世界贸易组织（WTO）"后，企业就要融入其中，"WTO"宗旨中明显地将世界各行各业分为"货物、服务"两大类，而且都要"坚持走可持续发展道路，促进对世界资源的最优利用，同时保护环境"。近年来，随着我国改革开放的进一步深化，在货物类企业飞速建设的同时，我国的服务类企业也在飞速地发展，这两者都有装备，也就都有设备管理的问题。因此，中国设备管理协会顺应形势的发展，提出了"为我国企业的发展提供强有力的基础保障"，主题报告中，其"核心对象"有了一个与时俱进的变化，那就是由"为我国制造业的发展提供强有力的基础保障"扩展到了"为我国企业的发展提供强有力的基础保障"。由"制造业"到"企业"的改变说明，中国设备管理协会对"服务类企业"的重视！

2. 关于"生产"、"作业"及"产品"

因为"企业"包含"货物和服务"两大类性质的企业，一些词的使用要"相应地"作一些调整。如"生产"一词，对货物类企业有"生产"的问题，而对服务类企业，用"生产"来阐述就不是很贴切，建议统一用"作业"一词来表达，用"产品"来表示"作业"的结果。这样，对两类不同性质和类型的企业都适用，货物类的企业如冶金、石化、炼油、机械制造的员工实施"作业"的结果，有相应的钢铁、油脂、机械"产品"；服务类的企业如港口、运输、维修、金融的员工也有相应的"作业"，与其对应的有物流服务"产品"、修理"产品"和金融的理财"产品"等。

3. 关于"基础保障"

企业的设备要"为我国企业的发展提供强有力的基础保障"，实现"基础保障"需

要企业全体（涵盖设备系统的）员工，建立如下三个方面新理念。

（1）要为企业的产品服务　企业各个部门的工作需要重新"定位"。以前，习惯的提法是：企业各个部门都要为"生产"服务，现在，从世界各国的动态来看，都在潜移默化地向"为产品服务"的方向转变。仔细分析和观察，也确实都是在为企业的产品服务，而不仅仅是为"生产"服务！因此，当今时代，企业各个部门，工作都要转变，都要从以"我"为中心，转变到以"产品"为中心的轨道上来！都要"为产品服务"。

（2）要让服务的用户满意　这是 ISO 9001—2008，标准模式中早已明确的，从"用户需求"出发，经过管理体系持续改进，达到"用户满意"的目标。企业的"设备管理"体系，同样也要让"服务对象、用户满意"。企业通过强化推进"用户满意"，就能实现"全员参加"的目标，使企业的发展得到实实在在的强有力的基础保障。

（3）要使企业的价值最大化　当今时代，企业追求的目标，已经从原来的追求产值最大化、利税最大化、利润最大化、净利最大化和企业资金净流量的最大化，进入到经营贡献即企业价值的最大化。企业价值最大化包含：股东稳定优厚的红利、用户获得满意的服务、社会共享地区的发展、员工创造价值的提升和伙伴共同利益的确保。"设备管理"的作业和工作，都要朝着这个方向去努力。

企业里的各项工作到底由谁来完成，不是传统的"管理重心在上"，由各级领导来做，而员工则是"你让我干什么，我就干什么"的不承担责任者。企业管理的重心要下移，企业高层领导确定经营战略总目标、统管企业发展的大方向；企业中层领导要预测动向、统管企业明天即将要发生的事务；而企业今天现场的具体实务，将由企业的基层员工来承担。在企业的设备系统中具体地来说：这个"基层员工"就是"点检"，就是三位一体设备管家体系中的"专职点检员"，他就应该是"为企业发展提供基础保障的最佳实践者"。

1.2　设备点检"七个定"方法

"三位一体设备管家体系中的专职点检员"，要主动去了解并根据企业本季度产品的订单、合同，明确认定这些产品由哪些"产品作业线设备"来完成作业。三位一体设备管家体系中的"点检"，要将这些产品作业线，按"预知状态、超前管理"的指导方针，并按"独立自主、全面、全方位"的管理方法，运用"点检、停产检修"手段，做到认真负责、当家理财，确保产品作业的顺利完成。企业的"点检"，要确实担当起"为企业发展提供基础保障的最佳实践者"的责任。

如上所述，"设备点检管理"工作者的任务，就是要根据企业产品作业的需要及设备管理系统的自身能力，确定其在一定时期内的努力方向和奋斗目标；通过"设备点检管理"的计划编制、执行、协调和检查，合理安排企业设备管理系统中各方面的经营和管理活动；有效地利用力所能及的人力、物力和财力资源，实现"为企业发展提

第1章 设备点检的方法与推进思路

供强有力的基础保障"以及获取"企业价值的最大化",实现最佳的经济效益和社会效益的目标。

企业应以简明的过程来达到上述的愿景,即推进"设备点检管理"。设备点检管理的推进必须要遵循:定理由、定目标、定地点、定时间、定人员、定方法和定标准的点检管理"七个定"原则。

"七个定"原则指导下一整套简明的管理方法,也就是"七个定"方法,是吸取了国内、外管理方法上的成熟经验和成果并改进而成的。早在1932年,美国政治学家拉斯维尔最早提出了一套传播模式,经过人们的不断运用和总结,逐步形成了一套成熟的5W+IH模式;后来,美国首创了5W2H分析法,又叫"七何分析法"。七何分析法简单、方便,易于理解、使用,富有启发意义,广泛用于企业管理和技术活动,对于决策和执行性的活动措施也非常有帮助,也有助于弥补考虑问题时的疏漏。这里就参考此方法予以展开介绍。

设备点检管理的"七个定"方法,见表1.1-1。

表1.1-1 设备点检管理的"七个定"方法

七个定	相当于5W2H中的	当用于计划时	当用于思考时	作为深层次的理解
定理由	Why=为什么要点检	点检的理由	有必要点检吗	为什么非要去做点检
定目标	What=点检做些什么	点检的目的	点检项目对吗	做点检的重点是什么
定地点	Where=在哪儿点检	何处要点检	点检从何处着手	点检在哪里监测更好
定时间	When=何时去实施点检	点检何时做	点检周期准吗	点检何时实施最适宜
定人员	Who=点检由谁实施	由谁去点检	点检由谁负责	点检由谁来承担更好
定方法	How=点检如何去做	确定点检法	有什么好方法	如何提高点检的效率
定标准	How Much=多少量	点检的数量	点检标准行吗	点检要达到什么程度

"七个定"方法之间的逻辑关系如图1.1-1所示,以"定理由"为龙头,以"定人员"为本,再通过其余的几个"定",达到既定的管理要求。

设备点检管理者用"七个定"或"5W2H"进行自问,可发现解决设备点检管理问题的要点,寻找点检方法的思路,进行点检管理构思,从而确保实现基础保障。

企业设备点检管理者在检查和自提的问题中,常常要有"假如……"、"如果……"、"是否……"这样的构想,这就是一种自查、自问的阶段和过程。自查、自问需要更高的责任心和设备的洞察能力,企业设备点检管理者要具有善于周密地检查然后提问题的能力。

善于深入现场、贴近设备,并且对设备隐患问题追根刨底的点检者,很有可能发现新的隐患处和新的故障点。所以一定要强调企业的设备点检管理者要有责任心,同时也

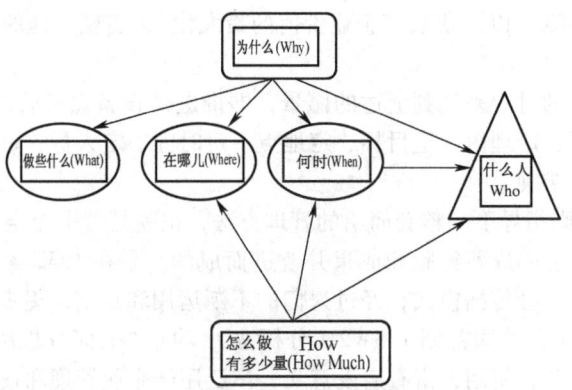

图 1.1-1 "七个定"方法之间的逻辑关系

要不断地深入现场,要经常贴近所管辖的设备,首先要学会点检自查、善于自问,才能学会点检管理。

因此,也可以说企业设备点检管理者在实施点检时,必须按照:
- 查理由,即为什么(Why);
- 查目标,即做什么(What);
- 查地点,即何处做(Where);
- 查时间,即何时做(When);
- 查人员,即何人做(Who);
- 查方法,即如何做(How);
- 查标准,即做多少(How Much)。

这样的"先查后定"或"先定后查",即设备点检管理"七个定"方法或 5W2H 简明方法的总框架来实施。

1.3 设备点检推进的核心思路

1.3.1 推进设备点检管理的理由

可以从以下五方面来思考:
1) 当今时代经济基础变化了的要求。
2) 企业产品升级换代对设备的要求。
3) 现代化自动化设备管理上的要求。
4) 新时代员工新思维新内涵的要求。
5) 企业管理与时俱求创新的要求。

为此,企业必须要建立自己的"点检"团队。"点检"团队是为"企业发展提供基础保障"的最佳实践者。

第1章 设备点检的方法与推进思路

1.3.2 设备点检管理的担当者

以下三方面人员，形成了企业白班"三位一体"的设备管家体系，企业中夜班时，从专业检修中抽调人员，作为行使点检职责的"轮值巡检员"。

1）产品作业第一线的设备操作人员。
2）产品作业第一线的设备点检人员。
3）产品作业各专业的工程技术人员。

1.3.3 实施点检管理的12个步骤

1）企业产品的确认。
2）制作、熟悉描述企业产品作业的工艺流程图。
3）确定与上述产品配套作业设备的规格、型号。
4）组成三位一体设备管理体系和设备管家团队。
5）到现场确认产品作业工艺流程及配套的设备。
6）确定产品作业线设备的范围及其关键设备。
7）认真列出每台关键设备的隐患、危害分析。
8）建立产品作业线设备状态受控点的分工方案。
9）设定各关键设备、状态受控点的允许极限值。
10）确定防止"状态受控点"超标的措施和监控手段。
11）建立设备管理防患对策文件、记录和留存程序。
12）完善设备管家防患对策的监督、验证流程管理。

可以按照图1.1-2所示的企业设备点检管理作业流程图，来进行点检作业。

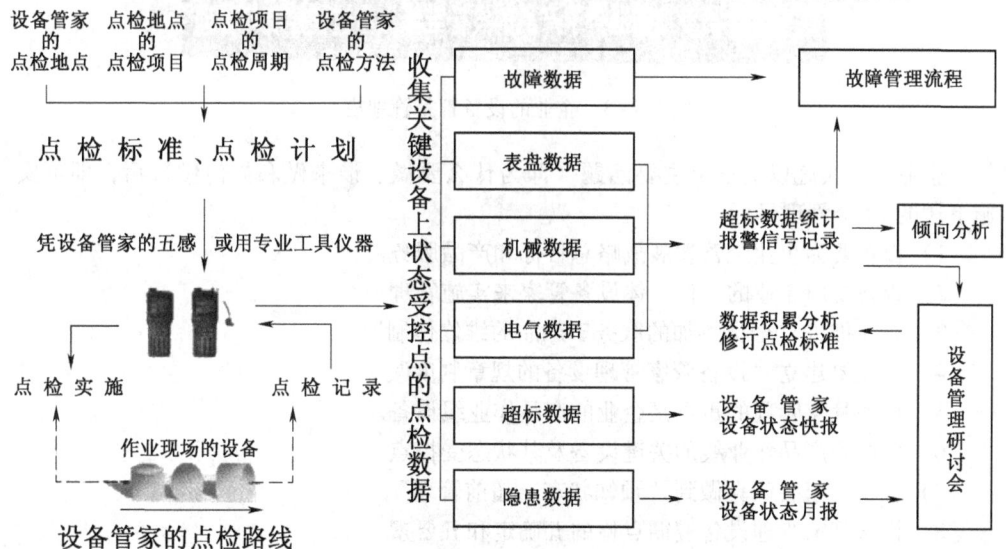

图1.1-2 企业设备点检管理作业流程图

可以按照图 1.1-3 所示的企业的设备管家管理模式，按照企业的维修策略，实施"全员参加的服务于产品的设备维修"全过程控制与管理。

图 1.1-3　企业的设备管家管理模式

企业认真实施以上三个主要问题（即为什么要做、谁来做和如何做）后，即可实施下述的 12 个管理目标。

1）设备要为企业经营发展战略总目标和产品服务。
2）设备要由企业的三位一体设备管家来实施管理。
3）企业推进"全员参加的服务于产品的维修体制"。
4）企业要建立"设备管家管理设备的规章制度"。
5）设备管家管理的重点是企业的产品作业线设备。
6）要明确产品作业线的关键设备及其状态受控点。
7）设备管家要认真做到"预知状态、超前管理"。
8）设备管家管理设备遵循点检的五确定和五要素。
9）设备管家管理设备要从企业设备故障统计着手。

10) 贯彻实施企业与员工双赢下的"维修策略"。
11) 对企业三类不同设备采用不同方法分级管理。
12) 确保设备状态受控点不超标及产品用户满意度。
其中点检的五确定和五要素内容请见本篇第 7 章。

第2章 什么是点检管理

2.1 点检是做什么的

"点检"这个词汇，在当今企业设备管理人群中早已耳熟能详，而且也被认为是最有效的设备管理方式。"点检"的概念，早在1978年的武汉钢铁厂就已经引入，而真正开始推广并较之武汉钢铁厂点检制更为深化和标准化的应用，是在20世纪80年代初，宝山钢铁厂从国外引进成套装备后，经过系统地学习后才逐渐理解的。

"点检"这两个字原本出自日文，意译为"检点、检查"的意思。早期引入时，"点检"的定义就是对企业的设备，利用人们的感官，或简单的仪器、工具，或精密检测设备和仪表，按照预先制定的点检计划，定人员、定地点、定项目、定周期、定标准、定路线、定方法、定检查记录（又称之为八定），实施全面、全过程的性能检查。

回顾我国的设备发展史，作为企业的设备管理工作者，从20世纪50年代起，面对着一些不复杂机构组成的机器设备，一般都比较简陋，为了能开工，就一直忙碌在车间、机床旁，经历了初期的"经验维修"、"不坏不修、坏了再修"的阶段。那时，企业作业主要依靠"事后维修"来维持运转，根本谈不上开展专业的"点检"工作。

在我国建设初期实施的是"计划预修制"，企业的设备从没有管理进入到了有计划的维修管理，取得了长足的进步，但也没有设专职的"点检"岗位。

1954年，美国通用电气公司从维修的经济性出发，把"计划预防维修制"向前推进了一步，即"一种能与产品的作业互相结合得十分密切的维修方式"，来替代原有的制度，英文缩写是PM，这就是现在经常说的"生产维修"。这里"生产"二字真正的含义，则是"服务与产品"。因此，"生产维修制"即"服务与产品的维修制"，是根据企业的产品作业设备在产品制作过程中的地位、作用和价值大小的不同，而采取不同的维修手段（即所谓的"维修策略"），使设备能够确保在提高作业效率和降低作业成本的前提下，得到相应的针对性的预防维修。也就是说：要使"设备的故障损失和修复故障的维护修理费用的总和"为最少的一种维修、保养方法。

1971年，日本电装公司实施"全员参加的PM"，即"TPM"。特别是在企业产品操作岗位上，推行了"日常点检"，同时，在设备上设立了按"产品作业线"为管理区域的点检员，"点检"负责一条产品作业线设备的管理，形成了"点检管理设备的制度"和一套科学的基础管理方法。

多年来，国内、外企业的实践，证实了"点检管理设备"是一条成功管理作业设备的路子，要建立"点检管理设备制度"，它是企业实行"全员生产维修（TPM）"，即企业实施"以点检为核心的全员参加的服务于产品的维修"的基础。

那么,什么是"点检",为什么要"点检",到底"点检"是做什么的,这一连串的问题,必然引起人们的关注。随着对"点检"的深入了解,现已全面认识到"点检"的意义:是企业产品作业线设备的"管家";是一种及时掌握产品作业设备运行状态,指导产品作业线设备状态检修的一种严肃的科学的管理方法。

2.2 点检是一个"名词"

根据到许多企业对设备管理工作调研的结果看,随着改革开放政策的深入,企业的设备管理,普遍地都推行了点检管理,每个车间也都配置了点检的定员,"点检"每天是按领导的安排,对指定的设备实施"点检",他们到车间去转了一圈,回来后,一旦将"点检"情况向领导全部汇报,他们就算完成任务了。下一步该如何处理,那不完全是他们的事,要由领导来作安排。因此,当今企业的现况是:似乎将点检人员仅作为一种检查设备的"工具","点检"只作为一个"工种"来对待。可见,企业仅仅是把"点检"理解为一个"动词",仅仅是作为"一点、一点地检查"设备来对待。而其实所谓"点检",它还可以作为"名词"来讲,那时"点检"就是一个"人",一位"员"。我国的企业要将企业设备管理的重心下移,必须要建立"点检管理设备"的制度,确立"点检"是企业产品作业线设备的管家。

2.3 点检是一个"岗位"

"点检"在企业中的身份是什么?特别是企业人力资源部更关心的是,点检在企业中的职称或定位是什么。按照传统的分工,往往把点检看成是"钳工"或者是"电工",要不就看成是"检查员"或"巡检员"。

一般来说,点检每天上午按产品作业线设备的点检计划,认真地作为一名"操作工人"实施点检,而下午,他是作为一名"基层干部"在实施管理,将上午点检的结果汇总,根据设备的运行状态进行分析、整理,并按照该"点"维修策略的轻重缓急,组织维护、检修,包括:准备修复方案、借用设备图样、开具委托单、领取资材等。因此,企业中的"点检",不是一个工种,也不是一名职员,而是企业中的一个"岗位",他既是企业产品作业线设备运行状态的检点人员,又是产品作业线设备运行状态的管理人员,"点检"要对管辖的产品作业线设备负全责,即"点检"是企业设备的"管家"。

2.4 点检要主动地去管理

既然"点检"是企业设备的"管家",那他"分内的工作"就必须由其自己来安排。作为企业的"点检"岗位,就不能像某些企业里面的设备员那样,等待领导的安排,每个月都要给点检布置工作,包括工作、安全、节能、成本等指标,然后还要进行考核。

在市场经济的环境下，按照企业的总体安排，根据全年产品订单或合同的要求，分摊到每个月的产品交货情况，应该由企业的营销系统来分配和明确，而企业的产品作业系统、产品保障系统及物流供应系统都要按照这个整体的安排来"自行"进行运作。作为产品保障系统的设备管理部门，就要按照当月的产品作业计划，确保相应的"产品作业设备"的安全运行。可见，产品作业计划，就是不言而喻的"布置工作"，作为企业的设备管家体系，就应该理所当然地做好产品作业的保障工作，具体地说就是，这些产品的制造工艺是由哪几条产品作业线来承担和完成的，就要求设备管家必须将这些产品作业线上的设备管好，确保产品作业的顺利完成。这就是点检要按"以产品为中心"的理念，主动地去管理的含义。

2.5　点检与传统设备巡检的区别

点检与传统设备巡检的区别见表1.2-1。

表1.2-1　点检与传统设备巡检的区别

传统设备的巡检	设备管家的点检
单纯实施以设备运行的时间或工作量的周期为基础的计划预修制度	综合以企业产品作业线和普通作业线设备运行的技术状态为基础的预防维修制度
严格地按预定周期为主的零件修理制度。实施一保、二保、三保的定期实施维护及大、中、小修的"定期更换修理制度"	发展为按状态为主的停产修理制度。这里停产的周期作用是"看"而不是"换"，主要是依据设备状态，来确定检修内容，防止过维修或欠维修
通过查对相关的手册，严格按照各个零、部件的规格、型号，按规定的周期（也有按经验根据运行时间或完成了一定的工作量），以此来制订检修计划和实施检修工程，确保生产的正常运行	通过对设备的点检、诊断，来实施劣化的倾向管理和预测零、部件的寿命周期，确定检修项目及资材需用计划，提出改善措施，以便针对性地使设备始终处于稳定运行状态，不断提高设备综合效率
企业设备的维修方针是：以"修"为主，在设备性能曲线上表现为"围绕着F点转"（F点是功能故障发生点）	企业设备的维修方针是：以"防"为主，在设备性能曲线上表现为"围绕着P点转"（P点是潜在故障发生点）
不设专职点检人员。设备检查的工作由值班维修人员实施，由于他们没有设备管理职能，查得的设备问题无法组织处理，仅向设备管理编制维修计划部门报告检查结果，因此他们仍属于检修方	设专职点检人员。设备检测的工作由设备管家即点检实施，企业授权他们有编制计划等管理权限，对设备进行预防性检查，发现问题后进行分析、调研，列入检修计划并委托，因此他们属于管理方
有不少企业也在大力改进设备管理，强化管理使得设备检查的周期很短，几乎每班、每天都要去看，而且局限于易检、易损部位的检查，就其实质内容来看，是属于巡回检查，相当于点检制中所规定的日常点检	作为设备管家的专职点检员，为实现预知维修，负责定期点检和劣化倾向管理。特别对关键设备的状态受控点，设置三位一体的设备管家体系，采用在线状态监测、解体检查及精密点检等准确把握设备技术状态，向"预测维修"过度

第 2 章 什么是点检管理

（续）

传统设备的巡检	设备管家的点检
维修计划来源于企业基层的上报，编制维修计划的目的是为了对设备的缺陷进行修复，故是在"修"字上下功夫，还摆脱不了以修为主的被动检修或抢修的局面	维修计划来源于设备管家的点检，编制维修计划的目的是防患于未然，防止劣化发展，故是在"防"字上下功夫，组织实施倾向管理、预知状态，超前管理
根据经验，按照设备有问题的部位，安排并要求值班维修人员（现在有的已扩展到操作、设备专检和工程技术人员参加）实施巡检，每天、每班甚至每小时都去检查，形成观察过勤，会造成虚报、不查就报的现象	根据设备的潜在危害和隐患部位，设定若干个状态受控点，明确规定"允许极限值"即"点检标准"，设备管家体系的点检人员，实行点检前五确定、点检时五要素，形成标准化的点检作业体系
建有一套设备的规程体系，因早期企业的生产设备比较简单，故在传统管理中，习惯使用的与设备相关的规章制度有：设备的操作规程、设备的维护规程和设备的检修规程，又称设备的"三大规程"。设备的"三大规程"曾起了很好的作用，但对当今复杂的设备就不够用了	建有一套点检的标准体系，即：维修技术标准、点检标准、给油脂标准、维修作业标准，又称点检"四大标准"。点检标准和给油脂标准相当于设备维护规程，维修技术标准和维修作业标准相当于检修规程，可对应当今复杂设备，是设备管家贯彻执行管理的技术基础和依据
传统的设备管理以修为主，所以，员工们对检修项目都很认真，检修过程再苦再累都能出色地完成任务，但对记录方面就比较忽略，干完了就算。仅有部分计划表和相关的报表，一般都由设备系统相关的部门，如计划、综合、办公室等的干部们，担任统计和记录的工作	设备管理的账票设定是很全面和完善的，主要包括：点检标准表、点检计划表、点检日志、给油脂计划、作业记录、倾向管理表、精密点检计划表、故障（事故）记录统计表、工时工序表、维修项目预定表、月度设备研讨会等，贯彻"谁实施、谁制订"的原则
在设备维修管理上，组织原则是注重上层管理，即让不完全掌握现场设备技术状态的少数人凭经验来参加管理。在管理方法上，传统管理体现了多部门、多环节和多层次，信息反馈难以畅通，作业与管理很难不脱节，没有发挥一线员工的积极性，不利于企业实现高效率管理	在设备维修管理上，建立以点检为核心的设备管家体制，让最了解、最熟悉现场设备技术状态的设备管家即点检人员来掌握编制设备维修计划的大权，使管理重心下移，强化了基础管理；让最有发言权的设备管家即点检人员来担当停产检修日的现场指挥，更能提高维修工作的安全和效率
在设备维修管理目标上，其管理目标集中到两点：一是确保设备完好，二是降低设备故障。设备管理工作是以设备运行专业技术目标为主的，如设备完好率、事故率、检修计划执行率等，形成企业生产和设备分块管理的现实	在设备维修管理目标上，其管理目标集中到两点：一是预测设备故障，二是降低维修费用。设备管理工作是以设备寿命周期费用目标为主的，如推荐事后维修、加强故障统计管理等，都是企业节约设备费用的途径
检修制度：沿用的是计划检修制（计划的定期检修）	检修制度：采用的是停产检修制（计划的停产检修）
企业没有明确规定设备计划检修的时间，或有的企业虽然有规定但执行不力，检修计划与生产计划同时并行，就容易产生设备检修和生产计划的不一致或矛盾，常常因为要赶时生产任务、完成合同或订单而连续生产，经常使设备的检修时间和检修的工作量得不到保证，很难体现检修与生产的协调一致和统一性	停产检修计划要纳入产品作业计划中，要对每次产品作业线设备检修的日期、每次检修时间和检修的人工数，进行明确的规定并严格控制，不能随意变动。停产检修要严格按照标准化作业程序，每项检修工程要编制工时工序表。这对完成检修计划的命中率有利，既保证了产品作业计划的正常执行，又充分满足了设备检修的时间和工作量

13

(续)

传统设备的巡检	设备管家的点检
按大、中、小修定期进行，检修立项主要依据设备修理周期，凡是到了修理周期，不管设备状况如何，一律进行强制性修理，其结果，往往不是过维修就是欠维修	停产检修制不分大、中、小修，检修项目的立项是根据对设备劣化程度的测定，依据设备技术状态来确定是否需要检修以及何时检修，所以检修的预测性很高
传统检修组织体制的指挥者其级别比较高，往往是又管又不全管，其对实际情况是听汇报的，不完全清楚，检修的安全和效率，并不一定会很理想	设备管家既是设备的管理者，又是检修的委托者、指导者和责任者，每次检修现场指挥是由点检作业长担任，一竿子插到底，确保检修安全和效率
传统管理的生产和设备是两个分别独立的系统，生产系统管生产计划、设备系统管设备完好率，企业的分工十分明确，生产系统的员工只做生产操作和工艺控制、设备系统的人员参加设备巡检和故障维修，因此，仅仅只有一小部分员工在实施设备管理	实行了"全员参加的服务于产品的设备维修管理"，凡参加产品作业过程的一切人员，都要关心和参加设备维护工作，特别是操作人员负有用好、维护好设备的直接责任，要承担设备的清扫、给油脂、紧固、调整和日常点检业务，操作人员与设备维修人员融为一体，成为全员管理的基础
只有遇到设备事故或重大设备系统故障、未遂人身事故时，才兴师动众地召开相关的事故现场会。首先，是追查责任人，往往采用处罚等负激励的方法，使员工的积极性受到冲击，极大地影响了员工的士气，收不到应有的效果，查找发生问题的原因不力	强调企业每月自下而上各级必须召开实绩研讨会，即逐级提供实施资料并用大量数据和图表来说话，在分析上采用 PDCA 工作方法，列出当月的设备故障、检修工程实施和维修费用情况等，对存在的问题不是处罚、扣奖金，而是提出改进对策和措施，以提高设备维修管理水平
对安全很重视。问题是：当今要以与时俱进、以人为本的思想作指导，实施人性化管理。应改变安全四不放过的"不放过"语句，要变事后算账为预先管理；改进电气作业"两票一制"操作监护制	坚持安全第一的管理方针，实行危险预告、安全确认、安全诊断三项有效措施，尤其是坚持以设备管家为主的点检方、检修方、作业方三方安全确认挂（摘）牌制度，这对防止人身设备事故的发生，起到了应有的保障作用
新时期，对设备管家和维修人员的素质要求已高于生产人员、在生产中的地位也愈发重要。要逐步改变领导负责、强调工作分工，鼓励管理重心下移，充分调动员工的积极性，培训是让员工"我要学"，而不是"要我学"的过程	随着设备现代化水平的提高，维修技术的日益发展，对设备管理人员的素质要求也愈来愈高，如专职点检员必须具有丰富的实际经验和基础理论并有较强的管理能力；检修人员要求多能化，以实现满负荷、高效率、高报酬的工作

2.6 点检人员既是"管理者"、又是"经营者"

企业的领导要面对市场的竞争，企业的管理重心要下移，企业的设备将由"点检"来实施管理。作为设备管理基层第一线的作业人员的点检人员就要担当起既是"管理者"、又是"经营者"的角色，要真正定位为企业主人翁，既要起到对产品作业的保障作用，又要考虑到企业的成本，勤俭持家，节能降耗、降本增效，以最低的生命周期成本来保障企业产品订单和合同的完成。

2.7 中国式的点检——"设备管家体系"

在这个世界经济趋于全球化的新时代，其特点是以 3C（Customers、Competition、Change）为主导的时代，即国内、外的经济已进入到了"以顾客、竞争和变革为主导的新时代"。

国内、外同行激烈的竞争，迫使国内的企业必须提升核心竞争力。为此，企业的领导则必然要集中精力去对付竞争以求得企业的生存而无暇顾及内部事务，就必然要将企业管理的重心下移以避免繁琐的具体事务缠身。同时，企业领导还要改变传统管理模式，使当今企业管理的层次要精简、高效，要向"组织机构呈扁平化架构"的方向发展，即形成以下三个管理层次：

1）企业高层领导。牢牢掌管企业发展的方向，筹划企业未来的决策。
2）中层各级干部。精准分解企业发展的目标，准备企业明天的预案。
3）基层现场主管。勤恳肩负目标事务的兑现，完成企业今天的实务。

为了"确保企业经营发展战略总目标"的实现，企业必须"抓两头"，即一方面要抓住"研发和营销部门"，不断地有新产品和开拓销售渠道，一方面要强化"作业和现场管理"，使产品作业有坚实的基础保障。这些，已是当今企业的当务之急，为此企业必须做到：

1）应对产品作业现场，要建设以第一线作业长为核心的班组管理体制。
2）应对产品作业设备，要建设以三位一体点检为核心的设备管家体系。

推进企业的"设备管家体系"，就是对作业设备要"预知状态、超前管理"，要把维修工作做在设备故障发生之前，使设备始终处于最佳状态。所以，适合于我国国情的"点检"、中国式的 TPM 或进一步的"点检定修制"，就是企业的设备管家，实质，就是以点检为核心的、以预防和预知维修为基础的、企业设备管家管理设备的制度。

2.8 点检是作业线设备的管家

企业建立的"点检"是企业产品作业线的设备管家，具有以下十大特点：

1）企业建立"以点检为核心的设备管家"体制，实施"设备管家设备管理"的制度，实现作业设备"为企业产品服务"的目标，以替代传统的、习惯的"重生产、轻维修"的安排。

2）企业建立"以点检为核心的设备管家"体制，使企业设备管理的重心下移，避免企业的中上层领导干部整天忙于具体事务；同时，让企业最熟悉、最了解现场作业设备运行状态的第一线"三位一体设备管家"中的点检员，担任企业的作业设备的"设备管家"，落实"作业设备运行状态"的真正责任者，由他们来管理作业设备以替代"谁都管、谁又不全管"的局面。

3）突出了"以企业的产品作业线设备和其中有隐患的设备为设备管家管理设备的

重点",来替代传统习惯的以局部的、专业贵重的设备为重点的方向,有利于设备管家抓住影响企业产品作业的主要矛盾,确保企业年度经营总目标的实现。

4) 实行"全员参加的服务于产品的设备维修"管理体制,以企业设备管家中的点检员为核心,将企业的"三方"员工融为一体,形成企业作业设备坚强的保障层,来替代传统习惯的设备系统只管"完好"、生产系统"不管设备"的条块分割的现象。这"三方"人员,就是指企业的:

① 操作方:这是企业作业设备专职的运行、工艺的操作层,犹如"值班护士"。

② 点检方:这是企业作业设备专职的设备管家中的核心层,犹如"主治大夫"。

③ 检修方:这是企业作业设备专职的故障、事故的修复层,犹如"专家名医"。

5) 坚持企业作业设备的故障和隐患以"预防为主"、"主动地预测和有计划地处置、尽可能减少突发事故"的方针,改变传统、习惯管理时以"事故频发、紧急抢修"为主、被动挨打的设备管理方式,实现企业的"可持续发展战略"。

6) 设备管理过程,运用 PDCA 的工作方法,每个月,企业的设备管家体系必须要分级召开一次"设备管理实绩分析会",用数据和图表来表示当月作业设备的管理状况、检修工程实绩及维修费用等情况,并相应地提出改进的对策和措施。

7) 企业的设备管家体系管理设备,必须建立有一整套较为完善的设备标准体系(即设备管理的四大标准);停产检修工程都要有相关的网络图及其"工时工序表",严格防止停产检修作业超时,以达到既要保证作业计划的正常执行,又要满足检修工程的要求,体现了产品作业与设备维修的协调统一性。

8) 在管理设备特别是作业设备故障点管理,必须坚持"以人为本、安全第一"的设备维修作业方针,开展突出人性化"危险预知和检修现场安全确认制度",执行以设备管家中的点检方为主的员工"三方挂、摘牌制度",以防止人身伤害事故的发生,逐步来替代传统的、习惯的安全工作的做法。

9) 企业的设备管家管理现代化的设备时,是以严格控制的状态监测为主的"状态维修"方式,逐渐替代了传统的、习惯的计划检修方式,逐步过渡到并要朝着"倾向管理、预知、预测维修"的方向发展。

10) 要使企业的"三位一体的设备管家体系"中的员工,不断地提高素质,实现多能化,实现"提高员工素质"的愿景,来替代单纯的"岗位责任制"。

2.9　建立点检管理设备的制度

制定"点检管理设备"制度,确保实施有效。制度的制定要遵守如下原则:

1) 认真学习我国"科学发展观"和"可持续发展"的战略思想,并以此作为"点检管理设备"制度的指导思想并努力贯彻到企业相关的设备管理工作中去。

2) 以全员参加的"服务于产品"的维修(生产维修)理念,作为"点检管理设备"和开展设备管理业务的基础,用当家做主的思路和方法,来推进企业产品作业线设备的管理工作,这是制定"点检管理设备"制度的前提。

3）建立企业"设备管家"的组织体制。以设备系统"点检方"的专职点检为组长，组成产品作业系统"操作方"的岗位点检和工程技术系统"技术方"的专业精密点检，这三位一体的"设备管家团队"，以分别管理好企业作业设备为己任。这是制定"点检管理设备"制度的基础。

4）"点检管理设备"管理重点是：企业产品作业线上的关键设备（有隐患的设备）以及这些设备上的状态受控点。这是制定"点检管理设备"制度的重点。

5）企业按设备管家体系，实施全员参加的服务于产品的维修管理，积极推行并组织好各部门的"自主维修"工作，这是制定"点检管理设备"制度的目标。

6）按照"点检的实务：点检前期五确定、点检作业五要素"，开展设备管家的本职工作，这是制定"点检管理设备"制度的实务。

7）设备管家体系做好管辖设备相关信息的记录、数据的收集和整理，积累经验，全面掌握所管辖设备的运行状态，这是制定"点检管理设备"制度的关键。

8）按维修策略，实施预防维修和预知维修相结合的方针，对所管辖的设备及其隐患要有预测的能力，在突发故障前处理，确保作业设备的安全运行。

9）强化企业设备维修作业过程的成本核算，不同的部位采用不同的经营对策来处理，做到又好、又快地完成企业交付的"基础保障"的任务。

10）"点检管理设备"制度，要有"加强学习、不断充实自己的设备管理知识；按时、有准备地参加每月一次的"设备管理研讨会"；报告所管辖设备的状态、发生的问题及处理的结果；严格执行"企业设备管家体系的八项原则"；要求持续改进、定期修改等的相关内容"。

2.10　点检的五项结论

1）企业一切设备管理业务始于点检。
2）点检是设备预防预知维修的基础。
3）点检是企业关键设备的贴身保姆。
4）点检是企业产品作业设备的管家。
5）点检是现代企业设备管理的核心。

第3章　实施点检管理的理由

1. 要明确社会经济环境已发生重大变化

（1）市场主体的自主性　企业的产品是什么，产品制作量的多少，怎样制作，全部要由企业，按照市场的需求自行确定。于是，产品作业设备，也必须按照市场需求的变化而变化，会发生因为没有订单而作业设备长时间停用；会由于合同饱满而作业设备连续、超强负荷运行。这样，就使得原先实施的企业设备"计划检修制"，即是以时间为主要参照系的"大、中、小修"难以执行。

（2）市场关系的平等性　不可以用"非经济"的手段，强加于人。设备作为企业基础保障的主体组成，任何机构都不能再采用强制性的行政命令来管理，而是要根据市场对企业产品的需求来取舍。因此，企业的设备维修管理，也成为企业的自主行为。

（3）市场活动的竞争性　在国内外市场激烈竞争的形势下，企业为了生存，其产品也不断地更新换代和上档次。随着企业产品的升级换代，产品作业装备也不断地随着产品同步进行更新和淘汰，以适应国内外市场激烈竞争的需要。这样，就使得按照传统管理办法制定的、按"中长期计划"实施检修的可能性，变得根本不可能实现。

2. 要明确设备本身的技术性能和要求也发生了很大变化

从设备损坏的机理来看，由原先"摩擦、磨损"为主的一种形式发展到六种不同故障曲线（详见本篇第4章）的形式。新时期的先进设备，大量采用了新型材料及新型的制造工艺，使设备上的零部件及其维修方式，已经与传统的"计划预修制"完全不同。习惯的、传统的设备维修管理模式，已经不适应当代经济形势的要求，已由原来单一的"事后维修"、"计划检修"，逐渐过渡到一些先进设备的"预测性维修"，从而形成了要实施"预防性维修和预测性维修"并举的设备维修的新模式。

在这些前提下，企业的产品作业线设备以及普通作业线设备的管理，也就要与时俱进地跟上经济形势的发展，设备的运作就不能"不坏不修、坏了再修"，就不能按部就班地"计划检修"，而是要根据其运行的状态进行检修，特别是要不能影响企业产品合同或订单的交货期。因此，必须掌控住企业产品作业设备的状态，避免隐患、事故的突然发生，必须"预知状态、超前管理"。

3.1　新时代企业管理的新动向

在"十二五"期间，企业需要把握好如下几方面的机遇与挑战：

1）在"转变经济发展方式"中，企业会遇到以下三方面的挑战和机遇：首先，日益严格的环境保护、节能减排和节能降耗，对企业的挑战和机遇；其次，产业升级、服务转型、资源能源价格上涨，使企业的发展面临新挑战；另外，城镇化和工业化的大发展，仍将为工业企业发展提供增长机遇；企业产业结构调整，对各个骨干企业兼并重组带来的挑战和机遇。

2）国家实施"走出去"的战略，对企业的挑战和机遇。

3）国家战略性新兴产业的发展，对企业的挑战与机遇（国家战略性新兴产业涵盖信息技术、高端设备制造、生物医药、节能环保、新能源、新材料和新能源汽车七大类）。

4）企业在新的一年里，在提高劳动生产率、增加员工收入、提高服务性及用户满意度方面，同样也面临着新的挑战和机遇。

3.2 设备管理如何适应新时代的需求

在表1.3-1中，给出传统企业的设备管理和现代企业设备管理的区别。对这些区别，试从企业设备的管理目标、组织体制、维修策略、管理重点、管理责任、维修方式、工作时段和绩效考核八个方面加以对比。

表1.3-1 传统企业设备管理与现代企业设备管理的区别

	传统企业设备管理	现代企业设备管理
管理目标	企业内部分工过细，生产系统和设备系统各自为政。生产系统不管设备系统，设备系统为确保设备的完好而忙碌	为企业的产品分工合作，维修为产品服务，在现场构筑以产品系统全寿命周期为对象，追求其效率的最高
组织体制	生产系统只顾生产，甚至以挤掉设备维修为代价，有些企业还不设专业设备部门，只附属于某个机构或组织来代管	全员、全过程、全方位的综合管理。建立设备管家体系，从管理部门到所有部门，从最高领导到作业人员全员参加
维修策略	从不坏不修、坏了再修到计划检修，从大、中、小修到一、二、三保定期更换，维修策略单一，分管维修不管成本	围绕企业经营总目标，分析研究维修策略，实施多种降本增效的维修方案，以提高设备综合效率和企业的综合效益
管理重点	分为部管、局管，以高、大、精、尖的设备，维修难度大的设备，备品配件不好搞的贵重设备为重点	以产品作业线设备为重点。设备不论其高大精尖，只要是在企业产品作业线上的设备，都一视同仁，都是重点
管理责任	领导对系统设备负全责，员工是受委托干活，没有决定权，发生问题后谁都有责又谁都不负全责	以三位一体的设备管家为核心，全面负责所管辖的产品作业线设备，有责有权，上级负领导责任并支持管家工作
维修方式	比较单一，以更换备品、配件为主，计划检修往往是计划赶不上变化，以紧急抢修为主，当救火队长，疲于奔命	按照维修策略，针对不同的设备采取不同的方式，为事后维修正名、强调状态维修和改良维修，注重可靠性维修

(续)

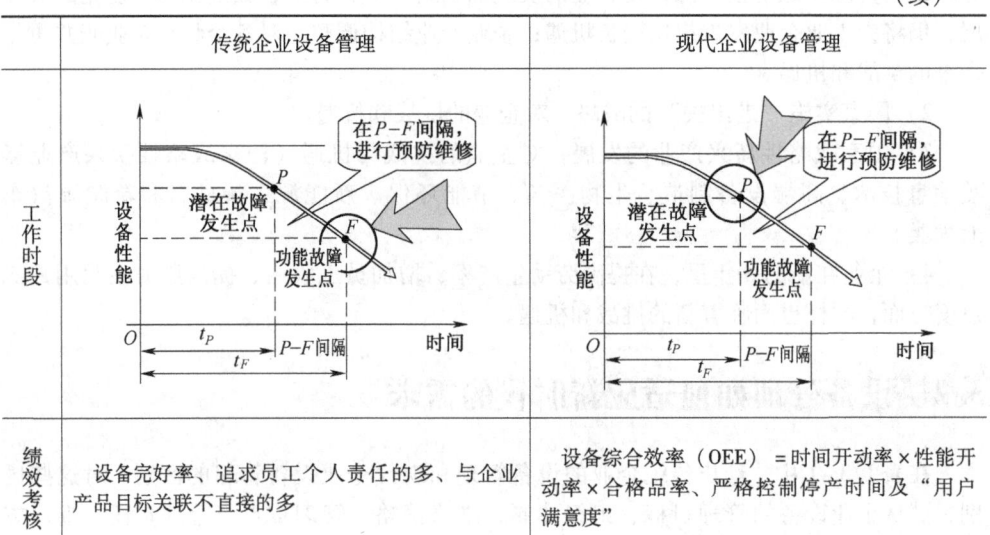

	传统企业设备管理	现代企业设备管理
工作时段		
绩效考核	设备完好率、追求员工个人责任的多、与企业产品目标关联不直接的多	设备综合效率（OEE）＝时间开动率×性能开动率×合格品率、严格控制停产时间及"用户满意度"

在现代企业设备管理体系中，企业的正常行为和实施设备管理正确的"点检"，到底是什么样的一个形象和内涵呢？

1）处于市场经济的环境下，企业领导将要全力以赴地跟踪市场的需求和变化，关注企业生存的环境和条件，专心致志地为企业的生命和发展承担责任。因此，企业高层领导的管理重心在市场，在应对国内外的竞争，以确保企业的可持续发展。在这样的重任面前，企业要"解放领导"，减少其对内部管理的精力，要实施"管理重心下移。企业要培养自己的贴心人，要相信各级部下，给他们创造相应的管理平台，让他们充分发挥积极性和创造力。而作为企业的领导，则要有权力下放的魄力，体现在设备管理上，就是要建立"设备管家"体系。为了确保企业发展战略目标的实现，为了确保年度产品（或服务项目）订单或合同的顺利完成，必须把产品作业设备管理的重任，下放给"设备管家"，并由设备管家体系来实施"点检管理设备"的制度。

2）在其他有些国家，企业的设备"点检"是由一个人来分管的。为了适应我国的国情，确保基础保障工作的实现，所谓"设备管家"不是一个人，而是由企业内部三方面的员工组成的一个体系，形成一个"三位一体"的虚拟团队（三方面的员工是指产品作业的操作方、设备管理的点检方和工程管理的技术方；所谓虚拟团队，是指三方面员工的人事关系不用调动、办公室也没有必要合并，即企业在组织体系上，不用大动干戈；三位一体是：仅仅要求在一个规定的时段里，对企业的作业设备，要以点检为核心的三方人员共同在一起协同、商讨解决作业设备的状态问题），对管辖的一条或一段产品作业线设备，实施全面、全方位的管理。

3）一般三位一体的企业设备管家体系，特别是其核心"点检"的工作，是不用领导来安排的，而是可以按照企业产品（或服务项目）的订单或对外签订合同下达的作业计划，来自主安排设备的点检计划。由设备管家自己，按产品对设备的需求来制定点

第3章 实施点检管理的理由

检标准,并不断地修正以满足产品对设备的要求,经点检后,发现设备的隐患或故障,及时提出需要维修的项目,委托并请检修方来处理,在检修方受理后,要给他们进行现场说明,并准备好备品配件、维修材料和必要的图样资料,供检修方使用,当检修方实施检修时,在满足他们现场施工安全的前提下,还要告知施工的危险预知等,检修结束后实施验收和完成各项管理的记录和归档,一切都实行点检"自我完结"流程。

4) 点检不等同于巡检。点检是管理一条产品作业线设备的、并实施"七事一贯制"的"管家",对这条产品作业线上所有设备,不仅所有问题都要管理,而且要以"一竿子插到底"的责任心,去完全彻底地解决设备问题。而巡检,仅仅是受委托,去现场查看,遇到设备问题后,向领导汇报,他们是没有全面管理责任的。

5) 点检的责任。点检的工作,从表 1.3-1 的图中"工作时段"中的"设备性能曲线"上来看,要改变传统设备管理工作常围绕着"F"点转的现实,而要尽力做到对管辖设备实施"预知状态、超前管理"。因此,点检工作要不断地努力,朝着围绕着"P"点的目标上前进。

6) "点检"不是个"点检工",而是"点检员岗位"。因为,点检一天的工作是:上午去现场点检设备,下午要实施管理。点检是既懂得操作又能进行管理的多能人才。点检和现有的工种,没有一个有可比性,既不是钳工、电工,也不是统计员、安全员,是一个新兴工作岗位。

7) 点检员的基本来源是"中专毕业生或是高中毕业生",特别是"机电一体化"的毕业生更好,没有必要请研究生或博士生来担当。"点检"不是技术专家,也不要求对设备问题有多深的研究,只要求点检能深入掌握运行设备的状态和特别能查找设备隐患并能及时地发现设备故障和实施管理。所以,点检员必须是责任心极强的人,必须是企业信得过的"管家"。

8) 点检员是要靠企业自己来培养的,员工进入企业,先是担任设备的维修岗位,经过一定时间维修实践后在这些岗位中来优选点检员。挑选其中对工作责任心强的、企业信得过的、具有一定点检知识和技能的人员,进入点检岗位,再和被管辖产品作业线上的操作人员、设备技术人员,组成虚拟的设备管家体系,对分管的产品作业线设备,实施全方位的管理。

9) 企业推进全员参加的服务于产品的维修(即生产维修)活动。企业各个系统和各个部门的全体人员,从"使用户满意"的基点出发,都支持产品作业设备综合效率的提高,并且全力协同设备管家的工作,全员齐心协力实施基础保障,确保企业战略目标的实现。

10) 点检员既是管理者又是经营者,正如德鲁克指出的:管理者是"用成效来管理,用目标来管理,而非用监督来管理"。要从企业的大局出发,点检(设备管家体系)更应注重企业成本,千方百计地节能降耗,重视维修策略的应用,考虑管家团队内的相互关系,以安全、和谐为前提,实现可持续发展的效果。

下面进一步阐明传统企业和现代企业设备管理的不同:

1) 对传统的企业管理模式,特别是传统的企业设备管理模式,没有足够的反思,

其后遗症是企业各部门的职责呈条块状分割，企业的分工太细，表现在：

① 企业产品生产运作时是"重生产、轻维修"的安排，其结果是使企业运作形成了"生产系统"和"设备系统"分段管理的现实。

② 企业设备管理的目标与当今企业的经营发展战略总目标不一致。企业的设备系统是只管"设备完好"，企业的生产系统是不管"设备维护"。企业设备管理的重点，还没有转变到要为"产品作业线设备"的服务上来，还没有转移到要"服务于企业产品的全面生产维修"的方向上来。

2）企业"产品作业设备"管理责任者不明确，企业设备管理的重担一直压在各级领导者的身上。

① 企业不明确或没有设专职掌握设备运行状态的责任者。

② 企业不明确如何与现场产品作业"操作方"掌握的运行信息沟通。

③ 企业不掌控设备的运行状态，突发事故频繁，紧急抢修多，疲于奔命。

④ 企业不明确谁是设备管家，基本上呈"谁也管、谁也不全管"的状态。

3）企业对产品作业线上有隐患设备的维修对策比较单一，缺乏"维修策略"的考虑，设备故障的维修方式，仍停留在传统计划检修和定期更换的阶段。

① 企业不善于按"企业成本"和"维修策略"针对性地实施设备故障维修。

② 企业不善于"改良维修"，习惯于重复的、简单的和恢复性的修理。

③ 企业不善于对社会维修协作力量的挖掘，协力外委维修的利用率较低。

4）企业设备管理的基础工作比较薄弱，能干、会修但不善于积累信息和做记录。

① 企业缺乏对设备维修项目，特别是检修"工时、工序"的实绩记录和积累。

② 企业缺乏维修项目的基础数据，心中无数一揽子对外"承包"。

③ 企业缺少对设备故障的统计和分析，只惩罚而不明确故障维修的主攻方向。

④ 企业缺少维修多面手人才，设备系统员工的专业面窄，岗位定员偏多。

综上所述，点检的优越性及鲜明特点，由点检的"五项结论"，可归纳为：

1）企业一切设备管理业务始于点检，彻底解放领导精力。

2）点检是设备预防预知维修的基础，明显减少突发事故。

3）点检是企业关键设备的贴身保姆，确保产品用户满意。

4）点检是企业产品作业设备的管家，精打细算勤俭持家基础保障。

5）点检是现代企业设备管理的核心，安全和谐持续发展。

3.3 市场经济环境为何必须推进点检管理

市场经济环境下纵观当代企业，可以发现这几年来潜移默化地在我国企业管理上有很大的变化，可以概括为有三大不同：

1）经济环境已经发生了很大变化。表现在：市场主体的自主性（企业生产什么、生产多少、怎样生产，由企业根据市场的需求，自行确定）；市场关系的平等性（不可以用非经济手段，强加于人）；市场活动的竞争性（国家垄断行业在逐渐退市，进入

第3章 实施点检管理的理由

WTO后,国内外的企业都能参与竞争);市场活动的有序性(核心是保证公平交易)等。因此,新时期企业必须具备驾驭当前经济形势的能力。企业"驾驭市场经济的能力"是指:企业运用经济理论,观察、分析、判断、决定、解决经济问题的能力。当今的经济环境下,是充满竞争的时代,企业应充分运用经济的运行机制,即运用利益机制、供求机制、价格机制、竞争机制、风险机制、工资机制、利率机制和汇率机制等,为企业服务,而企业的一切工作都为了制作出满足市场需求、使用户满意的产品,取得企业价值的最大化。

2)企业的装备水平也发生了很不同变化。企业的领导班子年轻化、知识化,具备了强烈的前瞻性和进取心,追求企业上档次和誓当行业排头兵的雄心壮志;在国内外市场激烈竞争的形势下,重视企业核心竞争力的培养和提高,产品不断更新和上档次;随着企业产品的升级换代,产品装备也进行了更新淘汰,引进了国内外具有先进控制系统的成套机组或改造了现有的设备,以适应国内外市场激烈竞争的需要。另一方面,从设备损坏的机理来看,也由"摩擦磨损"的一种形式发展到由不同故障曲线形成的六种形式,设备上大量采用了新型材料和制造工艺,使设备上的零部件的维修方式已与传统的计划预修制完全不同,习惯的管理模式已经不适应当代形势的要求。

3)管理设备的主体,即管理设备的人也已经完全不同了。体现在企业为适应经济全球化,将全球经济与文化融为一体化,重视文化对经济的促进作用以及如何调动不同文化人的积极性,使之形成三位一体的合力,形成企业发展的真正动力,同时,在对员工的管理上,也力争向五化发展,即管理理念的人本化(以物为主到"以人为中心")、管理组织的分散化(管理重心下移,推翻金字塔、建立大森林)、管理方法的软性化、管理手段的现代化(高科技管理)、管理目标的社会化(加强企业诚信建设)。新时代企业员工的素质与能力也颇具新内涵,表现在:具有完整的基础教育和文化知识;自我推荐、交际公关、讲自信、有主见;善于驾御时机、针对性地学习、快速适应竞争形势;交流合作,讲究团队精神;风险意识,理性地对待失败,具备抗挫折的能力。特别是当代80后、90后年轻一代,已经初具第五代企业管理的核心理念,即感恩(感激、不忘本、知恩图报)、善念(不消极、不悲观、心态积极、善良)、包容(追求完美但允许失误,宽以待人)、快乐(情绪稳定、快乐工作)。企业关心核心人才的引进和先进管理理念的导入,关注质量管理提高和推进企业文化建设,并努力提升企业管理的水平和推进先进的计算机管理,形成了企业传统管理理念。

市场经济体制国家的设备管理方式,大致可以分成两大类:欧美经济发达的企业,设备维修是以工程师、专家治理为主,他们易于采用设备更新换代的方式,即:对现役设备的故障、隐患等,进行详细测定、记录,找到其根本原因并分析;用改良后的新设备替代现有设备,确保产品的先进性。因此,他们存在着"资产"管理的问题,而经济欠发达的地区,要按上述做法,就有一定的难度,与之相比,也存在一定的差距。

我们企业的装备,也不可能完全模仿欧美企业的管理方式,而要认真贯彻"科学发展观和可持续发展战略"的国策,要好好地维护。

3.4 继承发扬我国设备管理的好经验

在国民经济"五年建设计划"发展时期,企业的设备到底应该如何来管理?在普遍学习原苏联的管理模式后,明确了在计划经济体制的环境下,企业设备管理应推行的是"计划预修制"。我们的企业和广大的设备系统员工,发挥了聪明才智,使企业的设备,从一个"不坏不修、坏了再修"的事后维修状态,进入到设备建立在"摩擦磨损"机理指导下的初步有管理的"计划检修体制",应该说是一个很大的进步。在当时还提出了以下几点:

1)推行三好(用好、管好、保养好设备)、四会(会使用、会保养、会检查、会排除故障)制度,使操作者熟悉和掌握所有设备的性能、结构以及操作维护保养技术。

2)企业的设备保养,实行"三级保养"制,即指设备的日常维护保养(日保)、一级保养(月保)和二级保养(年保),各企业在搞好三级保养的同时,还要积极做好预防维修和计划保养工作。

3)坚持以狠抓(安全、工艺、劳动纪律等现场管理工作,以此为主要环节,做到沟见底(排污、排水沟)、现场地面无杂物、设备见本色(机器光亮、电动机光亮),并形成习惯,使现场的设备管理工作做得更好。

4)坚持对一般设备事故,按"三不放过"的原则处理:即"事故原因不清不放过、责任者未受到教育不放过、没有采取防范措施不放过"。

5)坚持干部值班跟班制度,做好交接班记录,及时发现问题及时处理,不把设备隐患移交下一班,最大限度地减少和杜绝人为的操作和设备事故的发生。

6)除此以外,一些优秀企业的员工,还提出了许多设备管理的好风尚,如设备要部件全、声音正、动力足、仪表灵、资料全。设备维护保养十字诀:清洁、润滑、调整、紧固、防腐。操作员的四懂三会:懂原理、懂结构、懂机能、懂用途、会使用、会保养、会排除故障。设备操作四定:定人、定机、定岗位、定机制。设备维护保养四要求:整洁、清洁、润滑、安全。固定设备三检制:自检、互检、专职检。移动设备三检制:移动前原地检查、移动中停机检查、回场后全面检查。设备用油五定:定人、定点、按期、定制、定量。设备用油三过滤:使用前先一次过滤、使用时要二道过滤、加油口要三道过滤。设备用油(脂)四密闭:密闭过滤、密闭输送、密闭加注、密闭存放。维修记录五要点:及时、正确、齐全、清洁、工整。

市场经济时代的管理方式,除了借鉴原来要求员工个人素质上的"三好、四会"外,其余的都要不同程度按与时俱进的要求,加以适当的调整和改革,特别是企业如何对待进入到新的经济环境下的设备管理,再也不能维持"不坏不修、坏了再修"的状态,也不能简单地延续计划预防维修的习惯方式,而要按照市场经济的规律,要确保企业在新的经济环境下,如何面对激烈的竞争,必须要有预见性,要有提前量。企业为适应新的经济体制下的设备管理,必须要贯彻"科学发展观和可持续发展战略",点检是当今我国企业有效的设备管理方式。

第4章 实施点检管理的对象

4.1 作业设备的分类

乍一看,似乎这个问题是不言而喻的,其实不然,进入社会主义市场经济环境下,企业对这个司空见惯的问题,应该有一个适合于市场经济环境下的理解的含义和分类的方法。

以当今市面上销售的资料看,"设备管理对象的分类,就是企业的各种生产设备,由建筑物开始,包括基础、机器设备、高低压电器、仪器仪表、自控装置、信息化系统、各种加热炉,以及环境保护、水、气、蒸汽、动力等附属设备。现代科技的发展,已出现了一些"无维修设备",但大部分设备还是需要人们进行维修的,对此,设备管理人员应掌握其投入运行以后的功能变化,并对其采取对策,以免作业设备由差错、缺陷和隐患及劣化发展到故障而造成停机、停产。设备管理从掌握设备状况开始,这就需要对设备进行必要的分类。另外,从其构成部分的专业来分,有机械、电气、仪表、自动控制、信息、窑炉和土木建筑等专业。这些设备在性能和技术上各有各的特点,企业设备分类时,也要区别对待。这种对设备的分类,在以前是以设备的品种、规格、技术和用途来分类的。进入到新的经济环境下,还是沿用这种方法不是不可以,但针对激烈的市场竞争形势,就相对地显得不适应,这是将新的经济中最活跃的因素,割裂成五花八门的、形不成一种企业核心竞争力的设备分类方法。也就不是一种最适宜新的经济环境下应用的分类方法。

综上所述,应该看到进入市场经济体制下,企业全体员工努力工作的目标是要追求企业与客户所签订的"产品订单、合同,要按质、按量、按时地完成",(或者说"企业的产品就是一切"),是要实现"企业价值的最大化"。根据这个原则,在新的经济环境下,企业的全体员工,都必须十分明确:企业组织的一切活动,都要"为企业的产品服务"。因此,例如,在进入市场经济化比较早的一些亚洲国家,就是将设备分成为两个板块,即:"主作业线设备"和"非主作业线设备"(企业设备分成两类,即"产品作业线设备"和"普通作业线设备")。所谓"主作业线设备"这几个字其意思即为"产品作业线设备"。

由此,如按上述销售资料的介绍来看,仍以设备的品种、规格、技术和用途来分类的方法,分类是分类,但和企业的产品挂不上钩,也形成不了一个合力,也不能更有效地使得企业的作业设备,实现为企业的发展提供强有力的基础保障的作用。进入新的经济环境下,企业的设备分类方法的现状确实与现今的新的经济环境不相融合。因此,企业作业设备的分类方法,必须要与传统的方法有一个根本的、明显的不同,必须要按"产品作业线设备"和"普通作业线设备"来划分。其"设备树"架构见图1.4-1。

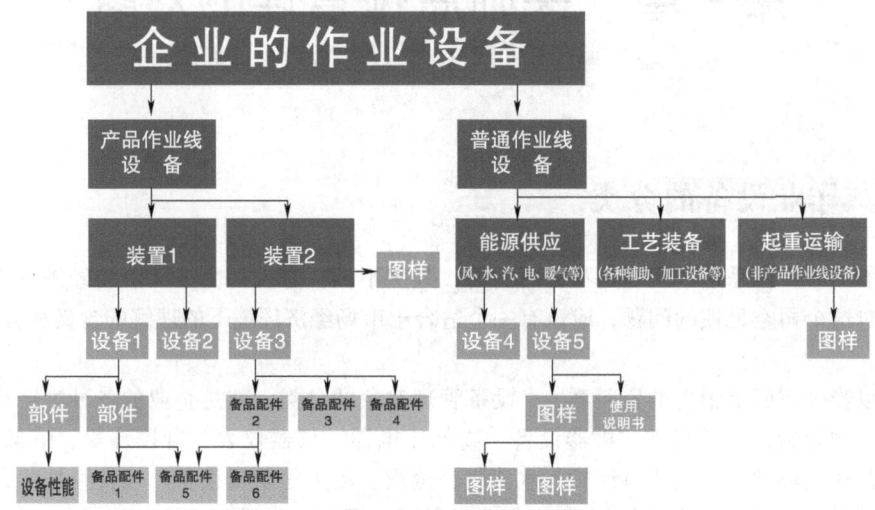

图1.4-1 企业的"设备树"架构

4.2 设备管理的重点及分级

1. 企业产品作业线设备

鉴于为了了解在市场经济环境下,如何实施企业设备管理的需要,曾赴某国的知名企业学习,回忆当时问及"作为产品作业线设备的管家,企业设备管理的重点在哪里"时,得到的回答是:企业设备管理的重点是"主作业线设备。"

什么是"主作业线设备",某国知名企业样板厂认为:"企业中的设备,不论其高、大、精、尖与否,只要它是在产品作业线上、在产品制作过程中,一步也离不开的,则这些在此作业线上的设备,称之为"主作业线设备"。所谓企业的"生命线"就是指企业的"产品作业线",它是由不同数量设备组合而成的,因此,"主作业线"又称之为"产品作业线"。产品制作的主作业线,也有长有短,企业都要加以重视,加强管理。除此以外的其他设备,一律都称之为非主作业线设备或非产品作业线设备,如企业作业线上的备用机组、辅助设备等。这样的分类方法,对比于原来企业认定的管理重点是部管设备、局管设备、贵重设备,以及目前在许多企业仍在沿用的ABC设备分类的方法,有着原则的区别。市场经济化的企业,由于确定了管理设备的重点是"主作业线设备",这就确实将企业的设备牢牢地和企业的产品作业紧紧地联系在一起,起到了适应市场经济的环境并为确保企业产品作业的护航保驾作用。

如图1.4-2所示,是某样板厂的产品作业工艺流程图及主作业线名称,而企业的"产品作业线",可以按企业能向市场提供的产品、中间产品或企业内部的半成品、初级产品来划分。如图 1.4-2 所示，样板厂当时有 30 条"主作业线"，即"产品作业线"，突出了新的经济环境下，企业以交付产品为主。而传统、习惯的设备划分，是按不同专业（机械、电气、土建、炉窑）或不同工种（车、铣、磨、铸、焊）来划分。这样划分的结果，对企业产品来说，是人为的被分段切碎了，对产品，则形不成一个整体的核心竞争力。

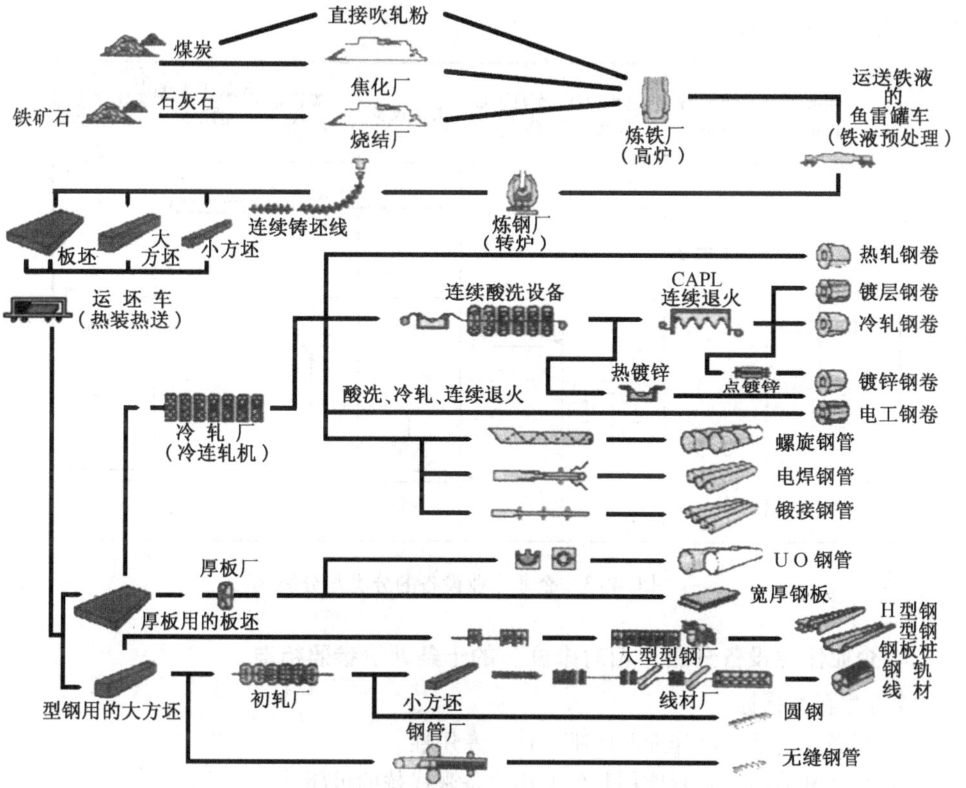

图 1.4-2 某样板厂的产品作业工艺流程图及主作业线名称

总的来说，明确了企业设备管理的重点是"产品作业线设备"后，随之而来的是：设备管理的重点，是要随产品市场需求的变化而变化。因为企业能销售产品的品种、数量，是由市场决定的，在某个时段，可能这种产品畅销而另一种产品滞销，因此，市场经济的规律就是要服务于企业产品，畅销的产品的作业线，就会忙一些，同样，设备的状态就要好一点，该条产品作业线设备的管家，就要责任重一点，设备管理就要到位，就要确保畅销产品的产品作业线设备的基础保障作用，就要力争完成和满足市场的需求。

2. 企业作业设备的分级

根据各类不同类型的企业，两大类设备大致可分成四个等级，如图 1.4-3 所示。

A 级：关键设备，是指产品作业线上的、有隐患的、较难修复的且修复较昂贵的设备。

B 级：重要设备，是指产品作业线上的、不属于关键设备的其他设备。

C 级：一般设备，是指普通（非产品）作业线上的设备，其中有隐患、会对产品作业产生严重影响的设备称为关键设备。

D 级：次要设备，是指普通作业线上的、不属于 C 级关键设备的其他设备或"人为事后维修"的设备。

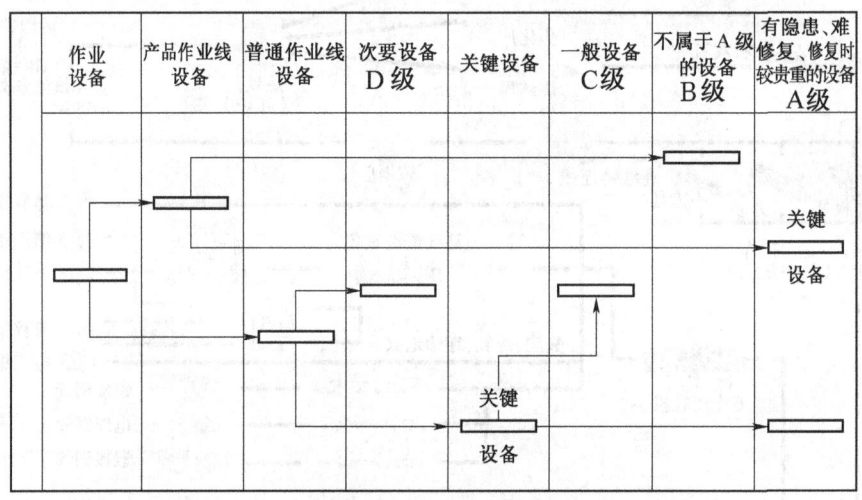

图 1.4-3　企业作业设备的分类与分级

3. 企业作业设备分级"相对排位"的十条评价参照标准

企业生存性指标：

1）设备在企业产品作业时的唯一性、专用性。

2）设备故障时，是否能用其他通用设备来代替的可能性。

交货期可靠性指标：

3）设备是否已经存在隐患和故障，其影响作业的程度。

4）设备故障时，对企业及周边安全环境的影响。

5）设备故障时，对产品质量、数量、交货期的影响。

机件维修性指标：

6）设备故障后，其修理的难易程度。

7）设备故障零、部件的可修性程度。

经营经济性指标：

8）设备故障，形成企业经济价值损失数值的大小。

9）该设备发生隐患及故障的频度与估计年计划检修次数。

10）设备故障零、部件的备件加工、制作及提供时昂贵的程度。

4.3 什么是产品作业线、关键设备和状态受控点

上面已经提及"产品作业线"和"关键设备"的概念,这里,再谈谈"状态受控点"的含义。图1.4-4所示为一个设备系统A,它是由许多子系统组成的,而一个子系统又有不同的部件结合而成,再往下分解,一个部件由众多的分部件、组件,最后,即有各种零件组合,形成一个完整的设备系统。

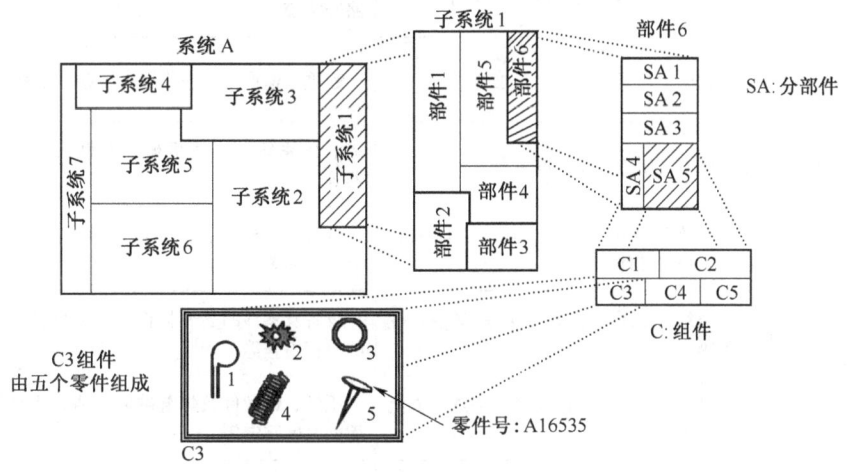

图1.4-4 设备系统A组成示意图

从企业设备已发生的故障统计和分析显示:大部分故障是由一个或几个隐患同时作用而引发的。设备"故障"是指其"状态受控点"的劣化已发生、发展并将危及产品作业线设备或辅助系统设备的运行安全及人身安全的异常现象,即由磨损、耗损、污损,发展成为松动、噪声、位移、断裂、变色、变形、泄漏、缺油、过热、电气失灵等涉及安全、消防和相应设施的损坏、设备故障引发的不正常现象等。因此,对企业作业线设备上的关键设备,及其"状态受控点"的关注,是企业设备管理的重中之重。所谓"状态受控点"的含义,是指设备上该点的"状态",即是指设备上该点的功能、精度、效率和可靠性;设备管理中的设备"状态"也是一种质量,它运行的正常与否,也会造成对产品质量的影响。借用质量管理中"质量受控点"的概念,来用于管好设备上的"状态受控点",也就是要抓住设备管理中的"重中之重"的点。"状态受控点"应该控制的内容见表1.4-1。

表1.4-1 "状态受控点"应该控制的内容

序号	物理特征	检测目标	适用范围
1	振动	稳态振动、瞬态振动模态参数等	旋转机械、正复机械、流体机械、转轴、轴承、齿轮等

(续)

序号	物理特征	检测目标	适用范围
2	温度	温度、温差、温度场及热图像等	热工设备、工业炉窑、电动机、电器、电子设备等
3	油液	油品的理化性能、磨粒的铁谱分析及油液的光谱分析	设备润滑系统、有摩擦副的传动系统、电力变压器等
4	声波	噪声、声阻、超声波、声发射等	压力容器及管道、流体机械、工业阀门、断路开关等
5	强度	载荷、扭矩、应力、应变等	起重运输设备、锻压设备、各种工程结构等
6	压力	压力、压差、压力联动等	液压系统、流体机械、内燃机、液力耦合器等
7	电气参数	电流、电压、电阻、功率、电磁特性、绝缘性能等	电动机、电器、输变电设备、微电子设备、电工仪表等
8	表面状态	裂纹、变形、点蚀、剥脱腐蚀、变色等	设备及零件的表面损伤、交换器及管道内孔的照相检查等
9	无损检测	射线、超声波、磁粉场、渗透、涡流探伤指标等	压延、铸锻件及焊缝缺陷检查、表面镀层及管壁厚度测定等
10	工况指标	设备运行中的工况和各项主要性能指标等	流程工业或生产线上的主要生产设备等

4.4 关于设备"故障曲线"的理解

为什么在"实施点检管理的对象"的大标题下,要引申去谈"关于设备'故障曲线'的理解",这是因为有些设备的故障,不仅仅是"摩擦磨损"的结果,又出现了与运行时间没有紧密联系的故障,或是说"点检"对这些设备已经是"英雄无用武之地"了。

什么是设备的"故障曲线":

首先,要定义什么是"故障率"。它是阐述运行到某时刻尚未失效的对象,在该时刻后,单位时间内(一般以一年为单位)发生故障的概率。这里,单位时间内,对象的故障总数与运行对象的总量之比,称之为"故障率"。

故障率(Failure Rate)常用 λ 来表示。一般认为 λ,它是时间 t 的函数,故也记为 $\lambda(t)$,称之为"故障率函数",有时也称之为失效率函数或风险函数。按上述定义,故障率是在时刻 t 尚未出现故障的对象,在 $t+\Delta t$ 的单位时间内,发生故障的条件概率。即它反映 t 时刻故障的速率,也称之为瞬时故障率。

"故障率曲线"就是当故障率(即单位时间内产生故障的对象数与运行到该时刻尚

未出现故障的对象数之比）的观测值是在某时刻后发生，或是指对象从投入到报废为止的整个寿命周期内（如果取对象的故障率作为对象的可靠性特征值）其可靠性的变化呈现一定的规律，这就是：以使用时间为横坐标，以故障率为纵坐标的一条曲线，称之为"故障率曲线"，简称为"故障曲线"。典型的故障率曲线（浴盆曲线）如图1.4-5所示，"故障率曲线"反映的是：对象总体运行寿命期故障率的情况，因故障曲线的形状酷似生活上的洗澡用具，故又称之为"浴盆曲线"。

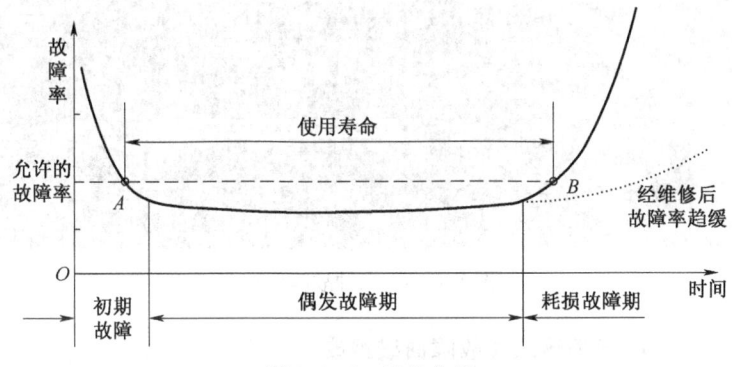

图1.4-5 浴盆曲线

4.5 管理三类设备不同"故障曲线"的方法

在使用早期，设备基本上是"摩擦磨损"机理作用下的损坏，对象在运行中，随着运行时间段推移，逐渐显现失效和故障，从图1.4-5可见，大致可分为三个阶段：第一阶段，是初期故障期（Infant Mortality），表明对象在开始使用时，故障率很高，但随着对象运行时间的增加，故障率迅速降低，这一阶段发生故障的原因，大多数是由于设计、原材料和制造过程中的缺陷以及在装配、包装、运输和安装过程中的过度防护和润滑所造成的。为了缩短这一阶段的时间，对象应在投入运行前，进行清油、擦拭清洗干净再进行试运转，以便及早发现、修正和排除故障；或通过空负荷试验进行筛选，剔除不合格品；第二阶段，是偶发故障期，也称随机失效期（Random Failures），这一阶段的特点是故障率较低，且较稳定，往往可近似看作为一个不变的常数，对象可靠性指标所描述的就是这个时期，这一时期是对象的良好使用阶段，偶然失效主要原因是质量缺陷、材料弱点、环境和使用不当等因素所引起的；第三阶段，是耗损故障期（Wear Out），该阶段的故障率，会随运行时间的延长而急速地增加，主要是由于磨损、疲劳、老化和耗损等原因所造成。

随着科技的飞速发展及新工艺、新材料和新装备的大量涌现，设备对象运行的情况也呈现了巨大的变化。根据世界工程界对故障曲线的描述，当今零部件的故障曲线，不是仅仅原来的适用于"摩擦磨损"机理的一种"浴盆曲线"而是又增加了五种，形成当今世界工程界公认的六种故障曲线，如图1.4-6所示。

可以将这个六种故障曲线，按性质把它分成以下三类：

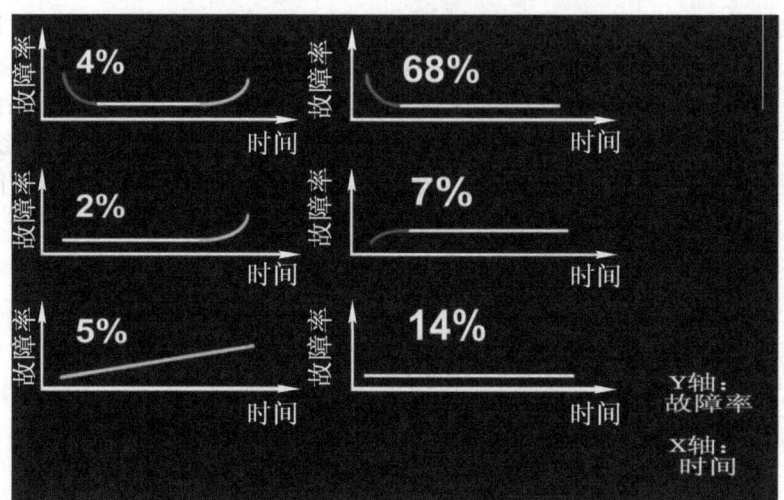

图 1.4-6　六种故障曲线

1. 由4%、2%、5%这三类故障曲线组成

这11%的故障曲线，存在有限使用寿命，符合摩擦磨损理论，仍旧可以采用大家已经熟知和习惯的"预防性维修"的方法，进行管理。

2. 由4%、68%这两类故障曲线组成

这72%经历了初期故障，是介于其他两种维修方式间的策略，可以采用"倾向管理"的方法来"预知状态，超前管理"。

3. 由68%、7%、14%这三类故障曲线组成

这89%的故障曲线，则没有明显的使用寿命。因为故障和隐患，都没有规律，是突发性的损坏，就是采用点检管理的方法，也无济于事。因此，是要以用可靠性为中心的"预测性维修"解决的。

图1.4-7是美国航空、航天产品及联合航空公司的统计，虽然不尽相同，但都说明六种故障曲线各占的比例，与世界工程界的数据很接近。同样，图1.4-8所示的我国的测试，基本上的数据，也都很接近，一切统计资料证明：许多产品都没有明显的耗损故障区。

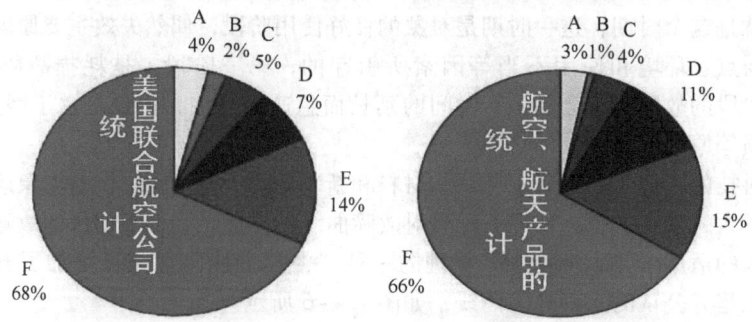

图 1.4-7　美国航空、航天产品及联合航空公司的统计

第4章 实施点检管理的对象

企业的设备管家们,对企业自己的作业设备,可经过实测,也可以按上述的方法,做出企业自己零部件的故障曲线,了解和掌握它到底属于哪一类的故障曲线。然后,分别按上述的三类故障曲线的情况,针对性地采用相应的维修策略和维修方法,这对企业的设备管家体系及应用到企业设备故障预测的场合,会有一定实用价值的。

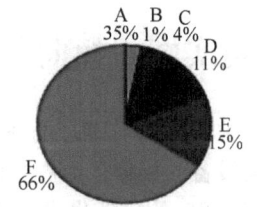

图1.4-8 我国对故障曲线的统计情况

4.6 可实施"点检"管理的故障

可实施"点检"管理的故障,即指可以实施预防性维修的点。

如图1.4-9所示,这类设备的故障,约占当代先进设备故障的11%,(见图1.4-6六种故障曲线),其中:4%的故障曲线,是具有较高的设备早期故障概率,然后进入到一个较低水平且稳定的随机故障区,最后进入到高故障区;2%的设备,其故障曲线呈现如上述,进入高故障区前有一个较低的随机故障区;还有5%的故障曲线,出现的是故障概率稳定增长。这三种故障曲线,主要涉及一些简单的设备,如滑道、橡胶密封、汽轮机压缩器的叶片、制动片、靴子和管道等,这些设备的故障,通常是与摩擦磨损、产品与设备有直接接触的点和面以及疲劳、腐蚀有关。

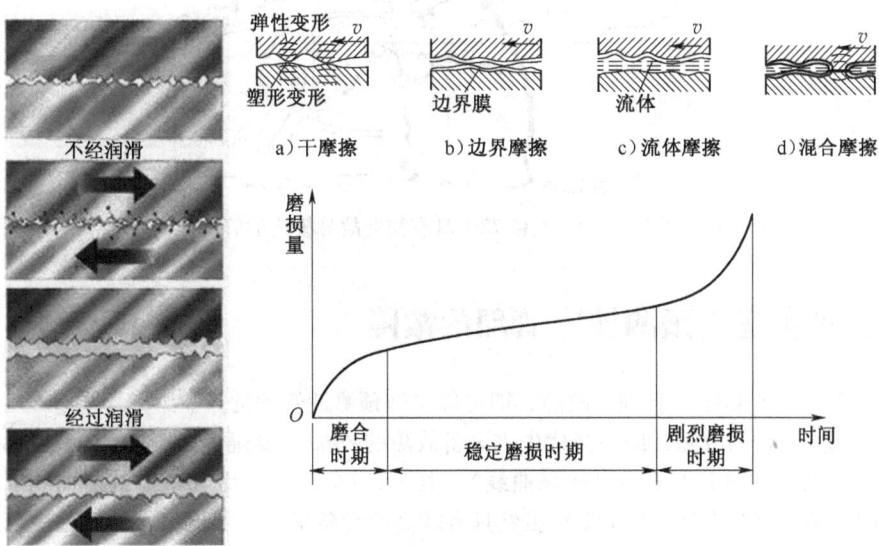

图1.4-9 某设备故障情况

4.7 可实施"倾向"管理的故障

可实施"倾向"管理的故障,即可以实施倾向性管理的点。

此类设备的故障,约占当代先进设备故障的72%(见图1.4-6六种故障曲线),其中,4%及68%的故障曲线,都是具有较高的设备早期故障概率,然后进入到一个较低水平且稳定的随机故障区。据有关分析报道,形成这72%的初期故障过渡,往往是由于经常实施了定期维护、解体点检和计划更换零部件所致。而且,设备愈复杂,这种比例就愈高。这是因为,有时因为预防一个似乎有、又确定性不太大的故障时,就实施解体检查、维护或更换,其对设备的干预性很大,可能会产生新的、大量的其他故障模式。因此,企业要决定对设备实施定期维护、解体点检和计划更换零部件时,一定要认真考虑,是设备继续运行时的故障概率大,还是解体、维修后可能导致设备故障的概率大。

应发挥技术人员的专长来解决这类故障模式,设备72%具有初期故障模式的管理如图1.4-10所示。

图1.4-10 设备72%具有初期故障模式的管理

4.8 可实施"预测性"管理的故障

可实施"预测性"管理的故障,即可以实施预测性管理的点。

这几类设备的故障,约占当代先进设备故障的89%,要避免如图1.4-11所示的手忙脚乱状况(见图1.4-6六种故障曲线)。其中,7%、14%及68%的故障曲线,都是与时间无关,有些(7%和68%)虽然具有较高的设备早期故障概率,这三种故障曲线的后期都稳定在随机故障区。说明设备运行的时间与设备发生故障可能性之间,没有什么因果关系和联系;同时,也不能通过点检及定期解体维护、更换,来避免设备的故障。此类故障曲线,通常与复杂的设备有关,如液压设备、气动设备、发光二极管

(LED)、试验过的 IC 卡、软件、电动机、IC 包装线等,几乎所有的球形轴承的失效,都属于 14% 类型的故障曲线。

图 1.4-11　设备 89% 故障模式管理应避免手忙脚乱

4.9　可替代设备与不可替代设备的区分

进入新时期,企业的作业设备必须要按"产品作业线设备"和"普通作业线设备"来划分。为了使其含义更为本质,又将进一步地阐述其属性。对各类企业来说,"产品作业线设备"都是"不可替代的设备"(我国称之为"专用设备",这些设备一旦停产了,问题就严重了,企业就没有产品可以向市场提供了);而对于不是直接参与产品作业的其他设备,如起重运输设备、供风、供水、供气、供暖、供电的设备、加工工艺的辅助设备等,都列入"非主作业线设备"。这里,称之为"可替代的设备"(我国称之为"通用设备",也就是说,这些设备坏了,关系不大,如发电机坏了,可以用一台移动发电机来替代,空压机不能用了,立即用一部汽车拖动的压缩机来顶上)。

对"产品作业线设备"或"不可替代的设备"与"普通作业线设备"或"可替代的设备",在企业的现场,可以用这样的方法来区分:假如,将这台设备抽走,看看产品作业能否继续进行,如抽走该台设备后,产品作业停顿了,那他就是"产品作业线设备";如果抽走后,产品作业仍可以进行,那它就不是"产品作业线设备",以此类推,就可以识别每台作业设备的属性。

按照上述理解"管理学基本原理",就是要面对"产品",就是要"挤时间"和"抢时间"。那么,针对各行各业的设备管理,可以在这个原理指导下实施。如对烟草产品企业,一般可以制丝、卷包和动力等作业组成三条作业线。制丝是连续的"产品作业线",可以实施点检;卷包设备,则是单体独立的"产品作业线设备",根据企业产品的品种和包装作业的安排,当前,可以过度地实施"轮保"的管理方式和"点检"相结合的管理办法;而动力车间则是"普通作业线设备",它是为烟草企业的产品作业提供相应的环境和作业条件的(如供水、供电、恒温、恒湿等),其备用机组较多,可由运行部门实施日常点检。对机械制造等加工企业,要按照产品,组成灵活的产品作业线,从毛坯开始到成品完成,总称为工艺流程线,其上的作业设备,就是他们的"产品作业线设备"或"不可替代的产品作业设备",因此,企业设备管理的范围,可以和工艺流程线一致,如工艺流程线太长了,也可以适当地进行分段。必须要找出针对这种产品单独的"产品作业线设备",一旦这台设备故障了会造成"停产"的,必须将它管理好,可以实施点检管理;对有多台设备的,如普通车床,因为同类型的有好几台,"停机"不一定会"停产",就可以采用设备操作员强化"三好四会"及"离线检修"的办法;对报业企业的报纸印制设备,在印报期间,如一刻也不能停止的话,那就只能采用有准备的事后紧急抢修了,对一些产品作业线上没有备机的关键设备,为了避免这些设备停产检修的时间过长,现在有些企业采用了人为的"离线检修"的方法,这是值得推广的。即在有条件的单位,预先备置了关键设备相应的成套备件,一旦发生不测,可以整体更换,以减少停产时间,将换下来的零部件作离线检修,就可以大大地减少产品作业线设备的停产时间,为企业赢得宝贵的产品作业时间,确保产品(服务项目)订单或合同的完成。

4.10 判断是否必须实施"点检"的设备

从"以点检为核心"的设备管理方式,从国内外的发展情况来看,世界经济的全球化趋向,导致企业追求的目标由以前传统的追求产值、利税、利润及净利润的最大化,进而到市场经济,追求的是体现在五个方面的"企业价值最大化",从某种意义上来说,也就是要追求"企业在产品或服务项目上,用户满意度的最大化"。

企业要实现上述目标,应理解为:企业追求产品或服务项目"用户满意度"最大化的关键,是要由"时间"来完成的。因此,追求产品或服务项目"用户满意度"最大化的实质,就是企业在和"时间"赛跑。如何用较短的时间来完成更多的作业量,也就是企业管理者,必须面对关键的现实问题是如何"挤时间"和"抢时间"。正如德鲁克说的:"一个理解管理学科而并不具备各种管理技巧和管理工具的低能管理人员,仍不失为一个有效的管理者——甚至可能是第一流的管理者。而一个只知道管理技巧和管理手段,但并不理解管理学基本原理的人,却不是一个管理者,最多只能算是一个技术员"。企业设备的点检管理,就是在这样"挤时间"和"抢时间"的背景下,应运而生!

可见,"点检"或"点检管理设备的制度",一般适用于大型、长流程、连续运行的作业线,如货物类的冶金、炼油、石化、电力企业以及服务类的港口、交通、地铁等企业的主要产品作业线,而产品作业的设备是不希望有停产的,"停产"检修意味着"时间"的丧失,是无法弥补的,必须将他们交给"点检"来管理,确保企业不停产,确保企业作业任务的完成,确保为企业提供强有力的基础保障。

把"点检"说成是"万能药",它难道没有不适应之处吗,有。"点检"作为动词,应该说是没有问题的,哪台设备不需要去检点、检查啊?"点检"作为名词,即作为

"设备管家"或"点检管理设备的制度",可以用"适用性"来表达。欧美市场经济发达国家的管理,由于他们资金充裕、人员技术力量也雄厚,往往采用设备"快速折旧"的办法。如德国有些企业的设备,竟然50%的都采用人为的、主动的事后维修,即设备使用到一定周期后就更换、报废。另一方面,他们员工的工资高,而设备的购置费便宜,维修是得不偿失的。所以,就可以不设"点检",也根本不用修理。

"点检"对以下的一些场合,就不一定完全和必须"适用"、"适合"或"设立",因为"时间"对这些单位并不关键。以下的一些特例,仅供读者思考、判断和验证。

1) 该部门的工作量并不饱满,一天8h工作时间,仅仅有4～6h(甚至还更少)工作量的。

2) 部门作业线上,具有备用机组的,即一旦设备有问题,可以切换的。

3) 部门作业设备在"停机"条件下,不会造成企业"停产"的。

4) 确实属于高、新科技设备,其状态受控点的故障曲线呈"与时间没有关系",该"状态受控点"要实施可靠性预测管理的。

5) 在一个时段里,当维护修理等总费用大于该设备购置费的情况下,部门设备可以实施有计划"人为事后修理"的。

6) 目前,仍处于垄断型的部门,仍然是属于该行业的老大,社会离开他就玩不转的。

7) 企业领导具有各方面丰富经验,能够应对一切故障、事故的。

8) 企业作业人员具有高素质、高水平,而且责任性也很强。

9) 企业经济状况等不尽如人意,暂时没有能力实施的。

第5章 实施点检的最佳时期

5.1 初步掌握设备状态的方法

企业的设备管家体系管理设备时,要及时掌握作业线设备现在的动静状态,则必须要熟知设备的"两条曲线",以便能宏观地或概略地了解其状态实况。这里,作为设备专业的从业人员,在院校上课或自学后,都曾学习接触过这样两条曲线,那就是设备的"性能曲线"和设备的"故障曲线"。请注意,这两条曲线制作前提是:在机件"摩擦磨损"机理下,才形成的客观规律。如图1.5-1所示。

首先,介绍一下设备的"性能曲线"。理论联系实际,从中可以知晓其性能的概况。图1.5-1所示的曲线表示了设备在全寿命周期里的"性能"随着时间推移、变化的情况。这里,为了看得更明显,设备性能曲线的绘制,是按夸大的方法形成的。

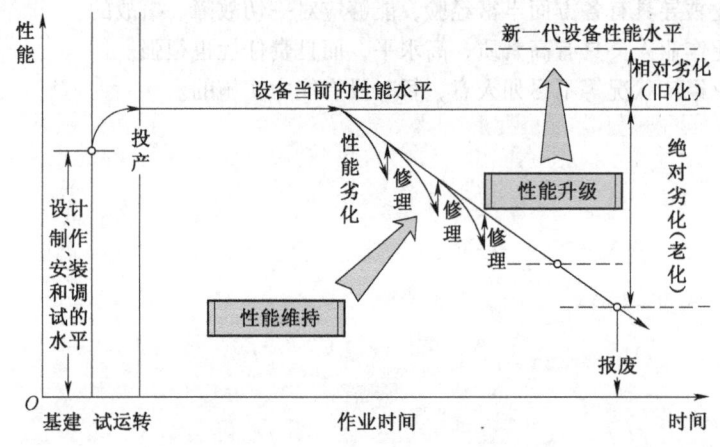

图1.5-1 设备性能曲线的示意图

在以横坐标是表示"时间"和纵坐标是表示性能的坐标系统里,这个"O"点,意味着"设备"还没有呢,然后经过构思设计、制作、安装和调试的基建阶段,或称之为"设备前期管理"阶段,设备到达企业现场的性能,是由其在前期管理水平的高低所决定的,然后,就进入到"试运转"阶段。犹如一辆新汽车,刚刚购入后的试车阶段,或称之为"跑合"或"磨合"阶段。这时段,机件在磨合过程中,将其配合工作面,从微观来看的高低不平处趋于缓和,故其性能会略有提高(图上是夸大了的表示)。试运转结束后,就已经转入投产阶段,即进入设备作业的时间段,设备的性能也会随着作业时间的推移而略有所下降（图上又夸大为了直线），到了一定的时段，设备性能就"劣化"了（图上夸大其为大幅度下降，然后通过检修，又能恢复一些性能）。这样，周而复始，直到设备性能降到了不能满足作业要求时，就进入到报废阶段，这就是所谓的"设备全寿命周期管理"。图 1.5-1 上，还表示了新一代设备性能提高和原来性能的关系，供对比。比较常见的设备"性能曲线"的画法如图 1.5-2 所示。

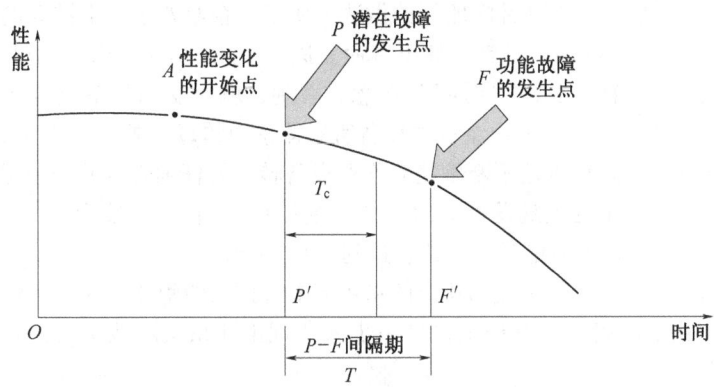

图 1.5-2　设备性能曲线上重要的部位和点

设备性能曲线大致的走向，如图上的曲线所示。随着作业时间段推移，逐渐地下降，在性能曲线上有三个具有"代表性"的部位。"A"意味着设备的性能开始发生变化了；所谓"P"点是指设备随着使用时间的推移而出现异常，但还能工作的起始点，表示潜在的故障已经开始发生了；"F"点是已经出现的异常到达了故障停产的那个点，则显示功能性故障到达了突然爆发的时段了。传统管理，设备维修基本上是围绕着"F"转，即设备运行时，谁都在管，但又谁都没有管彻底，直至设备到达了故障停产时，就紧急抢修。

时间节点是：按照设备已经安装到位并投入使用，开始设备的性能是良好的，使用一段时间，性能从维持在初期状态到达了"A"点后，性能开始逐渐下降。

虽然设备性能开始逐渐下降，但不会影响运行，设备可以正常地良好的使用，继续使用，设备性能状态在继续劣化，到了"P"点，设备潜在故障已出现；即开始有轻微振动了，通过油液分析显示已经磨损，发出轻弱的噪声了，感觉有发热的征兆了，但还无大碍，仍然还能用，若不重视潜在故障的发生和发展，继续拼设备，直至"F"点，那就是功能故障发生点，表现为：设备被强烈的振动振坏了、磨破了、烧损了，就不能再用了，这时，设备的性能消耗殆尽，就非得马上组织紧急抢修。

通过对设备"性能曲线"的了解，就可以根据其投入时间的长短、作业负荷的轻重、日常维护情况的好坏，理论联系实际地来判断了。作业线设备上的点，现在是在该故障曲线上的哪一段，如：在 A 点以前或在 A 点和 P 点之间的区段，那其运行状态应该没有问题；如已经有了一些隐患的征兆，说明该点已经过了 P 点了，那就要不断地贴近设备、强化点检，就要检查其隐患的属性，是机械的还是电气的项目，即：是表现为振动、发热,还是电流、绝缘的状况,就要检查其量化的数值,要避免其进入到 F 点(功能故障发生点)的范畴。

可见,在设备"性能曲线"上,出现三个具有代表性的"关键点",即:

"A"点:设备性能变化的开始点;"P"点:设备潜在故障的发生点;"F"点:设备功能故障的发生点。

在过去,多数企业绝大部分的设备,基本上都是围绕着"F"点转,也就是常言道"不坏不修、坏了再修"、"事后修理"的做法。所以,企业处于非常被动的状态,设备系统员工就充当了"救火队",整天疲于奔命。进入市场经济环境下,企业的运作都有订单或合同的约束,特别突出"时间"概念,否则,就要受到订单或合同违约条款的索赔。因此这些"点"必须要由企业的设备管家体系中的每位成员,特别是"点检方"更要兢兢业业地、认真负责地不断围绕着作业设备转,要仔细观察并详细记录,来掌握这些产品作业线设备中的关键设备上的"状态受控点",什么时段到达了"A"点,什么时段到达了"P"点,而绝对不能让它达到"F"点。

另一条曲线,已经在第1篇第4章的4.4节中有详细的阐述,这里,就在设备"故障曲线"或"浴盆曲线"的基础上,进一步来"理论联系实际地说明,如何掌握设备状态的方法。

如图1.5-3所示,多个设备故障曲线的连续过程,即是指:设备的故障率(单位时间内失效的对象与对象总数的比例)随时间推移的变化情况,在"摩擦磨损"机理下运行的机械[第一循环用黑色线(1号线)表示,第二循环用蓝色线(2号线)表示]、电子元器件[用红色线(3号线)表示]的"故障曲线",一般,由于电子产品偶发故障的时间段,要比机械产品的长一些。从图1.5-3上可以明显地表现出来。

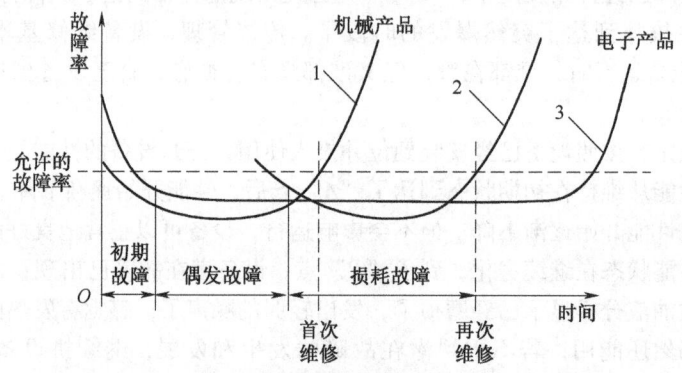

图1.5-3 多个"设备故障曲线"的连续过程

从设备故障曲线中,也可以提供一个信息,那就是:设备的初期故障率是比较高的,也就是说,新设备在刚使用时,也会有较多的故障发生;而经过开始的试运行,随着作业时间段推移,设备在进入"全寿命周期的中间时段"故障率会比较平稳,说明设备虽然也会有故障,但趋于稳定;设备运行到"全寿命周期后段"的耗损故障区,故障又会直线上升,这时要加强防范以避免事故。

笔者有个亲身经历,曾经在管理20世纪80年代全新、原装、进口知名专业制造厂提供的当时最先进的焦化设备时(特别是配置在M型6m50孔大型炼焦炉周边的"四大车",即装煤车、推焦车、导焦车和运焦炭电车时),在刚开始投入运行时,原以为这样的一套豪华装置,应该是没有什么问题,实施的结果,设备故障还是很多,故障率也很高。通过对设备故障曲线的学习,通过理论联系实际,从设备故障曲线的初期故障阶段,故障曲线走向的规律,找到了答案。在这个时段,故障是比较多的,但故障并不是致命的,都是一些零部件松动、配合和磕磕碰碰的问题。

这就告知设备管理者,要结合管辖设备,要分析该设备目前运行的时段,如是在刚刚开始的初期故障阶段,就要有准备,迎接故障多发期,要有一些克服故障的预案,以应对不测;如过了这时段,即已经运行了一段作业时间,进入到设备的"偶发故障"阶段,故障会明显减少,要加强维护,以防突发事故,以及要仔细点检并观察其动态,什么是设备的潜在故障,何时已经有了隐患和表现状态;当进入到"耗损故障"阶段时,设备的毛病又会有所抬头,这个阶段就要特别注意其"性能故障"的突然降临,要有所准备才好。

5.2 设备性能曲线上的 $P-F$ 间隔期

所谓"$P-F$间隔期",这是学术界喜欢经常使用的一个专业用语,从上面的设备性能曲线的图中,可以看出(再重复上面的表述,"P"点,表示潜在的故障已经开始发生;"F"点,则显示功能性故障到达了突然爆发的时段)。因此,"$P-F$间隔期"是指设备已经有了一些无碍的小隐患,但还没有到达功能性故障前的一个时段。

5.3 实施点检的最佳时期

对设备性能曲线上的"$P-F$间隔期"的了解,从理论上来讲,这个设备性能曲线上的"$P-F$间隔期"就是指:设备已经有了一些无碍的小隐患,但还没有到达功能性故障前的一个时段,这就是实施点检的"最佳时期"。因为,"点检"的职责,就是要在企业的作业设备上,专门去查找设备隐患的,就是要对作业设备,实施"预知状态、超前管理"。那么,从设备在参与作业的全过程中,何时才是实施点检的"最佳时期"呢,应该就是在作业设备运行中,虽然有了一些隐患,但还没有损坏以前的这个阶段,是最理想的实施点检的时段。这就要求企业设备管家体系中三位一体的成员,要不断地贴近作业设备,要坚持作相应的"点检"(作业人员的日常点检、设备人员的专职点检和工程技术人员的精密点检、倾向管理等),要针对每台作业设备,去了解和掌控何时出现并到达了"P"点,何时估计会突然出现"F"点能比较准确地知道此规律,就能达到"预知状态、超前管理"的效果。

5.4 按"周期"点检的重要性

"点检""周期"是指"对设备的状态控制点,两次点检作业间的间隔期",或是理解成"对该设备的状态受控点,现在去点检了,下次相隔多少时间再去点检",这个"间隔期"或是"相隔多少时间",称之为"点检周期"。本书的后面篇幅,会介绍详细的点检方法,其中,就有与之相关的内容,即点检周期是点检标准的重要内容之一,如图1.5-4所示。

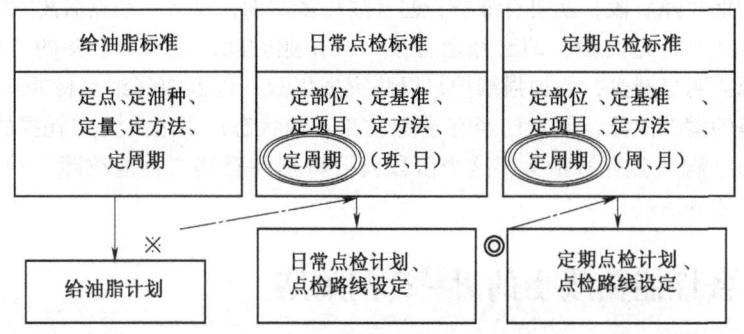

图 1.5-4　点检周期是点检标准的重要内容之一

设备点检周期在没有合理优化前,企业对设备点检周期的确定,往往主要是:参考同类型设备已有的点检周期;再根据点检人员的经验予以适当调整。

这样设定设备的点检周期,往往会造成部分设备"状态受控点"的点检时间,不够科学、合理。例如,有的企业作业设备的点检周期过长,从上述设备性能曲线上可以看出,已经大大超过了"P"点而快接近"F"点了,难以保证实施设备点检,即专门查找隐患的有效性,这是其中的一个极端,现在,更多的企业走了另一个极端,那就是"点检周期过短",有个别领导他们的心是好的,是想不能等设备的损坏,要求设备系统的员工不停地去点检,这样,也不符合"科学发展观",因为,每个状态受控点,都有自身损坏的客观规律,就像人们的健康体检一样,用X射线检查肺部,他的周期一般是一年一次,如果来了一位领导,为了确保员工的肺部健康,要求每天都去做一次X射线检查,这是不科学的。所以,企业设备状态受控点的点检过程过于"频繁",反而有害无益,还降低了点检工作的效率。

对设备点检周期的合理化,就是对企业作业设备的精细化管理,就要求实施对设备状态受控点的量化管理,要把点检周期从模糊状态下进行比较、划分,使其过程有明确的衔接和有效的控制,为设备管家管理设备提供可操作的点检周期模型。通过分析影响设备点检作业的各项要素,使不同设备实现有比较标准的科学划分,确定点检的周期、提高点检效率,设备管家可进行量化管理,保证设备的良好运行。

5.5 设备"点检周期"标准化的推荐表

为什么要"标准化"点检周期,这是因为,按照具体设备管理的状态受控点的"$P-F$ 间隔期",可能会出现如:有的 32min、有的 58min 点检一次或各种不同的时段点检一次,这样,作为企业管理会很不方便,几乎每时每刻都在点检,由于点检周期不同,就没有共同时段。为了有利于企业管理的实施,将各种不同的周期,适当地进行修正、归纳,在科学的前提下,形成如表 1.5-1 所示的推荐表。

设备"状态受控点"的"点检周期",是设备管家体系实施设备点检、编制"点检计划"时的主要参数。为此,点检周期必须要实行标准化,以适应点检的体制建设。从表 1.5-1 可以说明:推荐的标准化设备点检周期,共分为三大类,每一类又有六个档次。因此,三大类乘以六个档次,共有:十八个长短不一的"点检周期",这也是设备管家体系中专职点检周期的模型。下面介绍表 1.5-1 点检周期推荐表的含义。

表 1.5-1 标准化设备点检周期推荐表

设备管家的操作方的日常点检周期	设备管家的点检方的专职点检周期	设备管家的技术方的精密点检周期
不间断	两天	两个月
一个小时	三天 = 半周	三个月 = 一个季度
两个小时	一周	六个月 = 半年
四个小时 = 半个班	十天 = 一旬	两年
一个班	两周 = 半个月	三年
三个班 = 一天	一个月	更长

第一类,操作方的日常点检周期。由于企业设备的操作方,或是作业设备的运行者,从全员参加的服务于产品的设备维修制度出发,要求企业的操作方必须参加作业设备的日常点检,又称之为"良否点检"。而他们上班的班次,虽然不同企业有不同的安排,一般大部分总是在四班三运转的或长白班的 8h、两班倒的 12h 和倒大班的上一天休息一天的体制,也就是说,操作方点检周期最长就不要超过一整天(24h)。

根据对操作方上班规律的分析,除了个别例外的,基本上可以归纳成表 1.5-1 中的六个档次。其中,"不间断"的含义是:有时企业为了满足用户的需求,不能延误产品的交货期,但作业设备偏偏又有些不顺,经企业各方研究,必须满足用户,并决定在这特殊时期的"维修策略"是以"交货期"为主,其他的要求就"退居二线",要为之让路。这样的前提下,企业为了能准时交货,就要对有些不顺的状态受控点,实施"不间断"的点检,一旦点检发现超标了,为了产品的"交货期",就立即紧急处置并继续进行作业。这种在"维修策略"指导下的"不间断"点检,就不能理解为"拼设备"。

第二类，点检方的专职点检周期。企业设备系统点检员（有的称之为设备员、设备区域工程师、设备组长等，虽然名称不同，其实质都是在管辖一条作业线设备的设备系统作业人员）他们是上常白班的，不一定要像操作方实施"日常点检"一样，他们是企业设备管家体系中的核心人物，实施的是"专职点检"，其"点检周期"在一个月以内来安排。所以，就可以按照分布规律，在日常点检周期的基础上，从两天到一个月来排开，将其划分成表 1.5-1 中的六个档次。

第三类，技术方的精密点检周期。一般企业设备点检时，遇到疑难杂症，单纯用日常点检和专职点检等的"非解体的良否点检"，已不能解决问题。按照设备管家体系中的研讨，必要时，由专职点检员提出，邀请企业的工程技术人员，需要将设备解体，实施精密点检。综上所述，这种"解体精密点检"，除非不得已，尽量少做（在第 4 章的 4.7 节中，已有陈述）。因此，"技术方的精密点检周期"往往会相对长一些，从表 1.5-1 来看，考虑与"点检方的专职点检周期"相衔接，可以从两个月到两年甚至更长。

由此可见，这种"标准化设备'点检'周期推荐表"，分三种类型共十八个档次，对"操作方的日常点检"，其周期就在这个六种中选择，而对"点检方的专职点检"和"技术方的精密点检"，则可以在这十八种点检周期中，按需要任意选用。经过调整、整合后的"标准化设备点检周期推荐表"，对编制各类"点检计划表"时，提供了极大的方便。

5.6 用逐点接近法来确定点检周期

这里，再介绍一种用分析、参照和对比并通过实践"逐点接近"的方法，图 1.5-5 所示为确定点检周期的逐点接近法。

如果企业有一些同类型的设备（如风机、水泵、空压机、电动机、变压器等），对原有设备的"点检周期"已经掌握，最近，又增加了一台同类型但不同规格型号的设备，其"点检周期"的确定试用如下的方法。

可以先将已经掌握设备的点检周期作为标准，来确定这台新进设备的点检周期。先分析、参照，然后设计、预定，假设一个点检周期，按此周期实施点检，进行运行、跟踪。因为，这台新设备"理想的周期"并不清楚，经过实践，将"假设的周期"与设备状态做观察、对比，如果按假设的周期实施点检，设备的状态没有异常，则可以将假设的周期放长一些再试试；如果，按假设的周期实施点检，发现设备状态已经有些异常，则说明假设的周期过长，就要修正得短一些，经过一段观察、对比，就会逐渐地接近"理想的周期"，这就是这种方法的全过程。在实施中还要考虑到：工艺的要求（不能一厢情愿，如要停机点检，工艺上的可能性有吗）、安全运行的要求、新的业务需要以及要顾及损耗的变化、负荷的变化等具体情况，然后不断改进，逐点接近，如图 1.5-5 所示。

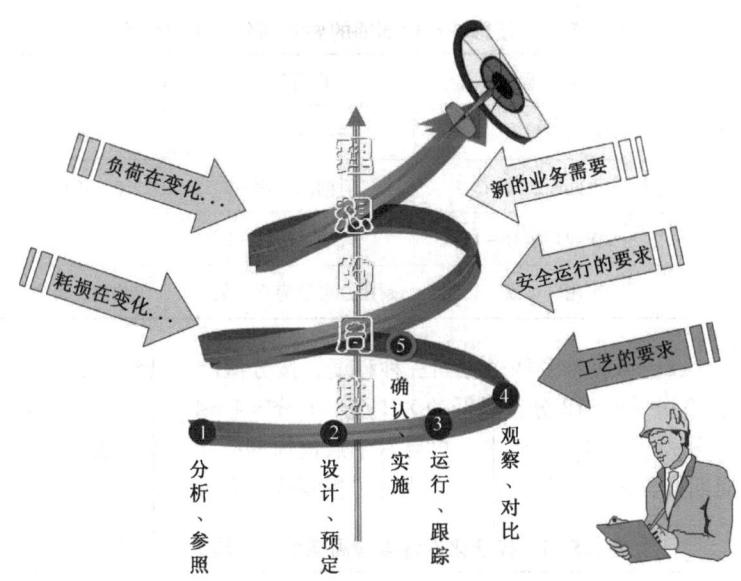

图 1.5-5　确定点检周期的逐点接近法

5.7　点检周期量化的设定

所谓"点检周期用量化管理编制"的方法，就是要根据现场作业设备的运行特点，找出影响点检周期的要素，通过对相关要素的分析、量化和比较，建立起有效的设备点检周期模型。

用量化管理来编制点检周期的步骤：
1) 明确量化点检周期的状态受控点。
2) 确定该点影响点检周期的要素。
3) 根据影响要素，建立点检周期模型。

影响点检周期的要素及其"比较标准"，是由该设备状态受控点，在作业中的重要程度和发生故障概率所决定的。影响设备状态受控点故障概率的主要因素为：
1) 设备状态受控点作业的频繁程度。
2) 设备状态受控点的作业环境因素。
3) 设备状态受控点本身的耐用性、可靠性。

对不同设备状态受控点的重要程度、作业频度、作业环境和耐用性、可靠性等要素进行量化比较，有利于确定设备状态受控点的点检周期，以及体现点检周期设置的管理倾性。按影响点检周期的要素划分的比较分值，见表 1.5-2。

表 1.5-2　按影响点检周期的要素划分的比较分值

	高等程度	中等程度	低级程度
A. 重要程度	重要受控点 – 3	一般受控点 – 2	次要受控点 – 1
B. 作业频度	不间断使用 – 3	有间隙使用 – 2	不经常使用 – 1
C. 作业环境	作业环境好 – 1	环境一般性 – 2	环境很恶劣 – 3
D. 耐用性、可靠性	耐用、可靠 – 1	耐用、可靠表现一般 – 2	耐用、可靠表现很差 – 3

根据表 1.5-2，可见涉及四个方面三种程度，按分值的排列组合，最高的 3 分，共 4 方面，因此，3 分 ×4 = 12 分，最低的为 1 分，1 分 ×4 = 4 分，加之以中间的 5 分、6 分、8 分和 10 分，共组成 6 个档次，再与六个点检周期配合，即成表 1.5-3 所示的标准化设备点检周期推荐表确定的过程，这就是"推荐表"的来龙去脉。

表 1.5-3　标准化设备点检周期推荐表确定的过程

	按受控点的重要程度—作业频度—作业环境—耐用性、可靠性等可操作性要素和实际维护经验来确定
两天	A3 + B3 + C3 + D3 = 12
三天 = 半周	A3 + B3 + C2 + D2 = 10；A2 + B2 + C3 + D3 = 10
一周	A2 + B2 + C2 + D2 = 8；A3 + B3 + C1 + D1 = 8
十天 = 一旬	A2 + B2 + C1 + D1 = 6；A1 + B1 + C2 + D2 = 6
两周 = 半个月	A1 + B2 + C1 + D1 = 5；A2 + B1 + C1 + D1 = 5
一个月	A1 + B1 + C1 + D1 = 4

第6章 当代企业点检管理的责任人

6.1 当务之急是建设设备管家体系

下面介绍为什么优秀企业必须要建设"设备管家体系"的理由。

1）当今的企业，在高层决策班子指挥下，处于高速发展的时期，企业领导的年轻化、知识化并具备强烈的前瞻性和战斗性，对企业的发展方向，具有"以追求上档次和誓当行业排头兵"的雄心壮志；企业领导关心人才的引进和先进理念的导入，关注质量管理和推进企业文化；企业领导要努力提升企业管理的水平和推进先进的计算机管理；在国内外市场经济激烈竞争的形势下，领导重视企业核心竞争力的培养和提高以及产品不断更新和增产；企业领导要主要应对国内外激烈的竞争，那么，企业基层的管理，由谁来担当呢？

2）随着企业产品的升级换代，产品制作的设备也进行了更新换代，引进或购置了国内外先进的装备。我国企业已进入国际先进制造业的行列，先进的生产力与现行的生产关系不相适应的后果是：企业会永远落后于世界的同行。因此，必须要按市场经济的规律，理顺关系，将管理重心下移，加强企业产品作业的基层和基础建设，以适应飞速发展的时代潮流。同时，目前企业产品制作的设备还处于"年轻"时期，及时地加强作业设备的管理，让有朝气的责任者将企业作业设备管起来，则对我国企业的"可持续发展"有决定性的重大意义。否则，一旦错过了机遇，等到企业作业设备有了隐患和故障之后，再去临时补救，也已经是来不及的事了。

3）新时期，我国的年轻一代（即人们常称呼的80后、90后青年人），有相对雄厚、完整的文化和专业教育基础，经过企业有计划地培训，也绝对可以让他们挑大梁（通过上海世博会、广州亚运会的实践，足以证明），企业可以把产品作业线上的设备，托付给有朝气、有激情的新生代，让他们按企业产品作业的要求，负责任地管理起来。

4）"他山之石，可以攻玉"：国内外的各行各业，都有自己的"管家"，如：

① "管家—Housekeeper"这个称呼，起源于法国。后来，英国又将"管家"的职业理念和职责范围，按照皇室宫廷礼仪进行了严格的规范，成为了"管家"的行业标准，"英式管家"也成为家政（Housekeeping）服务的经典范例。

② 社会上，把为投资者管理家业和日常事务的、地位较高的管理人员，称之为"管家"。过去，"管家"最大的作用是：按照主人的意志，规划和监督家中的人和事。在当今的时代：人们是把"为集体管理财物或日常生活"的人，美其名为"管家"。例如，人们称"勤勤恳恳为大家服务"的企业"食堂管理员"，是员工群众的"食堂好管家"。

③再看看活跃在社会上各行各业的"管家"们：如"移动管家"，着眼于中小企业信息化建设，是针对企业内外管理需求推出的移动运营管理平台移动办公的功能。"工程管家"则是社会上专为负责一项工程监理的人员；如上网搜索"管家"这个词汇，将会得到无数个相关的答案，这里就不再详述。

6.2 何谓企业的"设备管家体系"

按照世贸组织宗旨的含义，将世界企业及其国际交易，分成为"货物、服务的产品和贸易"两大类。为使本文叙述更为贴切，下面将"货物、服务的产品"统称为"作业"。

各类企业的"作业"，将由企业各个体系（如企业作业管理体系、物流供应存储体系、生活后勤服务体系和劳务外协辅助体系等），会同企业内部的两大产品体系，即"工艺运行作业体系"和"设备维护修理保障体系"共同努力实施完成，各个体系努力的目的，最终都是为企业的产品服务，目标都是为了企业能按质、按量、按期交货，完成订单或合同产品的服务等的任务，使企业"经营发展战略总目标"的顺利实现。

所谓企业的"设备管家体系"，是由企业产品作业线上的三部分人员组成。即本年度企业的订单或合同"标的"里标明的"品名"或"件名"，在制作并提供时，在这条产品作业线上，企业的"作业设备的操作人员"、"作业设备的管理人员"和与"作业相关的技术人员"这三部分的人员来组成。

"设备管家体系"中企业的"作业设备的操作人员"（简称"操作方"）是指企业各类作业设备的岗位操作人员。如果是单班作业的，就是指设备操作者本人；如果是多班轮班作业的，是指上白班的设备操作者。（这里，应该建立起一种联络制度和"各班设备运行状态异常报告表"，分别由各班的岗位操作人员负责收集，由上白班的员工负责汇总并代表各班岗位操作人员去参加定期召开的"设备状态研讨会"，并由他代表去反映各班的"运行情况异常的设备状态"）。

"设备管家体系"中企业的"作业设备的管理人员"（简称"点检方"）是指企业各类设备系统相应的负责设备状态的人员（不包括修理系统的人员）。如果已经建立了设备点检系统的，那就是企业的点检组、点检员；如果还没有建立点检的，则企业分厂或车间的设备员或分管作业设备的相关人员，也可以作为负责设备状态的人员。由他们承担设备管家体系的中心人物，负责所管辖设备的运行状态、召集定期的"设备状态研讨会"，担当起"企业设备管家"的重任。

"设备管家体系"中企业的"作业相关的技术人员"（简称"技术方"）是指企业各类设备系统的工程技术人员、工程师和技术专家。"点检方"定期可以将汇总好的"各班设备运行状态异常报告表"，提前报送给他们，特别是提供"关键设备状态受控点的异常情况和对策意见"，请他们提出相应的解决办法，在定期的"设备状态研讨会"上，请他们作指教或读取他们的书面材料，提供给企业"设备管家体系"的其他人员参考。

第6章 当代企业点检管理的责任人

再次重申：这三部分人员，必须是工作在同一条"产品作业线"上的员工。

当然，这里的企业，也不是要将这三部分人员的定员编制合并在一起，更不是要将这三部分人员的办公地点全部集中在一个地方。而是按企业现行的组织体制，让这三方面的人员，还是各就各位地在原来的岗位上。但是，要求"在同一条'产品作业线'上的三部分员工"必须定期汇聚（各个企业可根据设备运行状态来确定，如一周碰一次，或一个月汇聚两次），对管辖产品作业线设备的运行状态，进行研讨、判定。首先要由上述这三方面的人员来汇总，并提出设备运行状态的结论，有没有什么问题，准备如何处理，如何实施对所管辖的作业设备的管理，以确保企业产品订单即合同的顺利完成。

另一方面，不是因为由"设备管家"实施管理了就架空领导了。而是要将"设备运行状态的结论，准备如何处理，如何实施对所管辖的作业设备的管理"的情况，向领导汇报，听取并尊重领导的意见，并按领导要求实施。这样，就会使企业形成"各级领导"和"设备管家"两个积极性的和谐局面。

表1.6-1表示了全员参加的、全天候、全系统服务于企业产品的设备维修领导体制。

表1.6-1 全员参加的、全天候、全系统服务于企业产品的设备维修领导体制

	高层领导	中层领导	基层领导
共同目标	尽责尽力、科学、可持续、用户满意、为实现企业战略发展总目标而努力		
主要任务	牢牢掌管企业发展的方向，筹划企业未来的决策	精准分解企业发展的目标，准备企业明天的预案	勤恳肩负目标事务的兑现，完成企业今天的实务
白班	所有部门、各级领导全体都在各自的领导岗位上		
中班		正常状态时 主管领导 执行轮流值班体制	当班的 产品作业的作业长 设备管家中的产品作业的班组长
夜班		非常时期下 分管领导 采用紧急联络机制	专职巡检员 检修系统值班长

表1.6-2为全员参加的、全天候、全系统服务于企业产品的设备管家体系结构。

表1.6-2 全员参加的、全天候、全系统服务于企业产品的设备管家体系结构

	设备管家体系中的操作方	设备管家体系中的点检方	设备管家体系中的技术方	企业设备检修系统
共同目标	尽责尽力、科学、可持续发展、用户满意为全面、出色地完成企业年度产品作业任务而努力			
主要任务	企业产品的工艺、制作及设备管家	企业设备的点检、管理及设备管家	企业设备的技术、指导及设备管家	企业设备检修损坏部件修复紧急事故抢修

(续)

白班	企业设备管家体系中的 操作方（作业设备当班的操作人员） 点检方（专职点检员及点检组人员） 技术方（设备系统的工程技术人员）		受理委托实施设备状态修复紧急事故抢修
中班	设备管家体系中的 作业设备当班的操作人员 行使专职点检职责的轮值巡检员	非常时期作业设备出现严重故障 设备系统分管该产品作业线设备的工程技术人员 采用紧急联络机制	受理委托实施设备状态修复紧急事故抢修
夜班			抽调适当人员相当于专职点检员去担当中夜班作业设备轮值巡检员

因此，可以比较完善地概括企业的"设备管家体系"，如下叙述：

在世界经济全球化和剧烈竞争的环境下，企业为了实现经营战略总目标，要将设备管理的重心下移，建立企业的"设备管家体系"。企业"三位一体"设备管家体系的虚拟团队，在企业相关部门的指导下，由设备管家体系中的设备管理人员（如：设备员、专职点检员）来组织，对管辖的产品作业线设备，实施全面、全方位、独立自主的管理，运用"点检、停产检修"的手段，做到认真负责、"预知状态、超前管理"、当家理财，确保企业作业设备的状态，能按产品计划的要求顺利完成作业任务，实现企业价值的最大化。

6.3　以点检为核心的设备管家制

综上所述在"企业'三位一体'设备管家体系的虚拟团队"中，到底以谁为"核心"呢？这里，要十分明确地指出：必须以企业"设备管理专职人员"为核心。但"设备管理专职人员"在不同的企业，有着不同的称呼，这不是主要的问题，如有的企业"设备管理专职人员"称之为"设备员"、"设备组长"、"设备巡检""区域工程师"和"设备副主任"等，也有的已经开展设备点检管理的企业，则称之为"专职点检员"、"车间点检员"，他们将在组成企业的设备管家制中，承担着设备管理"核心工作"的地位。也就是说，"设备管理专职人员"是企业作业设备管理的主要责任者，而他们联系着两方面的群体，一方面紧密联系着"作业设备的操作人员"，另一方面，则牢牢联系着"作业相关的技术人员"。

"作业设备的操作人员"：主要实施"日常点检"的工作，参与对作业设备的清扫、润滑、紧固、调整和患情报告。

"作业相关的技术人员"主要实施"精密点检"的工作，参与对作业设备的"根本原因分析"等工作。这里再强调一遍：由于工程技术人员在企业的人数不多，又有他们自己繁忙的本职工作，所以，一般情况下，轻易不要去惊动他们，只有在接到专职点检员的点检联络单后，积极认真地配合开展设备的"精密点检"、"倾向管理"和"状态检测"的工作。

"作业设备的管理人员"主要实施"专职点检"的工作，按计划定期点检，每天上午三个小时的点检工作量，视情在80～100个点左右；每天下午要做好作业线的设备管理工作，详细的情况，在以后的章节中，还要认真细致地，分段地来加以描述。

三位一体的设备管家制中，这三方面人员的分工，操作点检员犹如医院中的值班护士、专职点检员犹如主治大夫、设备工程师犹如专家门诊。

由此可见，在国外早期进入市场经济化的企业，他们的设备管理，用不着三位一体的架构，而就是由"点检"一方来实施，其他各方人员会主动来配合。

6.4　设备管家体系的中心——专职点检员

企业设备管家体系中的"点检方"，是指企业设备管理系统里的设备"专职点检员"，他们不是传统观念中的一个工种或一个职员，而是国家进入到新的经济环境下，企业里的一个新设的工作"岗位"。

"点检方"，他们是企业设备管家体系的中心人物，他们的职责是企业设备的"守护神"，是企业产品作业线设备状态受控点的贴身保健，他们的目标是确保企业设备正常地运行，以满足企业战略总目标的顺利实现。他们的作业制度是：每天上午实施对管辖设备的检点、检查，专门查找设备的隐患和故障；每天下午实施对管辖设备的管理，是一个全面、全方位和全过程对管辖设备实施管理的既要干也要管的人物，故称之为"设备管家"。在新的经济环境下的企业，他们的产品作业类企业的基层，由两大板块组成。产品操作方由企业的"产品作业长"负责带领；设备点检方由"点检作业长"负责带领，形成强有力的企业基层第一线管理。企业里的"点检方"对企业产品作业线设备什么都管，而且他们经过长期市场经济环境下的运作，操作方、点检方及企业的工程技术人员相互配合得很好、很默契。

在这里，要特别指出：设备"点检"与传统设备"巡检"的区别是什么，请参考第1篇第2章2.6节的表1.2-1。

6.5　设备管家的后继接班人——轮值巡检员

考虑到我国企业在推进实施"以点检为核心的企业设备管家制"时，由于国情的不同，完全由设备"点检方"来承担，需要有一个过渡时期，因此，企业需要按"三位一体的设备管家体系"来设置。但即使就是这样实施了，还有一个空缺的时段，即，在一些实施四班三运转的全天候上班企业中，在中班、夜班里是没有"点检方"上班的，为了弥补这个空缺，故有以下这样的一种设计考虑。

"点检方"的后备接班人，最好的来源是从有设备检修经验的且有责任心的"检修方"的员工中培养、选取。故在"检修方"的总人数中抽取若干的人员，让他们脱离检修作业，并分成两个班，一部分员工去上中班，另一部分去上夜班，他们轮流上这个班，行使"点检方"的职责，相当于中班、夜班的点检员，为了区分起见，我们称之为"检修方在中班、夜班，行使点检职责人员的检点、检查作业"为"轮值巡检"。

"轮值巡检员"的工作，犹如中班、夜班的设备管家，也是和"点检方"一样，设备上的所有问题都可以涉及，遇到小故障问题，他们还可以及时配合中、夜班设备管家体系中的"操作方"，共同处理。唯独不同的是，他们是辅助者，是要详细记录，通过"点检日志"，要向设备管家体系中的"点检方"报告，并提出自己的意见。

"轮值巡检员"实行一个月倒换一次的"轮值巡检制度"，这样全体检修人员都有机会去担当中班、夜班点检作业，争取每半年可以轮流一次，一年间，可以轮换到不同性质的产品作业线上去体验、担当设备管家的作业。企业不定期地从"轮值巡检员"中发现和提拔优秀的、责任心强的"检修方"，充实到企业的设备管家体系中去，这是一个体现"要靠企业自己来培养设备管家"的政策。

6.6 市场经济时代管理重心的下移

进入新的经济环境下，都必须按企业自己的经营战略总目标来实施。而且，面对国内外市场的激烈竞争，迫使企业高层领导要"两眼要看市场"，为了企业的生存，为了企业的用户满意，为了满足市场的需求，企业的领导重心就要面对残酷的市场竞争，就要去对付来自国内外同行的压力。这样，企业的高层领导要考虑企业前途和发展的方向问题和承担企业生死存亡的重大责任，就无暇顾及企业内部的具体琐碎的事务；再看看企业的中层领导，他们虽是在企业高层领导的领导下工作，但必须要承担"承上启下"的工作，要将企业"明天"即将发生的事情预测好、准备好和安排好，也没有具体去参与下面的零星事务，这样，很明显，企业基层管理的事，则义不容辞的要由企业第一线管理者自己来承担，他们要"把全部现场问题解决在现场"，在领导明确了这个阶段必须完成的订单或合同后，要由他们自己把企业当天发生的事自己来解决，也就是说：企业要将"管理的重心下移"。

6.7 作业长与传统的工段长和班组长的区别

1. 企业的"作业长"是企业作业区管理的核心人物

作业长与工段长（值班主任）、班组长，这两者绝对不只是一个称谓上的区别，工段长、班组长是传统企业体制中的一个级别，而"作业长"，则是直线—职能（Line - Staff）体制中的一个管理层次，是作业线上全权负责的核心人物。由于在作业厂和车间（分厂）都不设职能机构，也不设技术参谋，从某种角度来说，"作业长"是企业领导者（厂长、经理）在产品作业第一线的代理人。

2. 企业的"作业长"不仅是管理者，而且还是作业现场的经营者

工段长、班组长的工作，主要是按上级要求执行管理职责。而"作业长"在产品作业区内，则根据企业的总体目标，自主选择作业区的管理方法，调配资源要素，进行

决策实施，指挥现场作业，确保现场作业线的正常运行。从这个意义来说，"作业长"同时也发挥着基层经营者的作用。

3. 企业的"作业长"，要对产品作业区的各项事务全面负责

工段长、班组长主要从事产品管理。作业长要对作业区的产品、技术、安全、设备等全面负责。只要是企业产品第一线的事，都在其管理范围内，作业长，拥有作业区内全部管理的权利，并接受和行使上级（分厂厂长、车间主任）委任的一部分职能。

4. 企业的"作业长"，应有较全面和较高的素质

"作业长"不仅要有一定的专业产品技术知识，而且还要有较高的政治素质和企业经营管理能力，承担着对上下左右的协调任务，其整体的素质，要求要比工段长、班组长高得多。

5. 企业的"作业长"之间，实行"工序服从"的原则

企业不同工序的"作业长"，在职务上并无高低之分。不存在哪个"作业长"最大的问题，但两个作业长在一起时，到底是谁听谁的呢？这里，应根据工作，自觉地按"工序重要性"实行服从。例如：下工序的作业长要带领上工序的作业长，或换一种说法，工序间的衔接，就是实施"上工序要服从下工序"的管理；又如：四班三运转的倒班作业长由"首席作业长"负责联络，包括联系各有关部门的关系和事务，而传统的工段长、班组长之间的关系，则往往要上级领导来协调。

6. 企业的"作业长"，实行"以人为本"的管理

企业的"作业长"要把培养部下、提高部下的开发能力、不断进行改进产品作业活动、发挥作业区所有人员的积极性，作为作业长的工作重点之一。

可见，工段长和班组长与作业长在企业基层第一线管理的任务和作用是完全不一样的，前者是被动地按上级细致的安排实施；而后者是主动的按上级总体的目标实施。

在各类现代化企业的设备管理体系中，企业的基层管理处于基础的地位，要形成企业"现场五项制度"配套的新格局。企业现场的五项基本制度，就是企业要"以作业长为中心，以计划值为目标，以设备点检、停产检修制为重点，以标准化作业为准绳，以员工的自主管理为基础"。其中，各部门、各类的"作业长"在企业基层管理中是处于中心地位，作业长发挥着绝对重要的支柱作用。

第 7 章　设备点检管理的实务

7.1　设备状态的劣化及分类

从"点检"的属性而言,也可以理解为其是企业里的一支"专门查找设备劣化和隐患的专业队伍",因此,首先要了解设备劣化的分类和处理,如图1.7-1所示。

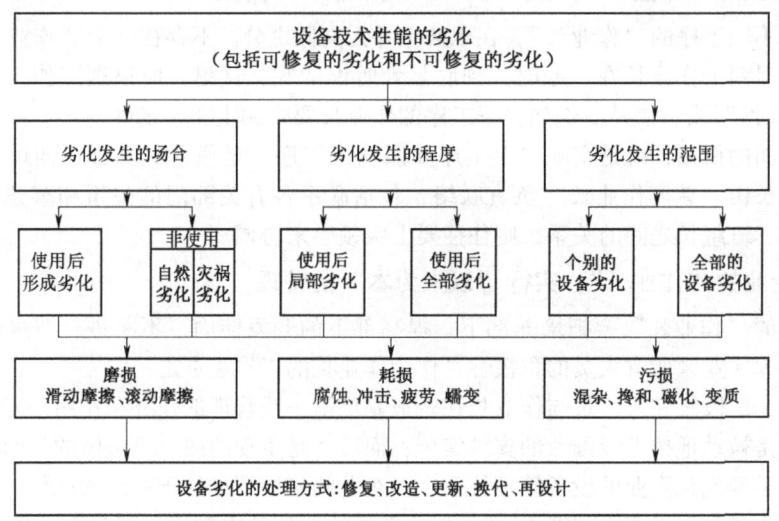

图 1.7-1　设备劣化的分类和处理

企业作业设备劣化的主要表现,大致可以归纳为:磨损、耗损与污损几类,呈现为以下现象:

1) 磨损。机械的滚动摩擦和滑动摩擦或由两者综合所造成的结果。
2) 耗损。表现为裂纹、塑性断裂和脆性断裂、腐蚀、腐烂、腐化、腐变、冲击、疲劳、蠕变、劣变及电气元器件老化等。
3) 污损。表现为混杂、掺和、磁化、变质。

企业作业设备劣化的两种形式:

1) 功能下降型。在使用过程中,产量、效率、精度等性能逐渐降低。
2) 突发故障型。在使用过程中由于零部件损坏、失效,使设备停止工作。

7.2 设备点检前的五项准备

设备管家对作业设备实施点检有"两个五"的工作内容。

1. 点检前期的五项确定（点检事前的五个准备）

1）确定状态受控点点检的部位。
2）确定状态受控点点检的项目。
3）确定状态受控点点检员资质。
4）确定状态受控点点检的周期。
5）确定状态受控点点检的方法。

这里的五项准备或五个确定，就是人们常提到的：

1）定部位。应点检的部位，犹如人们有病了，去医院看病挂号时的不同的科。

2）定项目。要详细认定作业设备部位的状态受控点，应点检的项目内容，犹如，看病时，看"外科"，接着就要问，外科看胳膊、还是看腿上的什么病？点检设备也一样，要做到有的放矢地去实施点检作业。

3）定人员。确定点检项目是由设备管家中的哪些人去实施（操作方、点检方包括轮值巡检方和专业技术方）及作为专职点检员的资质条件。

4）定周期。按作业设备的重要程度，检查部位是否重点等制定点检周期。

5）定方法。即是根据设备管家中的不同成员，明确在点检检查时，按照点检的种类、方式和周期，采用相应不同的方法。

2. 点检作业的五个要素或五个具体步骤

1）制订状态受控点的点检技术标准。
2）编制状态受控点的点检作业计划。
3）理顺状态受控点的点检实施路线。
4）实施状态受控点的状态点检作业。
5）状态受控点的点检记录实绩管理。

通俗地说，就是以下五项：

1）有标准。即制定作业设备状态受控点的点检标准，作为状态受控点检查部位好坏的衡量和优劣的判别和状态是否允许的量化依据。

2）有计划。为了做到工作量的均衡，避免点检项目的遗漏，设备管家必须制定相应的（操作方、点检方和技术方）点检作业实施的"点检计划表"。

3）路线好。由于"专职点检员"负责点检的区域范围较大，为避免所经过的途径重复，应预先设计安排好点检实施时的途径和路线，以节约点检的时间。

4）实施好。设备管家在实施点检作业时，每位成员都应做到：认真检查，一丝不苟，不轻易放过任何异常迹象，细致地进行分析处理并做好记录。

5）记录好。主要目的是记录设备的运行状态，这是编制维修计划的重要依据，同时，点检结果的实绩管理，切实掌握设备状态及劣化发展趋向，也很重要。而当今企业的情况，记录恰恰是个很薄弱的环节，往往是能干但不善于记录。因此，必须按点检结果，做好各种相应记录，对点检的状态进行分析，在编制维修计划、备件计划时，就可以充分反映点检结果了。

7.2.1 确定设备点检的部位

1. 机械设备点检部位大致的范围

1）动力或运动传动的工作部位。如齿轮传动、链绳传动、带传动、液压传动、气压传动和摩擦传动等。

2）旋转机件工作部位。如滚动轴承、转轴、轮对、联轴器、离合器和液力耦合器等。

3）滑动机件工作部位。如滑动轴承、气缸、液压缸、曲柄连杆机构中的滑块、机床导轨和规则台面等。

4）受力承载连接部位。如钢丝绳、各种链条、高强度连接元件、连杆、弹簧、承重的铆焊接部位和缓冲装置等。

5）与作业对象接触、粘附部位。如料斗、料槽、挡板、溜槽、衬板、轧辊、传动带和磨损类输送管道等；

6）与作业对象接触、腐蚀部位。如炉窑壳体、储槽、储罐、化工反应塔、酸碱泵、电解槽和腐蚀类输送管道等。

2. 电气、仪表设备点检部位大致范围

1）绝缘部位。如老化、劣化、击穿的部位和设备寿命降低等。

2）与环境介质接触部位。如腐蚀、耗损、短路和断路等。

3）受环境影响的部位。如受灰尘污损的接触不良和松脱、受温度影响的绝缘下降和烧损及受潮湿侵蚀的绝缘击穿和短路等。

点检部位：主要是要找到劣化状态监测的部位与状态，可归纳为四方面，见表1.7-1。

表1.7-1 劣化状态监测的部位与状态

	监测劣化状态的诊断点	劣化、隐患及故障的表现状态
机械监测	受力、超重、冲击、振动、摩擦、运动的点	变形、裂纹、振动、异常声音、松动、磨损等状态
电气监测	电流、电压、绝缘、触头、电磁、节点的点	漏电、短路、断路、击穿、焦味、老化等状态
温度监测	辐射、传导、摩擦、相对运动、无润滑的点	泄漏、变色、冒烟、温度异常、有异味等状态
化学监测	酸性、碱性、异觉、化学变化、电化学的点	腐蚀、氧化、剥落、材质变化、油变质等状态

7.2.2 确定设备点检的项目

所谓确定设备点检的项目,就是在确定了点检部位后,即表1.7-1的"设备劣化状态的诊断点"后,必须要明确该诊断点的"表现状态"。这样,才能了解该点当前的真正的运行状态,才能找到真正的问题所在!

表1.7-2就是该"诊断点"所能"表现状态"的十个方面,要针对企业产品作业线设备的具体情况,确定哪个物理特征才是影响产品作业的最危险的因素,以便针锋相对地予以解决。

表1.7-2中的十项,是根据设备的具体情况,针对不同的物理特征,确定检测目标以及适用范围。这十项是指按点检涵盖的内容,并不是按点检排序来排序的。

表1.7-2 物理特征的检测目标和适用范围

序号	物理特征	检测目标	适用范围
1	振动	稳态振动、瞬态振动模态参数等	旋转机械、正复机械、流体机械、转轴、轴承、齿轮等
2	温度	温度、温差、温度场及热图像等	热工设备、工业炉窑、电机、电器、电子设备等
3	油液	油品的理化性能、磨粒的铁谱分析及油液的光谱分析	设备润滑系统、有摩擦副的传动系统、电力变压器等
4	声	噪声、声阻、超声波、声发射等	压力容器及管道、流体机械、工业阀门、断路开关等
5	强度	载荷、扭矩、应力、应变等	起重运输设备、锻压设备、各种工程结构等
6	压力	压力、压差、压力联动等	液压系统、流体机械、内燃机、液力耦合器等
7	电气参数	电流、电压、电阻、功率、电磁特性、绝缘性能等	电机、电器、输变电设备、微电子设备、电工仪表等
8	表面状态	裂纹、变形、点蚀、剥脱腐蚀、变色等	设备及零件的表面损伤、交换器及管道内孔的照相检查等
9	无损检测	射线、超声波、磁粉场、渗透、涡流探伤指标等	压延、铸锻件及焊缝缺陷检查,表面镀层及管壁厚度测定等
10	工况指标	设备运行中的工况和各项主要性能指标等	流程工业或生产线上的主要生产设备等

7.2.3 设备点检员的资质

关于"点检员"的资质,最早,是从亚洲某国家获得的资料,他们的点检员是分管一条产品作业线设备的,其点检业务技能分成为九级,其中:1级为点检员的最低级、9级为最高级，具体"点检业务技能"的要求，按下面所列：

1级，具有点检岗位必要的基础知识，能根据具体计划，实施简单的点检业务；

2级，具有分管设备的基础知识，能进行指定项目的点检业务；

3级，理解分管设备的机能、构造，能根据各种标准，对分管设备的点检业务；

4级，理解分管设备的操作特性，能进行点检业务并用各种标准实施判断；

5级，精通分管设备，能根据设备工作情况的变化，灵活地进行点检业务；

6级，理解部门设备的操作特性，能按变化灵活地进行点检业务；

7级，精通部门设备，从企业长远发展着眼，进行点检；

8级，具有较高的专业技术水平，能用管理新模式的理论来指导点检业务；

9级，发挥个人的独创性，能制定出分管设备开拓性的管理规划和实施方案。

2011年，根据我国人力资源和社会保障部"招用技术工种从业人员规定"文件精神，为进一步贯彻国家职业资格证书制度，实现国家对设备点检人员必须持证上岗的要求，"国家质量技术监督总局质量技术监督行业职业技能鉴定中心"决定开展设备点检人员职业资格考核鉴定工作。鉴定考核的对象是：对在线生产设备（系统）进行定点、定期检查，对照标准，发现设备的异常现象和隐患，分析、判断其劣化程度，提出检修方案，并对方案的实施进行全过程进行监控的人员。国家质检总局根据国家职业分类，设置设备点检员职业资格。职业等级分为：初级（国家五级）、中级（国家四级）、高级（国家三级）、技师（国家二级）、高级技师（国家一级）。目前准许设备点检员职业资格鉴定的职业等级为中级和高级，职业资格审核条件规定，申报设备点检员技师资格者，必须取得高级证书。凡经理论考试和技能操作鉴定合格者，可获得"国家人力资源和社会保障部"相应级别的国家"职业资格证书"。该证书是从事设备点检人员职业技能水平的资格凭证，是用人单位录用、使用和确定工资待遇的依据，是我国公民境外就业，劳务输出法律公证的有效证件。

按照上述的理解，我国也已进入到有自己的"点检员"资质的进程，而且也有了国家"职业资格证书"。表1.7-3为我国专职点检员级别技能表。

表1.7-3 我国专职点检员级别技能表

水平	点检业务技能
初级	具有点检岗位必要的基础知识，能根据具体的计划实施简单的点检业务
中级	具有分管设备的基础知识，能进行指定项目的点检业务 理解分管设备的机能、构造，能根据各种标准对分管设备进行点检业务
高级	理解分管设备的操作特性，能进行点检业务并用各种标准实施判断 精通分管设备，能根据设备工作情况的变化，灵活地进行点检业务
技师（管家）	理解部门（产品作业线）设备的操作特性，能按变化灵活地进行点检业务 精通部门（产品作业线）设备，从企业长远发展着眼，进行点检
高级技师	具有较高的专业技术水平，能用管理新模式的理论来指导点检业务 发挥个人的独创性，能制定出分管设备开拓性的管理规划和实施方案

7.2.4 确定不同部位的点检周期

"点检"的职责,体现在企业的作业设备上,就是要专门查找设备隐患,就是要对作业设备实施"预知状态、超前管理"。确定实施点检的最合适的周期详见本书的第1篇第5章。

7.2.5 确定设备点检的方法

点检分类及点检方法见表1.7-4。

表1.7-4 点检的分类及点检方法

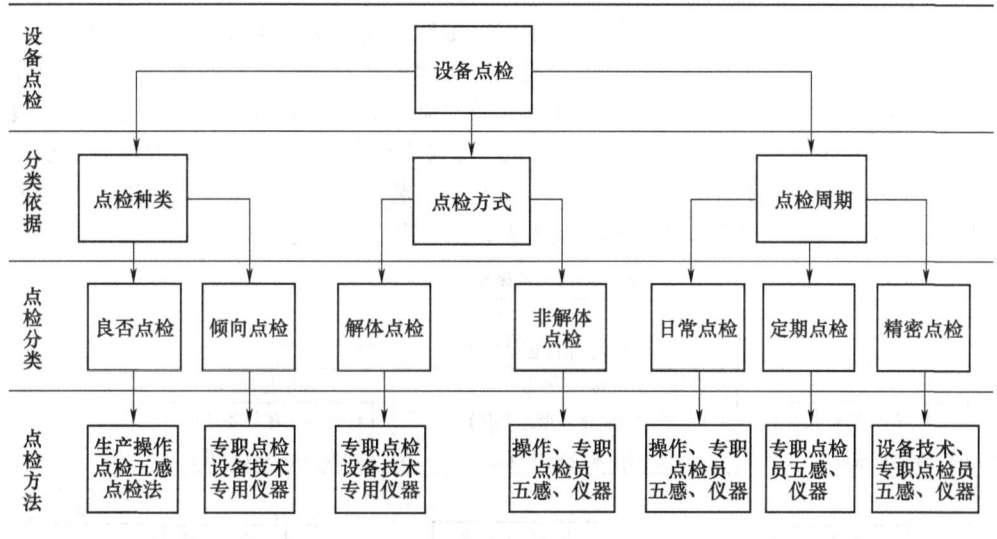

这里,还是以"培养员工五感,提高感知设备能力"为主,即主要依靠在产品作业线上的作业人员,充分运用人们的"视觉、触觉、听觉、嗅觉和味觉的五感"(味觉虽然列入其中,但没有经验的非到不得已的场合下,尽量不用),来感知作业设备运行的状态,来发现其异常现象,及时提出报告,以利及早确认、及早处理。

表1.7-4较清晰地阐述了分类依据、点检分类及适用对象之间的关系,按照点检作业的性质,即由作业人员的操作点检、设备系统的专职点检和设备工程技术人员的精密点检,从表1.7-4可见,作业人员的操作点检是属于:良否点检、非解体点检和日常点检;设备工程技术人员的精密点检是属于:倾向点检、解体点检和精密点检;而设备系统的专职点检则可以参与任何形式的点检。

当今时代,随着科技的进步和检测工艺水平的提高,现代点检的方法也有了新的发展,也开发出许多形形色色的专用点检仪和检测设备,这对企业设备点检工作的推进,起到了很好的作用。

7.3 设备点检时的五项要素

7.3.1 管辖设备的点检标准

做任何事情，判断其结果好坏，总要有一个尺度，这就是所谓的"标准"。从设备状态管理出发，在实施设备点检时，也必须要有"标准"，这是企业设备管家，管理产品作业线设备的依据。严格来说，应该有"五大标准"，即：由国家及各省、市质量技术监督局管控的"法定检查标准"，如企业里的压力容器、特种设备、载人电梯里的钢丝绳等，还有各种仪表、量具等，也都必须由企业将其定期送至国家或省市的相关部门去检查鉴定。这些企业必须严格按国家规定，定期接受"法定检查标准"的检验。除此以外，由企业来管控的标准，涵盖设备的"维修技术标准、点检技术标准、润滑作业标准和维修作业标准"等的四项标准，组成企业设备管家管理设备的依据。企业设备点检状态管理标准的建立和完善，是推进以点检为核心管理的制度保证体系，是确保实现"基础保障"的科学依据。如图1.7-2所示，将国家的"法定检查标准"与企业设备的"四大标准"之间这五大标准的关系，描述得比较清楚了。

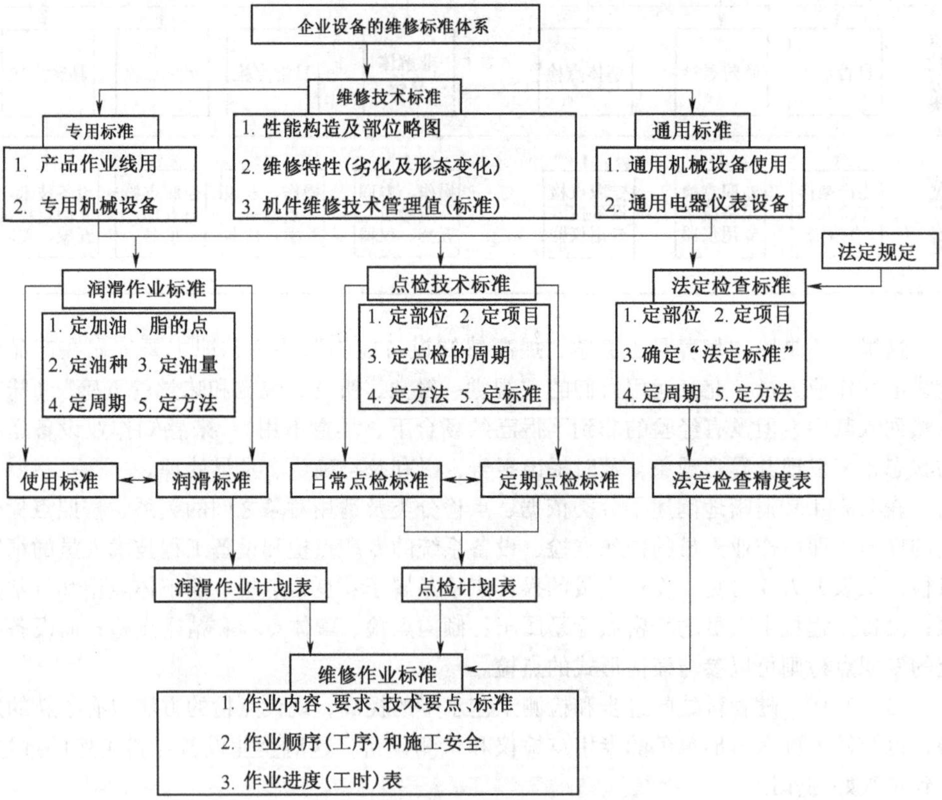

图1.7-2　企业设备的维修标准体系

1. 维修技术标准

"维修技术标准"是根据设备设计制造供应商提供的原始数据而编制的维修技术标准,它是四大标准的基础,也是编制另外三个标准的技术依据。一般,由设备管家体系中的工程技术人员或企业设备系统的工程技术人员负责编制。

"维修技术标准"的编制,必须掌握"通用技术条件"和"专用技术标准"两方面的专业知识。"通用技术条件"一般可在各种专业技术手册中能找到,通过网上搜索,都能找到相应的资料;"专用技术标准"也类似。

"维修技术标准"的编制依据是:由设备供应商提供的"设备使用说明书"、"设备安装要领书"及有关的技术资料和设备相关的图样等;同类设备或使用类似设备的维修技术管理值;该类设备的实绩经验等。"维修技术标准"的内容有:对象设备或装置的简明示意图;作为管理对象的零部件的技术性能、构造、材质等;作为管理对象的零部件的维修特性;设定主要更换件的维修技术管理值,包括零部件的图面尺寸、装配间隙、允许减损量的范围或劣化极限容许值,以及使用的标准等;其他对该零部件所限制的项目内容,最关键的是维修技术管理值的确定。

表1.7-5为起重机卷取装置的维修技术标准。

表 1.7-5 起重机卷取装置的维修技术标准

设备名	钳式起重机	装置名	副卷装置						
部位简图		件名	材质	维修标准			点检或者检查		调换周期	备注
				图样尺寸	图样间隙	容许量	方法	周期		
		⑬钢绳卷筒	SM50 SS41 焊接结构	PCD600 壁厚30mm		原卷筒壁厚之20%磨损量	测定	1y		
		⑭钢绳滑轮	SS41	PCD500 (450) 槽底厚 8.5mm 轮缘厚 5mm		钢绳直径的15%磨损量轮缘厚的30%磨损量	测定 测定	1y 1m	5y 5y	
		⑮钢丝绳	SAM214	φ18mm 6股 每股22丝 总丝数132		磨损为公称直径的7% 一个捻距内断丝数13根 5个捻距内断丝数26根 每股断丝数6根	测定 测定	1m 1m	3~4m 3~4m	

注:m:月、y:年。

2. 点检技术标准

在点检技术标准中，详细规定了企业设备"点检"作业的基本事项，使所有的"状态受控点"的检查，都做到了"五定"即"定部位、定项目、定方法、定标准和定周期"。"点检技术标准"也可以包含通用标准和专用标准两类。

"点检技术标准"的作用是设备进行预防性检查的依据，是编制点检作业计划的基础；"点检技术标准"的编制依据是维修技术标准、设备使用说明书和有关技术资料和设备相关的图样、同类设备的点检实绩资料和实绩经验；"点检技术标准"的主要内容包括以表格的形式，对点检对象设备进行"五定"的内容，初轧机的点检技术标准见表 1.7-6。

表 1.7-6 初轧机的点检技术标准

序号	部位	项目	内容	点检周期	分工			状态		点检方法						点检标准	备注
					操作	运行	专业	运转	停止	目视	手摸	听音	打诊	精密	其他		
1	牌坊	本体	螺栓松动	1y			○		○				○			无松动	
			斜楔松动	1y			○		○				○			无松动	
			螺栓磨损	1y			○	○	○							无异常磨损	
		窗口部衬板	磨损、损伤	3m			○		○	○					测定	无异常磨损损伤	
			螺栓松动	1m			○		○				○			无松动	
			给脂状态	2w	○				○							良好	
			平行度	3y			○		○					○		规定范围内	
			垂直度	3y			○		○					○		规定范围内	
		底部衬板	磨损、损伤	3m			○		○						测定	无异常磨损	
			水平度	1y			○		○						测定	规定范围内	
			螺栓松动	2w			○		○				○			无松动	
2	升降装置	本体	动作状态	2w	○			○		○						良好	
			螺栓松动	3m			○		○				○			无松动	
			轨道磨损	1y			○		○						测定	无异常磨损	
			配管泄漏	2w	○	○		○		○						无泄漏	
		液压缸	损坏	6m			○		○	○						无损坏	

注：y：年、m：月、w：周。

3. 润滑作业标准

润滑作业标准中，规定了给油脂作业的基本事项，包括了"润滑五确定"（确定该加油脂的点、确定润滑油脂的品种、确定加油脂的量、确定加油换油的周期、确定实施润滑作业的人）的全部内容。润滑作业标准是设备给油脂润滑工作的依据。润滑作业标准的编制依据是维修技术标准；设备使用说明书和有关技术资料、设备相关的图样；同类设备的实绩资料和实绩经验。润滑作业标准的主要内容有：给油脂、润滑部位；给油脂方式；油脂品种牌号；润滑、给油脂的点数；给油脂量与加油周期；油脂更换量及周期；给油脂作业的分工等。初轧机的润滑作业标准见表 1.7-7。

表 1.7-7　初轧机的润滑作业标准

设备名称	装置名称	给油脂部位	润滑方式	油脂牌号	润滑点数	给油脂标准 量	给油脂标准 周期	更换标准 量	更换标准 周期	分工 操作	分工 运行	分工 检修
轧机	驱动装置	上下接轴轧机侧油包	GE	OMALA460	2			140L	1m			○
		下接轴平衡弹簧箱	GE	PELI-2	2			10kg	6m			○
		轴向调整链接手	GE	PELI-2	2			50kg	3m			○
		轴承	CA	PELI-2	49	245g	1/3h			4*给脂		
		接轴滑块	CL	GEAS-5	14	330L/min	连续			2*给脂		
	推床	传动减速机	CL	GEAS-5	28	20L/min	连续			2*给脂		
		传动齿接手	GE	GCCS-1	14			5kg	4m			
		齿条箱	CL	GEAS-5	48	30L/min	连续			3*给脂		
		托轮	CA	PELL-2	24	28.8g	1h			3*给脂		
		翻钢减速机	OB	GEAS-5	1			200L		○		
		翻钢机齿接手	GE	GCCS-1	2	0.5kg	1m			○		
		抱闸销轴	GG	PELI-2	6	0.1kg	3m			○		
		冷却水旋转接头	GG	PELI-2	8	0.1kg	1m					
		导向轮	CA	PELI-2	20	24g	1h			3*给脂		
		翻钢长轴	CA	PELI-2	10	25g	20h			3*给脂		

注：m：月，h：小时。

表 1.7-8 是设备润滑方式与其代号的对照表。

表 1.7-8　设备润滑方式与其代号的对照表

代号	润滑方式	代号	润滑方式
CL	集中循环给油	GE	油脂封入润滑
CA	集中自动给脂	GS	油脂喷雾润滑
CH	集中手动泵给脂	GG	油枪给脂
OB	油浴润滑	GC	油杯给脂
OM	油雾润滑	GP	手工给脂润滑
DL	滴油润滑	HO	手工给油润滑

4. 编制维修作业标准

"维修作业标准"是负责设备检修单位，进行检修作业的标准，也是确定修理工时及修理费用的依据。编制维修作业标准的目的是：提高检修作业质量和缩短停产检修作业时间；避免或减少检修作业事故的发生；改善检修作业水平。编制"维修作业标准"的条件是：明确检修作业目的是为企业的产品服务；熟悉设备结构和作业环境；掌握检修项目内容和检修作业工序；具有施工实践经验。

"维修作业标准"的主要内容有：修理项目的作业区域、设备名称、作业名称、作业标准、作业条件、作业工时、作业人员、使用工器具、保护用具、备件材料的要求、作业网络图、作业顺序说明、作业要素（项目）、作业内容、技术要点、安全要点、维修程序图等。编制维修作业标准的难点和关键是长期停产检修的"作业网络图的绘制"。编制时首先抓住"长期停产检修施工中工期最长的工序项目，围绕主要工序找出辅助工序，尽量采用平行作业，以扩大施工面，缩短停产检修的施工工期。

这里，要特别指出的是：维修作业标准是目前企业比较薄弱的环节，我国企业早期还是有一些维修经验数据的积累，如用"估工估料"的方法及按机床设备的"复杂系数"来推算的维修作业标准，但随着科技进步及装备不断的更新换代，原来的一套方法，已不能适应形势的发展。

图 1.7-3 所示是早期从某样板厂学习回来应用的维修作业标准。

图 1.7-4 所示是我国传统的维修作业标准的形式。

第7章 设备点检管理的实务

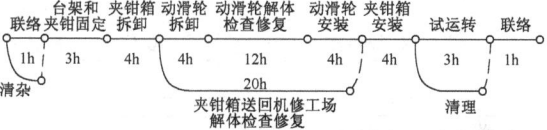

工厂名称	生产线名称	设备名称	工程名称
初轧厂	均热区	钳吊	夹钳箱和主卷动滑轮组介体检查修复

宝钢设备部中央机修

标准时	工种	
	钳工	6人×36h·日
	起重	4人×36h·日
	冷作	人×h·日
	焊接	1人×36h·日
		人×h·日
设定年月日	84.2.1	
设定者	吴振宝	

改定年月日	改定者
87.9.23	吴振宝

施工实时记录：

年月日	施工班	实际工时

作业内容	技术标准	安全要点
1. 夹钳箱拆卸介体检查和修复 2. 动滑轮组介体检查和修复	1. 夹钳箱热裂纹允许长20mm 2. 动滑轮箱热裂纹允许长20mm, 深2～10mm 3. 各销子间隙允许14～17mm 4. 动滑轮槽底允许磨损4.5mm, 轮缘允许磨损2.4mm	1. 高空作业应特别注意安全, 人员上下谨防跌倒, 带好安全带, 四周用上安全绳必须可靠 2. 台架和夹钳体固定另件拆装时, 当心头手碰伤 3. 开动各卷时, 上下加强联系 4. 吊放重物应谨慎操作

维修作业场所	有	无
1. 脚手架有否		√
2. 室内作业有无	√	
3. 有无缺氧的危险性		√
4. 作业的地面场所有无	√	
5. 要否使用起重起	√	

设备的运转特性	特性值

工器具等一览表

品名	规格型号	数量
专用合架	(包括槽钢)	1
钢绳	3/4,7/8,1/4	
手拉葫芦	1t, 3t, 5t	各1
风动扳手 M42	冲击扳手 M42	各1
跳板, 安全围绳, 草包, 安全带, 灭火器		
步话机, 手电筒	纯铜棒	
钢丝钳, 管子钳 600, 防锈剂		
钳工, 起重工和电焊工常用工器具		

图 1.7-3　早期从某样板厂学习回来应用的维修作业标准

设备名称	炉顶设备	作业名称	小钟下部更换	2004年7月18日	
使用工器具	扳手(36、54、60、75)照明灯具、气割具、千斤顶、喷枪磨床、套筒、电动绞车、通风机、测量仪器	作业条件	休风, 大钟内原料装入小钟, 开阀	劳保工具	气体检测器、防尘眼睛、防尘罩
				作业人员	钳工6人、起重6人、焊工2人、冷作12人
				所需时间	12h
				总工时	312h·人

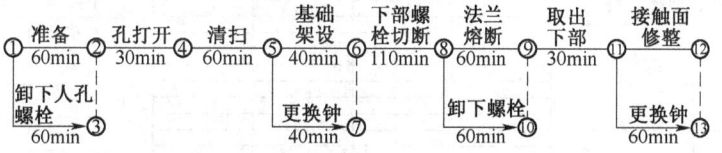

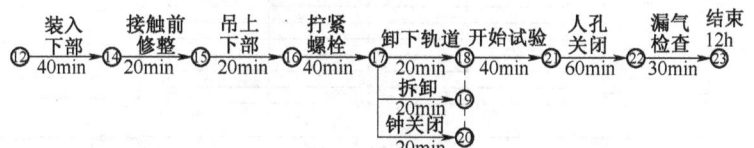

作业要点	作业内容	作业者	技术安全要点
准备、解体、装配、试运转、封闭共五个阶段	按维修技术标准实施（从简）	全体人员	按维修技术标准实施（从简）

图 1.7-4　我国传统的维修作业标准的形式

考虑到以上两种形式都存在一些不完善之处，故在以上两者的基础上加以改进，以适应我国企业运作的形式。下面介绍"维修作业标准"的形成过程：

（1）工时工序表　首先，这是由企业设备管家负责提出，当他们有工程项目委托检修时，必须要提出的表格，称之为"工时工序表"，见表1.7-9。要提出的部分，在图1.7-5的左侧用框线表示，施工前，要随工程委托单一起，交付给检修方。

表1.7-9　工时工序表

编号			日期	
工厂名称	设备名称	工程名称	总工时（m×h）	

作业要求及验收条件	（工序栏）	主要施工人员		
		工种	人数 m	工时 h
		钳工		
		电工		
		起重		
		焊接		
		冷作		
危险预知、施工安全				
		多能		
		主要工器具及规格型号		
		名称	规格	数量
		手拉葫芦		
		千斤顶		
备品配件、维修材料		汽车吊		
名称　数量				
备注		施工班组		

（2）设备维修记录表　当"检修方"收到"工时工序表"后，他们就要认真研究该工程项目的作业要求和施工安全的内容，并认真筹划如何来实施该工程项目的检修，做好充分的计划工作、人员配备和检修工器具的准备，到停产检修的当日，认真、不超

时地实施检修,如图 1.7-5 所示,并负责按右侧框线内的内容记录"设备维修记录表",在交工后的两天内,返回给设备管家。

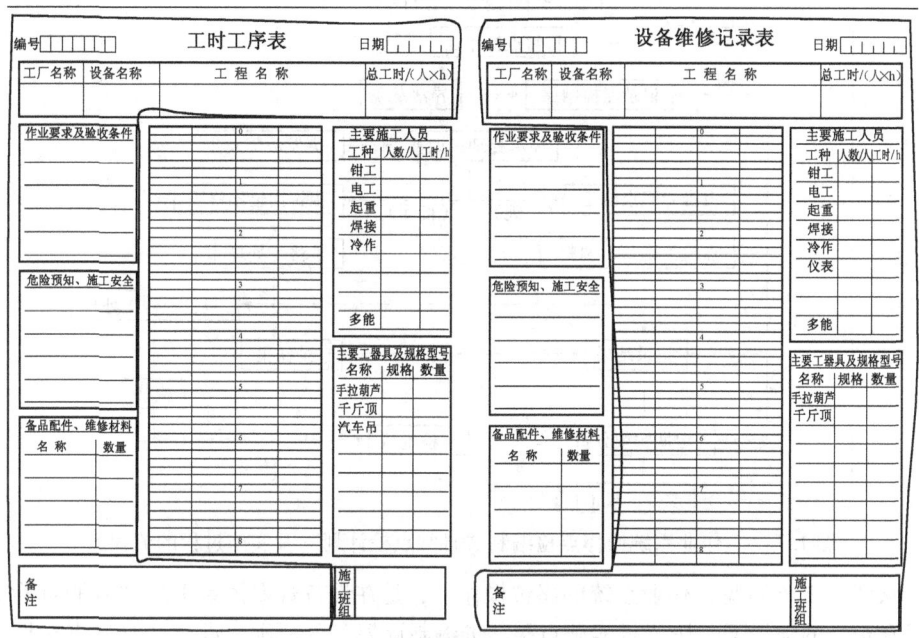

图 1.7-5　工时工序表和设备维修记录表的填写

（3）维修作业标准细则　每次检修该工程项目,都应该有"工时工序表"的下达,也应该有"设备维修记录表"的回收。为了能了解不同检修班组实施检修的数据,有意识地每次检修要安排不同的班组来实施,经过一段时间,就可以积累一定的数据,如:一个工程项目,张师傅用 50 个工时完成、李师傅花了 52 个工时,小王师傅的班组年轻,仅仅 48 个工时就拿下了,其他还有 54 个工时、52 个工时的,经企业相关方面的汇总和研讨,最终确定:该项目今后一律按"52 个工时"作为标准,这就是:形成了企业对该工程项目的"维修作业标准"。

这里,虽然有三种不同的称呼（工时工序表、维修记录表和维修作业标准）和上述的过程,但表格的形式是完全一样的,只是表格的名称不一样。委托时称之为"工时工序表",受理后,检修结束返回时称之为"设备维修记录表",再经过积累、汇总、研讨,最后确定的是"维修作业标准"。这就是企业在一个时段中作为"标准"应用、定期再审查修改的"维修作业标准"。

关于企业设备管家体系管辖设备的"四大标准",在本书的附录 B 和附录 C 中,均有详述。

7.3.2　管辖设备的点检计划

设备管家在实施设备管理时得有个工作"计划"。

如图 1.7-6 所示为作业系统操作点检编制"日常点检计划"及实施过程的流程图。

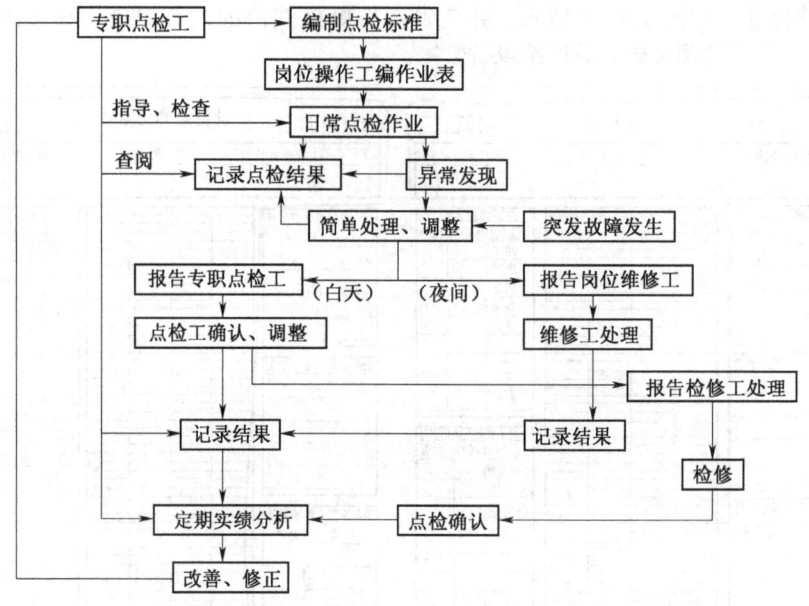

图 1.7-6 作业系统操作点检编制"日常点检计划"及实施过程的流程图

从图 1.7-6 可见，作业系统的岗位操作工，是在设备管家体系中的"专职点检员"指导和帮助的前提下，按"谁实施点检、谁编制计划"的原则，进行"日常点检计划"的编制。图 1.7-7 则是专职点检员的自行编制"点检计划"的编制流程图。

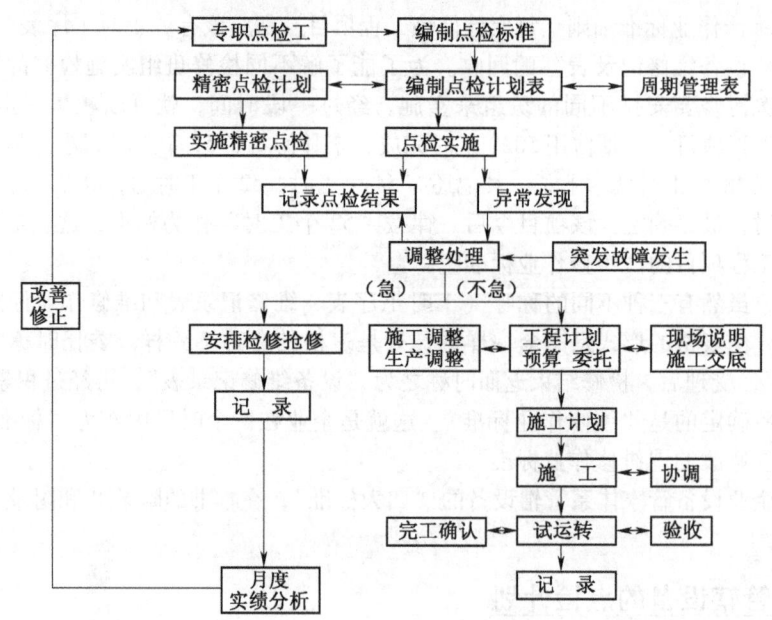

图 1.7-7 专职点检员的自行编制"点检计划"的编制流程图

关于企业设备管家体系管辖设备的"点检计划"，在本书的第 3 篇、附录 B、附录 C

均有详述,在这里就不再重复叙述了,对于其中的一些重点,在这里再略微补充一二。

1. 编制"点检计划"的关键

要确定该状态受控点的"点检周期"。在"点检周期"的叙述中,已经知道,点检周期按操作方的日常点检、设备方的专职点检和技术方的精密点检的不同而不同,"点检周期"一般最长控制在:操作方为"一天";专职点检为"一个月"及技术方为更长甚至于跨年度。由此可见,也可以从这个点检周期的"时间段"来判别,这个"点检计划"是属于日常点检、专职点检,还是精密或倾向点检的计划表。

2. 确定该点的具体实施日程

可以按"分类、平铺、直取"的原则方法,来确定该点的具体实施日程,见表1.7-10,就是要按照点检部位"分类"(如表1.7-10中的'钢丝绳更换');再按该类的点检周期(三个月)"平铺",即3月、6月、9月等依此类推平铺开;最后,看3月份具体要实施的项目,一看3月有三项内容要实施。

表 1.7-10 点检作业实施的要点:分类、平铺、直取

设备名:重型专业起重机　　　　　　　　　　　长期点检计划数表

装置名	点检部位	周期	年月/点检	2005年 1	2	3	4	5	6	7	8	9	10	11	12	2006年 1	2	3	4	5	6	7	8	9	10	11	12	2007年 1	2	3	4	5	6	7	8	9	10	11	12
卷上装置	减速机解体点检	1y	计划 实绩							○												○																	○
卷上装置	绳轮组解体点检	1y	计划 实绩	○ ●												○													○											
卷上装置	钢丝绳更换	3m	计划 实绩			○ ●			○ ●			○ ●			○			○			○			○			○			○			○			○			○
横行装置	减速机解体点检	5y	计划 实绩																			○																	
走行装置	1#	5y	计划 实绩	○ ●																																			
走行装置	2#	5y	计划 实绩	○ ●																																			
走行装置	3#	5y	计划 实绩	○ ●																																			
走行装置	4#	5y	计划 实绩	○ ●																																			
夹钳旋转装置	1#	1y	计划 实绩	○ ●																	○													○						
夹钳旋转装置	2#	1y	计划 实绩	○ ●																	○													○						
夹钳旋转装置	夹钳解体点检	1y	计划 实绩	○ ●																	○													○						
夹钳旋转装置	夹钳更换	1y	计划 实绩						○													○											○						

注:y:年、m:月。

当然,知道3月份要实施三个项目,那么,这三个项目在3月份,到底安排在哪天去实施呢,还是不知道。因此,"分类、平铺、直取"的工作要做两遍,第一遍是解决"在哪月实施"的问题,第二遍则是解决"在哪天实施"的问题。

7.3.3 分管设备的点检路线

综上所述,有了点检的标准和点检的计划后,在实施点检作业前,还要有一个重要的环节,那就是要有一个实施点检作业的"路线",犹如,到了一个风景名胜古迹众多的旅游城市,如何欣赏美景,也得有个安排。正确的实施点检,"理顺点检路线"的要领是:路线最短、时间最省、作业安全,符合"全面、合理、快捷、精悍,而且不能漏项",如图1.7-8所示为点检路线图。这是一张案例企业的鸟瞰图,从图上可见企业的设备,A、B、C等为室内的点,1、2、3为室外的点,点检作业可以从点检办公室出发,沿着顺时针方向走,按图中箭头指示的方向和路线实施点检,当然,也可以逆时针方向或有其他更合适的路线来实施点检作业。

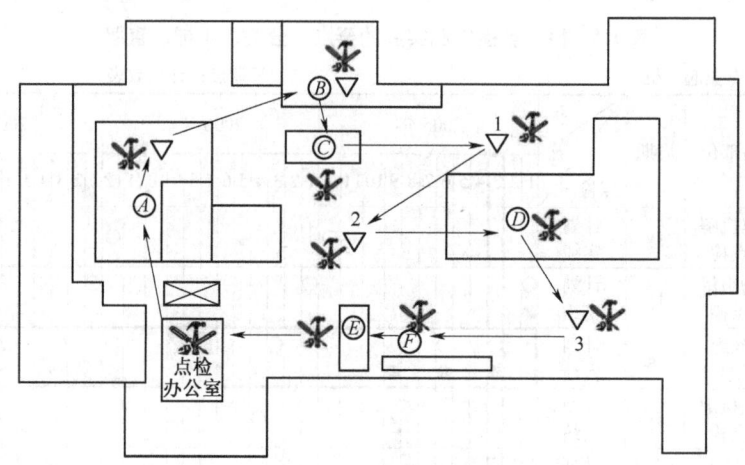

图1.7-8 点检路线图

这就是一位企业设备"管家"的电气点检,他管辖的产品作业线设备是四个配电室和四个车间电气设备,点检路线如图1.7-9所示。

7.3.4 分管设备点检作业的实施

在接受了关于这个"点检"概念以后,就要了解点检员及其在产品作业现场到底是如何开展点检作业的。当给某样板厂的培训老师提及要观看"点检"时,确未能得到赞同,理由是"培训是有计划的,不能打乱教学秩序"。在再三表达了强烈愿望下,终于同意进入作业现场观看"点检"的要求了。但有约法三章:①要和企业的点检员们同时上下班;②到现场后不能擅自开动设备;③在观看点检作业时,不能与作业中的点检员交谈和提问题。

某样板厂是属于长流程连续作业的冶金企业,产品操作人员的作息时间,实行的是

第7章　设备点检管理的实务

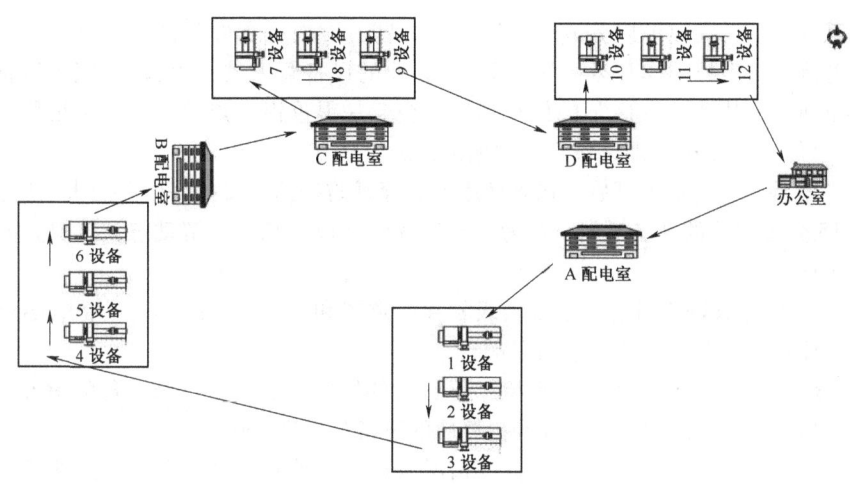

图 1.7-9　电气点检路线简图

四班三运转，早班从 7 点到下午 3 点，中班从下午 3 点到晚上 11 点，夜班则从晚上 11 点到次日早上 7 点。但"点检"的作息时间与操作人员不同。因为，点检上午是去做设备的点检作业，下午在做设备的管理工作（就是设备管家），所以点检是不倒班的。点检的作息时间是：从上午 8 点半到下午 5 点（是扣除中午半个小时午餐时间的八小时工作制）。因此，实习的那天不能像在培训时的上课时间（9 点），而是要和点检员作息时间（早上 7 点半）一致。

实习计划是都想去看看机械点检员是如何实施"点检"的，最后分配到的，确是去看"电气点检"。实习当天，早上很早就到达现场，去的是初轧厂的主电室。

图 1.7-10 所示为某样板厂产品作业线初轧厂开坯机的立面图。

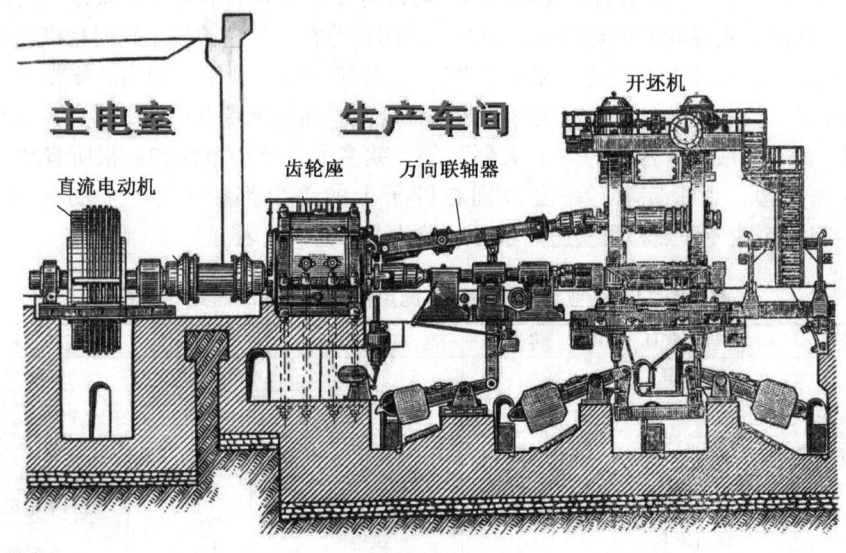

图 1.7-10　某样板厂初轧厂开坯机的立面图

在某样板厂，大致可以分成三个区：厂外区、厂内区和办公区。一般员工驾车上班，只能停在厂门外的"厂外区"；而作为企业的设备管家的"点检"，就可以将车停到厂区里面的一片"厂内区"的停车场里。企业是很重视"点检"的，也很尊重点检的工作，可见，"点检"即设备管家的地位，是与众不同的。

1) "点检"7点半到厂后，在更换服装、穿戴防护品，安排好生活的事项后，8点至8点15分为点检的准备时间，作为管家，就要掌握信息，了解动态，就要查看各种日志，包括：

① 点检作业长联络日志。了解上级领导的意图和指示、厂区作业设备的运行状态及点检作业长对当前工作的要求和提示。

② 紧急抢修班日志。了解"点检"下班后的厂区作业设备检修处理的情况，以便今天上班后，对发生隐患、故障并经抢修后的设备状态进行核查。

③ 产品作业日志。了解产品作业的情况及产品作业对设备的要求，以便满足用户端的需求。

④ 当日的产品作业计划。了解产品作业动态，以便配合和利用产品作业的间隙时间实施。

2) 8点15分至8点45分为班前会，主要是"危险预知"活动和今天的"工作安排"。

① "危险预知"活动，相当于我国的安全会议，是要对当天实施点检作业中，可能会发生不安全的点，进行危险预知、超前管理，而不是事后算账的不放过。有的点检组，还会用一块小黑板，将作业"危险预知"的要点写上，放在现场，作为警示牌。

② "工作安排。是根据点检计划表的内容，安排点检员实施点检作业，包括：当天点检的重点、要点、紧急抢修后需要跟踪的项目、当天有检修项目的管理和监督、需要进行检修项目的现场调研和准备以及点检作业长临时安排的工作等。

3) 8点45分至9点为自行安排时间。可以对今天要做的准备工作做适当的调整和补充等。此时，指导我们的点检员，确在一边闭目养神、养精蓄锐。我们趁机就看看他的穿戴，看有没有什么点检的"秘密武器"。经仔细观察：劳动防护用品佩带齐全，该系紧的系紧、该扣住的扣住，确实穿戴的都很规范。随身携带点检的工器具，也没有什么特别，除了一般电工常用的"五大件"外，就多了一个手电筒和一根听音棒，安全帽放置在一边，也很完善，手套及围在脖子上的毛巾都很干净，一切无可挑剔。表1.7-11是企业专职点检员实施点检时应带的工器具一览表。

表1.7-11 企业专职点检员实施点检时应带的工器具一览表

专业	应带工器具	专业	应带工器具	专业	应带工器具
机械专职点检员	听音棒	电气专职点检员	听音棒	仪表专职点检员	试电笔
	手电筒		手电筒		万用表（小号）
	点检锤		点检锤		螺钉旋具
	扳手		扳手		扳手
	螺钉旋具		螺钉旋具		手电筒
			试电笔		尖嘴钳
			尖嘴钳		

4) 9点正,样板厂响铃,提示点检作业开始。点检员马上响应,一边戴安全帽及手套,一边就往"主电室"的门口,连奔带跑地就进入点检场地,我们也紧随其后,开始了这一天的点检作业。

5) 9点至12点为点检作业时间。进入点检现场后,因有约法三章,所以也只能跟随他观察,只能眼看和心记。但脑海里确泛起了一大堆疑问:其一是,按照课堂教学,点检时必须要按照"点检计划表"和点检路线来实施点检,他并没有携带啊;其二是,电气点检作业,在我国是必须要有监护人,即电气作业必须要有两个人,他并没有监护人;其三是,点检到现场,点检记录本、记录笔等什么也没有带,如何做好点检记录呢。

疑问是疑问,但还是认真地在观察,只见他有规律有秩序地在点检,如用手电筒朝着大型直流电动机的整流子上一照,观看其火花的情况及其接触的情况,那肯定是点检的一个"点";又用听音棒在接听那些够不着的轴承座,那又是一个"点";再就是用手在触摸,感觉其温度和振动,这样,默默地数着点数并在累加着点检的"点"数。大约点检了有35~40个点时,在走到了现场侧面的墙上,出现一个盒子,原来是固定在那里的一个木质盒子(犹如中秋节装月饼的盒子)改装的点检箱。在盒子里面,即所谓改装的点检箱里面,"点检计划表、记录本和记录笔"等,都已经安放在那里。真不愧为是个优秀的点检员,早早就有安排,将相关的物品布置在合适的地方,避免携带和损坏(如记录本卷边、掉页等)。然后,将点检的结果,在点检计划表上做记录(即将点检过而且没有问题的项目,在点检计划表上打"√")。做完记录后,将盒子合上,又迅速地继续朝着前面的设备去点检了。图1.7-11所示是一个点检箱的实物。

图1.7-11 点检箱的实物

点检作业继续在进行,突然,发现他像"摆造型"一样,指着一个点不动了,足足有20~30s,而后,竟然操起了工具,对该设备进行现场处理。理论上讲,点检是专门查找设备隐患的,怎么到现场也做起检修作业了呢,待我走过去仔细地看了看,原来

是作业现场电气柜里的一个延时继电器发生异常情况了,"点检"拿出了一把小工具,正在认真地修正其整定值呢。

这样,从早上 9 点整开始,从初轧厂的均热炉电器、开坯机主电动机开始,经过轧钢机电器及电气控制、轧钢辅助设备电器及电气控制、连轧机和精整线电器及电气控制系统,将近一百多米工艺流程的点检路程。一路走来,沿路在墙上一共有 5～6 个点检箱,不完全统计的"点数"(因为记着记着,看见有新动作时,就忘了记的数了)大约有 150 多个点,时间将近到了 11 点三刻左右,结束了上午的点检作业。

结束了上午点检的"作业",在进入下午点检的"管理"业务前,指导老师抽时间来答疑(当然,有些已经看明白的疑问,也就没有必要再去提及了)。

首先,是"点检计划表","为什么能不看点检计划表而直接进入现场去点检",提这个问题得到了老师的表扬,回答是肯定的:点检计划表是指导点检员到现场实施点检作业的依据,这点确实很重要,作为一名新的点检员,在开始实施点检作业时,这个点检计划表是必须要具备的,而且还一定要自己来编制,使自己明白要点检的部位、点检的项目、点检的周期和点检的标准,才能胜任点检的工作,编制点检计划表的要点是:不要想一蹴而就,不要想一下子就将点检计划表考虑得那么周到、做得那么完善。首先,要建立目前能够确定的、设备上的状态控制点的点检部位和点检周期,哪怕是仅仅只有一个点;然后,是在实践中不断地去发现状态控制点,再补添到点检计划表中,这样不断地来充实、完善它才行。因为,我们这位优秀点检员,经过了企业 9 年的检修实践和点检业务培训,从检修队伍里积累了经验,是个有责任心和对设备隐患极具敏感的人才,又在这条产品作业线上,跑了(点检了)7～8 年。一开始实施设备点检时,也是很认真地看着"点检计划表"作业的,经过 17 年来的奔波,已经很熟悉了,所以,可以甩开本来实施点检作业了,因此,发现他没有看点检计划表是可以理解的。点检计划表见表 1.7-12。

表 1.7-12　点检计划表

装置名	点检部位	周期	第1周							第2周							第3周							第4周							备考
			日	1	2	3	4	5	6	日	1	2	3	4	5	6	日	1	2	3	4	5	6	日	1	2	3	4	5	6	
连行装置	减速机	1w						○						⊗							⊗									○		
	齿轮	1m																														
	轴承	1m						●																								
	齿轮接手	1w					⊗							⊗								⊗								○		
	制动器	1w					⊗							⊗								⊗								○		
	轴销	1w					⊗							⊗								⊗								○		
	制动轮	1w					⊗							⊗								⊗								○		
	螺栓	1w					⊗							⊗								⊗								○		
	车轮	2w		⊗															⊗													
	轴承	1w			●								●							●									○			
	弹簧	1w		⊗							⊗								⊗													

注:w:周,m:月。

其次，我们又问到：怎么电气点检时，只有一个人作业呢？老师说问题提得好。这个厂起始电气作业时，也是配备两个人的，有一次，发生了一起由操作人员误操作形成"高压线路人为短路"的事故，操作人的两眼被强烈的闪光灼伤，而在其后的监护人，也因没有想到会有突如其来的事态，后退跌倒而摔坏，造成了两败俱伤的事实。据说事后调研，两个人都承认："因存在有依赖心理，作业时思想在开小差"。总结事故的教训，从此以后，电气作业时就取消了"监护制"。在市场经济环境下，在作业安全的前提下，一个人能干的事，在某样板厂是绝对不会采取"双倍用工"的。在那里，还可以到处醒目地看到"One Man"的标记。

"那作业的安全，是如何保证的？"另一位学员接着提问。"现场的安全作业，是实施指差称呼和指差确认的制度（"指差"两个字是日文汉字），即在作业前，必须用30s左右的时间，用手指指着要作业的点，要求思想集中、扪心自问，口里还要说话，能不能做了，有没有危险了，会不会发生事故，问题都想到了吗，会有什么后果吗，等等。"在那里，有很多地方都在做"指差确认"。如行车确认的安全保证：用手指指向右面，确认没有车，接着又指向左面，确认也没有车，再指向正面确认，确实都确认了没有问题时，才能开车。应该说，这是个非常好的习惯。有一次，坐在实习的通勤车的前排，当车进入厂区，前方50m开外，根本没有情况，但驾驶员照样到十字路口停下来，认真地在指差确认，直到在确认无误时，才开车。学习回来后，宝钢在作业现场检修安全管理上，也实施改革，采用"现场三确认、三方挂安全牌的制度"，同时，电压在6kV以下的电气作业，不设监护人；在6kV以上电压的电气作业时，还按习惯做法。经过几十年的实施，安全作业的效果还不错，在确保安全的前提下，大大节约了人力资源，减员增效，企业和作业人员双赢。

其三，问"点检是专门查找隐患的！怎么点检在现场，实施检修作业了呢？"答曰："因为点检是对产品作业线设备实行全面负责的，所有的维修费是由他们来掌控的（即理解为'设备管家'），如果点检在现场作业时，发现一些力所能及的小隐患，点检员会立即处置。否则，委托也是可以的，需要开具委托单，检修方在受理委托后，还要领他们到现场去，对委托项目的情况进行'现场说明'，要告知检修方，隐患在哪里，要维修什么内容，检修完怎样进行验收，最后，还要支付检修费用，这样，还不如自己做了的好。"说明成本是当家最基本的理念，更体现"点检"作为"设备管家"的本质。

最后，又提出了一个问题，即"今天一共点检了几个'点'（即几个项目）？"他们听了大吃一惊。因为，到这里来培训的世界各个国家都有，但从来也没有人提出过这个问题。而后，先反问说"你看点检了几个点"，这下子倒为难了！虽然，点检过程中，断断续续地在数着点数，但是，这大约150个点是个不太准确的数字，为了弥补遗漏，就往实里说："用手电筒一照，是不是一个点？用听音棒听，算不算一个点？用手摸，是否也是一个点？"话音刚落，再一想，不对！手感有两类，即温度和振动啊，"用手摸，那可能是两个点。"老师笑笑表示有点敬佩，但又指出：手感会有两大类是对的，可是振动会有三个自由度，即有水平方向的摆动、垂直方向的跳动，还有轴方向

的窜动。因此，告诉今天一共点检了约200个点。啊，真的没有想到，在短短的不到三个小时（9点到12点才三个小时，或 $3 \times 60\mathrm{min} = 180\mathrm{min}$），点检了将近200个项目，相当于不到1min就要点检一个项目，而且还要做记录和进行力所能及的小修理，确实很不简单。再进一步的追踪，点检了200个"点"或项目，平均发现有隐患或有故障的点，大约占的比例是多少，得到的答复是：平均在3%～4%，也就是说，今天大约发现6～8个状态受控点有问题。

当然，场地情况、设备密集程度、设备设置情况不同，点检的点数也会不同。在学习完回国后，在担任设备厂长时，就根据现场具体的情况，要求点检员，每人每天必须点检50～80个点的量化值，可以说是有参照的。当然，每个企业、每条产品作业线设备的情况不同，可以参照，制定出每位点检员、每天必须完成的"点检量化值"也可以不同。

7.3.5　管辖设备的点检记录

（1）前提　在实施点检前，应首先搜集并查阅和听取作业操作人员及三班运行人员提供的设备信息及其记录。

（2）要求　点检过程中发现问题应及时记录，能够处理的应立即进行处理或调整，并将处理结果及时记录在点检日志中。

（3）要点　对点检过程中发现的设备隐患问题，要了解清楚以下六个方面问题后再予以记录（即按5W1H的方法来回答设备隐患问题）：

1）设备隐患是在什么时候发生的。
2）设备隐患是在什么地方发生的。
3）什么设备、零部件发生了什么样的隐患问题。
4）设备隐患是什么原因引起的。
5）什么人在操作或什么人发现的和反映的设备隐患问题。
6）设备隐患是怎么解决和处理的。

（4）点检后的记录　应将状态结果，详细记录在点检作业日志上，若发现点检标准或计划有明显不妥之处，应及时予以记录并进行修正。

（5）专职点检员及设备管家的报告内容　专职点检员，对发现的设备问题要根据有关数据、记录、实际情况及经验进行综合分析研究，专职点检员及设备管家管理设备的分析、报告内容：

1）分析本月的设备维修费用点情况，含备件费、资材费、人工费等。
2）分析、评价检修质量（主要是核对"检修时间是否超时"）。
3）本月设备商定状态受控点，还存在什么问题和解决的对策。
4）产品作业线设备的主要检修工程项目。
5）下个月产品作业线设备的主要管理工作。
6）本月产品作业线设备及其状态受控点机、电、仪的修理工时。
7）本月产品作业线设备上的状态受控点的故障情况分析。

(6) 设备管家体系及专职点检员用的各种记录表格

1) 当月维修工程费用汇总表。

2) 当月产品作业线设备上状态受控点的故障汇总分析表。

3) 产品作业线设备上，各种机、电、仪备件消耗汇总。

4) 分析各位专职点检员工作情况表，有停产次数、突发事故的抢修次数；累积停产时间；精密点检、倾向管理完成项数。

7.4 标准化的设备点检管理流程

图 1.7-12 所示为标准化的设备点检管理流程，可以用一句话来概括：即"一点、两线、五下、六上"，这里的"一点"即指"点检作业"；"两线"是指专职点检员从"作业管理"办公室到"现场实施"状态受控点的两条线；所谓"下"，就是从办公室下到现场，所谓"上"，就是从现场返回到办公室。那么，一下一上、两下两上、三下三上、四下四上、五下五上，哪里来的"六上"？这里，"六上"是指"设备点检管理流程"进入了"第二个循环"的意思。

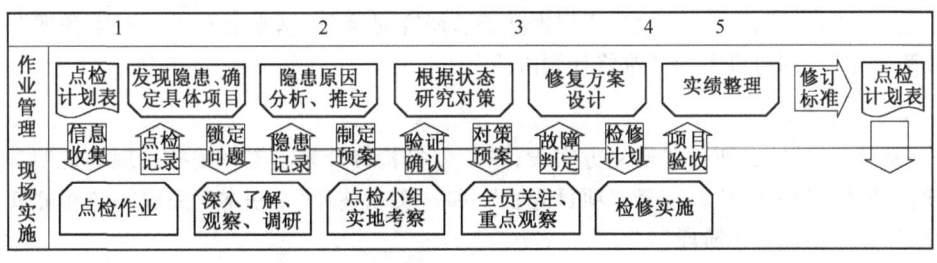

图 1.7-12　标准化的设备点检管理流程

1. 点检诊断阶段
要求掌握：
产品作业计划；
产品作业进度；
中夜班及其抢修记录；
产品制作的工艺流程图；
产品对设备保障的要求；
操作对设备的改良要求；
设备状态受控点的点检法；
关键设备的诊断技术；
设备管家的点检记录整理等。

2. 隐患分析阶段
要求掌握：
劣化判定法；
故障发生的类型；
磨损机理与规律；
机械、电气、热效应
及化学破坏的现象；
隐患根本原因分析；
状态受控点的倾向管理与精密点检；
预防性与预测性管理。

3. 维修计划阶段
要求掌握：
企业年度修理计划；
日常点检、定期点检、精密点检计划及结果；
不停产检修、停产检修及大修计划；
维修费用预算计划；
维修人员保障计划；
维修资材供应计划；
突发事故时的各种应急计划等。

4. 维修实施阶段
要求掌握：
检修安全管理；
维修资材供应；
维修效率管理；
检修进度调整；
工程检查、验收、遗留问题的处理等。

5. 实绩记录阶段
要求掌握：
维修费用的结账；
维修资材的结算；
维修工程的结论；
维修图样的修改；
设备档案管理等。

从图 1.7-12 可见，"标准化的设备点检管理流程"可分为五个阶段，用数字表示，每个阶段的含义及要求掌握的内容，在图表的下面都有详细的说明。

1. 一下一上

表示"普查",即专职点检员按照点检计划表,从办公室到现场,去实施点检作业,收集状态受控点的运行信息,然后,要做详细的点检记录。

2. 两下两上

表示"专查",专职点检员通过"普查",发现有隐患或有异常的点,则要锁定问题,再次深入了解情况并做详细的隐患记录,进行隐患原因的分析和推定。犹如,上述的情况,点检普查了200个点,其中有6~8个点有问题,因此,专职点检员要对这6~8个点实施"专查";

3. 三下三上

表示"会诊",一般情况,经过"两下两上"已经找到隐患的问题所在,就可以省略这一步,可以直接进入到第三阶段"维修计划阶段"。如有确定不了的问题,那就要请"点检小组"的各专业点检,一起来实地考察,来验证确认,以便确定隐患的问题所在。

4. 四下四上

表示"定案",经这一段的"根据状态、研究对策",基本上有了"对策预案"和"故障判定",即可进入到"维修计划阶段"。

5. 五下五上

表示"修复",通过"修复方案设计"、安排检修计划、工程委托、现场说明等一系列"检修工程管理",直至"项目验收"和"实绩整理",基本上完成了"维修实施阶段"和"实绩记录阶段"。

6. 六上

表示总结提高,"修订标准",进入到第二个循环。

7.5 设备点检管理的实施方法

(1) 企业作业的机械设备,易于发生隐患和劣化,一般发生在以下六个部位:
1) 机件平面移动(滑动摩擦)的工作部位。
2) 机件旋转运动(滚动摩擦)的工作部位。
3) 机械动力及运动传递的工作部位。
4) 零部件受力、支撑及连接的部位。
5) 机件与原料、灰尘粘附和接触的部位。
6) 零部件受介质腐蚀、粘附的部位。

企业作业的机械设备易于发生隐患和劣化的主要原因是磨损、耗损、污损,表现为:给油脂不良、紧固件松弛、灰尘及粘污、局部受剧热、环境潮湿、跑冒滴漏等。

(2) 企业作业的电气设备易于发生隐患和劣化的部位:

1）电器元件与电磁、绝缘相关的部位。
2）电气零部件与介质接触、腐蚀的部位。
3）电气开关柜、控制箱、操作盘受粉尘、灰尘污染的部位。
4）电器元件受周边温度影响的部位。
5）电气设备受环境潮气侵入的部位。

企业作业的电气设备，易发生隐患和劣化的主要原因，可用以下几方面概括：

1）电及电磁的作用。
2）高温及温变的作用。
3）机械力的作用。
4）环境潮湿的作用。
5）电化学及化学的作用。
6）宇宙放射线的作用。

（3）企业作业的仪表（包括计算机）设备，易于发生隐患和劣化的部位：

1）与电磁、绝缘相关的部位。
2）与介质接触、腐蚀的部位。
3）受粉尘灰尘污染的部位。
4）受周边温度影响的部位。
5）受环境潮气侵入的部位。

企业作业的仪表（包括计算机）设备，易于发生隐患和劣化的主要原因：

1）电及电磁的作用。
2）高温及温变的作用。
3）机械力的作用。
4）环境潮湿的作用。
5）电化学及化学的作用。
6）宇宙放射线的作用。

7.6 点检的 PDCA 工作法

综上所述，通过企业三位一体的设备管家体系中各类点检人员，对作业设备实施管理及点检作业时，其工作方法中的四个环节是：

1）制定点检技术标准和点检计划，实施自我完结的流程（P——计划环节）。
2）按制定的各类计划和标准，实施点检和委托检修工程（D——实施环节）。
3）细致检查各项作业实施的结果，认真地分析检查实绩（C——检查环节）。
4）在实绩检查分析的基础上，制定改进措施，自主改善（A——改进环节）。

采用 PDCA（见图 1.7-13）工作方法，来推进自身素质的提高和工作经验的积累，特别是企业设备管家体系中"专职点检员"的工作方法，尤为重要，从而推动企业设备管家体系管理设备工作水平的不断地提高。

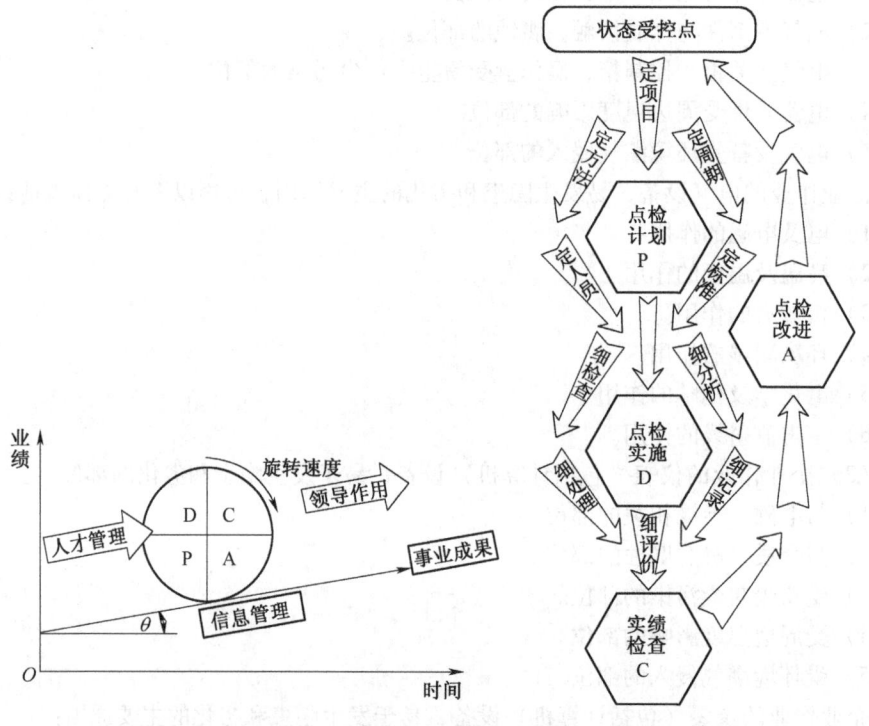

图 1.7-13 点检工作的 PDCA 循环及五定、五细工作流程

企业设备管家体系中的"专职点检员"的工作方法，是指设备点检业务的"计划—实施—检查—反馈"的循环，这种方法，很适用于企业作业设备在下列专职点检员"设备管家管理设备相关问题"业务实施的过程中去使用：

1）企业作业设备状态信息的搜集、整理及问题分析的过程。
2）企业作业设备状态受控点"点检管理"业务的实施过程。
3）企业作业设备"不停产、停产检修管理"业务的计划编制过程。
4）作业设备检修用备品配件、资材管理计划的制定和准备过程。
5）作业设备检修时，"维修费用管理"业务的计划和预算过程。
6）企业作业设备"不停产、停产检修管理"业务的工程委托及实施过程。
7）企业作业设备"不停产、停产检修管理"业务的施工安全过程。
8）作业设备委托"检修方"实施检修工程业务的验收、试运转过程。
9）企业作业设备状态受控点的隐患及故障管理业务的实施过程。
10）企业的"设备和维修的技术管理"及其相应的数据汇总、分析过程。

PDCA 的新趋势如图 1.7-14 所示。
企业设备管家体系实施设备管理的 PDCA 工作法的四阶段八步骤如图 1.7-15 所示。

第 7 章 设备点检管理的实务

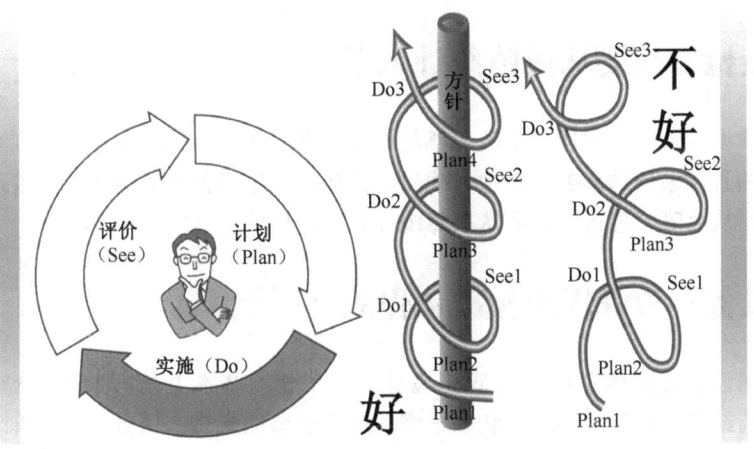

图 1.7-14　PDCA 的新趋势

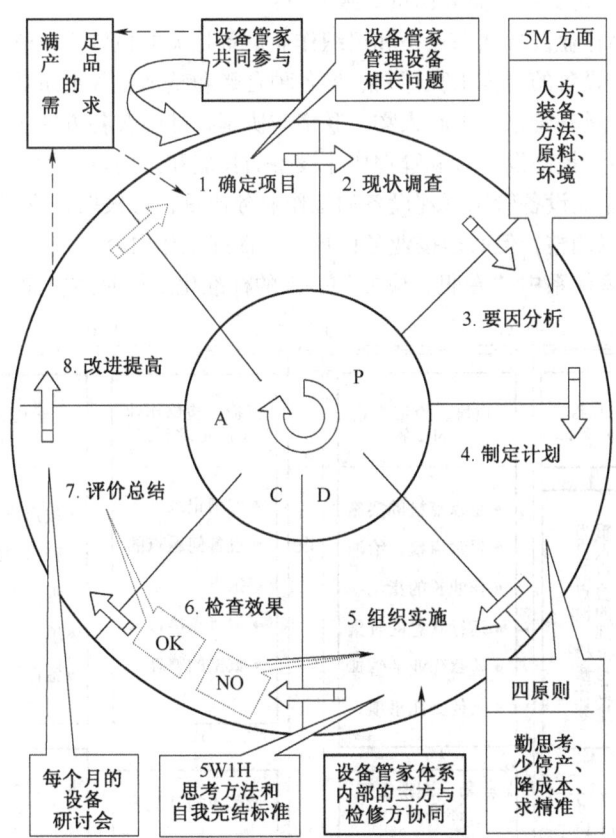

图 1.7-15　PDCA 工作法的四阶段八步骤

7.7 点检管理要从故障统计入手

点检或设备管家,如何从杂乱无章的设备管理工作中,整理出一个契入点,怎样从千头万绪的日常繁琐的事务工作中,找出一条捷径,建议企业的设备管家管理设备的工作,必须要从故障管理进入,要从故障统计着手,详见本书的附录 F。

7.8 设备点检管理的标准化作业(一天)

企业的设备管家体系中"专职点检员"的工作,基本上是:半天现场设备点检,半天做点检结果的分析、判断、状态维修和相应账票的管理。因此,一般来说,"专职点检员"是企业里的一个新型的岗位,而不是一个按传统习惯上说的是什么"工种",另外,从企业设备管家的角度来说,"专职点检员"又是企业产品作业设备的现场的直接管理者,其标准化工作的业务比重大致如下:

1)现场产品作业设备状态点检和组织作业设备相关的检修工程管理,50%。
2)编制作业设备的检修工程计划、做各种台账和整理各种记录数据,30%。
3)作为企业设备管家的中心人物,联络与协调各部门及各方的工作,15%。
4)不断学习、提高设备管家管理作业设备的技能和开展自主管理活动,5%。

当然,以上企业设备管家管理设备的工作业务比重,可根据企业产品作业设备的运行状态,随时予以调整,但必须按业务比重,平衡好工作内容。

企业设备管家体系中"专职点检员"一天的标准化工作时间段如图 1.7-16 所示。

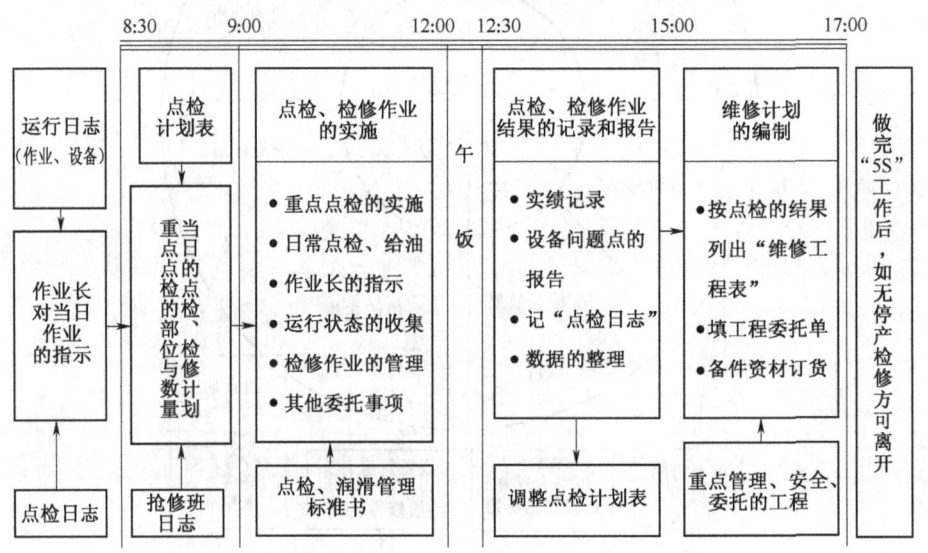

图 1.7-16 专职点检员一天的标准化工作时间段

适合于我国作息时间的点检标准化工作时间段如图1.7-17所示。

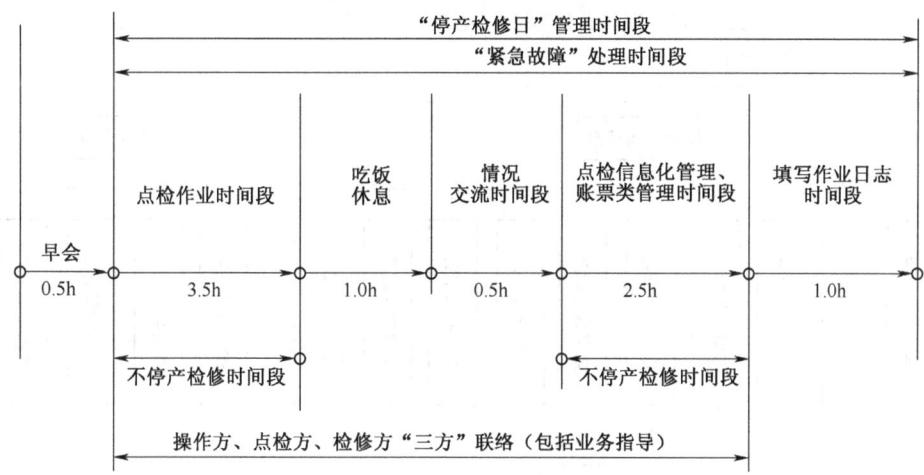

图1.7-17 适合于我国作息时间的点检标准化工作时间段

企业设备管家体系的"专职点检员",要认真推进点检标准化工作方法,即所谓的"4728513"的标准化工作方法:

"4":是指 PDCA 四个阶段。P——制定点检技术标准和点检计划;D——按计划和标准实施点检和修理工程;C——检查实施结果,进行实绩分析;A——在实际分析的基础上制定措施,自主改进(合理化建议)。循环四个阶段和开展 5S(整理、整顿、清扫、清洁和修养)活动。

"7":推进点检标准化作业的七个基本步骤,即:①调查现状;②发现问题;③制定计划;④措施保证;⑤实施管理;⑥实绩统计;⑦巩固提高。

"2":两类标准,即企业的"技术作业标准"和"制度管理标准"。

"8":八项标准化,即:①基准标准规范化;②行为动作规范化;③安全工作标准化;④管理方法标准化;⑤工作时间标准化;⑥工作程序标准化;⑦服装标志标准化;⑧礼仪环境标准化。

"51":对现场改善开展 5W1H 调查活动(何事、何时、何人、何地、何因,如何干)和"5个一和1个零"活动(安全第一、质量第一、效率第一、一流标志、一流业绩,事故为零)。

"3":三确认(作业方、点检方、检修方),即确认、确信、确实。

"专职点检员"的标准化工作任务框图如图1.7-18所示。

企业设备管家体系中的"专职点检员"的标准化业务流程如图1.7-19所示。

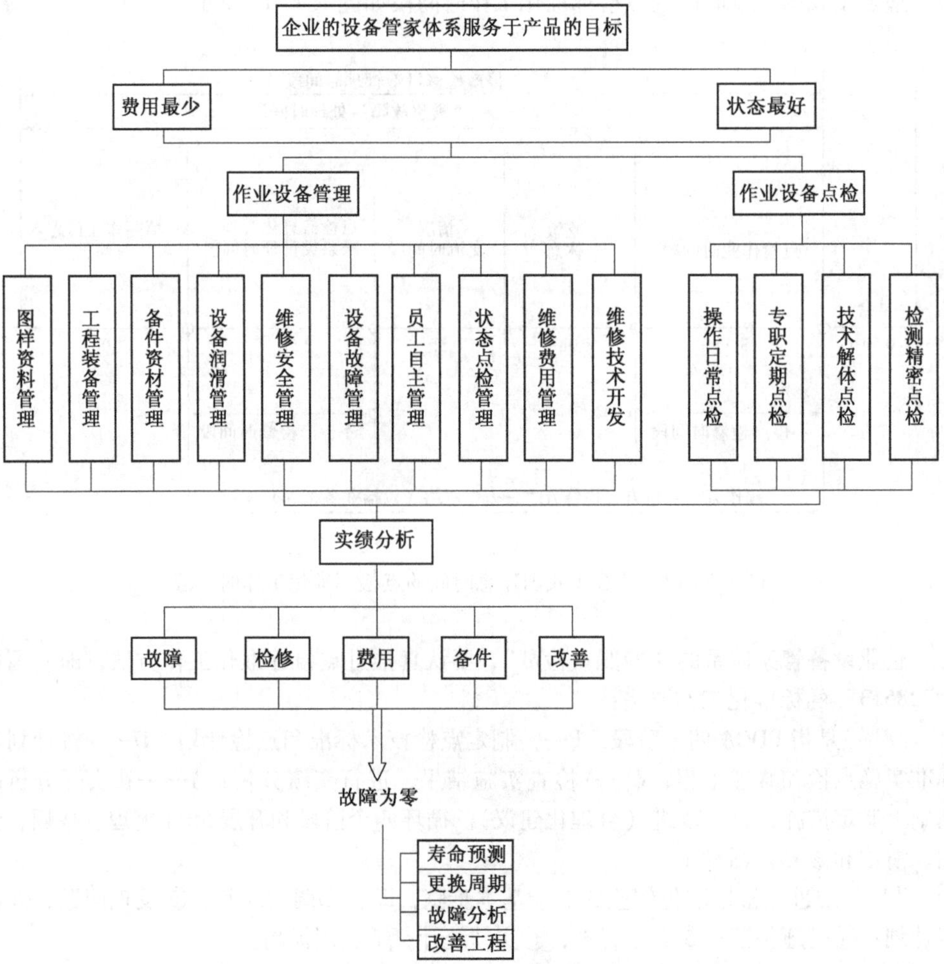

图 1.7-18 "专职点检员"的标准化工作任务框图

7.9 点检的职责 "七事一贯制"

由图 1.7-20 可见，企业要贯彻设备管理重心下移的政策，落实、实施由企业的"专职点检员"管理设备的制度，其核心的工作，就是以下所述的"七事一贯制"：

1）对企业的产品作业线设备，按计划认真地实施状态受控点的点检。
2）根据点检的结果，汇集点检实测的状态信息，整理、分析和判断。
3）按状态受控点点检的状态信息，分轻、重、缓、急编制检修计划。
4）作为设备管家，要按项目准备好图样资料、资材，提供给修复用。
5）按已纳入工程检修的项目做好工程的委托、管理，作好现场说明。
6）停产检修当日，组织检修的安全联络、三方确认和试车验收工作。

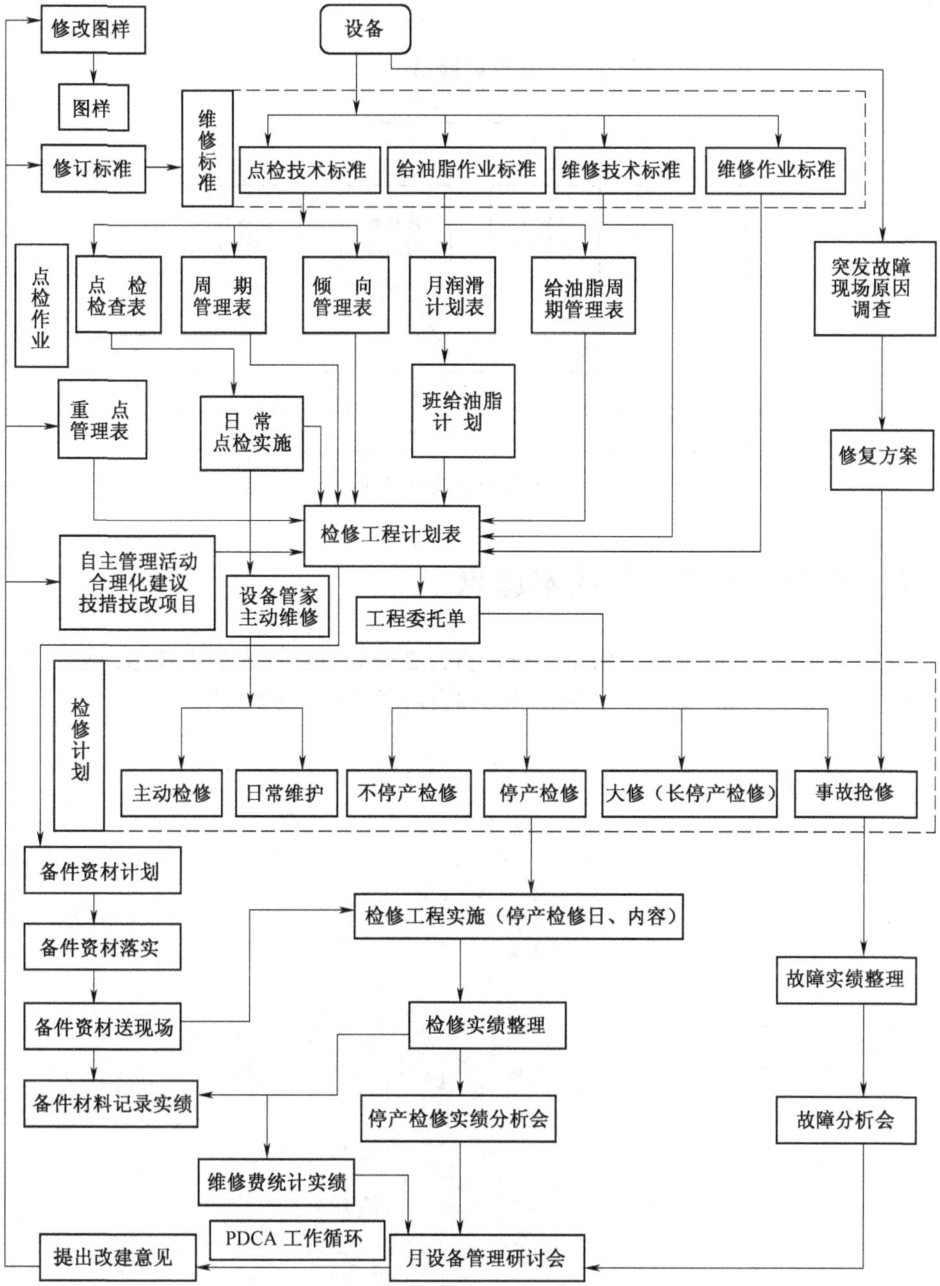

第7章　设备点检管理的实务

图1.7-19　企业设备管家体系中的"专职点检员"的标准化业务流程

7）认真负责做好检修项目的实绩记录和分析、账票统计、信息反馈。

企业设备管家体系中的"专职点检员"，要认真负责地做好所管辖的产品作业线设备的管理，这是一个系统工程，必须一竿子插到底，努力把每项工作都做好做到底，这是设备管家最最基本的本职工作。

85

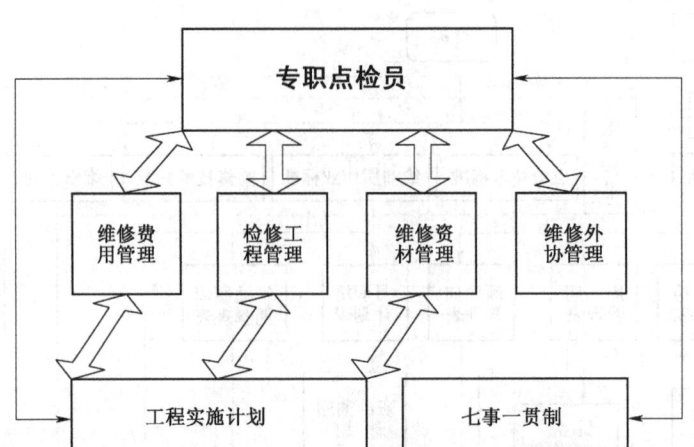

图 1.7-20　企业专职点检员管理设备的制度

7.10　点检实施管理的成本意识

作为企业设备管家体系中的每一位成员，必须具备当家人的责任感，必须具备："有主人翁的态度，能当家理财、勤俭节约和会认真过日子的本领"。

第8章 点检管理好坏的标准

8.1 设备要为生产服务及设备完好率的缺憾

众所周知，新中国成立后，我国就立即投入了恢复生产的建设时期。由于当时（即20世纪50~60年代）的国际环境，唯一能帮助和可供学习的是社会主义国家及其特定的经济模式。同时，企业的设备管理方式，是学习与之配套的"设备计划检修模式"，特别是在20世纪的十几个"五年计划"中，我国企业的设备管理方式基本都按"设备计划检修制"实施，当时企业管理中有一句响亮的口号，那就是：企业的所有部门都要为"生产"服务，当然，企业的"设备也要为生产服务"。虽然有这样的过程，应该特别指出的是，不能否定在那个时期的学习，因为，当时的那种模式和制度，对新中国成立后企业早期的经营和设备管理的进步，都起到了积极的启蒙作用和有力的推动作用，尤其是使企业的设备管理，由原来的"不坏不修、坏了再修"的被动抢修状态，进入到了主动的计划检修制的预防维修阶段，足足向前推进了一大步。

除此以外，对企业设备的管理指标（现在称之为"考核"），都采用了"设备完好率"来衡量，企业各主管部门对各单位在不同的时期，都提出了"设备完好率"的量化指标的要求。笔者曾在20世纪60年代，在毕业后分配到冶金部在山西太原的一个直属企业，并担任了该企业机械动力科的负责人。当时，企业属于山西省冶金厅领导和管辖。每个月都要召开一次设备管理汇报会，会议主要议程之一，就是各个企业汇报上个月企业的"设备完好率"，记得很清楚，上级领导要求的考核指标是：设备完好率必须高于87.5%。而笔者的企业是个新建工厂，因此，每个月在设备完好率的评比上，都能达到93%~94%。后来，笔者到某样板厂学习，在和市场经济环境下企业设备系统的第一线员工谈到"企业设备管理的好坏，样板厂是如何来衡量、如何来考核时"，他们感到不理解。并问道："你们是如何做的?"，笔者胸有成竹地告诉："是用设备完好率"，结果，他们瞪着眼睛，还是听不懂。我们只得通过翻译告诉道："所谓'设备完好率'，是指：如有100台设备，其中有几台是完好的，如果有90台是完好的，则'设备完好率'就是90%"。没想到他们让翻译来告知笔者："在产品作业线上有100台设备，原料从第一台设备上投入，经过产品作业线上这100台设备的加工，直到最后一台设备，制造出了合格的成品，这100台产品作业线设备，要是其中有1台设备不好，那么'设备完好率'该是多少啊，这样的'设备完好率'好不好啊"，笔者随口说了一下："设备完好率99%，这当然好啊"。没想到他们大手一挥地吼叫道："好什么呐，产品作业系统全线停产了。"

最后，他们告诉笔者："企业的产品是企业的命根子，有了产品就有了增产的价值，企业有了产品并送往市场去交换，有了交换企业就有了利润，当老板有了财富的同时，员工们也就有了报酬。"可见，某样板厂开展 TPM 活动，提倡"全员参加的服务于产品的维修"，引导企业员工，由面向设备的从"设备维修"到面向产品"服务于产品的维修"的转变。所以在不同的环境下，企业如何对待设备、设备管理方式及其对企业产品的影响和企业成本的考虑是根本完全不同的两回事。在市场经济环境下，当今企业各部门的管理目标是什么，企业设备管理的宗旨是什么，企业管理的目标，都要为"企业的产品服务"而不是习惯的要"为生产服务"。换位思考，设备要为生产服务，那么，生产要为什么服务啊（见图 1.8-1）。

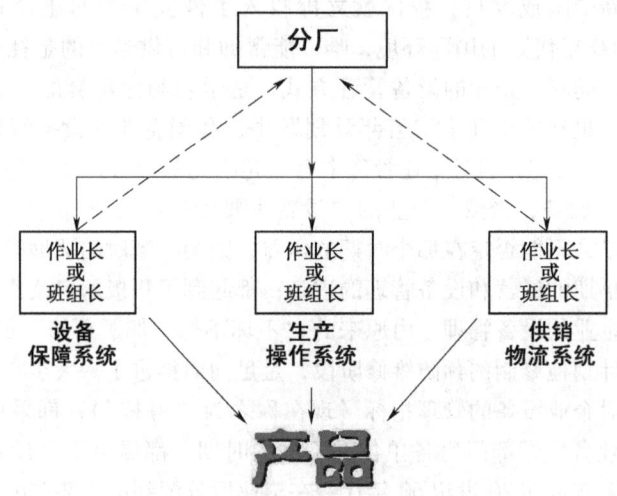

图 1.8-1　企业都要为产品服务的目标

8.1.1　企业设备管家体系中好的"点检管理"含义

1）自主管理。能按照"企业发展战略总目标"和"年度产品订单或合同所确定的任务及月度作业计划"，结合所管辖的产品作业线设备，能自己主动地安排应做的工作，即能为企业产品订单或合同顺利交货起到保障作用的。

2）顾客满意。要明确服务的用户是谁，其需求和用户满意度是什么，即在时间、地点、费用、数量、质量、环保、安全及其他方面的用户要求是什么。

3）工作责任。掌控管辖产品作业线设备的一些"状态受控点"的关键指标体系，努力确保其产品保障任务的完成。

4）相关事务。了解与管辖设备相关的一些企业文化等情况，要同步完成。

5）持续学习。学习企业在新工艺、新技术方面的和设备创新的知识等。

6）遵章守纪。自觉遵照企业"设备管家体系"管理设备的八项原则并认真实施之。

8.1.2 设备管家管理设备的八项原则

企业"设备管家体系"管理设备的八项原则,是企业设备管家管理设备的理论基础。它是在我国新的经济体制下,认真贯彻"科学发展观和可持续发展战略"以及体现社会主义价值观的前提下,总结企业设备管家管理设备实践成功经验的基础上,借鉴了当代质量管理理论,将其上升为八项管理原则。

企业"设备管家体系"管理设备八项原则的推进,对当代企业的设备管理,具有十分重要的指导意义。这八项原则,从大的方面,可以分成两个小循环:前面四条的小循环,是企业设备管家体系中的管理准则或是指导思想;后四条的小循环则是工作方法或思想方法。这两个小循环,引导企业的设备管家体系,特别是其中的专职点检员,能很好地做好"点检管理",如图1.8-2所示。

图1.8-2 设备管家的形象和作用

"设备管家体系"管理设备的八项原则,分成两个小循环,详述如下:
企业设备管家体系中,当管家必须遵循的管理准则或指导思想的四条原则。

1. 以"服务于产品和用户满意"为宗旨

"服务于产品和用户满意",就是企业的"设备管家"要将企业的"产品和用户",看做是企业设备管家的衣食父母和工作宗旨,认识到:不为企业的产品(企业的战略目标)服务和失去了用户,就等于失去了设备管家自己存在的价值。因此,管理要急企业的产品所急,想服务的用户所想,倾听服务对象的声音,认真负责,要经常进行产品作业和用户的走访,进行"用户满意度"的调查和分析等,力争做到要满足并超越

用户的要求和希望。

2. "实践是检验真理的唯一标准",作决策必须要有依据

为提高决策的有效性,必须实施基于事实的决策方针,强调数据、信息收集和分析在管理体系中的重要性,实践才是检验真理的唯一标准,要用实践、数据和信息来说话。设备管家管理设备,应从操作方、检修方、定期点检、解体点检、倾向管理、专项试验、故障统计、资材采购和用户满意等方面,进行数据的收集、用统计技术方法进行分析,从而为设备管家管理设备做决策和实施设备改进时,积累充实的依据。

3. "尊重领导的指导"是前提

"领导"是指企业的最高管理者,企业的高层领导的职责是:高瞻远瞩、确定企业的战略方针,制定企业的政策和策略,对企业的发展和前途负有责任。因此,企业的"领导",要动员全体员工参与"企业设备管家体系"管理设备的各项活动,为实现企业的发展战略总方针和中长期目标而努力。企业的设备管家要了解领导的意图,充分尊重领导、依靠领导,应争取领导的指导和支持,努力做好企业设备管家的工作。

4. 确立企业"维修策略"的第一要素是成本,降低企业"成本"是管理的根本

维修作业是企业设备管家团队成员点检结果的后续,确定维修策略时,考虑企业成本是第一要素,降低企业成本是设备管家管理设备的神圣职责。大力提倡"自主维护",不断调研以提高作业效率,要从企业的大局出发,每项每处、点点滴滴,在行动上不遗余力地节约支出、避免浪费,为取得低成本、高效率的结果而努力。

以下是企业设备管家体系中,当管家必须遵循的工作方法或思想方法的四条原则。

5. 确立"持续改进"的管理理念

"没有最好,只有更好",持续改进是体现永无止境的改进提升的过程,它强调了企业的管理体系、过程和产品的不断完善和改进,可见,持续改进是一个永恒的循环活动。形成这种管理理念,可以促进企业管理体系运行效率的提高,也可以增长员工的自主管理、设备管家体系的单点课、维修质量攻关活动等的能力,以此来不断推进整个设备管理体系和设备维护过程的改进,不断探索改进机会,增强企业的竞争能力。

6. 按科学、系统的"过程方法"实施管理是正确的思想方法

企业要把做好每件事情,视为一个系统的过程,为提高结果有效性,必须系统地认清、识别和管理这些过程及过程之间的相互关系和作用,在管理项目的全过程中,采用"PDCA"的方法,称之为"过程方法"。即:

为做好每件事项,事前都必须有一个策划(Planing)的过程,即如何去做;

按事先周密策划好的计划,认真地去实施(Do);

按既定目标来不断地对照、检查(Check),以此来找出其中存在哪些不足;

根据对照、检查结果,好的继续、差的改进,要不断总结和处置(Action)。

这种不断改进工作的 PDCA 循环方法,这个过程控制,是设备管家的工作,设备管家要使过程处于动态的受控状态,实现了对过程进行识别和管理的目的。

7. "全员参与"是管家管理的基础

管理的核心是处理各种人际关系,"全员参与"的核心是调动人的积极性,企业发扬群众路线优良传统,动员并发挥广大员工的潜力是企业管理的法宝。企业产品作业过程的各级人员是企业之本、是企业产品作业活动的主体,也是管理活动的对象。人人充分参与是企业良好运作的群众基础,当员工的才干得到充分的发挥并能实现创新和持续改进时,企业将会获得最大的收益。"设备管家管理设备"是通过企业内各职能、各层次人员参与(三位一体)并支持设备管理全过程来实施的。设备管理过程的有效性取决于各级人员"全员管理"的意识、能力和主动精神的发挥。随着市场竞争的加剧,全员主动参与企业的设备管理,发扬"重担众人挑"的精神,夯实群众基础,显得尤为重要。

8. 维护好"三方"的和谐关系

企业产品的"操作方"是提供作业设备运行状态的关键,随着企业产品的升级换代,产品作业线设备的综合效率如何提高,"操作方"是极其重要的一方。设备"技术方"是专职点检员的技术顾问,随着企业设备的现代化,关键设备上状态控制点的疑难问题如何解决,是绝对离不开企业设备"技术方"支持的。设备"检修方"是解决设备故障、恢复设备性能的专家里手,随着企业产品作业条件的繁重,"检修方"如何确保在维修方面的用户满意度,也是企业的关键。作为企业设备管家体系中"专职点检员"的工作,都离不开上述"三方"的支持和配合。因此,他们各方之间的关系是相互依存的一个合作的整体,专职点检员只有与上述"三方"取得良好的交流和合作,建立一种双赢的关系,维护好对本企业与设备管家管理设备相辅相成的关系,才能增强各方创造价值的能力,才能实现"为企业的发展提供强有力的基础保障"的目标。

8.2 当今企业设备管理的定位

1. 关于"企业"

我国加入到"世界贸易组织"后,就要融入其中,"WTO"宗旨中明显地将世界各行各业分成为"货物、服务"的两大类,而且都要"坚持走可持续发展道路,促进对世界资源的最优利用,保护环境"。近年来,随着我国进一步深化改革开放,在货物类企业飞速建设的同时,我国的服务类企业也在神速地发展,这两者都有装备,也都有设备管理的问题。因此,中国设备管理协会顺应形势的发展,提出了"为我国企业的发展提供强有力的基础保障",由"制造业"改变为"企业"说明,中国设备管理协会对我国新生的"服务类企业"的重视!

2. 关于"生产"与"作业"及"产品"

这里的"企业",就包含了"货物和服务"两大类性质的企业了,进入社会主义市场经济,为了对一些词义表达得更明确,要"相应地"做一些调整。如"生产"一词,对货物类企业有"生产"的问题,而对服务类企业,用"生产"来阐述就不很贴切,是否统一用"作业"一词来表达,用"产品"来表示"作业"的结果。这样,对两类不同性质和类型的企业都适用,如货物类的冶金、石化、炼油、机械制造企业的员工实施"作业"的结果,有相应的钢铁、油脂、机械产品;服务类的如港口、运输、维修、金融企业的员工也有相应的"作业",与其对应的有物流服务"产品"、修理"产品"和金融的理财"产品"等。

3. 关于"基础保障"

企业的设备要"为我国企业的发展提供强有力的基础保障",这里,"基础保障"是指:企业设备系统的员工,要建立如下三个方面新的理念。

8.2.1 要为企业的产品服务

进入新时期,企业各个部门工作的"定位",以前,习惯的提法是:企业各个部门都要为"生产"服务,现在,从世界各国的动态来看,都在相应地悄悄地变化,都在潜移默化地向"为产品服务"的方向上转变,也就是说:"企业各个部门,每天来得早、走得晚,辛辛苦苦作业,都在干什么,您仔细分析和观察,确实都是在为企业的产品服务,而不仅仅是为"生产"服务,再说大家为生产服务,那么,"生产"在为谁服务啊,因此,当今时代,企业各个部门,都要转变,要从:以"我"为中心,转变到:以"产品"为中心的轨道上来,都要"为产品服务"。

8.2.2 要使设备的用户满意,也就是要让被服务的用户满意

在 ISO 9001—2008 版标准中过程早以明确了从"用户需求"出发,经过管理体系持续改进,达到"用户满意"的目标。企业的设备管理体系,同样也是要为"服务对象"——用户满意,如图 1.8-3 所示。企业通过强化推进"用户满意",就能实现"全员参加"的目标,使企业的发展得到实实在在的强有力的基础保障。

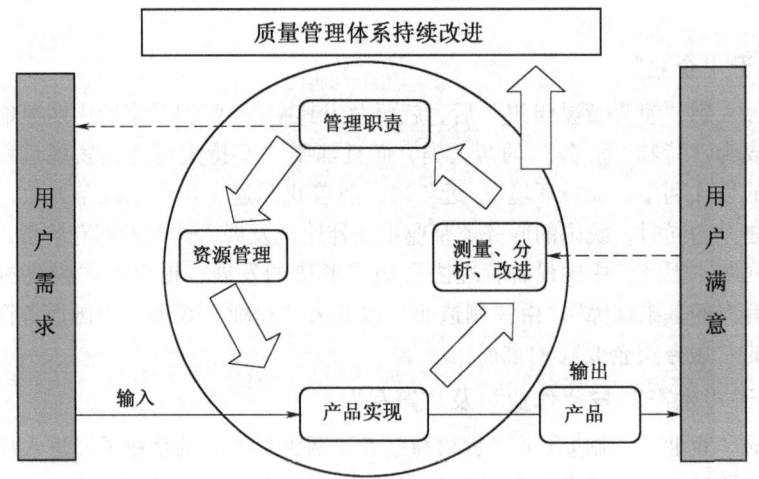

图 1.8-3　质量管理体系的持续改进

如何做到"用户满意",如何通过企业"全员参加"来达到"满足用户需求",这个问题一直是"有人说,可没有人知道该如何做"。理论上说说都没有问题,但如何来实施,这是一个摆在各个企业面前的一个很现实的问题?

日本开展的 TPM 活动,即"全员参加的服务于产品的维修",就是解决这个问题,也可以说日本的 TPM 是形势逼出来的,是必须要通过"全员参加"才能完成上述物资供应。因此,当今企业如何实施"用户满意"、如何通过企业的"全员参加"来达到使"用户满意",不是那么容易的一件事。宝钢的实践是:通过企业召开"职代会",动员并要求企业各个部门、各个单位来回答:你们的"用户"是谁,你们如何使"用户"满意,推进并开展"用户满意"活动,使每个部门必须明确"你服务的对象是谁,以及如何做才能使服务端对象满意",通过企业上下、全员开展"用户满意"活动,确实推进并做到了"全员参加"的目标,达到四个满意,即:"作业的上工序要使下工序满意;服务部门做到使作业部门满意;辅助人员努力使作业一线满意;管理人员改进使作业人员满意。具体的为:

1) 凡参加产品作业过程的一切人员,都要把设备维修作为己任。作业操作人员负有用好、维护好设备的直接责任,要参加设备清扫、紧固、调整、给油脂、日常点检、不停产检修及有患情设备要报告的工作。

2) 企业各管理、经营职能部门,要从"以我为中心"转变到"以产品为中心"的轨道上来,也要做到使"用户满意",从各自不同岗位的本职工作出发,都要支持企业的设备管理工作。

3) 设备管理工作,要纳入企业及各个部门的经营计划中去,设备管理目标是企业各位经理及各级领导的任期目标之一。包括:设备进行预防性和预测性管理,通过设备管家中的专职点检员,对设备进行认真点检,以准确掌握设备技术状态。根据点检的结果,实行有效的计划维修、维持和改善设备工作性能(而不是按计划时间的检修),预防突发事故发生,延长机件寿命,减少停产时间,提高设备的综合效率(OEE),保证产品正常作业,降低维修费用,以提高产品生产效益为目标,提高停产检修的计划性。要求合理精确地制定停产检修计划,统一设定停产检修模型,提高检修人员的维修效率,检修工作实行标准工时、工序管理等。

8.2.3 使企业的价值最大化

当今时代,企业追求的目标,已经从原来的产值最大化、利税最大化、利润最大化、净利最大化和企业资金净流量的最大化,进入到经营贡献即企业价值的最大化。企业价值最大化包含:股东稳定优厚的红利、用户获得满意的服务、社会共享地区的发展、员工创造价值的提升和伙伴共同利益的确保,如图1.8-4所示。设备系统的作业和工作,都要朝着这个方向去努力。

那么,这些工作,在企业里到底由谁来完成,企业管理的重心要下移:企业高层领导确定经营战略总目标、管企业发展的方向,企业中层领导要预测、管理企业明天即将发生的事务,企业今天现场的具体实务,将由基层员工来承担。具体地说:在企业的设备系统中,这个"基层员工"就是"点检",就是三位一体设备管家体系中的"专职点检员",他就应该是"为企业发展提供基础保障的最佳实践者"。

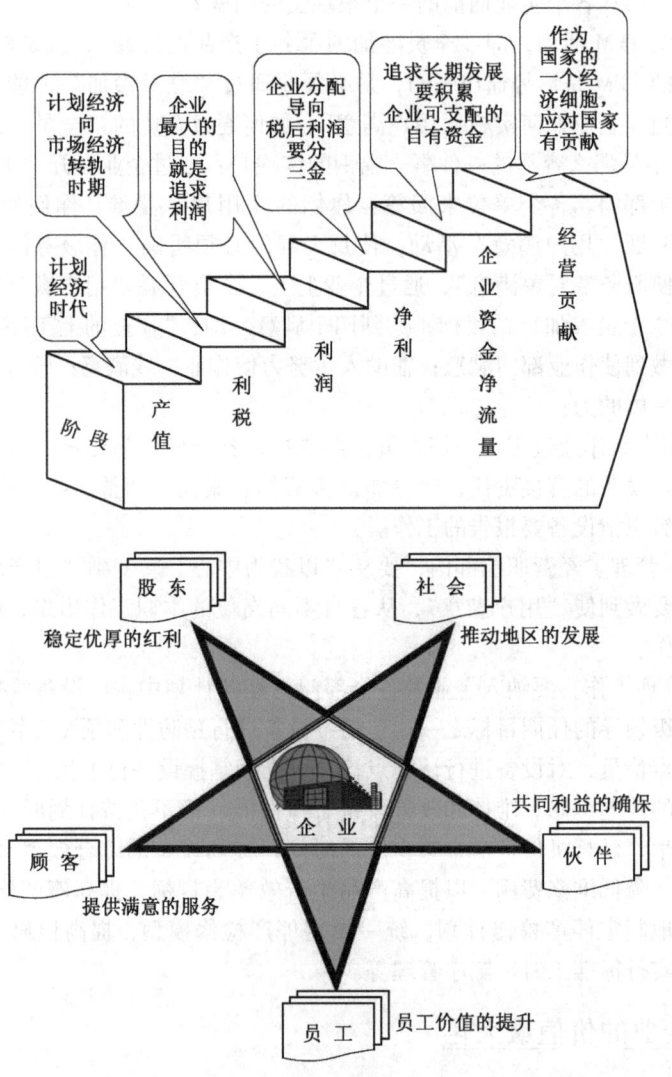

图 1.8-4　企业的价值最大化

这"三位一体设备管家体系中的'专职点检员'",要主动去了解并将根据企业本季度产品的订单、合同,明确确定这些产品是由哪些"产品作业线设备"来完成作业的,三位一体设备管家体系中的"点检",就要将这些产品作业线,按"预知状态、超前管理"的指导方针,并按"独立自主、全面、全方位"的管理,运用"点检、停产检修"的手段,做到认真负责、当家理财,确保产品作业的顺利完成。企业的"点检",要担当起"为企业发展提供基础保障的最佳实践者"。

8.3 企业管理的目标——设备综合效率最大化

8.3.1 设备综合效率的应用范围

设备综合效率（OEE）又称之为"设备整体效能"，是一种企业管理有效的分析方法和考核、对标的手段。当前世界级的一些大集团、知名企业与公司内，已得到广泛应用。但在国内，很遗憾许多企业及设备管理部门，仍旧停留在用"设备完好率"的管理与考核，对 OEE 仍没有得到有效的应用。主要原因在于：人们对于 OEE 的基本原理，还没有理解，还没有提到议事日程上来。

所谓"设备综合效率"是指：企业的每一台"作业设备"，都有设计的理论产能，要实现这一理论产能，必须保证设备在运行中，没有任何的耽误和质量的损耗。这里，用"Overall Equipment Effectiveness"三个英文字母的字头来表示，简称为 OEE。

这里，特别要强调的是，OEE 虽然称之为"设备综合效率"，它绝不仅仅是设备管理部门的事，它是个"企业管理的指标"，是企业各个部门都要关心的，如图 1.8 - 5 所示。

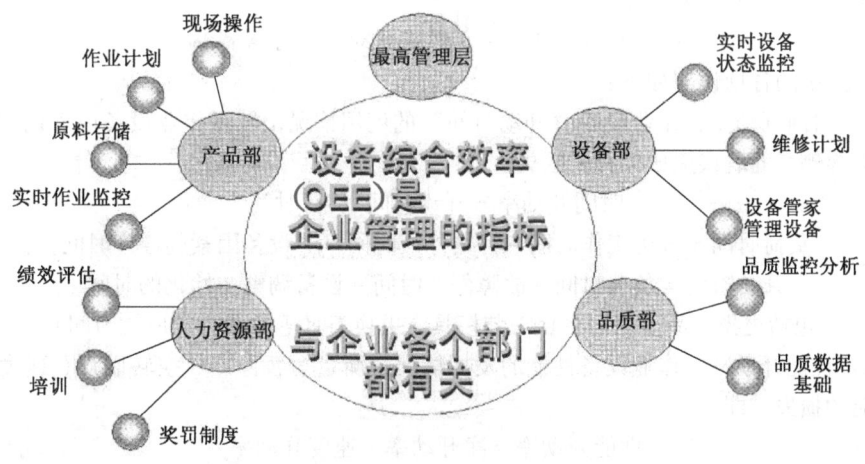

图 1.8 - 5 设备综合效率与企业各部门的关系

8.3.2 什么是设备综合效率

OEE 就是用来表现企业作业设备实际的作业能力相对于理论产能的比率，它是一个独立的企业管理的测量工具。OEE 是由企业作业设备的时间开动率（可用度）、性能开动率（性能比）以及合格品率（质量指数）三个关键要素相乘来组成，单体设备甚至是整个企业的运行，都会受到 OEE 这三个要素累积效果的影响，如图 1.8 - 6 所示。

图 1.8-6 设备综合效率的含义

8.3.3 如何计算设备综合效率

OEE 具体计算公式如下:

$$OEE = 时间开动率 \times 性能开动率 \times 合格品率$$

公式中的各项说明如下:

1) 时间开动率:作业设备"开动时间"的利用情况,衡量作业设备由于调整、发生故障等停产的耽误造成的时间损失,即

$$时间开动率 = 开动时间/负荷时间$$

$$负荷时间 = 日历工作时间 - 计划停产时间 - 非设备因素的停产时间$$

$$开动时间 = 负荷时间 - 故障停产时间 - 设备调整初始化的时间$$

(包括更换产品规格、更换工装模具、更换刀具等作业活动所用时间)。

2) 性能开动率:作业设备性能的发挥情况,衡量短暂停产、空转耽误、速度降低等性能的损失,即

$$性能开动率 = 净开动率 \times 速度开动率$$

$$净开动率 = 加工数量 \times 实际加工周期/开动时间$$

$$速度开动率 = 理论加工周期/实际加工周期$$

其中,任何一台设备,其在启动阶段的速度,都是由静止开始然后上升到工作速度;以及其在制动时的速度,一定也是由工作速度直至下降到速度为零,因此,可见,性能开动率永远存在速度损失的现象、永远也不会等于"1",或是说:"设备综合效率 OEE",永远也不会等于"1",更不会大于"1"。

3) 合格品率:作业设备的有效工作情况,衡量设备加工质量的损耗、废品损失,即

$$合格品率 = 合格品数量/加工数量$$

8.3.4 设备综合效率的实质

将 OEE 的计算公式展开,再将分子、分母的同类项相约掉,即

$$OEE = 时间开动率 \times 性能开动率 \times 合格品率 \times 100\%$$

$$OEE = \frac{开动时间}{负荷时间} \times \frac{加工数量 \times 实际加工周期}{开动时间} \times \frac{理论加工时间}{实际加工周期} \times \frac{合格品数量}{加工数量}$$

$$OEE = \frac{理论加工时间 \times 合格品数量}{负荷时间}$$

这样,OEE 即可理解为:"合格品的制作时间"占"总可用作业时间"(负荷时间)的比例,或者,更明确的表述为:OEE 等于在负荷时间内,实际产量与理论产量的比值。

换一种方法,用图解的方法来表达,如图 1.8-7 所示。

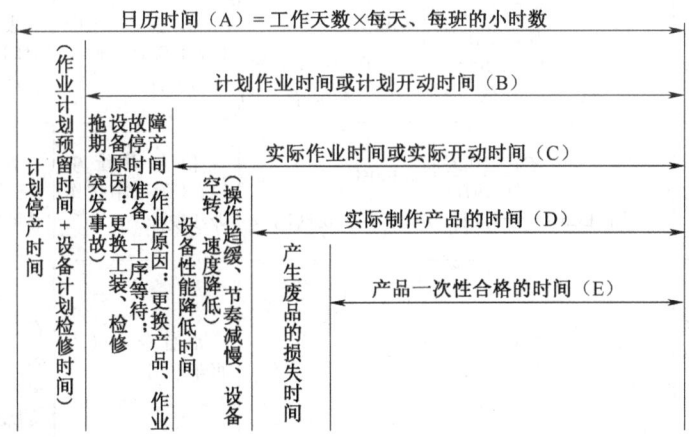

图 1.8-7 用图解方法来理解 OEE

下面讲讲世界级的 OEE。当今时代,世界知名企业,对企业管理的衡量或所谓的"考核"指标,都向 OEE 靠拢,而且,也给出了一个定量的标准,当企业的三个"率",即:"时间开动率 > 90%;性能开动率 > 95%;合格品率 > 99%"时,其 OEE = 0.90 × 0.95 × 0.99 = 0.85,则世界级的 OEE > 85%,被公认为一个分界线。

表 1.8-1 是韩国推行 OEE 管理的概况,20 世纪 90 年代初期的情况,90 年代末期情况对比的概况,可见一斑。

表1.8-1 韩国推行 OEE 的概况

设备综合效率利用现况（1990年代初期）		设备综合效率利用现况（1990年代末期）	
区 分	比率（%）	区 分	比率（%）
平均80%以上	7.8	平均80%以上	24.4
平均60%~80%	18.7	平均60%~80%	36.2
平均50%~60%	12.3	平均50%~60%	7.9
平均50%以下	13.3	平均50%以下	11.0
没有管理	47.9	没有管理	20.5
合计	100	合计	100

宝钢从2001年6月，已经不再沿用原来传统的绩效考核的方法，具体情况见表1.8-2、表1.8-3和表1.8-4。

表1.8-2 宝钢现行的有关设备效率的管理指标

序号	指标	统计方法	使用范围	备注
1	设备有效作业率	$=\dfrac{\text{实际工作时间}}{\text{规定工作时间}} \times 100\%$ 规定工作时间 = 日历时间 − 计划规定停工时间（含国定假、定、年修、生产调整、换辊等时间）	信息系统中EC6B画面中按作业线统计	表征在规定工作时间内设备的利用程度
2	设备日历作业率	$=\dfrac{\text{实际工作时间}}{\text{日历时间}} \times 100\%$ 目前EC6B中统计时，分母采用日历时间	信息系统中EC6B画面中按作业线统计	表征在日历时间（不含年修时间内设备的利用程度）
3	主要生产设备利用率	$=\dfrac{\text{设备开动时间总和}}{\text{日历时间合计}} \times 100\%$	冶金企业（上报年报用）	宝钢历年来按烧、高、转、连、焦、初、热、冷、管及高炉鼓风、制氧机等统计
4	主要生产设备事故、故障停机率‰	$=\dfrac{\text{设备故障停机时间总和}}{\text{日历时间合计}} \times 100\%$	同上	按主要设备、故障时间大于4h、损失费用10万元以上统计
5	设备功能投入率	$=1-\dfrac{\sum (\text{统计项目功能不投入时间})}{\sum (\text{统计项目日历时间})} \times 100\%$	宝钢股份	为确保提高产品的质量
6	设备精度保持率	$=1-\dfrac{\sum (\text{统计项目精度超标时间})}{\sum (\text{统计项目日历时间})} \times 100\%$	同上	同上

表1.8-3 设备月总时数的构成要素与关系式

总时数构成要素			计算关系式
日历时间（A）			（A）= 当月天数 ×24h
规定开动时间（B）	计划检修时间	生产辅助时间（如：交接班、换辊、调整等）	（B）=（A）- 计划检修时间 - 生产辅助时间
实际开动时间（C）	停机损失时间（含故障、修理、生产辅助等的实绩时间）		（C）=（A）- 计划检修时间实绩 - 生产辅助时间实绩 - 故障停机时间实绩
净开动时间（D）	速度损失时间		（D）=（C）- 速度损失时间；速度损失时间 =（D）- 实际产量/理论小时产量
有价值开动时间（E）	废次品损失时间	（如空运转、减速、升降温等）	（E）=（D）- 废次品损失时间；废次品损失时间 = 废次品产量/理论小时产量

表1.8-4 设备综合效率要素构成的分解与计算表达式

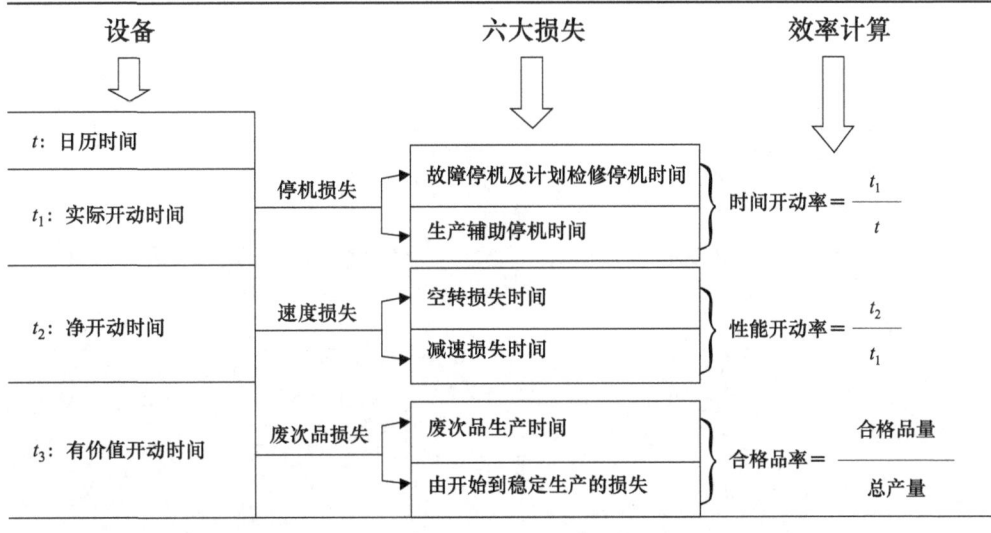

设备综合效率 = 时间开动率（即日历作业率）× 性能开动率 × 合格品率

这里，根据已经实施的结果和经验总结，还要补充说明几点意见，供大家参考：

1)"设备综合效率（OEE）"一定是企业管理的目标，而绝非仅仅是设备管理部门的事，企业管控和实施综合考核的部门，建议由"企业最高管理层"责成相当的部门来实施。

2)"设备综合效率（OEE）"的管理，建议：开始是针对单体设备的考核，是检查

第1篇 设备运行的状态检查

单体设备"在负荷时间内，其实际产量与理论产量的比值"，是自己和自己的比较，从中找到差距、发现问题，追究并组织大家对其根本原因的分析，以利改进、改善和提高。

3）通过对"设备综合效率OEE"其中的三个"率"的分析研讨，就可以很明显地找到影响因素的所在部门，然后，分别指出其改进的方向和措施。

4）在单体设备的OEE有基础后，再分析、研究产品作业线设备的OEE。

第 2 篇

设备检修的组织管理

第 1 章 设备实施修理的理由

1.1 设备检、维修管理的含义

经常在一些资料里看到"企业设备的'检、维修'管理","检、维修（MRO）"的缩写 MRO 是由三个英文单词的首字母组成的，其含意为：

1）维护（Maintenance），是指：维持设备的状态或被维持、保养和维持设备状态而实施所必需的作业、维护工人和团队维护保养的工作。

2）修理（Repair），是指：修补、修理破旧或损坏之物，补救、纠正、修理、补修等作业或过程。

3）检查（Overhaul），是指：细密检查、彻底检查，以期了解设备状况的检查，为设备的清洁、修理等作业而实施的彻底检查。

MRO 管理，起源于美国航空、航天行业对飞机等各类装备的维护、修理和检查管理。美国设备的修理技术，由 20 世纪 40 年代以前，是简单设备的事后修理；发展到 20 世纪 40 年代至 70 年代末，实施对机械设备的定期计划修理；再发展到 20 世纪 80 年代初至 20 世纪末，对复杂机电设备的预测性修理；进入 21 世纪，发展到对信息化设备的预测性修理。因此，预测性修理是设备维护、保障发展的根本要求和必然趋势，也是设备检、维修实现科学化、精细化的根本途径。设备检、维修的技术体系包括规划技术、作业技术、管理技术和信息化技术。MRO 管理的含义是，对设备进行有效的维护保养、修理和检查，以确保设备能够在其生命周期中，最大限度地发挥其使用价值，维持正常的运行状态。企业"产品全生命周期"，实际上包括产品的形成过程、使用过程和回收利用过程。在一些资料中，也有把"检、维修管理"的含义解释为：Maintenance Repair and Operation。清华大学王建民教授，提出应将 Operation 和 Overhaul 都考虑进去，称其为"MRO2"管理。因为，只有有效地监控设备的运营状态，才能进行预防性修理。Maintenance 的作用是对设备进行例行维护，使产品作业线设备处于正常运行状态；Repair 是指设备故障的修复，在产品作业线设备受到损害后，能修复使其再具有良好的状态；Operation 是指保障运行，即能保持正常运转；Overhaul 是指彻底地检查，是为保持产品作业线设备性能和寿命所做的细密检查。检、维修管理技术在能源、航空、航天产品的制造与维护和需要大型复杂设备的行业等，具有广泛的应用前景，而检、维修管理技术本身，也需要在实践中不断完善，以提高实用性。

保障设备的安全运行、维护与修理，是企业设备管理的主要内容，对于提高设备综合效率（OEE）、减少设备全生命周期费用（LCC），具有重要意义。目前我国的设备管理业务,主要由设备使用企业承担,企业需要为此投入大量的人力、物力,设立专门的管理机构,培训技术人员,从整体上看,经费投入较大、综合效率不高,另一方面,设备制造企业,虽然对自己设计和制造的设备,拥有强大的人员和技术优势,但较少能为上述企业提供实质性的关键的检、维修服务,投入和收益比较低。造成这一局面的根本原因是,各类企业基本上是各干各的。随着我国物流、信息、金融等产业基础设施的快速发展和不断完善,设备制造和使用企业之间完全有可能实现技术、人力和信息等各方面的资源共享。有能力的企业可以将自己的技术和人员优势,变成一种"服务",直接提供给需求者,应用到设备的运行监控、维护和修理中去,企业可以享受到更加专业化的设备检、维修服务,并可减少在设备检、维修管理方面大量人力、物力的投入,从而能够降低设备检、维修成本。这就是中国经济增长方式转变的核心,即依靠效率增长,提高整个经济的附加值,例如通过加工制造业服务化以及大力发展服务业。在制造业服务化中,服务于制造的一整套支持系统就是 MRO(Maintenance,Repair,Overhaul and Operation),MRO 的核心理念是要面向设备全生命周期管理。例如:对于航空公司,可以将发动机的检、维修业务,对外委托给专业的 MRO 供应商来处理,利用其先进的技术和资源优势,可以延长发动机的使用寿命并还能获得高质量、低成本的检、维修服务,保证航空发动机安全、可靠地运行。合理的评价和选择检、维修供应商,可以降低对外委托工程的风险,控制检、维修的质量和提高航空飞行器的可靠性与安全性。

1.2 不能照搬发达国家维修政策

在西方一些发达国家,经济实力雄厚、技术力量充裕,故企业的设备管理方式,是以企业的设备专家为中心的管理,是以专家治理为主的,是通过对企业设备的设计制作、装配、运输、安装、调试以及保养方式的改善,来追求设备效率的极限。在使用策略上采取"快速折旧"的方法,在很短的时间内,就将设备的投资回收,同时,不断收集设备使用的状态信息,记录该台设备在使用中的设备隐患和故障情况,为下一代新设备的改进积累数据和资料,而用持续"更新换代"新型设备为主的办法,来提高设备的综合效率。这些企业的操作人员,只负责产品作业的工作,日常维护、修理、检查等(即设备检、维修管理)保养工作,则是完全属于专门的维护人员的事情。这种设备管理方式,并没有推行全员参加的小组活动,也没有考虑全员参加的设备的检、维修方法,而是以"资产管理"为主,以追求企业综合效率(OEE)的极限为目标。

有资料报道表明:一些发达国家企业在实践中,往往依据设备在产品作业中的地位、作用大小来确定其保障程度及维修费用二者之间的关系,选择具体的维修策略。"事后维修"(这里的"事后维修"是指"人为的结果",是故意等到它不能用了再去维修,而不是管理不到位造成的"事后维修")是在"不会产生过高的故障后果费用的前提下",所需的直接维修费用最低,这使其成为企业维修策略的首选。调查表明,50%的企业选择的是"事后维修"模式(最高的90%,最低的也有5%);32%的企业,实施的是"预防维修"模式(最高、最低分别为90%和5%);选择"预知维修"

模式的企业，为18%（最高、最低分别为60%和5%）。在一些中、小企业中（如在德国，千人以上的企业仅占整个工业企业总数的1.7%，75%的企业人数都在100人以下），多数设备仍是采用事后维修的。这里所谓人为的"事后维修"，就是"并不实施维修，而是更新、整体更换"的意思。

近年来，由于工业化、高科技进程的加速，使得人类面临着越来越严重的资源短缺与环境污染问题。20世纪60~70年代，西方发达的工业化国家，采取鼓励消费与投资的政策以刺激经济的发展，产品更新的周期越来越短。第二次世界大战前，发达工业化国家的产品更新周期约为40年；20世纪60年代中期，缩短为20年；到20世纪70年代，又缩短为10年，目前仅为3~5年甚至更短。为了增加固定资产更新的资金来源，发达的工业化国家，普遍采用固定资产加速折旧的政策，不断缩短固定资产的使用年限。以美国为例，20世纪60年代初，将设备的折旧年限，由15~20年缩短为12年；20世纪70年代初，则缩短为10年左右；20世纪80年代中期，又进一步缩短为3~10年。其他发达工业化国家的设备折旧年限大体为7年左右。更新周期的加快，意味着产品寿命的缩短，而产品寿命的缩短则意味着更多的资源需求。

相对于西方发达国家，发展中国家的经济条件与技术力量，都相对较弱。条件不同，不能完全照搬其设备管理方式，企业界头脑应清醒，了解关键在于制作产品的装备是否能起到"保障"的作用，重视产品作业线的设备管理，将具有竞争力产品制作的主动权，牢牢地掌握在自己的手中，全力推行TPM（Total Productive Maintenance）。

要提醒注意的是：国际TPM协会提出了"全面生产设备管理"这一新的概念，这个TPM的含义是，Total Production Management，是"全员关心的服务与产品的管理"或理解为"全面生产设备管理"，这个"TPM"已经由"国际TPM协会"予以注册。

而全员生产维护TPM，应从本国的实际出发，不能按西方发达国家体系的"以设备更新"为主，而是买一套设备要好好地运用和保护。所以，在欧美设备管理的检、维修的基础上，向"修了再用"改变，向"要不断延长设备的使用寿命"的方向努力。

1.3 设备的检、维修与可持续发展战略

"可持续发展"是20世纪80年代提出的一个概念。1987年挪威首相布伦特兰夫人主持世界环境与发展委员会，在"我们共同的未来"报告中第一次阐述了可持续发展的概念，可持续发展的核心是发展，要在保护环境、资源永续利用的前提下进行经济和社会的发展。经济、社会、资源和环境保护等是一个密不可分的系统，需要协调发展，既要达到发展经济的目的，又要保护好人类赖以生存的自然资源和环境。环境保护是可持续发展的重要方面。

图2.1-1是全球可持续发展的五大要点。

可持续发展战略与企业检、维修的关系为：可持续发展战略的基点，就是使经济发展的速度与自然界的再生能力相适应，传统维修的观念是维持和恢复设备的额定状态及确定评估其实际状态的措施，而现代设备维修，必须在可持续发展的前提下，通过先进

图 2.1-1　全球可持续发展的五大要点

技术使产品得以再利用,从而延长其使用寿命,以达到最大限度地利用资源、保护资源及维持生态平衡的目的。在设备寿命周期的不同环节,采取措施以延长其使用寿命,在设备使用、维修阶段,通过加强管理以提高设备利用率,通过现代化改装、再制造技术,对废、旧设备加以再利用。

我国企业资产管理的核心是检、维修,因此,我国的设备管理是要"用好、管好、维护好作业设备,确保可持续发展"。企业设备管家管理设备时,必须贯彻落实设备"四保持"的内容。"四保持"是指:保持设备的外观整洁;保持设备的结构完整性;保持设备的性能和精度;保持设备的自动化程度。为此,企业设备要以修理为主,这样,"检查、维护和修理",就不是独立的行为,而是要围绕着以"修"为主的综合应用,就出现了:"维护+修理"和"检查+修理"的组合,简而言之,即为"维修"和"检修"的组合新名词,其中的含义,也就不言而喻了。可以这么命名,但企业的相关领导,必须头脑清醒、资产管理部必须职责明晰,换句话说,企业里的这个"资产管理部",必须要确保企业产品作业设备的可持续发展,必须确保要为企业的发展提供强有力的基础保障。

1.4　企业设备检修、维修的含义与差异

设备的检修、维修如何对产品起到"保障"作用,如何适应企业设备管家体系,下面分别进行描述。

所谓"维修",即先进行维护,在维护的过程中,发现一些力所能及的小隐患,立即实施修理。这是设备操作方在实施日常点检时及专职点检方在实施定期点检时以不停产作业为主的"维护+修理"行为。

所谓"检修",是在停产的前提下,由设备技术方和专职点检方,在实施解体点

检、倾向管理的情况下,在检查设备运行状态时,在预先估计和现场检查后发现隐患或故障时,实施的有计划和有准备的停产修理。当然,在企业停产检修的时段,设备操作方和专职点检方可以利用这个时间来实施"维修"作业。

虽然有不同,但长期以来,企业里特别是广大员工的习惯思维里,人们有时会用"维修"或用"检修"来统称整个"修理"的过程。所以,个别场合中,"维修"、"检修"可能有相互替代的情况,如,为什么有"维修策略",而没有"检修策略";为什么用设备检修的组织管理,而没有用设备检维修的组织管理来并列叙述;又如,下面要提到的我国设备维修的发展历程,而没有我国设备检修的发展历程,这个现象还需敬请理解。

1.5 我国设备维修的发展历程

我国设备维修的发展历程,大致可以划分为四个阶段。第一阶段:基于故障的维修阶段,设备实施的是"不坏不修,坏了再修"的管理,所以,又称之为"事后维修"阶段;第二阶段:称之为"预防维修"阶段;第三阶段:随着国外的一些设备维修和管理的做法源源不断地导入,长流程、连续作业的基础工业装备的引进,也引进了适合与市场经济环境下的生产维修,这是基于产品作业线的维修阶段;跨入21世纪,世界维修界提出了要"基于状态的维修",这是第四阶段"预知维修"阶段。

图 2.1-2 是按年代划分的我国设备维修发展历程的说明。

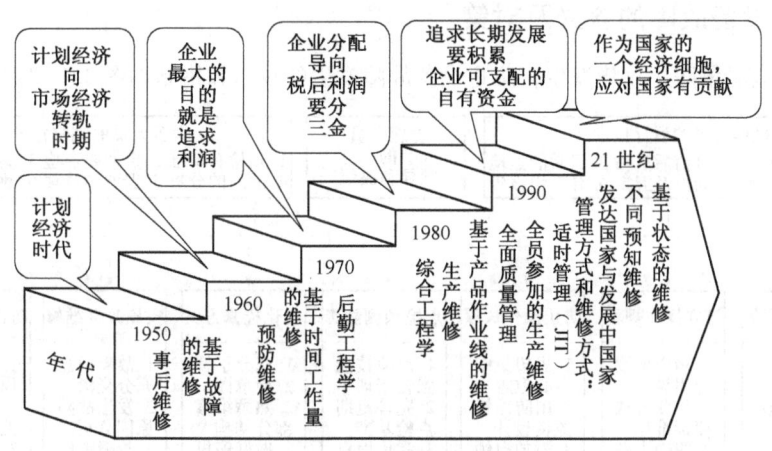

图 2.1-2 我国设备维修的发展历程

1.6 设备有隐患要维修,有故障要检修

企业的各个部门,都要为企业的产品服务,作为企业的设备管理部门,就必须做好"基础保障"的工作,将其归纳为一句话,那就是:要对管辖的产品作业线设备,做到"预知状态、超前管理"。这项工作的管理重心下移,企业的设备管家体系的成员,就

必须挑起重担。企业设备管家中的"操作方"和"点检方",做好日常点检和专职点检的工作,发现有隐患,就要实施维修;企业设备管家体系中的"点检方"和"技术方",做好专职点检和精密点检的工作,通过倾向管理,在发现隐患的过程中,及时发现故障的前兆,及时地实施委托,请"检修方"将故障排除。

1.6.1　设备劣化的主要表现形式和原因

这节内容请参见本书的第1篇第7章的7.1节及本书的附录F。

1.6.2　设备隐患的含义及对策

预防企业作业设备隐患、劣化的对策,包括预防隐患和劣化、测定隐患和劣化、修复劣化。

预防隐患和劣化的方法:
1) 日常点检维护。给油脂、更换、调整、紧固、清扫。
2) 改善维修。即维持性能。

测定隐患和劣化的方法:点检检查(良否点检和倾向检查)。

修复劣化的方法:
1) 修理。预防维修、预知维修、事后维修。
2) 更新。换代、改造。

1.6.3　设备故障的含义及对策

企业应尽量防止故障发生,防止设备故障发生的技术和措施如图2.1-3所示。

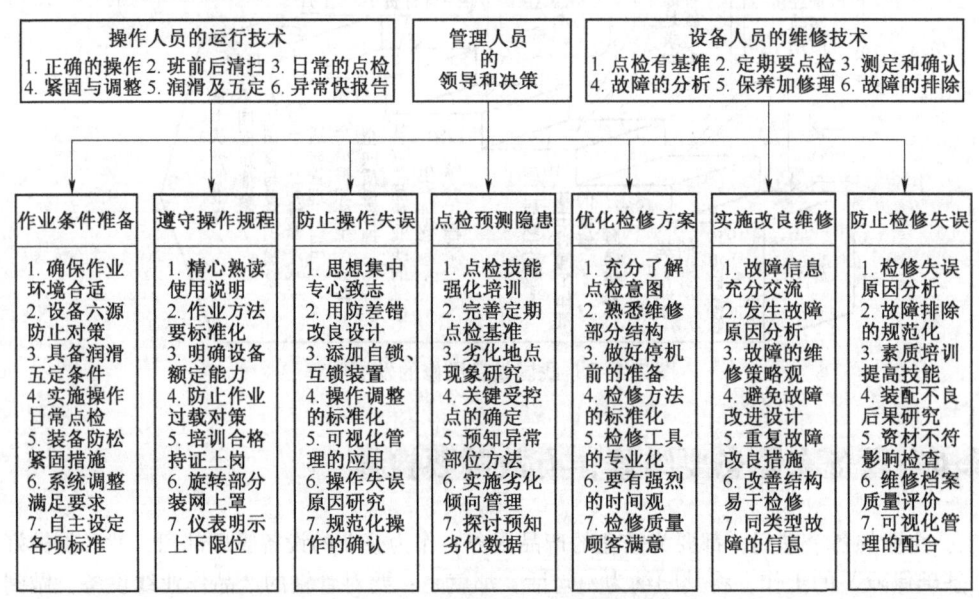

图2.1-3　防止设备故障发生的技术和措施

企业设备管家体系中的成员，要搜集作业设备运行状态及故障信息的如下内容：
1）作业设备运行状态及故障发生时的部位、环境状况。
2）作业设备运行状态的异样表现及故障发生的时间，故障发生的顺序。
3）及时询问操作方的第一手感受，掌握操作方信息及记录。
4）立即组织相关人员，分别收集打印、复制故障现场的原始记录。
5）进行作业设备综合损失情况及分各专业别的统计。

企业设备管家体系，防范设备故障的主要措施：
1）三位一体设备管家体系中的操作人员，必须经培训合格后上岗。
2）设备管家要严格执行作业设备的各项标准。
3）设备管家体系中的操作人员要做好日常点检、维护、保养工作。
4）设备管家中的专职点检员，要加强作业设备的定期点检工作。
5）设备管家中的工程技术人员，要做设备管家体系中其他成员的坚强后盾，并配合专职点检员，做好精密点检和状态受控点的倾向管理。
6）企业的设备检修人员、设备管家，要认真做好产品作业线设备的计划检修工作：①企业的检修人员要努力提高设备检修的质量；②设备管家要按备件消耗规律，准备必要的备件；③设备管家要认真做好设备的润滑工作，保证各点润滑良好；④设备管家要定期预想事故演习，提高处理事故的应变能力。

企业作业设备运行时，发生"单一故障"的处理流程如图2.1-4所示。

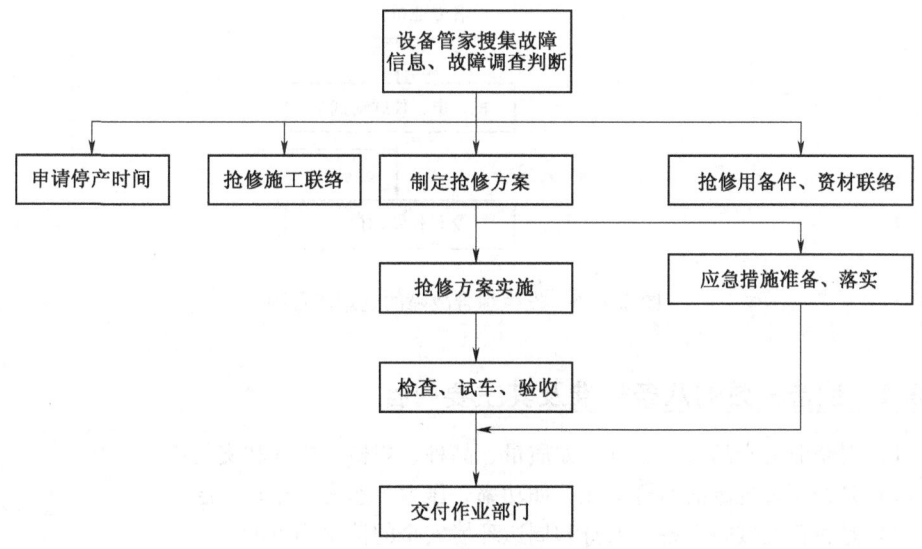

图2.1-4　发生"单一故障"的处理流程

图2.1-5所示是企业在作业设备上，发生机械、电气和仪表专业综合故障的处理流程图。

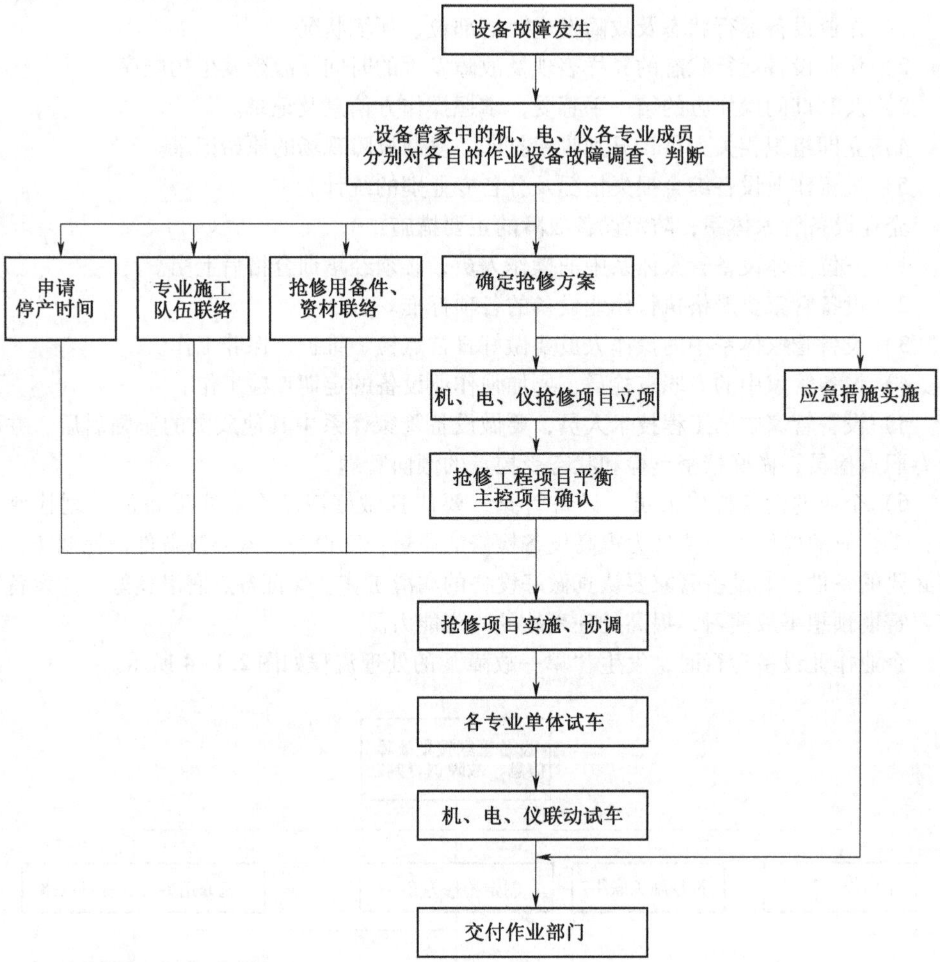

图 2.1-5　发生综合故障的处理流程图

1.6.4　设备失效的八条标准及其主要内容

1）对企业的产品有无影响。如质量、品种、规格、成本和交货期。
2）是否超过规定的运行参数，如功率、压力、速度、振动、温度。
3）是否存在威胁设备、人身和周边环境安全的情况和可能。
4）是否影响主要零、部件隐患及缺陷和影响设备的外部工作条件。
5）是否已经超过主要能源消耗指标的规定值。
6）是否已经超过主要零、部件磨损程度及"点检标准"的规定。
7）是否明显缩短设备本体及主要零、部件的使用寿命。
8）是否降低设备或系统的自动化程度、控制系统的有效性。

1.7 设备状态受控点

设备状态受控点是设备检维修的重点对象,是由企业设备管家体系根据状态点检的理念设置的。企业设备管家体系中的操作点检和专职点检,对所管辖的设备,设置设备状态受控点,进行运行状态信息的归口管理。有关"设备状态受控点"的含义,详见本书第1篇第4章4.3节中的叙述,有关"设备状态受控点"的处理,详见本书第2篇第4章4.1节中的叙述。

1.8 检修工程的分类（三大类、四种状态）

检修工程的分类要与为企业产品服务的宗旨相结合,从这个要求出发,考虑检修工程管理的实施,将检修工程分成三大类和四种状态,如图2.1-6所示。

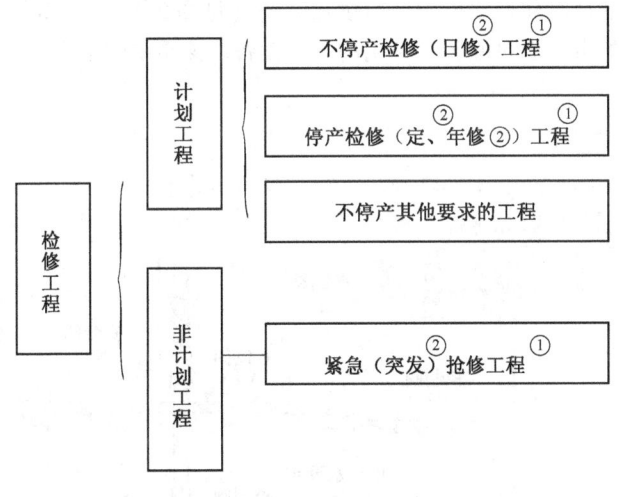

图 2.1-6 检修工程的分类
注：①为三大类 ②为四种状态

"三类"是指：
1) 不停产检修。
2) 停产检修。
3) 突发事故的紧急抢修。

所谓"四种状态"是按检修时,"停产时间"的长短来划分的。另外对"停产检修"还可分为停产一天（24h以内）能修完的,称之为"停产检修"；如因检修造成企业停产时间超过一天（超过24h）的,为了区分起见,称之为"长时间停产检修"。

1.9 停机检修与停产检修的原则性差异

企业的作业时间,一天24h、一班8h。企业的产品,在制作时除了需要各个方面的支持以外,其中有很重要的一条,也是比较不重视的或容易忽略的一条是:必须要靠"作业时间"来保证它的完成。企业各种条件再好,如不预留适当的作业时间,就完不成产品制作的任务。为此,必须要明确什么是"产品作业时间",企业要分清什么是"停机"和什么是"停产"。因为"停机"表示设备停止运行,但并不一定是"停产",如果产品作业也停止了,那就要严肃、认真地找出原因,如是设备问题,那就要抢时间将它修复,以免影响企业的产品作业,也就是说:要力争避免企业的"停产";如果是设备"停机"了,而产品作业没有停,不影响产品作业的正常进行,那这个"停机",用现在的观点来说是"节能降耗",机器停了,还不影响产品作业。所以,"停机"和"停产"是两个概念,不要混为一谈,这不是个小问题,是个原则性的问题。

有一个企业的产品作业线上配套有供水系统(见图2.1-7),为了确保供水的连续性,该供水系统的电动水泵配置了备用的两台设备。该系统的工作原理比较简明,这里就不再叙述。

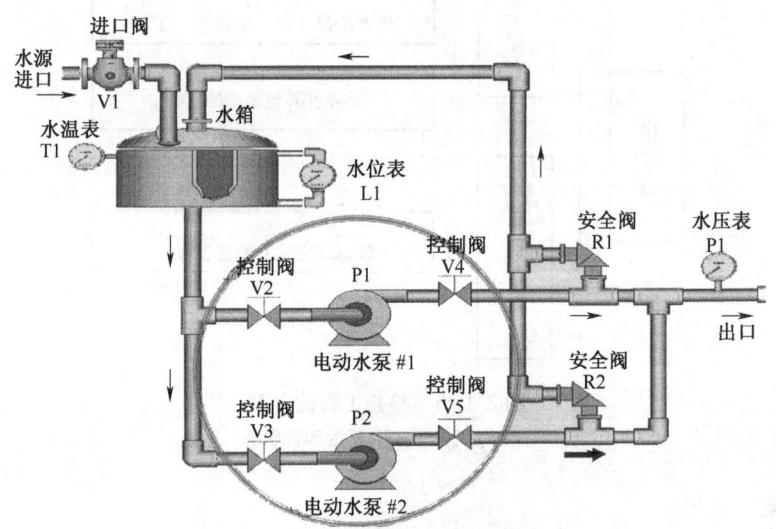

图2.1-7 某作业线上的供水系统

供水系统里有两台泵,其规格、型号是完全一样的,且并联在企业的"产品作业线"上。当P1泵在线使用时,称为"产品作业线设备",而P2泵并列备用,称之为"非产品作业线设备"或普通作业线设备,如图2.1-8所示。

企业设备管理的重点不是按传统的分类方式,而是要根据该设备在产品作业中的地位、作用及价值大小的不同来决定的。一旦设备切换为另一同样规格型号的设备,其作用由"在线使用"转变为"并列备用",名称也由"产品作业线设备"转成为"非产

第1章 设备实施修理的理由

品作业线设备"了，如图 2.1-9 所示。

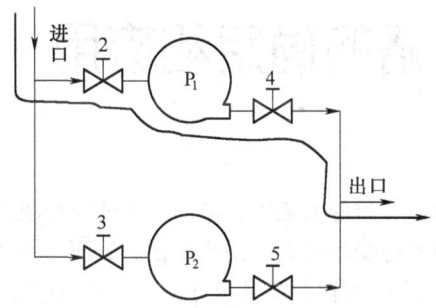

图 2.1-8　P1 泵在线使用、P2 泵并列备用

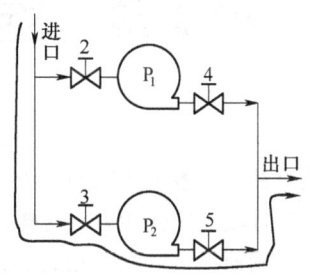

图 2.1-9　P1 泵故障停用，切换成 P2 泵在线使用

当 P1 泵在线使用发生故障时，为了确保产品作业线的连续性，立即进行切换，将 P2 泵立即投入运行，P1 泵实施不停产离线检修。当 P2 泵在线使用又发生故障，这时已无法切换，为了确保产品作业线的连续性，组织 P2 泵紧急抢修，P2 泵被迫实施停产检修，如图 2.1-10 所示。

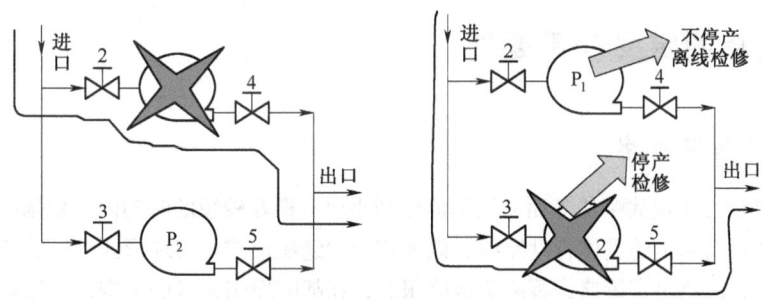

图 2.1-10　P1 泵不停产离线检修和 P2 泵的停产检修

113

第 2 章　维修策略的确定和应用

当今社会上各个团队的各级领导，在市场竞争的激流中，必须具备适应环境而且能驾驭多变环境的应变能力。这样，才能适应各种变幻莫测、快速变化的场面，并能选择最佳的发展速度，以顺利地达到战略目标。这个规律，既适合于军事和国防系统的将领，亦适用于企业中的各方面管理者。

应该看到，全系统、综合性的市场竞争是错综复杂的并需要智慧。企业所有项目的实施过程，都需要开动脑筋，在总体目标框架的指引下，企业领导要充分地运用各种"谋略"，以达到理想的结果。这里的"谋略"即是指"策略"，企业的设备管家体系，在管理设备时，也必须具有"策略"的意识。在叙述这个有些陌生又迫切需要运用的"维修策略"问题之前，首先谈谈策略的含义和制定策略的重要性。

2.1　策略的定义和重要性

2.1.1　什么是策略

策略是指为实现战略任务而采取的原则和手段，即在较短的时期内，根据战略的要求和形势的变化而制定的具体行动路线，以及相应的组织形式、实现形式等。策略是与战略相对而言，战略决定策略，策略为战略服务，在战略原则许可的范围内，策略具有较大的灵活性。战略是带有全局性的，而策略则是局部性的，是与计策、谋略相关的事项。

策略就是为了实现某一个目标，根据可能出现的问题而预先制定的若干个对应方案，并且，按照形势的发展和变化，在实现目标的过程中，还需要不断地制定出新的方案或者选择相应的方案，最终实现目标。目标决定着策略的选择，而策略是达成目标的手段。

2.1.2　设定策略目标的重要性

一个上好策略的前提，必须是要有一个理性的目标，即目标的可行性直接决定着策略的可执行性。用通俗的话来说，就是：如果目标设定的不合理，客观存在对主观目标不予支持或难以支撑，那么，再好的策略也无法实现。因此，目标设定得合理，一定是一个有效策略实施的前提。目标涵盖了对用户的定位，决定了对象的属性，还包括了做什么的内容，企业成本的多少以及实施者将具有什么样的形象。企业推进策略意识的四种管理组织和四个支持系统为：掌控项目实施的流程管理、组织管理、计划管理和合同管理；支持项目实施的控制系统、装备系统，信息系统和考核系统。

实施策略的目的只有一个，那就是根据定位，达成最终目标。从这个意义看，为了

实现既定的目标而将"策略"一般设计成:
1) 可以实现目标的方案集合。
2) 既具有实施艺术,又能注意平衡的方式。
3) 根据形势发展而制定行动方针和实施方法。

2.2 企业确定维修策略的依据

如何在"企业经营发展战略总目标"的指导下,决定"维修策略"?

首先,要阐明一个问题,那就是先要确定"维修策略"的范围,这个范围可以非常广泛。针对当今时段、企业现有的产品作业线设备,企业的设备管家体系提出,实施管理设备时的应对方案,也就是"维修策略"。

在国内外同行激烈的竞争形势下,要绝对地满足市场需求的前提下,企业要做到又要马儿好,又要马儿不吃草这两全其美的结果,这就迫使企业在提供产品时,特别地要求相关的各部门必须考虑和解决这个策略问题,这就是为什么在当今"维修策略"受到那么多企业重视的原因。

为此,当代企业必须要强调对企业"维修策略"的研究,即企业如何更好地应用"策略"的手段来摆脱传统的"救火队式"维修管理的状态,特别是摆脱企业的"停产检修"的次数过多、时间过长的困惑。更要从"企业经营发展战略总目标"的系统高度思考出发,从而能够达到使企业第一线产品作业"从被动走向主动"。

考虑"维修策略"的方向和重点,离不开企业的产品订单或合同的兑现,离不开企业产品作业线设备及其中的关键设备,选择"维修策略"的切入点和目标,要紧扣企业产品订单或合同的顺利完成,一般情况下是以"企业成本"、"作业安全"或是"产品合同交货期",作为考虑"维修策略"的核心要素。一旦确定了"维修策略"的这个核心要素后,其他的因素要为这个核心要素让路,甚至要作出"牺牲",这就是实施"策略"的要求和结果。

下面,用"确定维修策略以'企业成本'为主"为例,说明关注成本是企业运行的根本出发点,企业的设备管家,在确定"维修策略"时要有成本观念(见表2.2-1)。

表2.2-1 企业设备管家的成本观念

观点 维修策略	传统习惯 维修方式	由"计划检修"向由"企业设备管家体系管理设备"的"现代维修方式"的过渡
事后维修(BM)	失责行为	在一定的时段里,当维修的成本大于等于新品的价格时,则要为"事后维修"正名,可以采用人为的BM
计划检修(TBM)	更换	也按计划,到时间后先看,再按其状态决定取舍
状态维修(CBM)	观察	用"倾向管理"来跟踪并预测其寿命,预知状态,延长使用
改良维修(CM)	技改	比较:改良费/寿命<新品价格/不改良的寿命
库存	按需	计算:存品价+利息+在库保管费=?
停产	抢修	严格控制:产品作业线停产达4h,要追究其原因

表2.2-1的横方向，是对应不同维修策略时的观点，分别是传统习惯方式和现代维修方式。传统维修方式是指已经习惯了计划检修方式；而现代维修方式就是指如何适应市场经济环境下的方式，由初期的生产维修向由企业的设备管家体系管理设备的服务于企业产品作业线设备的维修方式（即国外由PM向TPM的方向发展）。

表2.2-1的纵方向，是不同维修策略及其代号，分别叙述如下。

2.2.1 事后维修（BM）

传统维修是指无人实施设备运行维护，一直用到坏了才修，"事后维修"普遍被认为是设备管理者的失职行为，并对这种不负责任的做法，持否定的态度。

现代维修是指按"企业成本"综合测算，可以实施"人为"的事后维修，即平时不用实施维护了，一旦坏了就去更换，能做到符合"企业省钱、设备系统省力的双赢结果"的原则。

2.2.2 计划检修（TBM）

即"基于时间的维修"。

传统维修认为：严格按计划实施维修，到了计划的时间，就不分青红皂白地将该零部件"换"掉；

现代维修认为：也按上述原则做，到了计划的时间，也去维修了，但不是更换，而是去"看"，看看该零部件的要素是否已经超过了"点检标准"，如没有，则在观察和测量的基础上，让它继续使用，同时，对它实施跟踪，进入到"状态维修"的初步阶段。

2.2.3 状态维修（CBM）

即"基于状态的维修"。

传统维修认为：由于实施了计划检修，所以较少关心其状态。除非，要更换的备品配件供不上了，作业还要延续就不得不进行观察。

现代维修认为：对产品作业线上关键设备的状态受控点，组织实施"倾向管理"，来跟踪其状态并预测其寿命，预知状态，延长使用。

2.2.4 改良维修（CM）

改良维修的英文是Correct Maintenance，也有的场合理解为"能力管理（Capacity Management）"，是指企业管理活动中，为更好地执行所有产品作业的进度安排，建立产品作业能力并对其进行管理的职能。

传统维修认为：通过技改，可以实现作业设施的改良或能力的提高，如合理化建议、小改小革和技改等措施，来提高产品作业的能力。

现代维修认为：不管如何通过技改来实现作业设施的改良或能力的提高，首先要用"成本"来衡量，如要求"投入改良费用和改良后提高寿命之比值"一定要小于"原来价格和原来的寿命之比值",否则,技改是不合算的也是不值得去实施的。

2.2.5 库存：设备备品、配件的存量

传统维修认为：企业作业设备的备品、配件,要按需提早、提前储备。

现代维修认为：库存的备品、配件也有成本比较的问题。在供应渠道、交货期和物流运送时间可控的前提下,要计算"库存费用"的问题,即,该库存品原价 + 购入提前量的利息 + 在库保存期间的保管费的总和,与由于临时购买备品、配件的时间到检修更换时间,这个时间间隔期的"停产损失费用"做比较。当前者比后者大时,就可以不必再考虑"库存"的问题。当然,完全"零库存"这也是不现实的,对社会来说,不存在"零库存"的问题,不是存在产品企业里,就是存放在配件供应企业的手里。作为企业的设备管家,则要认真对待这个问题。

2.2.6 停产：企业无产品输出的状态

停产时企业提供不了产品,这是个原则问题,要引起全企业的重视。

传统维修认为：停产了就组织抢修,就事论事,没有找到形成"停产"的根本原因,下一次又重复故障,引起新的"停产"。

现代维修认为："停产"是企业头等重要的大事,要找到形成企业"停产"的根本原因(一般企业故障的原因,分三个层次,即表面现象的原因、深层次的原因和根本原因),以避免重复故障形成"停产"。

2.3 不同类型企业的维修策略

不同企业产品作业运作机制类型不同,企业设备的"维修策略"也不同。

不同的企业,其产品作业的运作机制类型的不同,企业在实施设备检修时所采用到的"维修策略"也不同。下面,试从各类企业产品作业线的停机时间和设备停产检修的情况,来看分别选用的"维修策略"。

1. 具有"系统停机时间"的企业

如一些地区能源供应有临时停电、停水等的情况时,企业可以采用"机会维修"的方法。这里,所谓的"机会维修"是指：在适当的时候,进行适当的维修,使设备处于作业状态并保持连续生产的话,或许能避免在产品作业中造成的不必要的损失,这种不必要的损失称"机会损失"。利用社会停电、停水等"机会损失"的时段,来实施设备检修称之为"机会维修"。

2. 具有"单班作业或两班作业"的企业

如一些机械行业、中小型企业仅开一个班或两个班的情况时,可以利用"空班"来实施设备检修。当然,设备检修人员也不要长期成为上夜班的"黑人",企业应该适当地调整,产品作业的"生产操作方"和设备系统的"检修方"可以互相倒班,大家

分别上一些夜班。

3. 具有"备用机组或应用设备整体更换"的企业

如一些企业里的水泵、备用发电机等,企业可以采用"离线检修"的策略。当前,有些企业,已经普遍的在充分利用这个"离线检修"的"策略",如可以较广泛的运用在企业产品作业线上关键设备的状态受控点上,应用人为准备好的、相应的成套零、部件或整机,作为这些重要点的"机旁备件",一旦这些状态受控点发生故障,可以立即采用整体更换的办法,先行恢复机能和延续作业,确保企业产品作业时间的有效,以减少或缩短"停产时间";故障的机件可以替换下来后采用"离线检修"方案,实施"不需要停产"的时间来修复。如电气设备里电气元件的"插件板"等,也有装备"整套备机,实施整体更换"的,以实施"离线检修"的目的,如有的企业,特别重要的部位,有采用"三保险"(三路供电)及"一备四"(一台在用、四台备用)的安全措施,应用在供电系统和能源输送系统中。

4. 具有"计划检修时间"的企业

一些大型、长流程、连续作业的企业。如钢铁、化工等联合企业的特点,就是从原料投入开始到成品产出为止的物流,必须保持平衡,产品作业线设备的最薄弱环节就是整个产品作业线的能力,其各个组成部分之间的配合会影响总体产品作业线设备效能的发挥,而且运行中的产品作业设备无法停机以排除小的故障隐患,产品作业线设备的局部停机会导致全部产品作业线的停产。在这样的连续作业线上,如冶金企业的炼钢、炼铁各个分厂,以独立的计划为依据,各方都有联系,要是随意停机实施本系统维修工程的话,企业的总体产品作业计划就被打乱了,能源平衡也带来了极大影响,会发生铁水不足,钢坯不足,严重造成"机会损失",进而使热线连续作业效率恶化,燃料消费增大。钢铁装备越是大型化,类似这种机会损失也会越大。另一方面,这么巨大的冶金设备,在不能实施"整体备机"和"离线检修"的情况下,则必须组织有效的"点检停产检修制",来确保企业整体目标的实现。

5. 当今一些必须具有分秒必争"确保作业时间"的团队

以 F1 赛车为例进行说明。参加 F1 项目比赛的赛车,他们的作业时间是一刻也不能停的,是不能改变的,而且还要确保正点准时,越快越好。这样场合则只能采取"不坏不修、坏了紧急抢修"的"策略",事先做好充分准备,就"等待"在机旁,随叫随到,全力以赴地抢修。当 F1 赛车在赛程中,在围绕着车道绕圈比赛中,当车况发现故障时,他会提前一圈告知他的维修团队,图 2.2-1 中所示的流程,就显示了某一个车队的抢修记录。

F1 赛车的任务就是与时间赛跑,一旦坏了要进行维修,争分夺秒地抢时间,常规加油,抢修的速度差异,决定了赛车的胜负。

上面这个案例说明,企业里如果也有这种场合的点,也可以采用"F1 赛车式"的事前做好充分准备"紧急抢修"的维修策略。

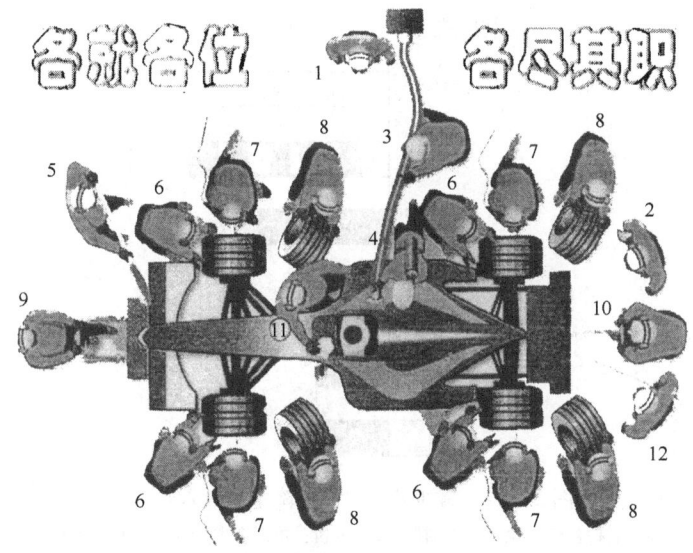

图 2.2-1　F1 赛车抢修团队责任图

1—油管守护员（紧急突发事故时切断燃料）　2—消防人员（防止燃油星星飞溅起火）
3—油管扶持员（稳固油管确保安全加油）　4—补充加油员（按预设油量对准加油）
5—"棒棒糖"人（拿着牌子发号施令的）　6—车轮拆卸工（拆卸并移走旧车轮）
7—拿电动工具的钳工（拆卸并替换车轮螺栓）　8—车轮装配工（将新车轮安装、定位）
9—车头起高工（将车的前端抬起）　10—车尾起高工（将车的后端抬起）
11—面罩擦拭工（清洁驾驶员头盔镜）　12—发动机清洁工（用高压空气管吹拭）

6. 力争降低企业产品作业线"停产时间"的"维修策略"

在社会主义市场经济的环境下，企业要确保产品的订单或合同的顺利完成，其关键点就是要确保产品作业的时间，或换一种说法，就是要尽量减少产品作业线的"停产时间"。因此，在实施设备维修时，如何按要求的检修时间来实施，尽量减少作业设备的停产时间，是很重要的一个"维修策略"，可分图 2.2-2 所示的减少停产时间、降本增效六步走。

对图 2.2-2 中的六步再进一步说明如下。

1）要搞清楚检修项目的全程时间，这是指在当前停产后预计或实测的数值。
2）分析确定全程时间中"不需要停产后做"和"必须在停产后做"的内容。
3）将全程时间中"不需要停产后做"的内容，必须列入"停产前"来完成。
4）明确并精简压缩"必须在停产后做"的内容（检修项目实施作业和时间）。
5）明确并精简压缩"不需要停产后做"的内容（检修项目准备作业和时间）。
6）检修项目，经改善后优化的过程并使之"停产检修"规范化和标准化。

减少停产时间、降本增效六步走如图 2.2-2 所示。

7. 在产品作业时间必须实施的"维修策略"

企业设备管家体系中的"操作方"和"点检方"，可以采取如下的对策：

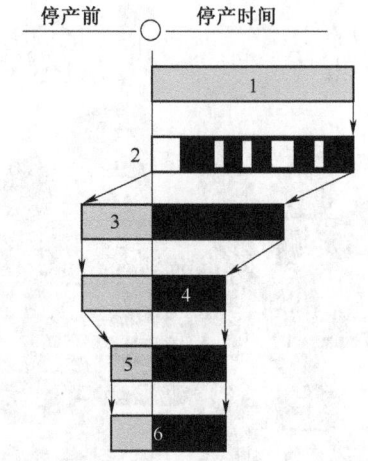

图 2.2-2　减少停产时间、降本增效六步走

1—实测或预计：停产后检修作业全过程的时间　2—分析：可以在停产前做的和必须在停产后作业的内容
3—将不必非在停产后做的工作，放在停产前来完成　4—精简必须在停产后作业的内容和时间
5—精简可以在停产前作业的内容和时间　6—规范新的过程并使之标准化

1）产品作业和设备管家之间要经常沟通，一旦停产了，要以"机会维修"为原则，开展全面、全方位的维修，达到减少分别"停产"的时间，实施同步维修策略。"机会维修"是指：如果在适当的时候，进行恰当的维修，使设备处于作业状态并保持连续作业，能避免在产品作业中造成的不必要的损失，这种不必要的损失，称之为"机会损失"。利用社会停电、停水等"机会损失"的时段，来减少机会损失，实施设备检修，称之为"机会维修"。

2）平时要强化隐患记录，一旦停产时，用银行"零存整取"的方法，开展全面、全方位的维修。

3）切实抓好设备的动态分析管理和设备技术状态的诊断及"集中处理"相结合的模式，也可采用"整体更换"的策略。

2.4　不同时期设备的维修策略

企业在作业设备投入的不同时期，必须采用不同的"维修策略"。企业的作业设备，从立项、基建开始，到安装调试、投入运行，直至维修、报废的"全寿命周期管理"的过程中，大致可以将其分为三个阶段，为确保企业产品订单或合同的顺利完成，必须采取相应的"维修策略"。

1. 设备投入之前，要未雨绸缪

企业作业设备在购入选型时，应主要考虑的"维修策略"是：必须要以"全寿命周期费用最少"（企业成本）为原则，特别是要从设备的全过程考虑，不能一味地追求购入价格低(当今,一些企业的项目主管在设备招投标过程中,不考虑"性价比",不假思索地选择最低标购入设备,而俗话说"一分价钱一分货"、"便宜无好货",最后,企业遭殃),要认真考虑"性价比、可维修性、可持续发展及设备原始状态"等,是否符合企业的要求,否则会有如下的状态出现:

1) 缺陷性故障。设备本身制造粗糙,缺部、少件。
2) 先天性故障。设备组装不良,零部件存在许多装配和调整的问题。
3) 失误性故障。设备内控系统的调试精度问题,使用时会造成失误。

2. 设备已投入中,要亡羊补牢

企业及其设备管家体系已认真做好设备选型工作,使购入设备符合企业要求,但作业设备,使用中也还是会坏的,这是正常现象也是可以理解的。那么,企业的设备管家体系的成员,就要做到:有了问题要及时处理、补救才行。应针对以下四种故障,一一应对解决。

1) 周期性故障。摩擦磨损机理下的工作机件,随作业时间推移有规律的发生。
2) 耗损性故障。非摩擦磨损的情况下,状态是愈用愈坏,如腐蚀、磁化。
3) 修理性故障。机件不容易损坏,但会引起质量的变化,如刀片、喷嘴。
4) 重复性故障。带有易损件的场合,可以更换也可以采用局部改造来改进。

3. 设备投入之后,要对症下药

这是指作业设备使用已进入到耗损故障区,也就是设备将退出、进入到全寿命周期的后期了,企业的设备管家体系则应采取的"维修策略"是,针对情况,分别处置之,如:

1) 后果轻微的故障。此类故障不会给产品作业造成不良后果,可"事后维修"。
2) 资源性故障。我国企业优良传统,是将有用东西回收,如铜瓦、锡块。
3) 多发性故障。是指经常修又老修不好的老大难的问题,不如报废重新购置。

2.5 对外委托作业线的维修策略

是指设备故障时,企业相应的管理部门,在对外委托"设备维修外包"上的策略问题。这个问题,是每个企业都必须要提到日程上来的一个企业设备"维修策略"的问题。

市场经济环境下,企业追求的目标是价值最大化,是企业的产品或服务使用户满意。因此,是否要"设备维修外包",这不是个小问题,而是涉及企业的整体经营策略的重要问题,是由"相对于"每个企业设备的"维修难度、维修频度和维修成本"来决定的。

企业相应的管理部门,在下列情况下,都可以考虑按"设备维修外包"的维修策略来组织实施:凡是设备故障的修复,属于"低难度低成本的"、"低难度高频度的"和"高难度低频度的"设备或设备上的状态受控点。唯独"高难度、高频度"的设备或状态受控点,必须由企业自行来实施维修。

企业设备管家安排选择"对外委托原则"的策略是"东北角工作法":一般情况下,企业的设备管家体系中的成员,可将各类"对外委托的工作",分成四种状态(见图2.2-3),分别填到下面的四个区域,即:

1)低难度、高频度,填入1所示区域:简单易发工程,可以实施对外委托。
2)低难度、低成本,填入2所示区域:低值不难工作,力争将其对外委托。
3)高难度、低频度,填入3所示区域:高难偶发故障,不求人不经济。
4)高难度、高频度,填入4所示区域:重点工作职责,必须力争做好。

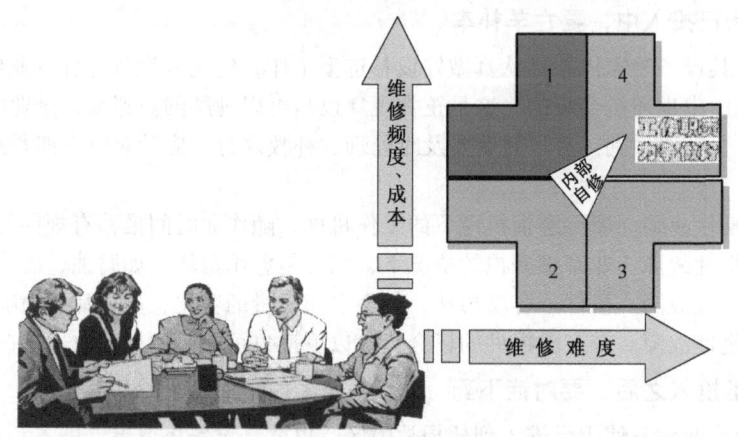

图2.2-3 选择"对外委托"的策略原则
1—低难度、高频度——对外委托 2—低难度、低成本——对外委托
3—高难度、低频度——对外委托 4—高难度、高频度——内部自修

从图2.2-3可见,作为企业作业线设备的设备管家,对设备维修对外委托的工作,应本着从"企业最佳成本"出发,努力做好分析和研讨工作,除了高难度高频度的"区域"外,其余的都应该实施"对外委托",称之为"东北角工作法"。

另外,实施"设备维修外包"时,不能按目前一些企业的做法,对外承包了就什么都不管了。应该要按"设备维修外包"项目的工作要素及其具体的要求,一项一项地来做,即,"设备维修外包"项目,外包服务的双方,必须要按以下流程实施:

1)维修要求提出后,"承包方"首先要按要求对设备的状态进行测定并提供鉴定报告。
2)其次,明确"承包方"维修项目的内容、范围、施工技术和维修作业标准。
3)"委托方"提供维修项目"工时工序表",然后,明确设备竣工验收条件。
4)按企业标准签订合同或协议书,包括价格标准及双方的责、权、利等条款签约。
5)项目检修结束后"承包方"应及时提交"设备维修记录表和质量保证书"。
6)有必要的"点",项目检修后,还要有检修项目的后续保驾期的协议书。

为了改变当前一些企业在实施"对外委托检修"时缺乏管理标准化的内容,建议在实施"对外委托检修"时,必须检查如下的管理内容:①设备对外委托维修工程项目的标准协议书；②对外委托维修工程项目协议（或合同）双方的责、权、利条款；③设备维修工程在对外委托前项目状况的检查报告和状态结论；④承担对外委托部门的资质及工程项目施工的维修技术条件；⑤对外委托维修工程项目的竣工验收条件；⑥对外委托项目的维修作业标准（或工时工序表）；⑦设备维修工程项目对外委托的质量保证书；⑧对外委托的设备后续保驾协议；⑨设备对外委托维修项目的价格等。

2.6 不同故障类型的维修策略

根据故障类型的不同，要采用不同的维修策略，如图2.2-4所示。

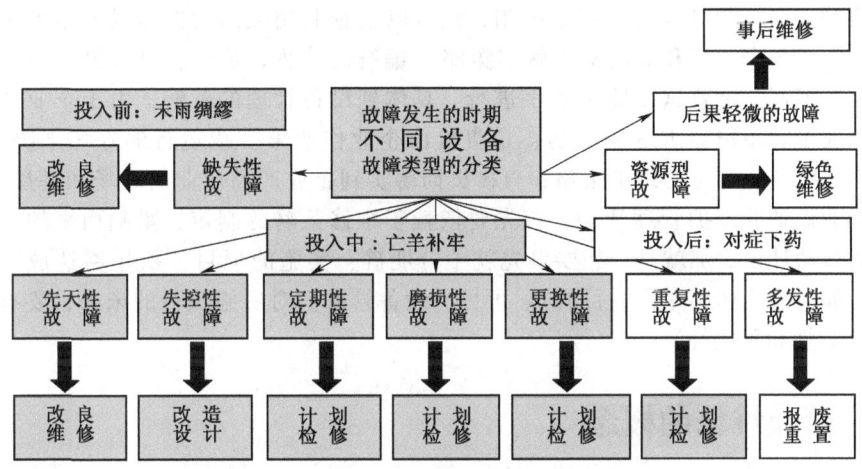

图2.2-4 不同故障类型采用不同维修策略

企业的设备管家体系"选择维修策略不是目的，而是迈出的第一步"，应当把注意力集中在该维修项目基本的管理方面，而且，企业的设备管家们应认识到，推进"策略管理"是一个持续的过程。首先，必须要将企业总体经营、发展目标、产品作业过程和作业设备维护紧密结合起来。其次，企业的设备管家们，应当拓展视野，不仅要考虑设备的管理问题，还要考虑经营需要什么，不仅要降低成本，还要能增加收益。也就是说，企业的设备管家们需要面临的问题是，如何使企业的作业设备维护任务的完成，并能与企业的经济效益相一致。特别要指出的是，企业的设备管家们要充分认识到"自上而下"的维护策略，必须要与企业的"产品策略"及"供销策略"相一致。实施设备维护是要付出一定代价的，但如果不进行设备维护的话，那企业付出的后果及补救成本将会更高。

同样，对于每种"维修策略"，只有通过维修实践才能使维修策略得到实现。维修策略的选择过程，就是推行维修策略和满足项目目标任务的维修实践过程。因此，也要让其他员工了解"为什么设备维修要选择不同的对策"、"设备维修项目的任务将如何完成"、"设备维修工程项目实施将如何协调"以及"如何尽量减少企业产品作业的停产时间"等，总之，企业的设备管家们将竭尽全力通过"维修策略"的构思，来兑现这个项目和这些目标的顺利完成。

案例：一个具有分厂和十多种产品的著名企业，提出总体提升业绩的目标："企业决定管理重心下移，要求各个分厂，以最低的成本来提高产品的可靠性。"为此，企业决定：从各分厂最重要的下述"三个基本方面"入手，实施改进：

1) 理顺设备。了解设备的重要性，关键在于分析设备的状态和隐患部位。
2) 提升员工的素质和技能。为了改进其应对能力，技能的提高是基本的。
3) 规范行为标准。员工行为标准化，能以合理的成本而获得更多的效益。

企业有了这些目标，要求企业下属的每个部门，都要建立起一整套与企业的"三个基本方面"相一致的"策略"来支持。各个部门为了达到目标而开始编制各自的策略和方案，既可以独立策划编制，也可以在企业相关部门的帮助和指导下制定方案。由于各个分厂和部门都了解"策略"编制的流程，虽然会涉及许多方面和复杂因素，但都会沿着这个路子着手进行。具体到设备管理的范畴，由于企业产品的质量、成本和用户需求等的优劣，是直接由企业作业第一线运行的好坏来决定的。所以，要将企业制定的维护策略，直接贯彻落实到企业产品作业的现场和基层中去。企业作业设备的维护管理活动，首先要依赖于维修策略的制定，紧随而来的是实施策略的行动计划。那就是，您要事先就十分明确：实施的项目"决定将达成怎样的结果，如何才能达到这样的目的"。可见，设备管家们对实施项目的未来，要有充分的"预见性和预测性"。

2.7　精益维修的概念

精益（Lean）的理论，源自于1992年，美国麻省理工学院集中了约200名教授，对日本丰田汽车公司的"丰田生产方式"进行考察和总结，认为基本出发点是使"企业以较低的投入，获得极高的作业率、产品质量和作业柔性"。其核心思想是要求"消灭一切浪费"，并且在这一核心思想的指导下，创造出一系列的管理技术与方法。开始，从企业产品作业考虑，提出了"精益生产"（Lean Production）的理念，以后，又在运用"精益"思想，改进设备的维修过程时，把"精益思想"的发展和应用，分为三个阶段：

第一阶段，称为"学术精益"。此阶段大多是通过制造企业的案例，来解释精益和精益生产的概念。精益生产，只是一个和"传统的大批量生产"相对应的术语，是制造业历史中一种最具现代意义的作业模式，其研究的主要对象是作业过程。

第二阶段：为了"精益"的理念和经验，使之成为在其他领域推广的一种放之四海皆准的行动指南，人们对"精益"理念进行了总结和提炼，并运用了大量其他行业的案例，提出了"精益思想的基本原则"，这一阶段的精益理论，称之为"理想的精益"。精益的五项基本原则：

1) 价值观（Value）。企业产品（服务）的价值，只能由最终客户来确定。
2) 价值流（Value Stream）。从原材料到成品，赋予价值的全部活动。

3) 流动（Flow）。强调创造价值的各种活动要流动起来，停滞即为"浪费"。

4) 拉动（Pull）。让客户按需要拉动生产。

5) 尽善尽美（Perfection）。有三个含义：用户满意、无差错作业和企业持续改进。

"理想精益"的价值，是推动"学术精益"的不断提高和更新，以适应在企业的两大领域（即货物类企业和服务类企业）推广时，所面临的一些挑战。"理想精益"的基本出发点：消除企业员工行为中的浪费行为，即将企业的行为，分成了增值行为、负增值行为和零增值行为三种。要求企业员工增加增值行为、消除负增值行为（浪费行为）和减少零增值行为，成为管理的基本原则。

第三阶段：对"精益维修"的探索。多年来，在美国所属的维修企业内部，一直在尝试着采用成熟的商业管理工具改进装备的维修过程。在项目调研时发现，"精益理论"已经成为一个很受欢迎的工具。因此，选中一些精益工具箱，作为维修过程改进效果的工具，希望借助"精益理论"全面改进装备的维修过程，创造出适应于"维修组织体系结构的精益维修方法"。通过对"精益维修"进行的专题研讨和案例交流并希望解决以下七个方面的问题：

1) "精益思想"对装备维修企业而言，意味着什么。

2) 怎样应用"精益理论"产生更多的效益。

3) 需要对哪些资源，进行投资和改进。

4) 需要发布哪些政策方针来进行引导。

5) 企业期望得到哪些好处。

6) 如何度量该"精益理论"的应用是否成功。

7) 如何在该"精益理论"应用过程中，加强和维修企业之间的有效沟通。

美国波音公司在2003年就提出："通向事业成功的新路子——精益维修"。

波音公司在下述"精益作业"改善的"九步计划"基础上，推进"精益维修"。

① 开展和应用"价值流图及价值流图分析"；② 企业产品作业的组织原则是"均衡生产"；③ 推进"标准化作业"；④ 推进"可视化管理"；⑤ 按产品作业"点"，运用分段、成套运送零配件；⑥ 建立产品作业的"后援供应线"；⑦ 企业产品作业线的"流程再造"；⑧ 产品的装配线，改变为由市场需求的"拉动线"；⑨ 产品的装配线，改变为流动线（连续流动或单件流）。

波音公司按上述精益理念，精简成"精益维修策略"实施维修改善的七步计划，如图2.2-5所示。

波音公司精益维修七步计划可分为两阶段工作（见图2.2-6）。第一阶段：主要是航线常规维护的基础工作，将各个维修车间大量繁重的检、维修作业，按价值流图分析和精益维修的策略进行评估；第二阶段：按降低作业的周期时间、实施可视化管理，将零部件及工器具成套成组地配置到应用点上去，降低库存量，扩大作业空间，消除浪费，作业区规范化作业，改善后援（即维修资材）的供运和检查程序流动化的情况，使波音公司飞行器的检修计划得以大大地改善，而改善后的成果，充分落实到企业的维修成本中去。

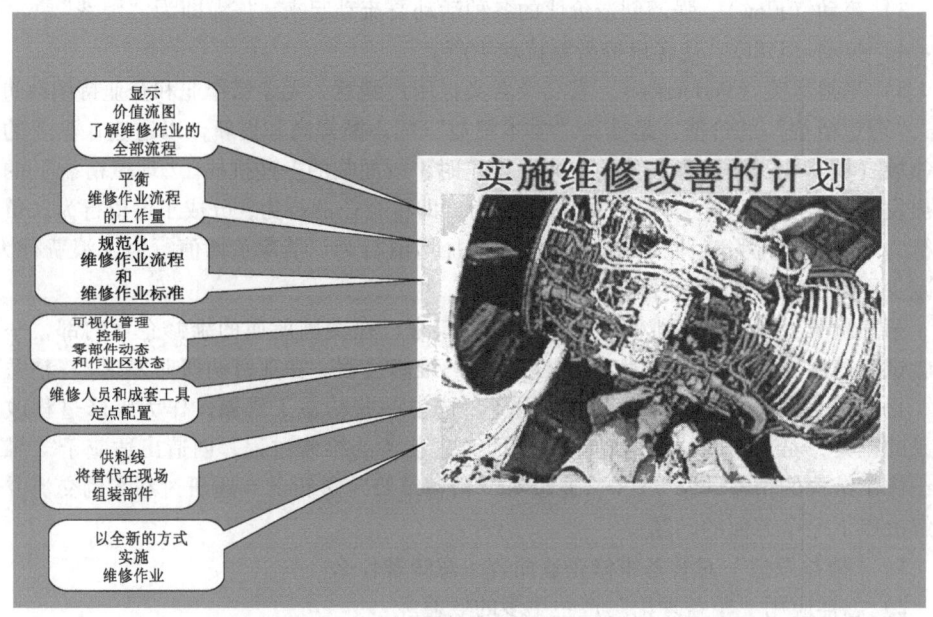

图 2.2-5 波音公司精益维修的七步计划

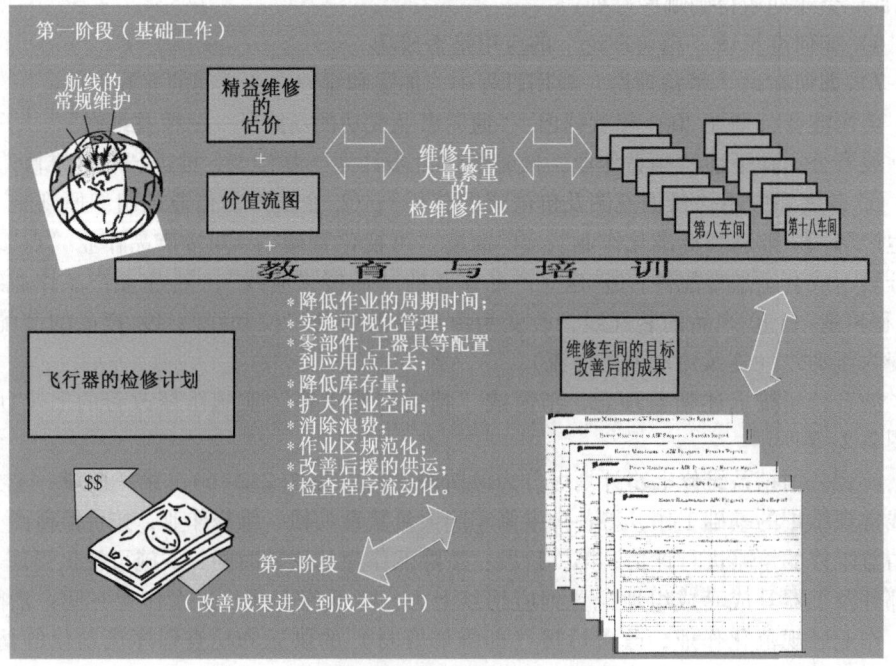

图 2.2-6 波音公司精益维修七步计划的两阶段工作

瑞士维修学会的 Franco Santini 也在 2008 年提出了："在最近 15 年期间，欧洲的产品作业管理部门，没有寻求一个空间来形成他们自己的组织原理。其原因是一方面有美国式的工业组织，为争取效率而奋斗；另一方面有日本式的组织，重点放在提高产品质量和改进售后服务。今天，欧洲大多数重要的公司，经过研究后指出，欧洲的趋势将采取万能型的组织模式，像东西方许多国家曾经做过的那样，重视最不可缺少的价值观，建立一个越来越牢靠的竞争基础。显然，它还需要有优良的业绩。为了创建新的竞争能力，大部分管理部门都在寻求精益思想的原理。精益思想综合了以下几项内容：创造更多的价值（价值流）、损失最少化（Lost hunting）、不断地改进（Kaizen）和突破性的更新（Kakunshin）。产品作业系统必须按照 ISO 9000：2008 模式进行管理，即从用户需求出发到用户满意的一个循环，在这个框架中，也能以最好的方法使维修功能一体化。维修工作，理所当然是技术资产管理项目中的一部分。产品作业管理，必须实施一个能使企业逐渐具有竞争力的策略。为了面对超级竞争新时代的挑战的需要，维修方案也必须改进，要担任一个主动作用的角色，减少无功部分。在各种产品作业线设备的寿命期间，不仅是对简单的设备，而且也包括复杂的设备，都能够利用检测系统，找出设备的劣化状态，利用倾向管理的功能，能确定设备更合适的状态目标预算，以及提高和改进基础保障目标计划。

实施这个策略，意味着管理下列两个主要维修指标（可开动率与维修费用的比值、延长设备使用寿命）的必要性和方向性，通过精益维修，能够更容易达到目标。

Franco Santini 还提到了：所谓的"维修过程"，就是"接受多种输入，转变成输出，增加价值并形成一个整体的活动"。为了追求新的方法，研究并掌握各种过程的优势，提高竞争能力，充分认识到只有经过全面集成并最后确定的"维修过程"，才能成为企业的优秀中心。维修过程虽然是一个重要的辅助过程，今天，仍然处于最不知名的地位，因此它的优化程度也是最低的。

要把"维修过程"的重点工作，放在"资产维修"上，意味着提高维修的地位，加强维修部门与企业中其他部门和各种活动的联系，从而可利用资产（装置、流水线、产品作业线设备、机器），获得更多利益。"维修过程"如图 2.2-7 所示。

"维修过程"表示了把各种活动和各个阶段的逻辑流程组织起来及与其他机构的相互关系，维修的其他技术措施有：修正性维修，修理故障（计划的和计划外的）、预防维修，在故障发生之前实施的维修和改进维修，从根本上消除故障的原因和减少故障。

"维修结构"是根据"精益思想"原则，维修结构必须能产生最大的价值流（Value Stream），每天、每月、每年的工作，都要与下列三个目标结合起来：技术资产维修、用户满意和面对竞争。而创造更多的价值（价值流）、损失最少化（Lost hunting）、不断的改进（Kaizen）和突破性的更新（Kakunshin），"精益维修"的目标和结构的具体内容如图 2.2-8 所示。

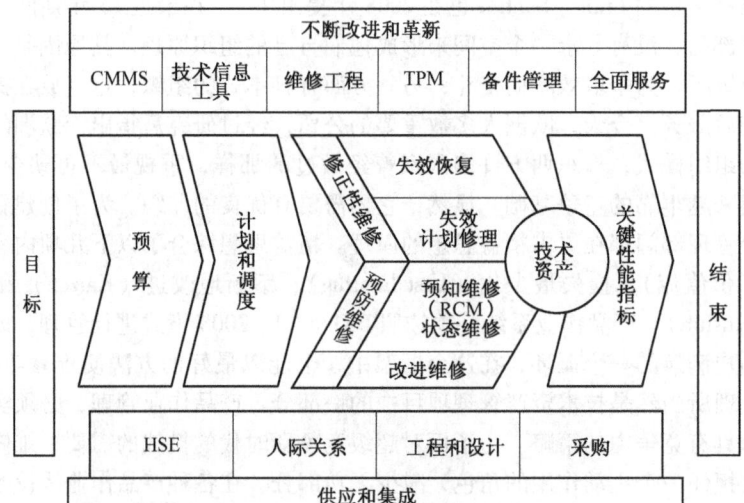

图 2.2-7　维修过程

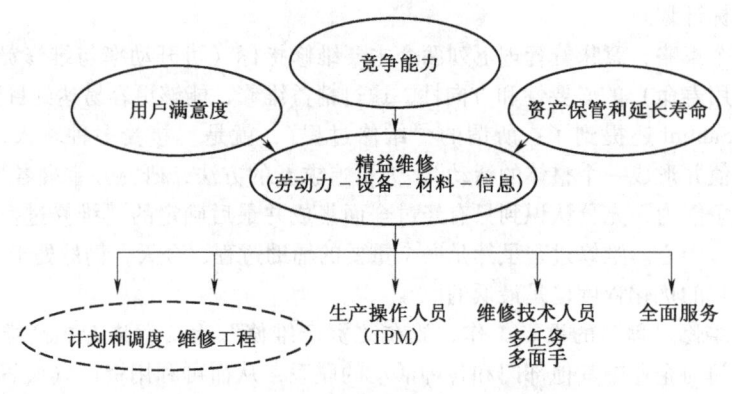

图 2.2-8　"精益维修"的目标和结构

按照"精益思想"的理念，结合国情，当今企业实施"精益维修"的建议是：可以按照"三强三减、先强后减；强减合一，维修精益。"的原则。所谓"三强"是指：强调沟通维修故障源的信息；强化记录维修的全过程实绩；强力提高维修的用户满意度。"三减"是指：减少产品作业线的停产时间；减除检修项目中的过程消耗；减低维修工程中的作业成本。这里还提出了一个"维修过程效率"的概念，"维修过程效率"是指：该工程项目，用在检修上的工时总和占总投入工时的比例。

$$维修过程效率 = \frac{检修工时}{总投入工时} \times 100\%$$

用"价值流图及价值流分析"的方法来解决，图 2.2-9 所示为"价值流图"的原理，从图中可见价值流图的布局和含义。

根据"精益思维"设计和应用的"价值流图及价值流分析"，能清晰地表明一个项目或一个事件,从委托方(客户的输入)到受理方(供应商的输出)、从信息流到物流全过程相关数据来显示。通过价值流、过程效率来审视其作业的合理性。价值流图是由客户(操作方)的需求开始,汇总相关的信息流,以反时针(逆时针)方向流转,经过相关掌控部门(在这里就是企业的设备管家)联系到供应商(检修方),然后,将产品作业的工序(工艺流程)在物流处展开,并详细记录其总投入工时与真正用于作业的工时,就可计算出其过程效率的结果,即可用以分析和研讨其精益的效果。

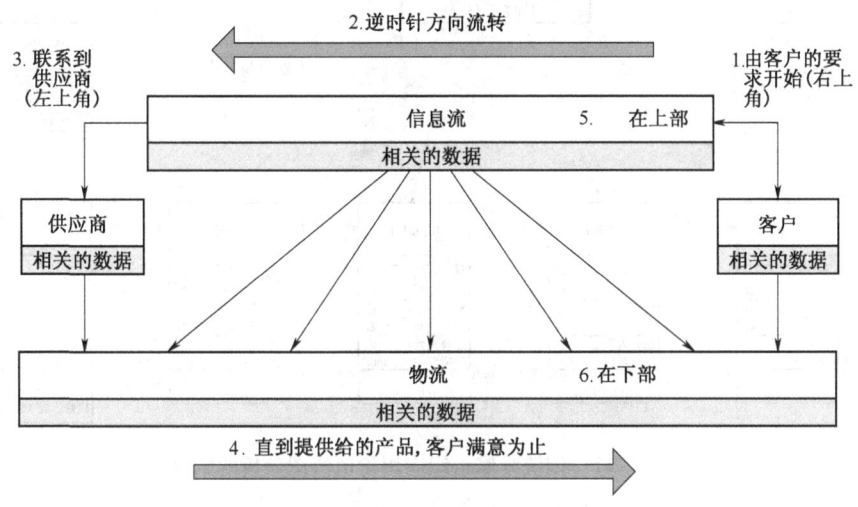

图 2.2-9 "价值流图"的原理

具体应用到"精益维修"上来,请对应图 2.2-10 一起看,就明白图 2.2-11 所示的价值流图应用于精益维修的架构图。

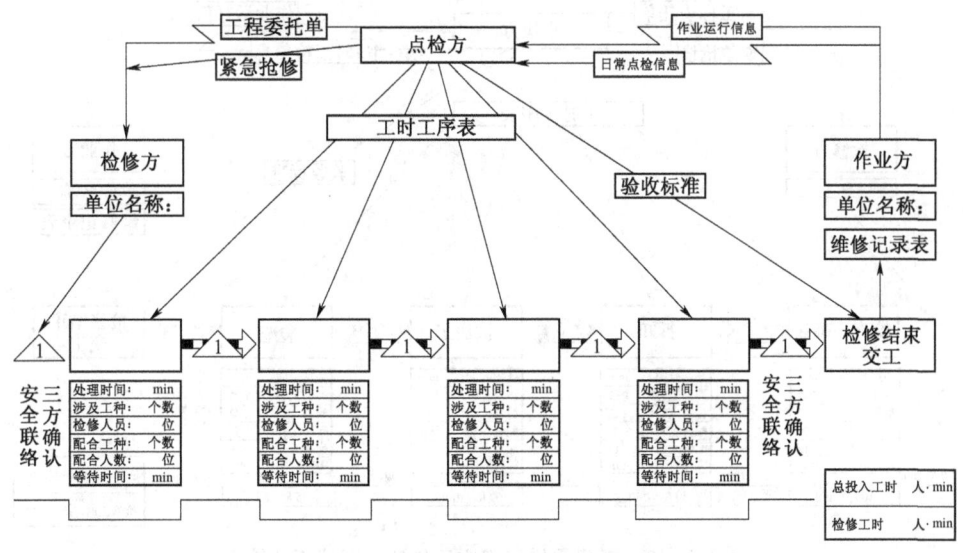

图 2.2-10 价值流图应用于精益维修的架构图

传统的检修作业编组：由队长（钳工）带领，包括：电工2人、钳工1人、焊工1人、起重工1人、保管员1人及工程车驾驶员1人，共8人组成。通过"价值流图及价值流图分析"，可见其"维修工程效率"仅为27.2%，如图2.2-11。

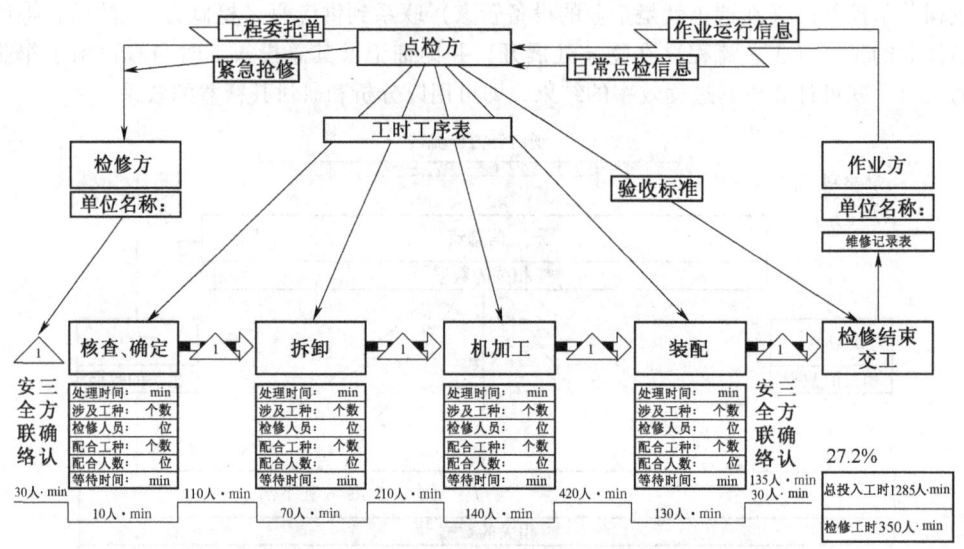

图2.2-11 传统维修组织应用价值流图分析的结果

检修人员改善后的编组：由企业培养的多能工，仅需1人来实施作业。同样，通过"价值流图及价值流图分析"，其"维修过程效率"可以提高到60.4%，如图2.2-12所示。

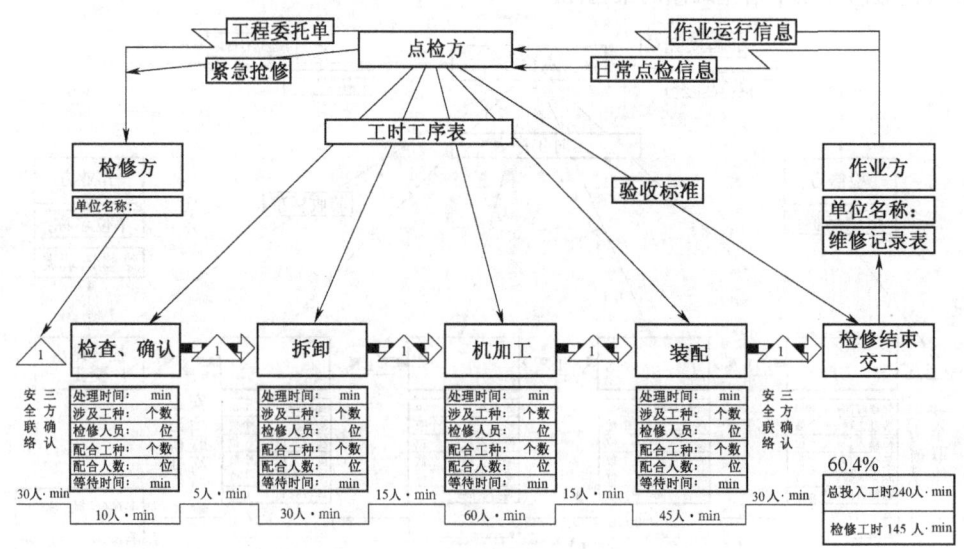

图2.2-12 现代维修组织应用价值流图分析的结果

第2章　维修策略的确定和应用

　　"精益维修"的出现，不仅代表了"精益理念"的日趋完善，也反映了人们从实践"精益作业（生产）"上升到"精益思想"的理念，再到实践"精益企业、精益维修、精益物流"的认识过程。在企业设备维修领域，开展"精益维修"，不仅可以给设备维修管理带来观念上的更新，在具体的实施过程和方法选择上，也具有一定的创新意义。

第3章 企业维修管理的组织形式

企业设备实施"检、维修管理"或维修工程管理，也可以简称为"维修管理"，是指企业在实施产品作业线设备工程管理的过程中，从考虑检修工程的立项、安排计划开始，直到该工程的实施和总结成果为止，所进行的维修业务的管理活动。所谓"维修工程管理方式"，是指：把上述从"立项到总结"，这个全过程范围中的管理业务工作处理的程序、要领，作为一个整体而系统化管理的方法来对待。

1. 维修工程管理的意义

长流程、连续作业、大型货物类企业的特点是：从原料输入到最终产成品输出为止的物流，必须保持平衡。在这样的连续产品作业线上，如企业的各个基层、各个分厂及车间都不联系，都各自为政地以独立的设备检修计划为依据，随意停产来实施自己的维修工程的话，那么企业的总体作业计划就要被打乱、企业能源的平衡，也带来了极大的波动，还会发生半成品的不足，中间产品缺乏，严重造成作业的"机会损失"，进而使企业产品后续作业效率恶化、原燃料消费增大。因此，产品作业设备越是大型化，必然会造成这种机会损失也越大。

所谓"机会损失"是指：如果在适当的时候进行恰当的停产检修，使产品作业线设备处于良好的状态、产品连续作业能得到充分保障的话，或许就能避免或减少企业在产品作业中，造成上述的不必要的损失。这种"不必要的损失"称之为"机会损失"。

随着时代的进展，高科技的发展，产品作业线设备零部件数量的增加，以及企业大型化和高速化的显现，在实施长流程、连续作业、大型货物类企业的停产检修工程时，企业如何高效地使用所需的人力、物力资源，便成为摆在当今企业面前的一个当务之急和重要课题。因此，可以说，现代化的企业的停产检修，不只是简单的修修各种作业设备，重要的是，要把这些产品作业线设备，纳入企业总体经营战略管理计划之下，并组织实施高效率的停产检修。这就是维修工程管理（停产检修工程的工序管理和检修人力资源管理）的意义。

2. 维修工程管理的内容

企业产品作业线设备维修中的各种管理，可在原来 PDCA 的工程管理中，简化成 Plan、Do、See 反复的循环，以逐步提高维修作业的成果。维修工程管理的目的，在于"效能性、计划性"。所谓效能性，就是"要做正确的事"，要尽量避免"不发生维修工程的施工人员窝工和高峰负荷，必须进行维修工程的工序管理（工程量的平衡与调整）及人力资源管理"。所谓计划性，就是预先设计"迅速高效地处理维修工程的计划（Plan），工程的实施（Do）掌握和评价维修实绩（See）等一系列业务循环活动"。因此，维修工程管理的理解，就是工序管理和人员管理。所谓"维修工程管理"，就是对企业设备维修工程管理活动中的维修工程计划（Plan）、工程实施（Do）及掌握和评价维修实绩（See）等的一系列维修业务，进行最佳化的管理，即企业谋求顺利开展产品作业线设备维修活动和效能化的活动。为了促进这些高效能的活动，就必须考虑下面三点：

1）精确地制定计划。要在适当的时间里，进行恰当的维修，高效能地制定合理的、精准的维修计划。

2）高效地实施计划。以有限的资源，完成庞大的维修工作量，达到提高维修人员效率的目的。

3）简约地核实计划。反复核对维修工程量、停产时间、检修人力和物流是否合适。特别是关于高效能地使用维修资源，研究维修工程实施的结果，分析在实施中产生的问题，并制定相应的改善对策。

3. 维修工程管理的特点

企业产品作业线设备维护、修理的工序管理，不同于产品制作的工序管理，在某种程度上，产品制作的工序管理（也就是指作业设备开动的工序管理），一旦确定，就能维持一段时间，不用重复地投入精力去修改，就能实现计划管理。而对设备维修管理的工序管理，就不那么简单了，使其具有高效能的计划性，并不是一件容易的事，这是因为维修工程管理具有以下特点：

1）检修作业的种类繁多，涉及维修的工种也就比较多。

2）因设备的状态、作业的状况的不同，维修工作量也会有很大的变化。

3）维修施工时间短、避免停产时间长的，所需的检修人员就要多一些。

4）维修作业几乎都是要到产品作业现场去进行处理的所谓外修工程。

5）设备突发性故障多、紧急事故抢修的要求"快速反应"的作业多。

6）对维修人员的素质要求高，不但要有丰实的知识面，而且还必须具备熟练的维修技术和设备检修的经验。

7）设备众多，对应的检修技术、维修技能的范围也深而且广。

但是，如果不是采用预防维修、服务于产品的维修方法，没有确立设备管家管理设备对状态受控点的点检管理制度，缺乏负责各产品作业部门设备维护、修理的设备管理部门，不重视有计划、高效能地实施维修工程管理的话，那么，企业想减少那种不必要的"机会损失"，取得高效益，那是绝对不可能的。

3.1　维修管理的业务流程

在叙述"维修管理的业务流程"前，首先，看看维修工程管理业务中"维修工程管理系统"的情况。企业设备管理部门负责维修工程管理业务的架构，见表2.3-1。该表在企业设备管理部门的两边，有左部分和右部分之分，左边的是各基层（企业分厂或车间）设备管理部门，右边的则是检修部门（包括企业的检修部门和对外委托的检修部门），他们与产品作业部门相互协作，完成企业的年度经营、任务见表2.3-1。

表 2.3-1　维修管理的组织形式

各基层（企业分厂或各车间）设备管理部门				企业设备管理部门	检修部门	
设备管家专职点检	各基层检修施工	维修管理	维修技术和资材		检修管理	检修施工

再从图 2.3-1"维修工程管理基本业务流程"中可见，Plan（状态受控点的点检和维修计划的立项）、Do（维修工程的实施）和 See（掌握和评价维修取得的实绩）的基本循环周期。在此基本循环周期中，为了能使维修工程管理的效率得到提高，即谋求高效能的使用维修中必要的"人、财、物"三个管理系统（维修工程管理系统、维修资材管理系统和维修费用管理系统）。首先，要考虑各产品作业线设备维修计划的立案，然后从企业全局的观点出发，制定年度和季、月度维修工程计划，各基层维修管理和检修施工部门，根据这个维修工程计划，进一步制定详细的"维修工程实施计划"，并认真地实施维修工程。"维修计划"是在企业当年的经营、战略总目标的指导下，必须具备三个基本条件：企业产品作业线的设备管家实施点检，了解设备状态的结果、维修费用有预算计划的安排和设备有维修改进要求的前提下才能提出维修计划（P）的初稿。然后，在满足了维修工程在技术上、资源上及时间上等的要求和具备了维修资材在备品配件、维修材料、交货期运输、自制精度及数量品质等管理系统上的条件，才能进入到维修工程的实施（D）阶段，最后，在维修工程实绩（S）阶段，则要与维修工程管理系统及维修资材管理系统实施互动，来分析、研讨维修工程实施的最佳方案。

这个"维修计划"必然会与企业的其他管理系统，有千丝万缕的联系，如技术管理系统中的计划值（时间效率）、工序管理系统中作业计划和能源管理系统中的能源平衡等。

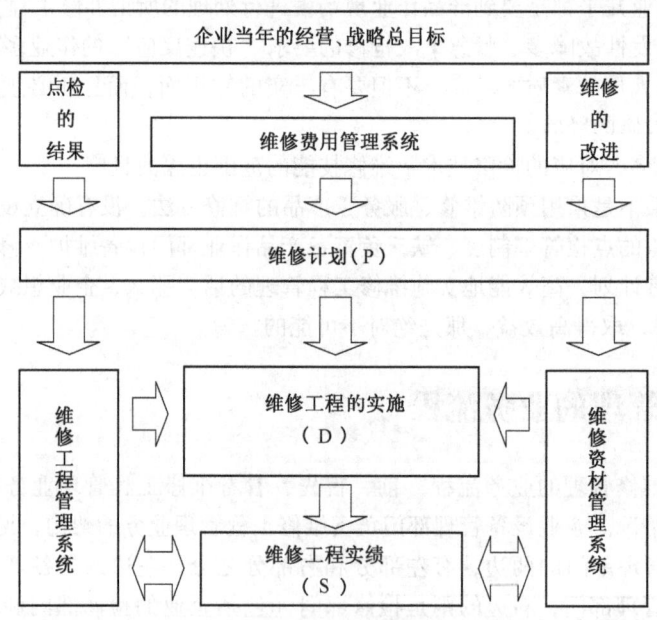

图 2.3-1　维修工程管理基本业务流程

3.2 维修管理的组织结构

根据企业在维修管理的组织形式上可分为：各基层维修管理、检修施工、维修技术和维修资材及检修部门等四个系统，除了"检修部门"外，各基层（企业分厂或各车间）的维修管理组织形式如图 2.3-2 所示。

这里，可以将相邻的部门，如甲和乙分别代表的是：企业产品作业部门的相邻产品作业线、相邻的分厂或相邻的工序名称，即可以将管理范围扩大一些来实施综合管理。由于机械、电气、仪表维修的情况不同，因此，对设备管家体系中的专职点检而言（见图 2.3-2 左边）分甲分厂的业务和乙分厂的业务。但在维修上（见图 2.3-2 右边），在组织上可分为"维修管理、检修施工、维修技术"的设置，"检修施工"（在图 2.3-2 上表现为机械检修）又要配备常白班和三班倒的抢修。

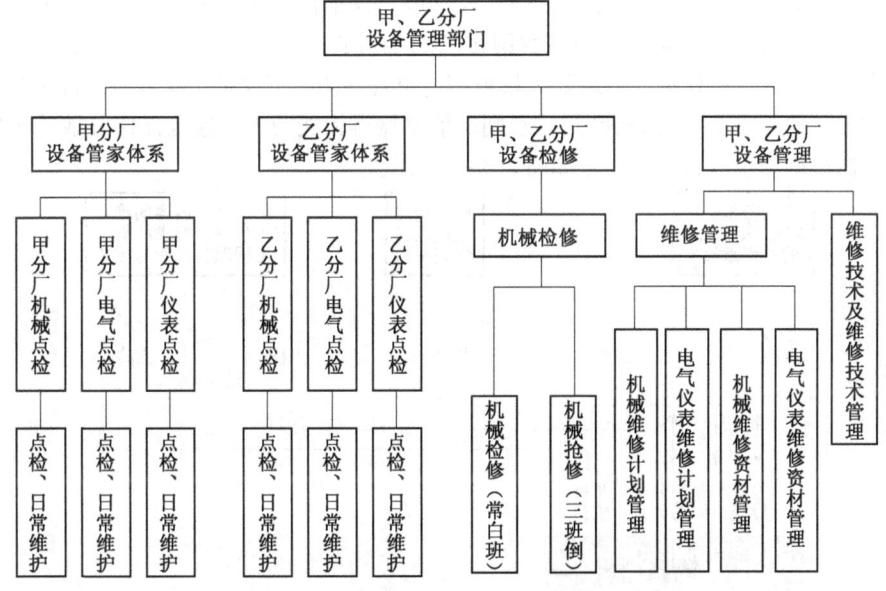

图 2.3-2　各基层的维修管理组织形式

企业设备维修工程管理的组织结构，还与"维修工程管理方式"有关，维修工程管理方式的种类有：分散型、集中型和折中型三种。

3.2.1　分散型的维修管理

分散型维修工程管理的原理如图 2.3-3 所示。

如图 2.3-3 所示，它没有一个作为整体的、独立的维修工程管理部门，而是在各基层都设置维修工程计划部门和维修工程实施部门，这两部门从各自负责的范围内，对维修工程实施直接管理。这种管理形式的优点是：

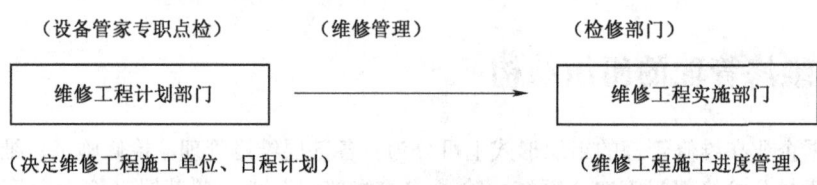

图 2.3-3　分散型维修工程管理的原理

1）企业维修工程计划部门和维修工程实施部门的自行管理意识强，因此，能提高检修施工者的积极性。

2）设备管家专职点检的维修工程计划人员的意图，能积极体现在维修工程实施中。

其缺点是：

1）各基层都有维修工程管理，但是没有一个对企业全局性考虑的整体维修工程管理，其后果是：会给企业产品作业计划的平衡、物流的平衡和能源平衡等，都带来众多的问题。

2）大幅度增加施工人员数，无法高效率地发挥维修资源及检修人员的作用。"分散型维修工程管理"普遍地应用在我国传统的维修管理中。各基层主管产品作业的领导，为了要完成作业任务，他就要大权独揽、统管一切，不仅是作业方面，特别是设备维修方面，他不需要"维修管理"，否则，他就显得无能为力，这也促使分散管理的形成，分散型维修工程管理的实施如图 2.3-4 所示。

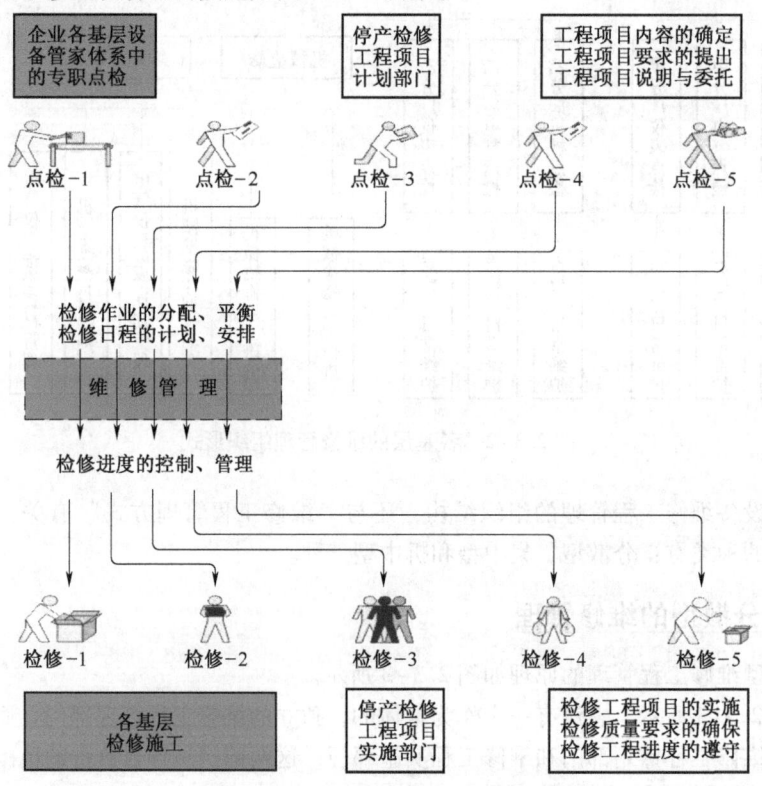

图 2.3-4　分散型维修工程管理的实施

3.2.2 集中型的维修管理

集中型维修工程管理的原理如图 2.3-5 所示。

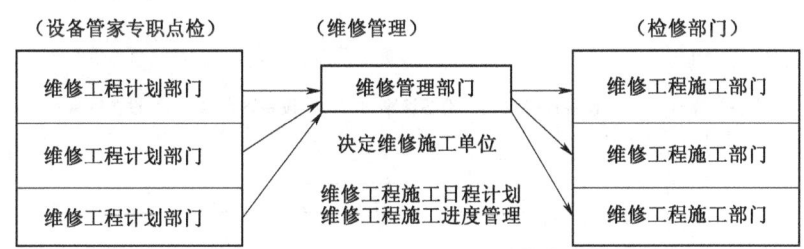

图 2.3-5　集中型维修工程管理的原理

集中型维修工程管理的管理方式，是由"维修管理部门"把各基层所有的维修工程计划部门的工程项目（工程委托），集中统一地掌握的管理形式。其优点是：便于对维修工程的施工人员进行统筹管理，能够达到高效地使用维修人力资源的目的。

集中型管理由专业分工带来的缺点是：

1）维修管理人员极大增加。

2）由于维修管理部门在维修计划部门和维修工程施工部门中起了信息提供者的作用，维修施工部门不能充分体现维修计划部门的意图，因此缺乏连贯性管理。

3）造成双重管理（维修管理部门、维修工程施工部门，都进行各自的工序管理）的浪费。这种"集中型维修工程管理"，要求上述的计划部门和施工部门的关系融洽，作业部门现场一旦出现故障和事故，施工部门能"随叫随到"。据不完全统计，该种管理方式目前尚无企业应用。

集中型维修工程管理的实施如图 2.3-6 所示。

3.2.3 折中型的维修管理

折中型维修工程管理如图 2.3-7 所示。

这种管理方式，即弥补了集中型和分散型的缺点，又利用了它们的优点，即把维修工程计划部门分散设置各个基层，又把维修管理部门和维修工程施工部门，作为企业的部署，集中设置于企业检修部门。维修工程管理部门负责企业的工程管理，它从企业产品作业的现实出发，对发生作业设备的停产计划进行调整，这对企业经营的产品作业计划（包括能源计划）产生极大的影响。为避免使集中在企业的维修工程施工人员的等工或超负荷，还必须进行维修工程调整（调整维修工程量，使之确保有完成的可能）和人员调整。

折中型维修管理方式有如下特点：

1）为了适应处理初期故障（即：为消除开工时的设备故障，谋求设备早期稳定化），维修工程施工人员（修理）不能全部集中在企业，而重点放置在开工初期的各基层设备管理部门，其次才是企业的检修部门，在产品作业设备达到稳定化时，再谋求检

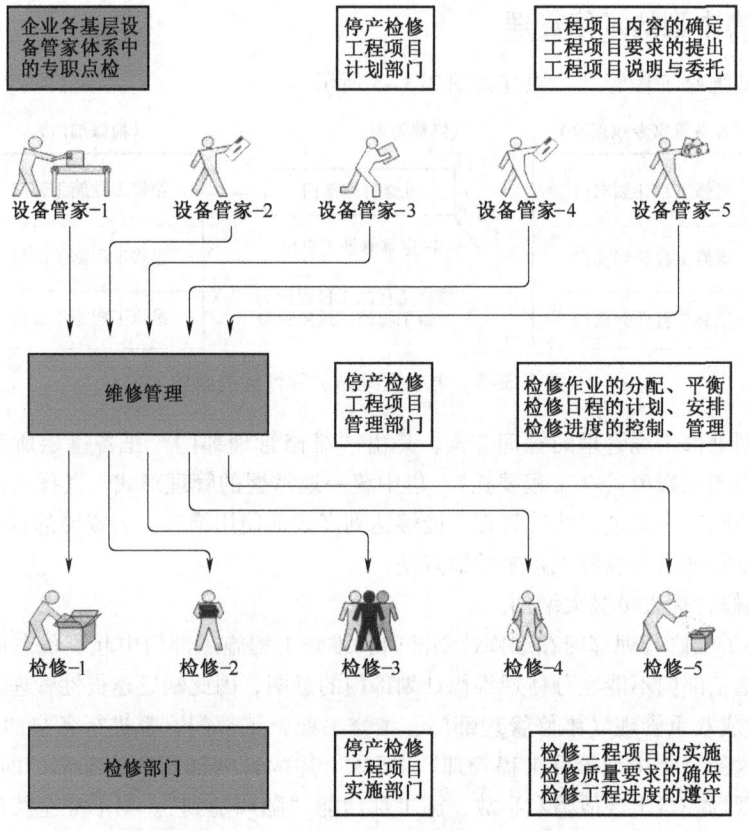

图 2.3-6 集中型维修工程管理的实施

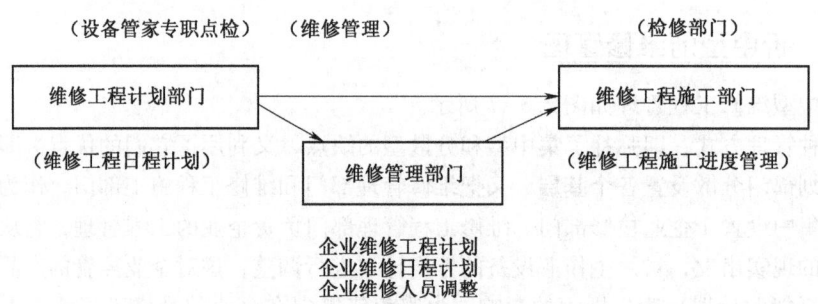

图 2.3-7 折中型维修工程管理

修人员集中到企业检修部门,把目标指向提高维修施工人员的高效率使用。

2) 要重视快速反应,要建立能够把紧急、突发性事故工程,快速消灭在任何基层的体制,即紧急检修体制,不搞企业集中化。

3) 如上所说的那样,各基层的设备管家体系(维修工程计划部门),也必需配置相应数量的检修施工人员,无须完全建立企业集中型的维修工程管理体制,在各基层也可具备维修工程管理的机能。在图2.3-2中，在甲、乙分厂维修管理中配备的"机械维修计划"和"电气仪表维修计划"就类似这样的情况。目前，在国内外采用这种"折中型的维修工程管理"方式的企业比较多。

折中型维修工程管理的实施，如图2.3-8所示。

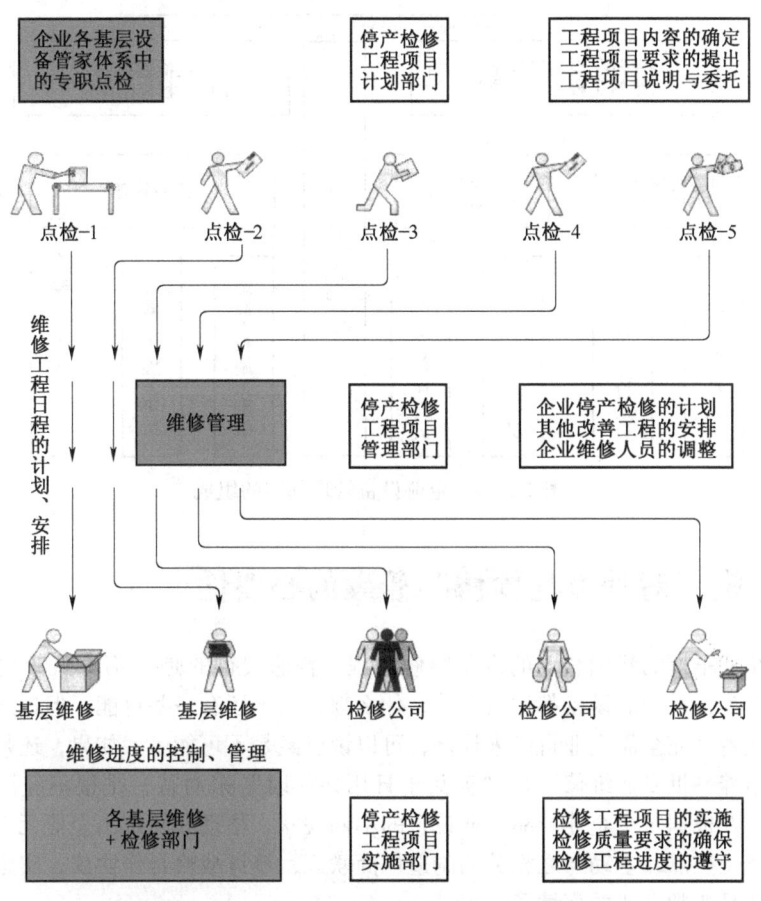

图2.3-8 折中型维修工程管理的实施

3.2.4 维修部门基本的组织结构

这里，要特别提示的是：进入社会主义市场经济环境下，企业设备管理的重心要下移，设备管理在各基层，就是两大板块，其一是：三位一体的设备管家体系（包括作业系统的操作点检、技术系统的精密点检和设备系统的专职点检），另外，就是"维修管理体系"。如果说设备管家体系是专门查找隐患和预知状态受控点状态的专家；那么，维修管理体系是专门修复故障和恢复运行状态的专家。

在图2.3-2中可见"各基层（企业分厂或各车间）的维修部门的基本组织结构形式"。那么，再从企业整体的架构来宏观地看看"维修部门基本的组织结构"，可见，除了"设备管家体系中的专职点检外,在企业设备管理部门中,其由三部分组成,包括:各基层的维修部门、企业的检修部门和外协的检修部门,如图2.3-9所示。

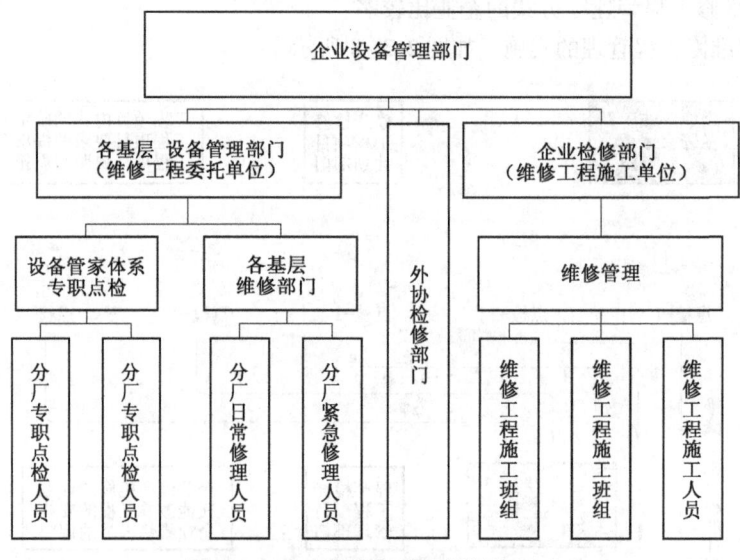

图2.3-9　企业设备管理部门的组成

3.3　实施"对外委托检修"管理的必要性

在传统和早期的我国企业的设备维修管理,普遍实行的是"不求人"的封闭式管理。这是因为,早期的设备都比较简单,什么都自己干还有一些可能;但进入到当今时代的现代设备,完全靠企业自己来检修,可以说已经是不可能了,如果,还是用习惯思维,专门培养一批专业维修人员"养兵千日用兵一时"来对待,是很不经济也十分合理的,必须要根据每个企业产品作业设备的不同现状,整理和筛选出企业无能为力检修的设备状态受控点,主动与之相关的制造厂商联系,签订战略合作协议,实施对外委托检修,已经是非常必要的事情了。

外委检修的具体内容请参见第2篇第2章的2.5节。

3.4　实施"设备轮保"管理的优缺点

如图2.3-10所示为某企业的轮保设备。

众所周知,国内卷烟企业的主要产品作业线包括:制丝作业线、卷包作业线和动力供应作业线等。在卷烟企业作业线设备的维修管理上,确实是"麻雀虽小,五脏俱全",制丝作业线是属于短流程、连续运行性质的作业线,一旦设备有故障,将会造成制丝线(卷烟原料供应线)的停产,故要强化制丝作业线设备管家中专职点检的工作,要"预知状态、超前管理";动力供应作业线是具有备用机组的单体、长期运行性质的风、水、汽、电、冷冻和真空等供应线，主要是强化平时的维护、保养，重视润滑作业和保持运行环境的干燥和无尘化；而卷包作业线，是卷烟产品的主要产品作业线，要能保障产品源源不断地供应。现在，众多卷烟企业都采取"轮保设备"的办法，即，企业如果有十台卷接包机组，那么，每天停产一台机组，组织基层维修部

图 2.3 - 10　某企业的轮保设备

门实施维护、检修。这样做的优点是，基层有计划地实施计划检修，对停产检修的这台机组，系统、全面的实施"专门修复故障和恢复运行状态"的作业，对确保卷接包作业线作业有明显的效果，这个对策，对当前企业设备还处于传统观念管理的状态下，也不失为一种可取的过渡方法；这样做的缺点是，影响了"资产运行效率"，即投入的是十台机组，而真正产出的是九台机组，资产运行效率为 90%。

3.5　实施"内部承包"管理的优缺点

　　进入社会主义市场经济环境下，"承包"两个字是司空见惯了的，那么，企业，包括货物类企业和服务类企业，如何"承包"，这是个值得探讨的课题。首先，企业的设备维修管理现状是对一些基础管理数据点缺失，导致了对维修管理缺失了发言权。企业里善于对维修工程项目"估工估料"的老师傅，随着年龄的增长都逐渐退休，而新员工还接不上这个需要有现场维修管理经验的、积累了丰富维修实绩数据岗位的班，为了解决当前的问题，就用历年维修费的经验值，作为设备维修对外"承包"的底线。当然，承包是合理、合法的，问题是在承包的同时，作为企业设备管理部门，要详细记录，经过一段时间，掌握了维修工程项目的"工时工序"后，就能主动出击，不能老是让承包商牵着鼻子走。其次，一些企业将一些设备"承包"给员工，还在媒体上做宣传。问题是：承包前，他们是"领导与被领导"的关系，一旦签订了承包合同，那就是甲、乙方的关系了，是有条件的商务关系；这是其一，还有其二，企业的产品是靠一条产品作业线来制作形成的，是要靠产品作业线上所有的设备一起努力来完成的，现在，将产品作业线上的设备承包给员工，无形之中将一个产品作业线的整体，切割成一段、一段的，这样，涉及的单元越多，越不能保证产品作业线的同步性和一致性，只要有一个环节不顺，整条产品作业线就停产了。所以，要承包，那必须承包一条产品作业线设备，那就是"设备管家"的概念了，但设备管家是企业的贴心人，而承包人是商务关系、是局外人，理念上完全不一样，如图 2.3 - 11 所示。

图 2.3 - 11　设备承包商各想各的

3.6 其他类型检、维修管理的评述

一些知名的大型企业，如油田、冶金，他们都有专门的基建部门，有专业钻井队、有冶金建设公司，他们对作业设备的装配、安装、调试、单体设备试运行和产品作业线设备的联动试运行都非常熟悉。因此，往往在投产后就被留用，作为企业作业线设备的维修部门，这确实是个好办法，也能很快地进入现场并融为一体，这是优点。但，他们毕竟不是作业部门，对设备运行后的种种状态，还是不熟悉的，故，要强化运行信息点的沟通，要强调为产品服务和协同。

一些实施三班倒的企业，对中夜班"值班维修"的安排，感到很为难，安排值班人员多了吧，害怕会人浮于事；安排少了吧，又怕应付不了现场的突发事故，将来要承担责任。建议：在有计划、逐步递减值班维修人员的基础上，实施"中夜班紧急联络体制"的方案，如图2.3-12所示。

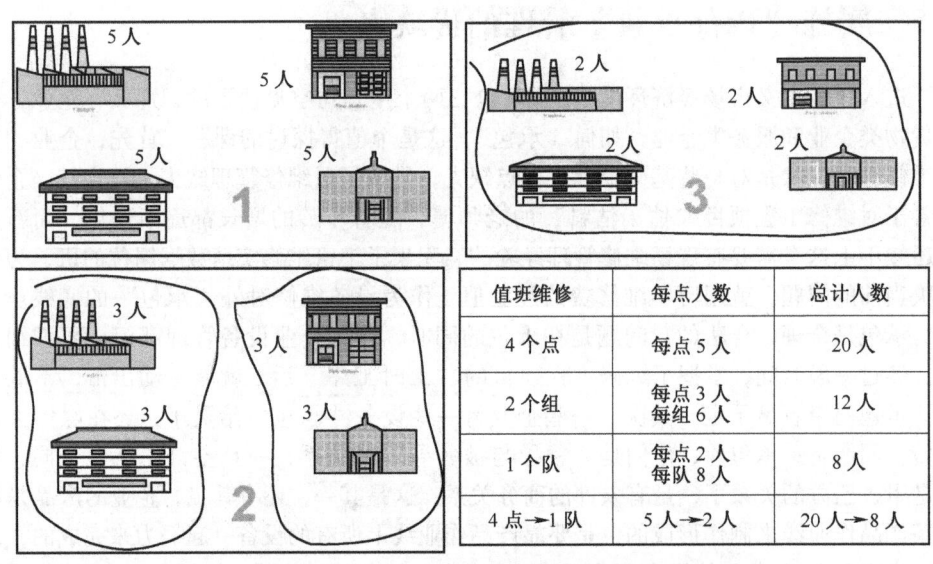

图 2.3-12 某企业中夜班的值班维修制度

从图 2.3-11 可见，该企业有四个基层（企业分厂或车间），第一步，如每个基层安排 5 位值班维修人员，这样企业总共要安排 20 人，经过一段时间（如一个季度）的实践，特别是有意识地将人员交换，即每点 5 位，分成两拨，可以留下 2 人，另外 3 人则和邻近点的值班维修交换，使之每位值班人员，不仅对本点熟悉而且对邻近的点也熟悉；第二步，将四个点，改组成两个组（相邻点为一个组），每点由 5 人递减为 3 人。这样，由四个点递减为 2 个组，对原来每个点似乎是少了 2 个人，但这个组已经有前一段交换的基础，而且两个点的故障也不会同时发生，现有 6 个人还是比 5 个人强；同

理,第三步,再将两个组递减为一个队,总的值班维修人数也由 20 人递减为 8 个人。要是还有事故发生时,即可立即启动应急预案机制,即开通"中夜班紧急联络体制",(可将企业及设备系统相关人员的联络电话,收集、编制成"中夜班紧急联络一览表",由值班维修的领导负责保管和使用),将与突发故障相关的人员,通知其快速到达事故现场,实施紧急抢修,确保中夜班作业的顺利进行。

第4章 实施检、维修的"最佳时期"

从我国设备维修的历史来看,最早维修实行的是"事后维修"方式,也就是处于"不坏不修、坏了再修"的阶段,那时也谈不上什么维修的最佳时期,只要设备坏了,那就要实施维修。如汽车,每行驶了3000km,就要送汽车4S店去维修,去更换空气、汽油滤清器、去实施换机油作业等。当然这个维修计划,也是依据理论计算而得出的"维修间隔期",也应该理解为这就是维修的"最佳时期"。实践证明,计划检修相比事后维修要好,但是从成本角度考虑,计划检修又显得"不经济"。因此,进入到市场经济环境下,逐步将计划检修要向产品作业线设备的状态维修过渡,维修再也不是"计划"的结果,而应该是由企业的设备管家中的专职点检,对关键设备状态受控点的运行状态把握的结果。从某种意义上讲,维修的"最佳时期",将与第1篇第5章提到的实施点检的"最佳时期"息息相关,在点检的"最佳时期"去实施状态受控点运行状态的管控,并发现其状态异常、失控和超标时,那就应该立即组织实施维修,这就是在当今时代,认为是实施检、维修的"最佳时期"。

4.1 依据点检状态的信息实施检、维修

如图2.4-1所示,关键设备受控点的处理,是由设备管家体系中的操作点检和专职

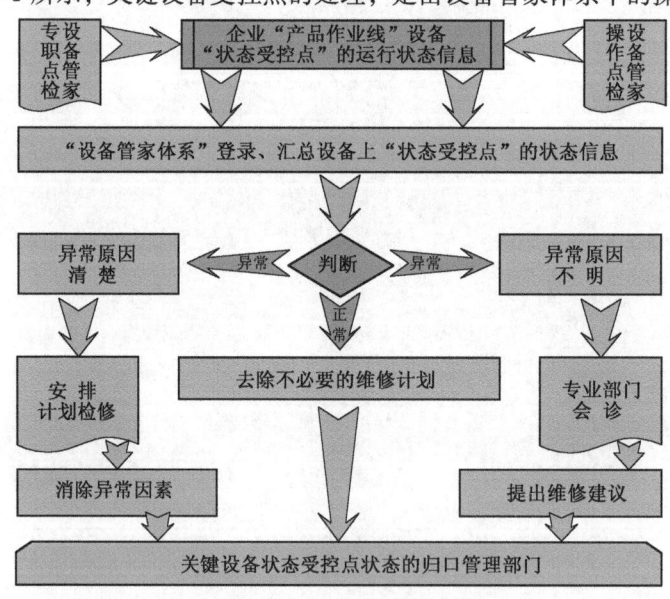

图2.4-1 关键设备受控点的处理

点检所管控，他们对这些点的状态在实施点检时，要详细登录其状态信息，并将其汇总在册。根据设备管家管控的状态信息，由专职点检方组织对其进行"判断"，判断的依据就是"点检技术标准"。

判断的结果，可能会有如下三种情况：

1）判断结果没有超出"点检技术标准"，那就可以去除一些不必要的维修计划。

2）判断异常，并已知异常的原因，那就可以安排检修，这时的"计划检修"，是在已经"掌控"了其状态后安排的计划，是与传统检修中的"计划"有所不同。

3）判断异常，而不明其异常原因，这时就要采取"会诊"的方法，来协同找出异常原因的所在，然后再实施维修。

4.2 设备检、维修要"预知状态、超前管理"

本书第 1 篇第 5 章 5.2 节中已经提到，在设备性能曲线上，实施维修的最佳时期是在 $P-F$ 间隔期。设备运行时，谁都在管，但又谁都没有管彻底，直至设备到达了故障停产时，就紧急抢修。进入市场经济环境下，这样管理就要误大事了，不能等它坏了再兴师动众，必须要建立一支专门管控产品作业线设备运行状态的队伍，这就是企业设备管家体系中的各个"点检"，维修工作，就不能围绕着"F"点转，就必须要提前，要围绕着"P"点转。那就是设备检、维修"预知状态、超前管理"的原则。再将第 1 篇第 3 章的"表 1.3-1 的最下部的局部图放大一下，就是"图 2.4-2 实施维修要从 F 点提前到 P 点"，就更突出地说明，当今，企业要围绕着 P 点是符合"预知状态、超前管理"的原则的。

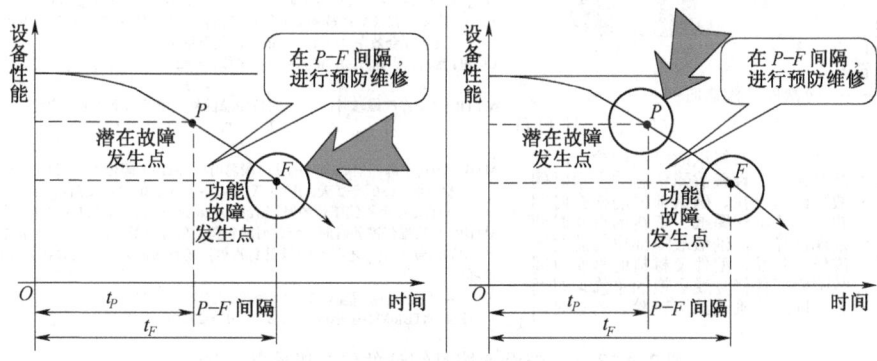

图 2.4-2　实施维修要从 F 点提前到 P 点

在一些资料上，经常会出现一些外文代号，如，"MTTR"就是其中之一，它是 Mean Time To Repair 四个外文字的字头，意思是"平均停产维修时间"，还有，"MTBF"（Mean Time Between Failures），意为"平均故障间隔时间"，以及，"MTBR"（Mean Time Between Repairs），意为"平均维修准备时间"。那么，这些如何理解又如何来为产品服务呢，这些繁琐的过程又如何来计算呢？下面，就用一个案例来配合说明。

第2篇 设备检修的组织管理

首先要明确实施上述计算的对象是什么。从"为企业的产品服务、服务就要使用户满意和使企业价值最大化"的原则出发,必须集中优势力量,对企业产品作业线设备中的关键设备及其上的状态受控点,实施这些"平均停产维修时间、平均故障间隔时间和平均维修准备时间"的跟踪和测算,而不是什么地方都去算一算;其次,计算的结果,一定实施的是"自己跟自己比",而不是牵强附会地去考核,因为,这些数据并没有一个"标准值",不同企业不同产品作业线,也没有一个"可比性",只有经过一段实践,才能知道:如何满足企业上述原则的前提下,平均多少时间才是最合适的。

这里,假设某个企业产品作业线设备中的关键设备(即有隐患或运行异常的设备)上的状态受控点,以 2005 年 11 月为例。在这一个月里,所发生的停产维修的情况和次数,以及每次停产维修的时间里所进行的内容,结合案例来理解其含义,详细计算及其代号的含义,如图 2.4-3 所示。

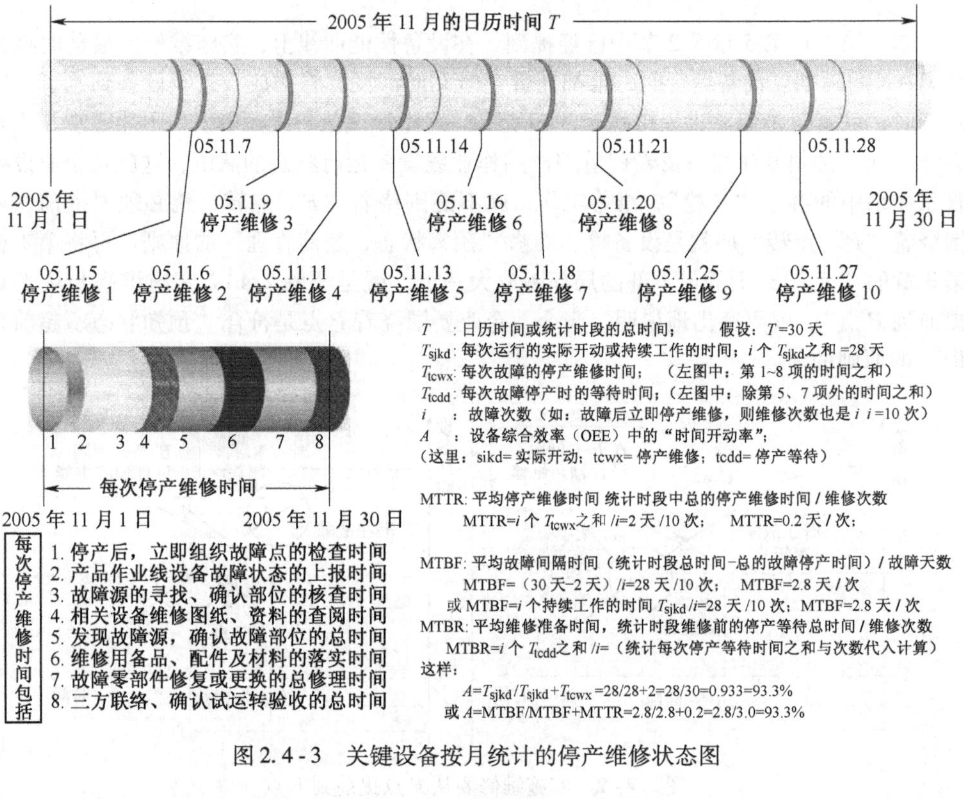

图 2.4-3 关键设备按月统计的停产维修状态图

4.2.1 平均停产维修时间

由图 2.4-3 可见,将每次停产维修时间累积的总和被停产维修的次数一除,即:
MTTR = 统计时段中总的停产维修时间/维修次数;
MTTR = i 次 T_{tcwx} 之和/i = 2 天/10 次;
MTTR = 0.2 天/次。

这个"停产维修时间",当然是越少越好,因为这涉及影响产品制作时间。但是也要根据每个企业的实际情况,经过一段时间的摸索和实践,在满足企业产品作业的前提下,制定一个合理的"维修作业标准",并逐步提高维修水平以实现逐步降低停产维修的时间。

4.2.2 平均故障间隔期

MTBF =（统计时段；总时间 – 总的故障停产时间）/故障次数 =（30 天 – 2 天）/i = 28 天/10 次；MTBF = 2.8 天/次；或 MTBF = i 次持续工作的时间 T_{sjkd}/i = 28 天/10 次；MTBF = 2.8 天/次。

对"平均故障间隔期"的分析和研究,可以对企业产品作业线设备及其精简停产维修的考虑,明确一个改进的方向,如图 2.4-4 所示。对 MTBF 分析就是对产品作业设备"故障停产"状况的分析。同时,设备不仅因故障而停产,而且还要包括企业有计划地停产维修。因此,不仅要把握设备的故障停产情况,而且还要了解设备运行的实际状态。所以,要将 MTBF 分析、研究的方法扩大,特别是分析如何发生"设备停产维修"的。所谓 MTBF 分析、研究,是一种研讨、分析企业"设备停产维修"发生的方法,收集并记录它发生的原因、现象、时段、停产时间、造成后果等的一切数据,以此来发现造成停产的关键点问题,研究停产维修精简的方法。把 MTBF 分析的结果和改进停产的情况结合起来,即,把发生故障次数频度高的停产维修记录、设备的改造和更新的建议内容、资金预算等综合考虑,作为企业精简停产时间、改进维修管理系统的优化方案。

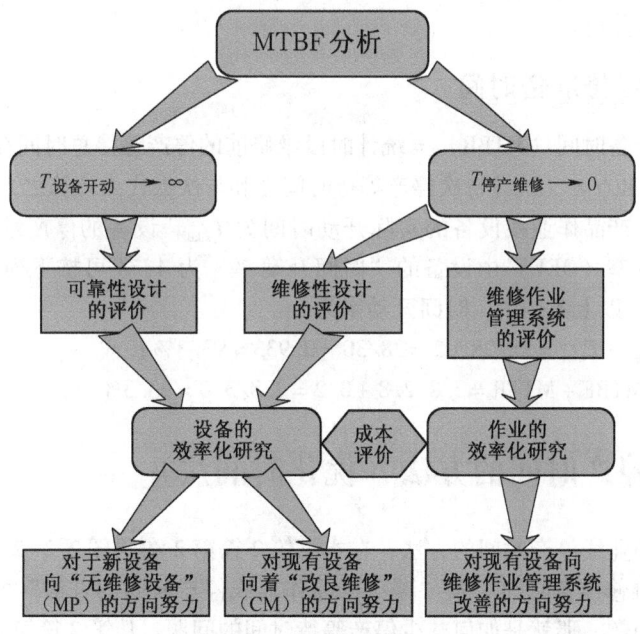

图 2.4-4　MTBF 分析

在对"平均故障间隔期"分析、研究中，必然会导入两个极端。其一，是 $T_{tcwx}=0$ 的极端，即设备时间开动率 $A=100\%$ 时的"不需要停产维修设备"的理想状态；其二，为了实现这个理想状态，如果把 T_{sjkd} 尽力地接近无限大，即 $T_{sjkd} \to \infty$ 的极端，那么，T_{tcwx} 就会无限地接近于0，($T_{tcwx} \to 0$)。可见，$T_{sjkd} \to \infty$ 就是设备"可靠性"的提高，$T_{tcwx} \to 0$ 是"维修性"的提高。这里，研究设备可靠性的提高（$T_{sjkd} \to \infty$）和设备维修性的提高（$T_{tcwx} \to 0$）这两者其最终目标，都是为了对停产维修时间精简的研究。为了 $T_{sjkd} \to \infty$ 或可靠性的提高，就要延长设备的连续运转的实际开动时间，也就是要把设备停产维修的次数（故障发生的频度）进行缩减。首先，为了延长产品作业线设备状态受控点的保障功能，必须要重新估价其"可靠性"的功能；其次，为了 $T_{tcwx} \to 0$ 或维修性的提高，对已经发生了停产维修的作业，如何在最短的时间内抢修完成，在这里有两个对策：其一，是在设备的前期管理上，改善相关的维修结构，应用能在短时间内进行停产维修作业的"快速切换技术"，这就是要对维修结构重新估价；其二，是在设备停产维修施工人员的停产维修作业的方法、速度以及停产维修作业所必要的部件、材料、工具、设备、图样、标准等的管理系统方面，进行一些必要的改革，是能够达到在短时间进行停产维修作业的目的的。

综上所述，关于精简停产维修作业的研究的结局，也就是对于设备的可靠性、维修性现状作重新估计，即进行"设备效能化的研究"。另外，必须对停产维修作业、维修管理系统做重新估价，即"作业效能化的研究"，这两方面是能够区别的。而且，这个精简停产维修作业的研究结果，如图 2.4-4 所示循环作反馈。这个对停产维修时间精简进行的研究，进一步地说是对"不需要停产维修的设备"这一个理想系统作研究，其关键就是 MTBF 分析。

4.2.3 平均维修准备时间

平均维修准备时间（MTBR）=统计时段维修前的停产等待总时间/维修次数。MTBR $= i$ 次 T_{tcdd} 之和/i =（统计每次停产等待时间之和与次数代入计算之）。

如上所述，产品作业线设备的实际开动时间为 T_{sjkd}，设备的停产维修时间为 T_{tcwx}，则，设备综合效率（OEE）中设备的"时间开动率"为 A，A 可按下列公式求出：$A = T_{sjkd}/T_{sjkd} + T_{tcwx}$。以上案例中，时间开动率为

$A = T_{sjkd}/T_{sjkd} + T_{tcwx} = 28/28 + 2 = 28/30 = 0.933 = 93.3\%$；或

$A = \text{MTBF}/\text{MTBF} + \text{MTTR} = 2.8/2.8 + 0.2 = 2.8/3.0 = 93.3\%$。

4.3 减少停产时间的方法（优化时间法）

减少产品作业线停产时间的方法，在本书第2篇第2章"图 2.2-2"已有叙述。

从"平均维修准备时间"及"减少产品作业线停产时间的方法"的两者来看，实际上都是一个问题，那就是如何减少停产等待时间的问题。从第2篇第2章的图 2.2-2 来看，就比较清楚，故又称之为"降本增效六步走"。从量化的角度来审视图 2.2-2 的

第4章 实施检、维修的"最佳时期"

右边，建立一个坐标系统，以一个"黑色的点圈"作为"停产"的分界点，黑圈的左边表示停产前的时间段，其右边则是停产后的时间段。假设有如下一个维修工程项目：

1）其实测或预计产品作业线停产后的检修作业全过程的时间为4h。
2）分析：该项目可在停产前做的内容以及必须在停产后实施的内容，假如为1与3之比。
3）将不必非要在停产后做的工作，放在停产前来完成，如上所述，为1h。
4）精简必须在停产后作业的内容和时间，譬如由3h压缩为2h。
5）精简可以在停产前作业的内容和时间，由1h压缩为0.5h。
6）规范新的过程，由原来的4h，优化为2.5h，而停产时间，由原来的4h，优化为2h，减少50%的停产时间，使之成为标准化作业。

4.4 设定"检、维修时间"的原则

企业产品作业线设备的检、维修时间设定的原则，可以从图2.4-5来说明：首先，企业是否经常受到外来因素的干扰，形成对本企业产品作业的停产，如，有些地区有停电、停水等的影响因素，则企业的维修时间，尽量安排在外因干扰的时间段实施，可以将平时积累的设备隐患或小故障，采用"机会维修"，即利用外因影响企业停产的时间段，将一批记录在案的问题，一并予以处理；其次，是否是仅有单班或两班作业类型的企业，如果是，那么就要利用"空班"的时间来实施维修，为了避免维修人员长期"上夜班"，企业也可以适当予以调整，产品作业人员上几个中夜班，维修人员也上几个中夜班，达到合理安排的标准；其三，是企业具有备用机组的场合，两台相同类型、相同型号的设备并联安装，一旦"在线"使用的那台设备发生故障了，则可以马上采用切换机组来整体更换，以确保不能中断供应的场合，达到连续作业的效果。然后，对有故障的设备，则实施"不停产的离线检修"的方法。这原是从设计角度予以考虑的设备布局方案，目前，企业普遍采用以上的原理，在企业产品作业线中的一些关键设备及其状态受控点上，为了防止一旦有故障会造成产品作业停产，就"人为"地购置了整机或整套易损的零部件，作为"机旁备件"，放在产品作业线边上，当发生故障时，一改原来要占用较长停产检修时间来修复设备的传统方法，而以人为备用的来整体更换取代之，将原来的"在线的停产检修"变成为"不停产的离线检修"，这种方法深受欢迎，特别是对一些长流程、连续作业、合同交货期非常严格的企业，已经得到普遍的应用；其四，是对一些特大型的企业，其设备也庞大且贵重，以上第三种方案也难以实施，那就要认真实施"有计划地停产检修"，及企业要建立产品作业线设备的设备管家体系，有三位一体的设备管家，实施操作、专职和精密点检，根据对状态受控点按"预知状态、超前管理"的原则，进行周密认真的点检，在此基础上，开展严格控制停产检修时间的有计划的状态维修；最后一种，是企业"产品作业时间"一刻也不能停的情况下，如何实施检、维修？例如：各大报社，晚上要通宵达旦地抢着编辑新闻，凌晨2点到4点，是雷打不动的印报时间，一刻也不能停顿。又如，F1赛车，它本身

149

就在比赛驾车的快慢，在赛程中，赛车突然发生故障，是如何修复的。在提前一圈告知赛车专业检修团队，几秒钟就停在面前，几个人马上扑上去，各就各位、有条不紊地将赛车抬起来，四个人加油、每条轮胎三个人，一个拧螺栓，一个拆旧胎，另一个推进新轮胎，再加上维护驾驶舱、防火和总指挥，前前后后十几秒钟，赛车就又奔驰在比赛的跑道上了。其他还有一些果品的榨汁企业，当水果没有成熟和采摘下来时，企业可以说没有任务，但成批娇嫩的鲜果下来时，也是一刻也不能停止作业。那时，企业对产品作业线设备的维修，只能是"事后维修"，维修施工人员，要做好充分准备，就地围绕着产品作业线设备，实施故障后的紧急抢修，而且要越快越好，以尽量缩短作业设备的停产时间，如图2.4-5所示。

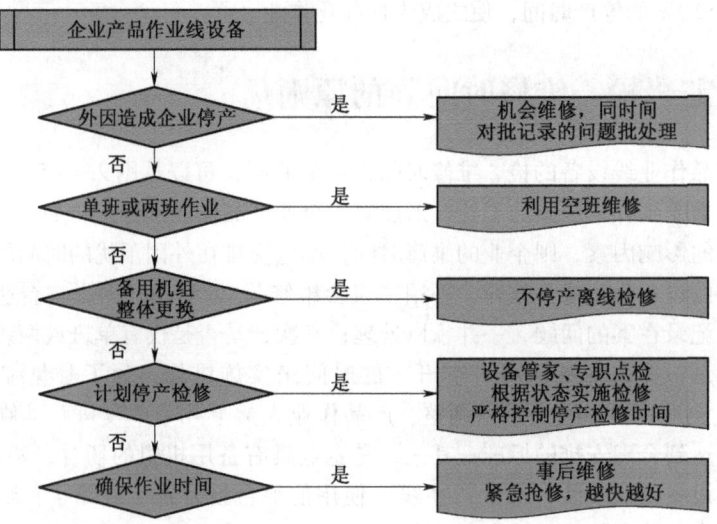

图2.4-5　不同类型企业其设定的检、维修的原则不同

第5章 设备检修时的"现场管理"

5.1 企业管理中的"安全管理体系"

5.1.1 安全文化的发展

美国宇航局和联邦航空局风险分析与安全绩效计量车间认为:"规范化的安全文化",在价值观的基础上,首先要树立信心,然后,主要围绕着安全文化四个方面的特点,其一是"申报":申报体现着"互相信赖",包括,对差错、未遂事故、不安全的行为和状况都要报告;要鼓励如实报告故障的行为,不要去责怪、惩罚申报者;其二是"灵活",灵活意味着"互相尊重",包括,不以折中的安全为前提,来适应和安排动态的作业,要在计划日程、作业任务和安全中寻找平衡点;其三是"及时":及时代表着"互负责任",包括,通过RCA"根本原因分析",清晰地定义"允许的和不允许"的行为,对责、权、利要正确定位,指导并区分"冒风险的行为和适用于循序渐进的训练"的关系;其四是"学习与倾听":学习与倾听表示"互相理解",包括,确保信息的通畅,将正确状况的评估信息,作为未来的对策,学习"根本原因分析"(RCA),并共享来自"根本原因分析"的教训。规范化安全文化的成果,如图2.5-1所示。

图2.5-1 规范化安全文化的成果

5.1.2 安全管理体系的发展

世界化工企业，在早期发展的年代里，也曾发生过许多爆炸、起火等惨痛事故的教训，以"杜邦"公司为代表的龙头企业，提出了其"安全管理体系"，是建立在企业全员参与的基础上，通过强制性管理标准及行为安全、工艺安全，达到零事故的目标。"杜邦安全管理体系"提出了十大安全管理理念，即：

1）所有安全事故是可以防止的。
2）所有的安全操作隐患是可以控制的。
3）发现的安全隐患必须及时更正。
4）各级管理层对各自的安全直接负责。
5）安全是被雇佣的一个条件。
6）员工必须接受严格的安全培训。
7）员工的直接参与是关键。
8）各级主管必须进行安全检查。
9）工作外的安全和工作中的安全同样重要。
10）良好的安全创造良好的业绩。

杜邦安全文化，针对几个方面（领导、组织、操作执行这三者组成行为安全管理和工艺安全管理）考核的闭环通过"规章制度的制定"→开展企业全员的宣传和培训，以提高认识和明确规章制度的内涵→在日常作业中予以贯彻执行→实施中以实践来审核规章制度的可执行性→在此基层上进行考核评估→做得好的给予激励，同时又进一步验证规章制度的适用性→再回到"规章制度的制定"，以实现 PDCA 的循环，不断地改进，在不损害健康、不发生事故、不破坏环境的前提下，达到：零故障、零缺陷、零库存、零事故、零差错和零浪费的"杜邦安全管理体系"核心价值、核心原则的目标。图 2.5-2 所示为以人为本的企业安全文化与事故率的变化曲线，可见"杜邦安全管理体系"安全管理向导，技术的投入和改善虽然重要，但要使事故率和损害率下降，与安全文化的形成或改变及关注人的行为这两者，也是密不可分的。

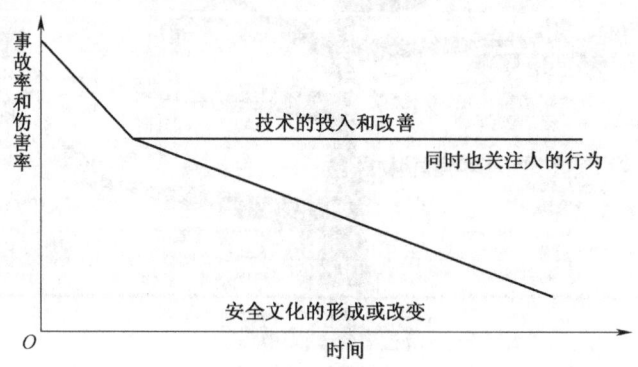

图 2.5-2　以人为本的企业安全文化与事故率的变化曲线

5.1.3 设备完整性的发展

随着世界能源供应的紧缺,特别是近年来石油及石化企业的蓬勃发展,加强安全作业管理的需要也日益突出而显得尤为重要。石化生产属于长流程企业,作业过程具有高度的连续性,作业条件苛刻,具有易燃易爆、高温高压和工艺严格的特点,工艺过程和辅助系统庞大复杂。随着装置日趋大型化、自动化,一旦重要设备失效将引起严重的安全事故,导致重大的人身伤亡、财产损失和环境污染,对社会产生很大的负面影响。石化企业的设备管理还很不完善,人为因素影响较大,人员频繁流动,给装置操作带来了安全隐患。要预防安全事故的发生,就必须加强设备的全过程管理和技术改进,完善企业设备完整性管理,使作业程序标准化、规范化,降低人为因素的影响,保证装置安全可靠地运行。设备完整性(Mechanical Integrity,MI)源自美国职业安全与健康管理局(Occupational Safety & Health Administration,OSHA)的"高度危险性化工过程安全管理办法"的第 8 条条款。"设备完整性"是指:设备的性能状态,即设备在正常运行条件下应具有的状态,设备完整性是要采取技术改进措施和设备规范管理相结合的方法来确保整个装置中关键设备运行状态的完整性。经过数年的推广,设备完整性已成为一个独立领域,得到了世界各大石化公司的普遍认同与应用。虽然,"安全管理体系"只是其中的一部分内容,特别提到的是与 HSE(健康、安全与环境)政策相关,在 HSE 计划中,规定了安全事故、伤害和环境污染等目标。如图 2.5-3 所示为"机械完整性"与"工艺安全管理"的关系。

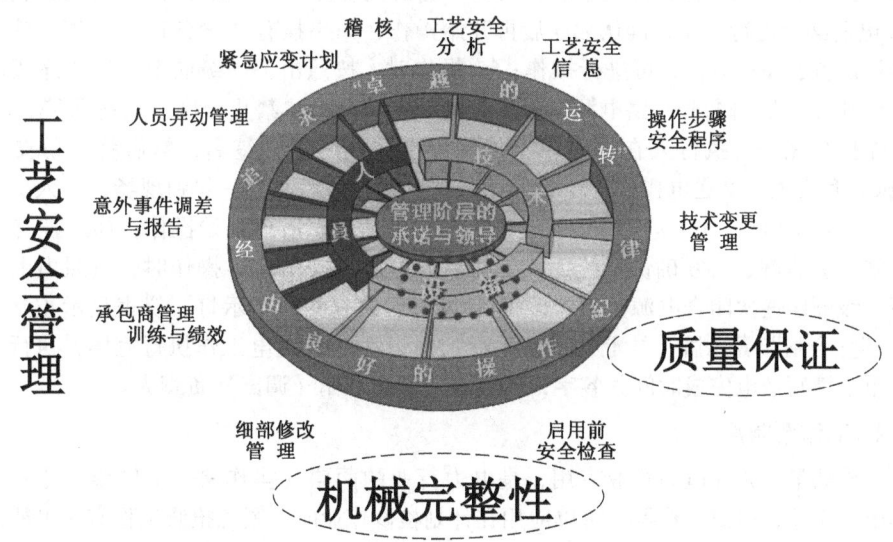

图 2.5-3 "机械完整性"与"工艺安全管理"的关系

5.1.4 我国的一些设备管理制度

我国企业在作业过程中的安全管理,在进入到社会主义市场经济环境下,由于方方面面原因的变化，加之企业飞速地发展，国内外的竞争加剧，企业在作业过程中的安全形势也发生了巨大的变化，因此，对企业的安全管理上，提出了更高的要求，特别是贯彻"科学发展观及可持续发展战略"的国策，强调"以人为本"的方针，如何在原有的基础上取长补短，以适应当前形势的要求。下面，试以在设备检修过程中，传统、习惯的做法为例，如"设备停送电制度"及"工作票制度"，以便对比。

1. 设备停送电制度

1）控制范围。任何设备进行调试、检修需要停、送电时，必须办理停、送电申请单。停、送电申请单必须是一台设备一张申请单，多台设备需要同时停、送电时，必须分别办理停、送电申请手续。

2）各级职责：①工作（调试）负责人填写停、送电申请单，停、送电申请单一式两份；②电气施工处负责配电室/柜代保管前的停、送电工作；③试运指挥部（或项目总工）负责停、送电单的批准；④运行部门负责配电室/柜代保管后的停、送电工作，配电室/柜代保管后，执行运行单位的设备停、送电管理制度。

3）停、送电申请单办理流程。工作（调试）负责人填写停、送电申请单→填写完后对照设备标牌核对停、送电申请单确认无误→送电气施工处主任（专工）审核→送试运指挥部（或项目总工）批准。

4）停、送电工作程序。停、送电工作必须由两人执行，其中一人操作，一人监护。一张票只能执行一次，需要再次停、送电时必须重新办理停、送电申请手续。①停电操作：a. 执行人员接到停电单后，两人一起到现场，一人负责操作，一人负责监护；b. 停电前必须进行核对，确认无误后再开始操作，如果挂有"设备运行"警告牌，必须确认设备已停运后，方可进行操作；c. 操作时，按照由下一级向上一级顺序逐次断开电源开关；d. 每断开一路电源，确认无电后立即挂上"禁止合闸"的警告牌；e. 停电工作执行完毕，执行人在停电单上填写停电完成时间并签名，然后将一份交工作（调试）负责人。②送电操作：a. 执行人员接到送电单后两人一起到现场，一人负责操作，一人负责监护；b. 送电前必须进行核对，确认无误后再开始操作，如果挂有"禁止合闸"警告牌，必须确认系统无人工作后方可进行操作；c. 操作时，按照由上一级向下一级顺序逐次闭合电源开关；d. 电源投入后检查相应指示灯、仪表显示正常，摘掉"禁止合闸"警示牌，挂上"设备运行"标识牌；e. 送电工作执行完毕，执行人在送电单上填写送电完成时间并签字，然后将一份交工作（调试）负责人。

2. 工作票制度

工作票最先是在电力行业应用，是电力行业的两票（操作票、工作票）之一。对于非电力企业，检修工作票，可以应用在计划检修作业时，紧急抢修工作有时可能由于时间紧迫的原因无法使用工作票。企业可以根据设备检修作业的时间长短、安全系数，确定哪些类型的设备、哪些项目的检修，需要采用安全工作票。但是，如果设备要进行高处作业、动火、动土、断路、吊装、抽、堵管道盲板和进入设备内作业等方面的检修工作，则必须按规定办理检修安全工作证。"检修工作票"是一种工具和机制，通过它可以实现设备检修全过程的安全控制，做到检修前有安全预案，检修中有控制手段，检修后有确认和总结。①检修前准备工作：每次进行设备计划检修之前，检修人员必须要了解必要的安全注意事项，根据个人情况，进行安全教育。安全教育的内容包括：检修作业现场和检修过程中可能存在或出现的不安全因素及对策，检修作业过程中，个体防护用具和用品的正确佩带和使用等。维修人员或维修主管，要对涉及的检修作业项目的不安全因素进行预判，然后提出相应的安全防范措施和应急预案。只有在检修人员了解了安全注意事项、进行了安全检查及提出相应的安全防范措施之后，才可以办理检修工作票。只有得到签发确认的工作票，才能进入检修现场检修设备。②检修前的具体安全措施：对检修作业使用的脚手架、起重机械、电气焊用具、手持电动工具、扳手、管钳、锤子等各种工具或装置进行安全检查，不符合作业安全要求的工具或装置不得使用。其中，电动工具必须配有漏电保护装置。对检修现场的爬梯、栏杆、平台、盖板等进行检查，保证安全可靠。采取可靠的断电措施，切断需检修设备上的电器电源，并经过启动、复查确认无电后，在电源开关处挂上"禁止启动"的安全标志并加锁。如果检修的设备或附近有腐蚀性化学物品，检修场所需要备有冲洗用水源。必要的话，检修设备周围或检修场所周围，可设置围栏和警告标志，并设夜间警示红灯。需夜间检修的作业场所，应设有足够亮度的照明装置。进行完上述检查确认后，认真填写检修工作票。也就是说，填写工作票的过程就是进行安全注意事项确认的过程。

以上两项个案其特点是：比较适用于传统的"管理重心"在上、什么都要领导批准的情况下，考虑问题比较细致，对企业安全管理起到了很好的作用，确保了长期以来检修作业的顺利完成；管理流程比较长，信息流繁琐，主要靠填写的单子来完成；检修作业中的三个最活跃的因素（即设备管理者、设备操作者和检修施工者）没有相互联络的时间段，也就失去了相互监督和维护自身权益的机会；执行人虽然有两人一起到现场，但都属于一方人员，与监护人之间又有相互依赖的可能性，执行的可信度也缺乏"确实能亲自参与"的可能性。因此，如何扬长避短与改进，如何能适应当今时代"管理重心下移"以解放领导，"三方联络确认"以眼见为实、"维护各方权益"以和谐共赢和"简化管理流程"以快速高效的要求来实施停产检修，是值得引起现今企业关心和重视的问题。

5.2 停产检修时现场管理的总体要求

1）企业停产检修时，现场管理的指导思想是：要切实、认真贯彻"四大原则"〔检修设备以人为本、危害超前管理和安全和谐的原则；停产检修以质量、进度与成本一致性的原则；停产检修工程项目，实行先上部后下部、紧前不紧后的原则；检修过程贯彻服务至上、用户满意（检修无超时、让停产企业满意、质量能保证，使检修公司满意、现场清干净，让停产现场满意、全程无事故，使施工自身满意）的原则〕。

2）企业停产检修概况。要明确本次停产检修的范围、目标、参与的单位；停产检修的现场总平面布置、停产检修指挥部设置地点；安全路线、道路走向、检修用资材的

第2篇 设备检修的组织管理

进口出口处、各种移动设备和吊车的定位图以及各类装备定置图；停产检修的宣传材料、工程快报、各种看板、考评奖惩标准及相关资料的公示栏。

3）企业停产检修指挥部的要件。包括三个保障系统：组织机构的系统、安全责任的系统和紧急联络的系统；三种保障图表：停产检修工程项目表、停产检修施工网络图和工时工序的实绩记录表。企业的紧急联络系统如图 2.5-4 所示。

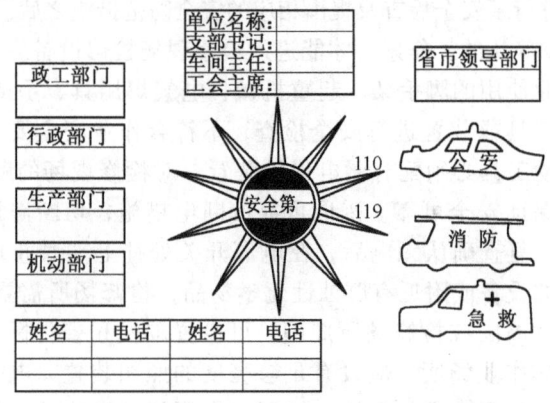

图 2.5-4　企业的紧急联络系统

4）停产检修前，特别注意自我检查"五资"方面的准备情况，如图 2.5-5 所示。

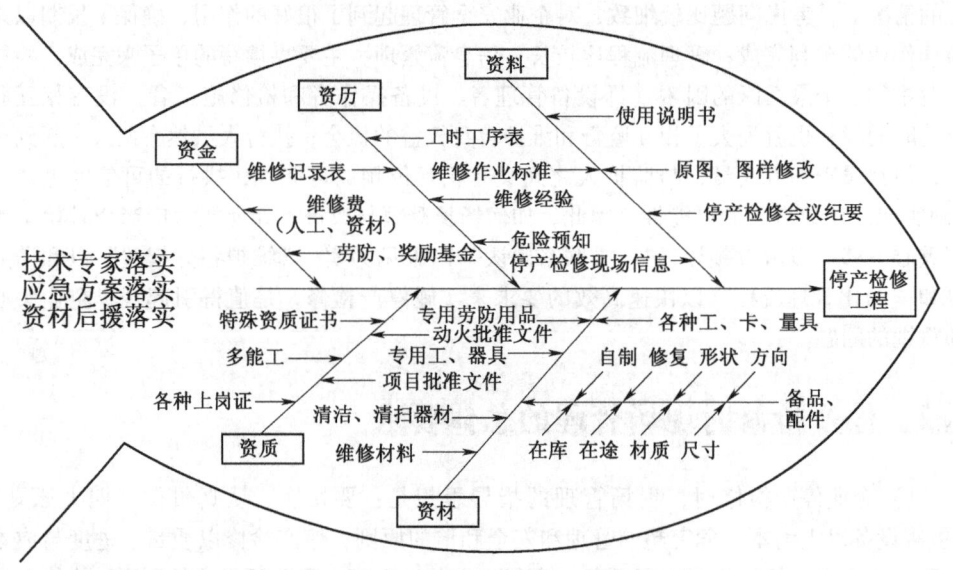

图 2.5-5　停产检修的自我检查

自我检查"五资"准备情况，也可以采用"菜单式"停产检修作业全面、全方位自我清查的方法来实现。企业的设备管家中的专职点检方，在停产检修前，对所有的准备工作的确认，一直是非常必要的程序。为了帮助近年来年轻的设备管家们现场停产检

第5章 设备检修时的"现场管理"

修作业经验不足,存在"准备不规范、不全面和缺乏针对性"。可以通过自我检查"五资"的准备情况,来解决这个难题,采用现场停产检修作业"菜单式"全面、全方位自我清查的措施,按照停产检修作业的实际需要,按"五资"的五个大方面:即资金、资质、资历、资料和资材。每个方面又可以细分为许多具体内容,如,鱼骨图上的许多鱼刺,检修资质、劳防用品、工器具准备、常规检修、动火作业、特殊资质证书(如高空作业、密闭空间作业、有毒有害作业、交叉协同作业、地下室作业等),企业可以根据不同停产检修的情况,分别列出若干条和项,以提示和作为自我检查的内容,除此以外,还必须在遇到特殊情况时的一些"应急预案"做一个预先准备,如技术专家、应急方案及资材后援等方面落实的准备情况。"菜单式"停产检修作业全面、全方位自我清查方法的全面推行,既强化了现场停产检修作业的规范性,又对消除停产检修作业的安全隐患和提高设备管家中的专职点检员的停产检修现场安全处置能力,可以大力推荐使用,以起到全面、全方位自我清查的指导作用。

5.3 停产检修中三方安全联络

关于设备检修过程中最活跃的"三方",本书已有详述,这里再复述一下,当企业将设备管理的重心下移,建立企业的设备管家体系后,就体现在设备管家体系中的专职点检方和作业操作方,以及企业设备管家体系外的设备检修施工方。企业在实施停产检修时,为了确保检修施工全过程的安全,这最活跃的"三方",必须进行必要的"联络"。"三方安全联络",由以上的"三方"人员中的负责人(称其为"联络者")来担任,为了便于在停产检修的现场,很容易地识别他们,可以按图2.5-6所示,给他们做一个带有松紧带的头箍,然后,将这带有松紧带的头箍,带在安全帽上面,如图2.5-6所示。

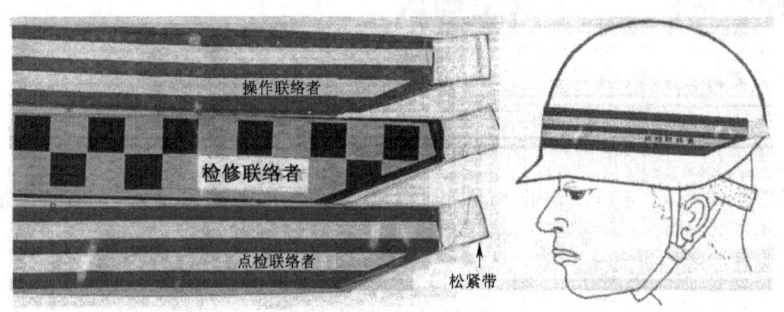

图2.5-6 用安全帽标志来识别三方安全联络人员

停产检修中三方安全联络,将分为三个阶段进行,如图2.5-7所示,第一次是在停产检修工程项目开始前,第二次是在检修施工前,第三次是在检修施工完成试运转前。这三次安全联络是非常重要的,而且强调的是必须"三方会同,共同参与,分段实施,维护权益"。

第2篇 设备检修的组织管理

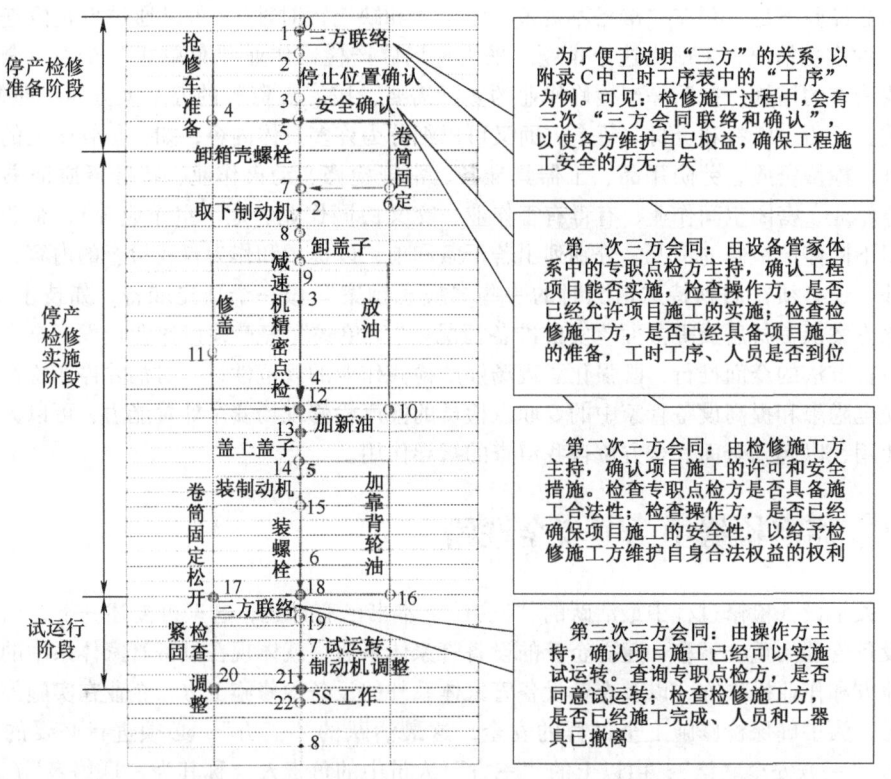

图 2.5-7 停产检修中三方安全联络和确认

5.4 停产检修中三方安全确认

了解了"停产检修中三方安全联络",那么,"停产检修中三方安全确认",又是干什么的呢?从三方会同的实质来看,"安全联络"是信息交流、是解决"眼见为实"而不是"道听途说、将信将疑",而"安全确认"是严格把关,是"亲自动手"。

从图2.5-8所示可知,企业产品作业线设备,在作业时,是需要许多必要的能源、气源、电源、水源及动力来支持的,当设备要实施停产检修时,就必须将这些"源头"切断(即将这些源头的开关、阀门关闭),以确保设备停产检修时的安全,这些,当然是可以理解的也是没有问题的,关键是这些源头的开关、阀门关闭,必须是"亲历亲为",而不是委托别人来干。这就是"三方会同挂、摘修理牌(检修牌)的制度"。整个挂、摘牌的实施过程,可以分成两个阶段:第一个阶段是:三方联络、找对所有源头的开关和阀门,进行安全确认;第二阶段是:三方会同,必须同时在场,将这些源头的开关、阀门关闭,三方各自将自己的"修理牌或检修牌"挂上,并贴上封条。然后,检修施工方即可实施检修作业,当修理结束,三方也必须同时在场,再次会同,将各自的修理牌摘掉,并到合上开关为止。

第 5 章 设备检修时的"现场管理"

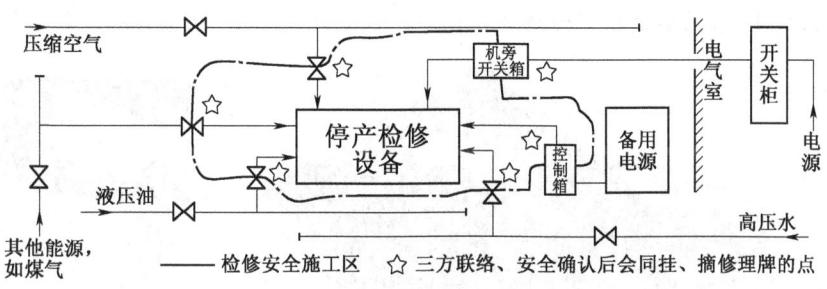

图 2.5-8 停产检修中三方安全确认的范围

三方联络和安全确认的作业流程如图 2.5-9 所示。

图 2.5-10 所示为检修前"三方会同挂、摘修理牌（检修牌）"示意图。说明了各种开关及阀门挂、摘修理牌（或检修牌），以及大口径管道、阀门系统检修时，需要插、拆盲板关闭时的操作要领。

"修理牌"的原理：就像您住在三楼，而电气总开关在一楼，当您家电器有故障需要维修，要关闭总开关又担心有人去合闸时，就把您的孩子叫上，让他看住总开关，不让别人动。"修理牌"就犹如您的孩子，代表着您在看住开关！

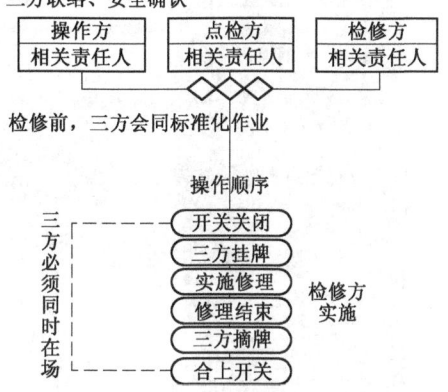

图 2.5-9 停产检修时三方联络和安全确认的作业流程

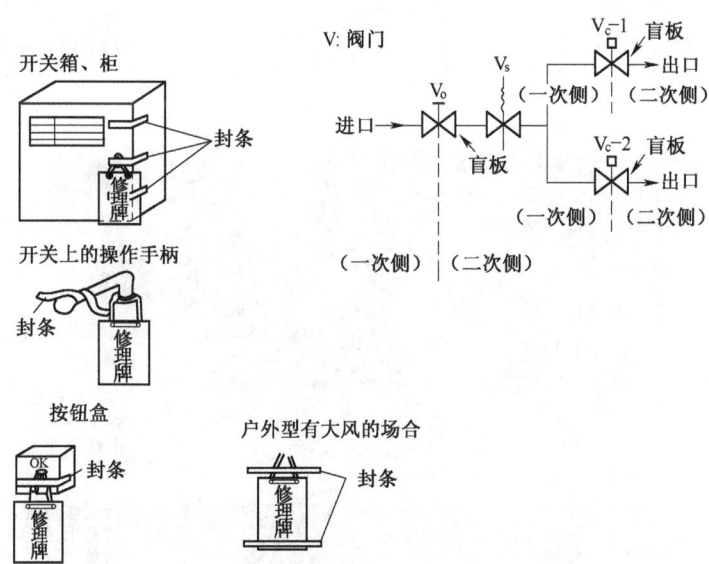

图 2.5-10 检修前"三方会同挂、摘修理牌（检修牌）"示意图

159

图 2.5-11 表示某企业"检修牌"和挂牌的实例。上图左边上方的"菱形"标牌是

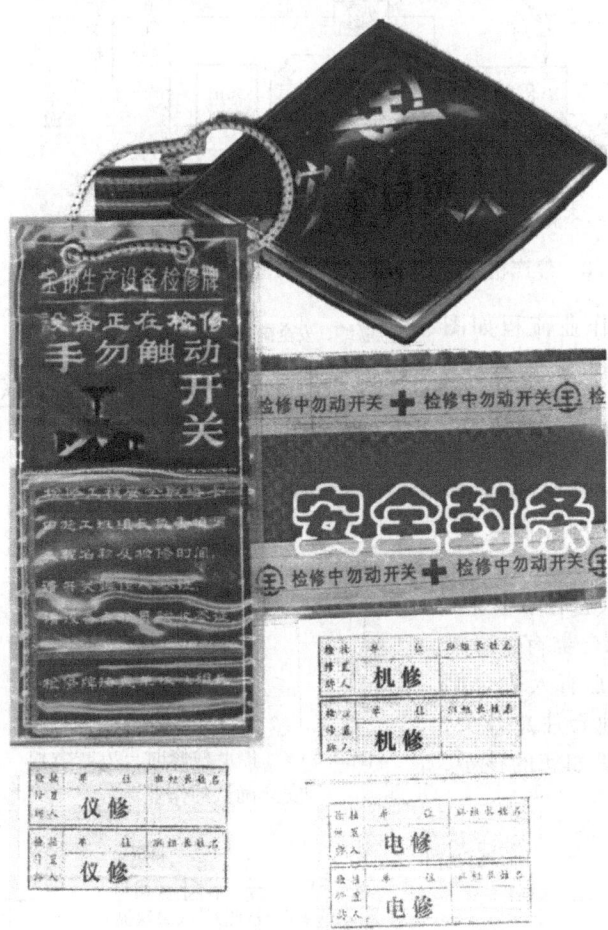

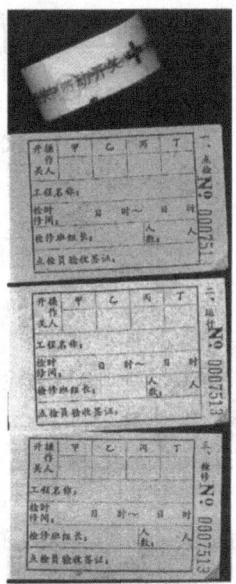

将左边的"机修""电修"或"仪修"的硬卡,剪一半,插在"检修施工方"修理牌的西方

将上面的记录卡,一式三份,分别插在各自的修理牌或检修牌的中部插槽里(可以简化)

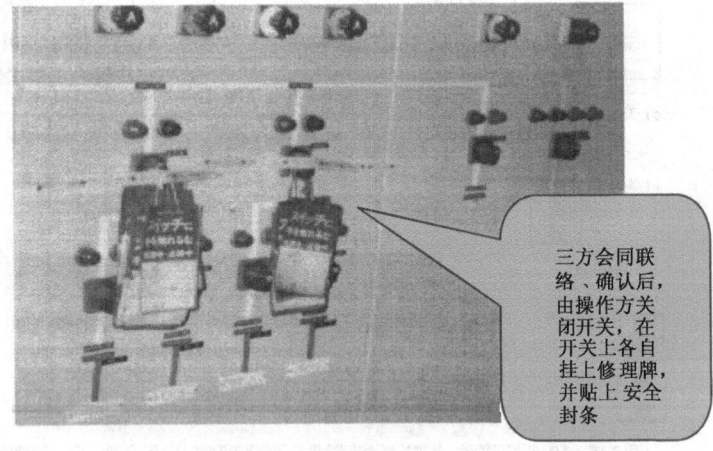

三方会同联络、确认后,由操作方关闭开关,在开关上各自挂上修理牌,并贴上安全封条

图 2.5-11 某企业"检修牌"和挂牌的实例

第5章 设备检修时的"现场管理"

三方的主要负责人(如设备管家体系中的专职点检、操作方的作业长和检修方的负责人等)在停产检修现场佩戴在工作服的左臂上显眼的部位;上图长方形并带松紧带的标牌,就是"检修牌"的样式,这个检修牌的下部,有两格空格,其中下面的一格,可以插入三方的名牌(如检修方的名牌硬卡,就在上图的下方表示),中间的一格可以插入记录卡,详见下面的说明。所谓"安全封条",就是当三方确认,关闭开关后,都将各自的"检修牌"挂上,为了避免跌落,要用"安全封条"将其封贴住。

如图2.5-12所示,是一份安全确认书的样张,供企业参考、使用。

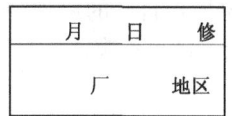

图2.5-12 安全确认书

再将停产检修中三方安全联络与确认的要点与流程,汇总如下:

1)必须明确企业停产检修中"三方"的含义,三方是指:企业设备管家体系中的产品作业的"操作方"、设备管理的专职"点检方"和非设备管家体系的参与停产工程项目施工的"检修方"。

2)明确企业本次停产检修设备"安全区域"的概念及范围和停产检修施工安全作业系统示意图。

3)确认关闭设备上开关、阀门操作的范围,明确各类电气开关及阀门的地点、数量并编号。

4)三方同时到场会同"安全确认",并明确由操作方实施"关闭"各种源头开关、阀门的操作和关闭后,三方各自挂上自己的修理牌或检修牌的流程。

161

5) 明确修理牌或检修牌和安全封带的式样,不能乱用或冒名顶替。

6) 此后可以分道扬镳,各自可以分头处理自己的事情,特别是"检修方"即可全力投入检修施工作业,直至检修作业完成达到可以试运转的阶段。

7) 再次三方会同"安全联络",确认检修后试运转的可能性及安全性,并由操作方实施试车作业。

8) 经过设备管家体系中两方的认可,"检修方"将其余不影响试运转的部分,继续装配完毕,收拾检修用工器具、清理现场并撤出施工人员。最后,三方共同在场,到各个源头开关、阀门的点上,经由"操作方"开启安全封条,各自摘走自己的修理牌、检修牌,指定必须由"操作方"合上开关、阀门,一切恢复正常后,即可结束。

5.5 停产检修现场的防灾要则

1) 防止易燃起火。在停产检修的施工过程中,免不了要有一些"动火"的作业,这必须要按照企业的相关规章制度,实施办理"动火"许可申请,根据停产检修时该设备所处的环境定位,一般将动火的地域划分为三级,如图 2.5 - 13 ~ 图 2.5 - 15 所示三种不同的"动火申请许可证",其中"一级禁火区域"为最高级的禁火区。

委托单位					工程名称			委托者		
作业点附近有	电缆	油脂	氧气	煤气	氢气	乙炔气	其他危险品	其他可燃物		
动火原因										
防火措施与现场设备简图								制定人:	年	月 日
动火作业拟选择灭火机		1211	干粉	二氧化碳	泡沫		禁火区单位监护人姓名			
以上内容由委托单位填写										
动火单位			动火时间		年 月	时至	年	月	时止	
	动火地点						动火种类			
动火人姓名			操作证号码				动火单位监护人姓名			
以上内容由动火单位填写										
禁火区域车间(分厂)安全员审核或补充意见							签名	年	月 日	
专业技术部门确认意见							确认人	年	月 日	
禁火区域车间主任(分厂长)确认意见						驻厂保卫科审批意见				
			签名 年 月 日				签名	年	月 日	
动火作业时双方确认			禁火区单位确认人签字				动火单位确认人签字			

注:1. 此表一式二份,禁火区单位、动火单位各收执一份。
2. 专业技术部门确认:煤气设备及管理由能源部煤防站确认;其他气体管道、设备由厂、部生产技术部门确认。
3. 此证经禁火区单位保卫科签发后即生效。

图 2.5 - 13 一级禁火区域动火申请许可证

图 2.5-14　二级禁火区域动火申请许可证

2）防止煤气中毒。在一些行业，确实具有"有毒有害"气体环境下作业的场合，就必须要贯彻"以人为本"的精神，要把"防止煤气中毒"的防护理念和措施（见图 2.5-16）提到议事日程上来，认认真真地贯彻实施并予以解决。

特别是一些行业的一些静止设备，如罐、槽和一些容器的停产检修，往往检修施工人员要进入里面去进行作业的，更要特别注意。虽然企业也十分重视，专门计划、安排了停产后的吹风作业，较长时间地进行清空里面的有毒有害气体，在施工人员进入前，还吊入了专门的测定仪器，以确认里面的成分，据作者的切身体会，往往还会有意想不到的隐患存在。对一些仪器、仪表的精度和灵敏度，不可不信，但也要有思想准备。有时担心一块仪表不准，甚至用两块或多块仪表，同时吊入，一旦发现它们间的读数不一，就陷入了困境。后来，又借助于"仿生学"，用放入鸽子的办法，以确认是否能生存来确定能否进入内部去检修。这样，就可以比较科学地解决此类停产检修中遇到的疑难问题了。

委托单位			工程名称				委托者	
作业点附近有	电缆	油脂	氧气	煤气	氢气	乙炔气	其他危险品	其他可燃物
动火原因						制定确认人		
防火措施 与现场 设备简图								
							制定人： 年 月 日	
动火作业拟选择灭火机			1211	干粉	二氧化碳		泡沫	
以上内容由委托单位填写								
动火单位			动火时间		年 月 日 时至 年 月 日 时止			
动火地点						动火种类		
动火人姓名			操作证号码			动火单位 监护人姓名		
以上内容由动火单位填写								
制定确认人 确认意见								
						签名： 年 月 日		
专业技术 部　　门 确认意见					禁火区域 作业长 审批意见			
			签名： 年 月 日				签名： 年 月 日	
动火作业时双方确认			动火单位 确认人签字			禁火区单位 确认人签字		

注：1. 此表一式二份，禁火区单位、动火单位各收执一份。
　　2. 专业技术部门确认：煤气设备及管道由本厂、部煤气专业技术人员或能源部煤防站确认；
　　　其他气体管道、设备由厂、部生产技术部门确认。
　　3. 此表经禁火区域作业长签发后即生效。
　　4. 动火作业时禁火区单位和动火单位双方确认人员负责动火防范措施落实的最后确认，措施
　　　不落实的，任何一方均有权制止动火，并向审批部门报告。

图 2.5-15　三级禁火区域动火申请许可证

图 2.5-16　防止煤气中毒的提示

5.6 停产检修现场的施工秩序管理

图 2.5-17 所示为一些施工秩序管理的要求。

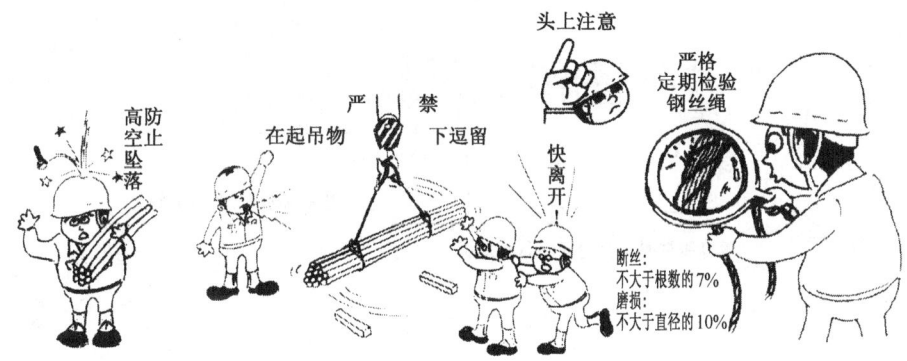

图 2.5-17 施工秩序管理的要求

1) 企业停产检修现场施工"平面秩序要则"。必须明确现场的交叉道路、逃生、救生路线；现场废弃物与新进品的进退路线；大型备品配件的存放地点和进出路线等。

2) 停产检修现场"立体"施工要则。现场起重装备的设置点、吊装作业的上下通道等。

3) 停产检修现场安全通行的十二条要则，如图 2.5-18 所示。

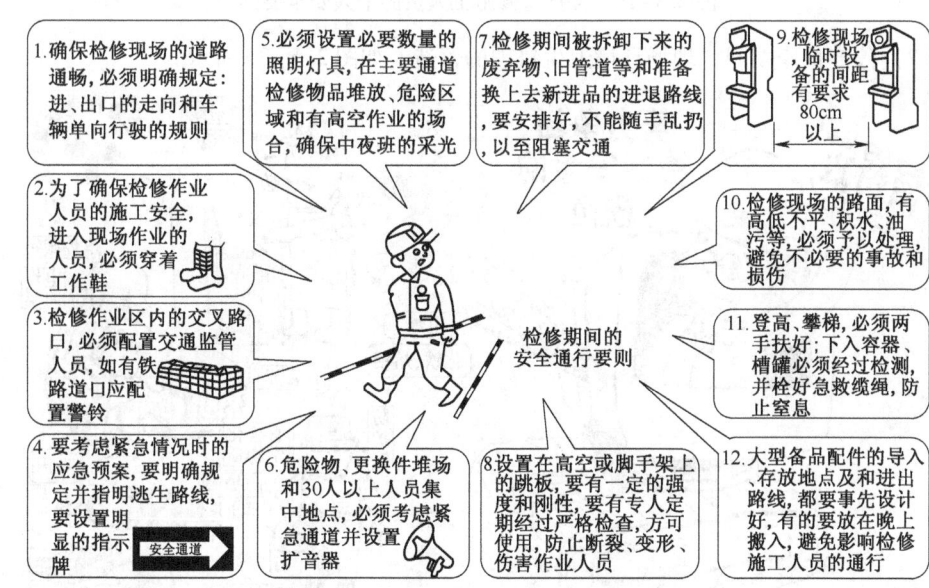

图 2.5-18 停产检修现场安全通行的十二条要则

5.7 停产检修期间环境卫生及个人安全要则

1) 停产检修施工人员的个人安全要则，如图 2.5-19 所示。

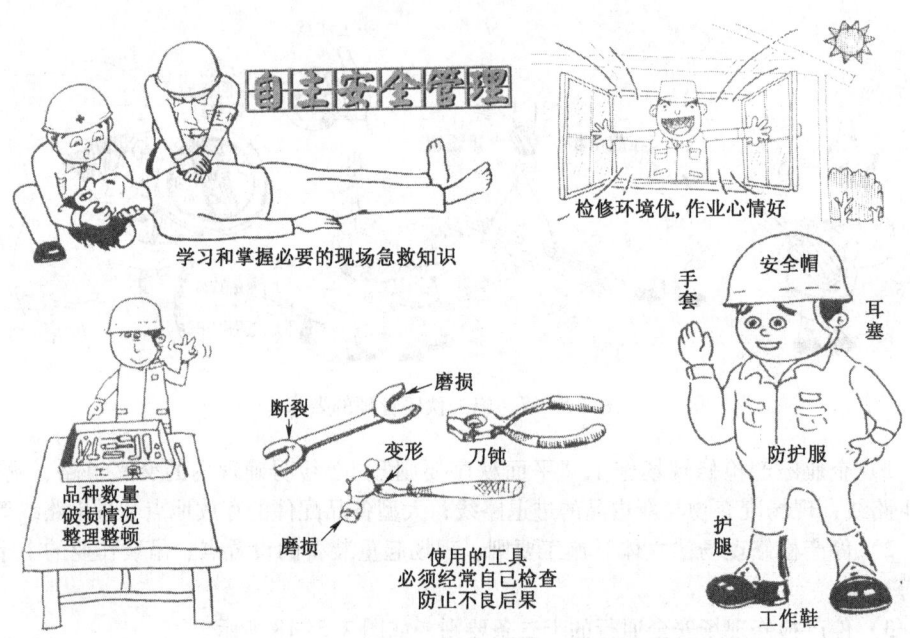

图 2.5-19 停产检修施工人员的个人安全要则

2) 停产检修期间，现场环境卫生氛围的营造，如图 2.5-20 所示。

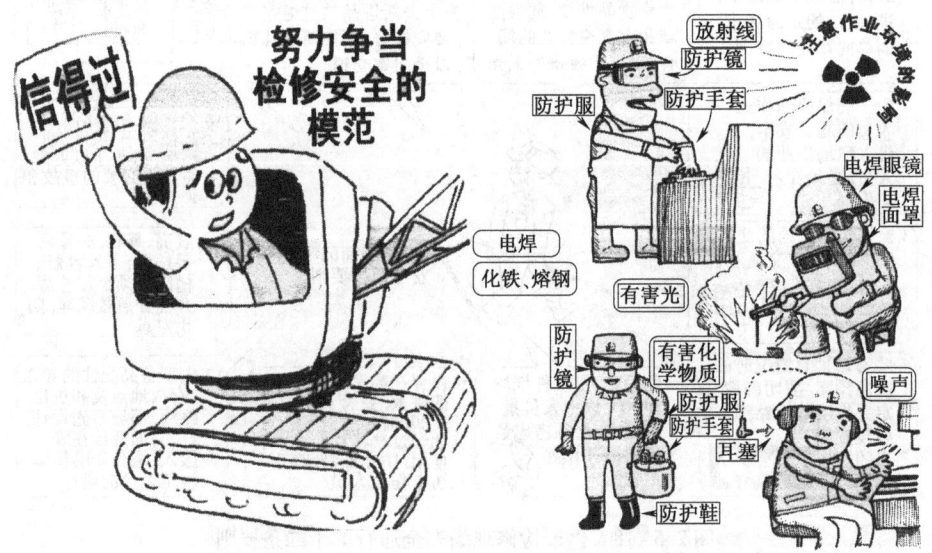

图 2.5-20 现场环境卫生氛围的营造

第5章 设备检修时的"现场管理"

图 2.5-20 现场环境卫生氛围的营造（续）

第6章 设备检修管理实务

6.1 检修全过程管理是点检管理的后续

进入到社会主义市场经济环境下,企业的产品作业线设备,必须要适应当今时代的需求,以企业设备管家体系中的点检为核心和预防、预测维修的条件下,必须要考虑作业设备的保障功能及企业的成本,必须要将企业设备的检修负荷,降到最低的维修管理要求。这就是企业设备管家体系中的专职点检方,不仅要检查设备的隐患和故障,而且要对点检时检查出的问题,组织检、维修并恢复原有功能的职责。这就是设备管家体系,在实施点检管理责任在组织设备检修全过程管理上的一种具体体现,要求其能达到"五必须"的目标:

1) 停产检修的检修力量。必须包括企业内集中的和分散的及企业外部委托之全部维修力量的总和。

2) 停产检修的时间。必须追求停产检修计划时间的100%精准性。

3) 停产检修项目。必须在组织及执行时,追求100%达成率(一旦检修超时、影响产品作业时,项目可以推延至下一次停产检修时实施)。

4) 分工负责。设备管家体系中的专职点检方,必须严格按"停产检修模型"执行,必须按停产检修计划,准确地组织实施检修施工。

5) 检修施工方,必须认真地按停产检修实施,确保修理质量,保证检修进度。

6.2 设备检修计划的编制

"设备检修计划"的含义:作为产品作业设备,是为了企业的发展而提供强有力保障的,是需要不断地保养和提高其性能的,为实现此目的而编制的维护检修所必需的"施工人数和停产时间"的计划,称之为"设备检修计划"。设备检修计划的内容,一般由下列四方面的计划构成:

1) 产品作业线设备的停产检修计划。

2) 普通作业线设备(包括备用机组等)的不停产检修计划。

3) 维修工程以外(如安全部门要求的)委托项目的设备停产检修计划。

4) 预测设备故障(如解体、精密点检)而设定的设备停产检修计划。

6.2.1 两种计划和两种工程

设备检修管理中的所谓"两种计划",是指首先要有一个"维修额度计划",即给每条产品作业线设备的停产检修要有一个"限度"。这个限度或称之为"额度"。这个"额度"不是一成不变的,是根据每个年度,市场对企业产品的订单、合同来确定的,也就是说要按"企业年度经营总方针"来确定的。以钢铁企业为例,其产品有钢板、钢筋和钢管等,如果本年度因房价等因素,建筑业不景气,钢筋滞销,企业没有订单,而能源供应中的西气东输看好,则钢管合同饱满;钢板因家用电器及汽车业还不错,订单还有一些。这样,企业年度经营总方针,就要全力确保钢管合同的圆满完成,钢板次之,而钢筋的作业,因为没有订单则可以另当别论。企业设备管理部门接到企业年度经营总方针后,就要全力以赴,将钢管作业设备的保障,列入"设备维修总方针"的首位,钢板的次之,而钢筋设备予以状态维持就可以了。在企业总体平衡下,即确保钢管产品作业线设备的设备综合效率的基础上,应该给其一个"维修额度",或是说给钢管设备本年度维修,要有多少个"工时"(人数×小时 MH 值)。一旦经过企业领导及企业设备管理部门的确认,就作为钢管产品作业线设备本年度的一项"相互约束"来实施。这样,企业设备管理部门就将这个"维修额度计划",告知钢管产品作业线的设备管家,他们就可以在这个额度的范围里,实施停产检修工程项目的立项并对检修施工方进行委托,即进行第二种计划——设备检修计划。同样,告知停产检修施工管理部门,要求他们按这个额度准备检修施工资源的配置,要充分满足工程项目委托方的要求。同理,钢板产品作业线设备的停产检修,也等同钢管,只是额度少一些。钢筋产品作业线,因没有订单,也可以这样说,除了正常的维护外,就没有停产检修的额度了。如图 2.6-1 所示,这"两种计划"是非常科学合理的,而且,委托方和施工方也是平衡的。另一方面,作为企业的检修计划,仅有检修的工程项目名称和数量,缺失每个工程项目需要多少工时,也没有总体工时的限制,这是不行的。

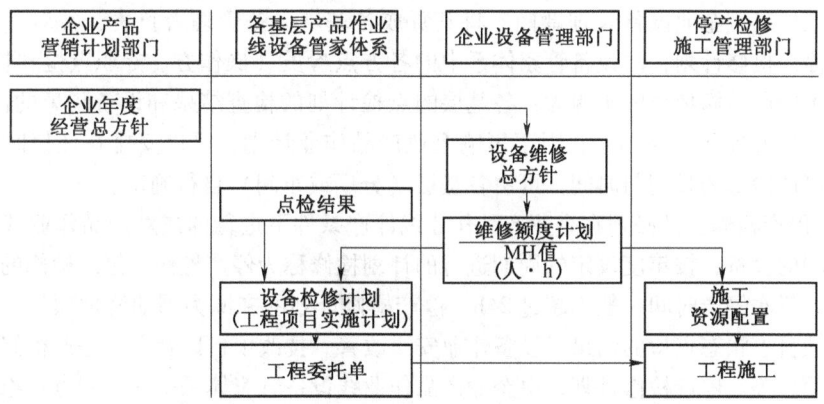

图 2.6-1 设备检修管理中的"两种计划"

设备检修管理中的"两种工程"如图 2.6-2 所示,是指企业设备检修工程的分类。如何区分设备检修的种类:进入到社会主义市场经济环境下,设备检修的分类,与传统的有很大的区别,当今,"设备检修管理"必须要和企业的产品作业结合得十分紧密。企业必须改变原来以专业或车间,作为检修分类的原则,要把企业内部所有的产品作业线作为检修的分类,可分为两大类:即它的停产对企业产品作业计划的完成有影响的称为产品作业线;对产品制作没有直接影响的称为普通作业线。同时,按对企业产品作业线检修施工管理模式,将检修分为不停产检修、停产检修、大修(即长期停产检修)和抢修四种。不停产检修,因不涉及到直接影响产品的制作,可以将其管理重心下移,将检修由各基层来负责处理;停产检修(包括大修),因与企业产品作业计划关系重大,或是说停产检修计划是企业产品作业计划的重要组成部分和关键内容,因此,必须由企业的设备管理部门和检修施工部门来实施直接管理;最后,抢修是不得已,是必须要立即投入的紧急处理。

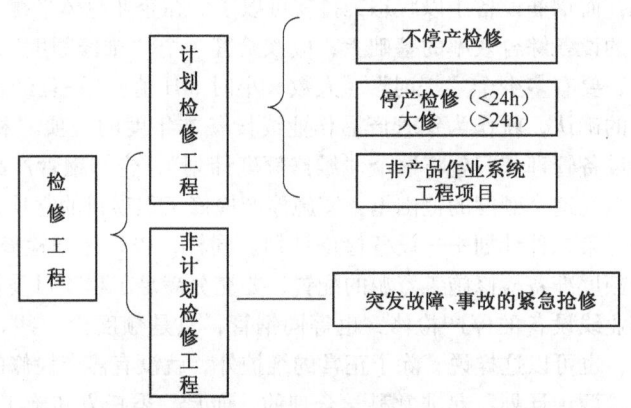

图 2.6-2 设备检修管理中的"两种工程"

1)不停产检修。不需要在产品作业线停产条件下进行的计划检修,称为不停产检修。一般情况,企业设备管理部门,将其责成各基层设备管理者负责,并对其予以支持。不停产检修计划,由设备管家体系中的各方点检员(操作方、专职点检和技术方)提出,不停产检修项目的来源为:各基层的点检计划的检查结果和设备隐患的内容等,由专职点检方提前一周编制;因不影响企业产品作业计划,可以安排在任何时间来实施,不停产检修的日期与时间,可由各基层(分厂或车间)自行确定。

2)停产检修。凡必须在企业产品作业线停产条件下进行的或对产品作业线作业有重大影响的设备,按年度设定的周期进行的计划检修称为停产检修。停产检修的日期是固定的,每次停产时间一般不超过24h,停产检修计划的来源为周期管理项目、劣化倾向管理项目、状态点检的结果、设备作业安全改善、技改项目以及上次停产检修未实施的遗留项目等。停产检修计划,由企业产品作业线设备管家体系中的专职点检组长,提前两至三周编制。

3)大修。一年或更长时间安排一次的且连续停产超过24h甚至要停产若干天进行的定期检修,称为大修(长期停产检修)。大修计划的来源同停产检修。大修时间一般为一至两周,部分工程项目也可超过两周。大修计划,由企业产品作业线设备管家体系中的专职点检组长,提前两个月编写。

4)抢修。是指突发事故,是为排除产品作业线或对产品作业线有重大影响的设备故障（事故），企业全力以赴、立即组织进行的紧急检修，称之为抢修。

6.2.2 制定设备检修计划时的注意点

1）要兼顾设备状态和产品作业计划两者之间的有机联系，充分掌握设备状态（如磨损、性能劣化等）及产品作业计划，以制定提高设备保障性所必需的、最小限度的设备停产计划。再从设备运行状态，预测故障停产时间，以此提高设备能力的计算精度，并能反映在产品作业计划中。

2）要兼顾产品作业时间的平衡，来决定设备停产时间，否则将造成原材料和能源的极大浪费。

3）要兼顾维修资材计划，如果维修资材的供货周期长，有必要另外准备，在提交维修计划的同时，编制资材供给计划。

6.2.3 编制检修计划的两要点

编制检修计划的两要点是指：企业各产品作业线设备的工序组合（哪些基层部门可以放在一起停产检修）和每次停产检修的工作量（该次停产检修所需求的机械、电气等施工的人数）。详细说明，请参看下面6.3节停产检修模型。

6.2.4 编制检修计划的三要素

"设备检修计划"的实质是：必须让企业与各基层（车间或分厂）之间，对设备管理部门设定"三要素"的"相互约束"（即维修计划值），要能够100%的完成。"三要素"是指：

1）检修周期（两次停产检修之间的间隔时间）。
2）检修时间（每次检修的停产时间）。
3）检修日期（安排每次停产检修的具体日期）。

"相互约束"（或维修计划值）是指：

1）贯穿企业的经营方针、产品作业计划、预算价格、工艺技术、现场作业等共同的目标值。

2）表示在规定时间内可能达到的作业水准、技术水准、质量水准、效益水准等的具体数值。

3）由于企业高科技技术开发、作业操作技术的改进、设备投资等取得效果、管理指标要求的具体数值。

相当于设备管理系统"相互约束"的构成要素是：

1）时间效率。在该作业工序中，以计算作业能力的基础数值为指标。
2）作业能力。表示工序的作业能力的指标和数值。
3）成品率。该作业工序中，产品与制造产品的原材料的比例指标。
4）成本。该作业工序中，单位产品的资本、资材等的耗用基准量。
5）其他。表示作业物质量水准的项目指标等。

"设备检修计划"中,"时间效率"与之关系最大,其中,"相互约束"的"时间效率"见表2.6-1。

表2.6-1 检修计划"相互约束"的时间效率表

"相互约束"类别与项目		定 义
时间效率	时间	日历时间(A) 小月(30天)时为:24h×30=720h 规定停产检修时间(B) 规定停产检修时间 | 其他停产时间 | 实际停产检修时间(C) ↓ ↓ 1. 计划停产检修时间　　　　1. 检修施工作业准备时间 2. 其他计划停产时间　　　　2. 解体发现故障处理时间 3. 就餐、休息时间　　　　　3. 停产检修施工延长时间 4. 超计划停产时间　　　　　4. 资材物流供应影响时间 5. 其他因素停产时间　　　　5. 检修工程施工等待时间
	运行率	运行率(B/A) = $\dfrac{规定停产检修时间(B)}{日历时间(A)}$
	作业率	作业率(C/B) = $\dfrac{实际停产检修时间(C)}{规定停产检修时间(B)}$
	开动率	开动率(C/A) = $\dfrac{实际停产检修时间(C)}{日历时间(A)}$ = 运行率×作业率

以钢铁企业产品作业线为例,见表2.6-2,这里"停产检修周期",是以该产品作业线及其关键设备上的状态受控点,其性能能够维持最短的停产检修间隔期作为标准的;而"停产检修时间",则是以该产品作业线及其关键设备上的状态受控点,其停产检修施工时最长的检修时间作为标准的,表2.6-3是停产检修"日程安排计划"。

表2.6-2 钢铁企业设定停产检修周期与时间的依据

钢铁企业产品作业线名称	停产检修周期			停产检修时间		
	初期/d	稳定期/d	设定依据	初期/h	稳定期/h	设定依据
炼钢(LD)	7	15	与高炉休风配合	8	8	OG点检、清扫与修理
烧结(DL)	30	90	一次矿固定齿板,三次矿可动齿板更换	10	16	与排矿处有关的修理(一次矿、料槽、溜槽、修理)
炼焦(CI)	21	90	装煤车点检维修,停炉砖缝热裂保护	4	4	受焦炭和煤气平衡表时间制约
高炉(BF)(BL)	30	30	风口及料钟的点检维修	12	12	炉顶点火2h,维修作业8h试运转2h
初轧(BT)	7	15	点检维修、性能维持	10~12	10~12	轧机点检、维修时间
钢管(TP)	7	15	点检维修、性能维持	10~12	10~12	轧机点检、维修时间

表 2.6-3 停产检修日程安排计划

企业 _____ 年度 停产检修 日程安排计划

_____年度 停产检修计划	各基层 （分厂或车间） 名称		领导	主管	制表	年 月 日		
						年 月 日修改		
	编制部门	维修管理				年 月 日修改		
类别	产品作业 线名称	2011 年上半期	2011 年下半期	2012 年上半期	2012 年下半期	备注
		月 月 月 月 月 月	月 月 月 月 月 月	月 月 月 月 月 月	月 月 月 月 月 月	
停产 检修	成品作业线	每月三次 （周二或周五）		每月三次 （周二或周五）		
大修	成品作业线		10 月 25 日（共 8 天） 10 月 25 日→11 月 1 日			

6.2.5 制定检修计划的工作流程

制定停产检修计划的工作流程，大致可以分成四个阶段：
1）检修"相互约束值"构成要素的商定阶段。
2）两种计划（维修额度计划与工程项目实施计划）的确认阶段。
3）从"工程委托"到"工程例会"运作阶段。
4）从"工程施工"到"工程总结"实施阶段，如图 2.6-3 所示。

图 2.6-3 分别代表了四个阶段。企业产品作业线设备，经设备管家体系及其专职点检方点检的结果，提出的其工程项目需要停产检修的工作流程，要实行标准化程序管理（见附录 D、E）。企业"停产检修工程项目工作流程的标准化程序管理"，其中，必须包含：

1）产品作业线设备的停产检修，要先检查一下，其相应的前提条件是否具备，方可予以立项，如，工程项目预定需用的资材或检修专用的工器具是否已经准备妥当，复杂项目的技术方案是否已经确定，检修施工方是否有能力承担等。

2）为使停产检修计划尽可能符合实际，通常停产检修项目的委托时间为：施工前的两至三周，大修为施工前的两个月。

3）检修施工方在接到各基层设备管理方委托项目后，要到工程项目的所在地，进行现场调查和接收委托方在检修施工前的技术交底，并编写施工网络图、工时工序表、安全确认书，按维修作业标准，做好各项停产检修前的准备工作，并向委托方返回检修施工计划表。

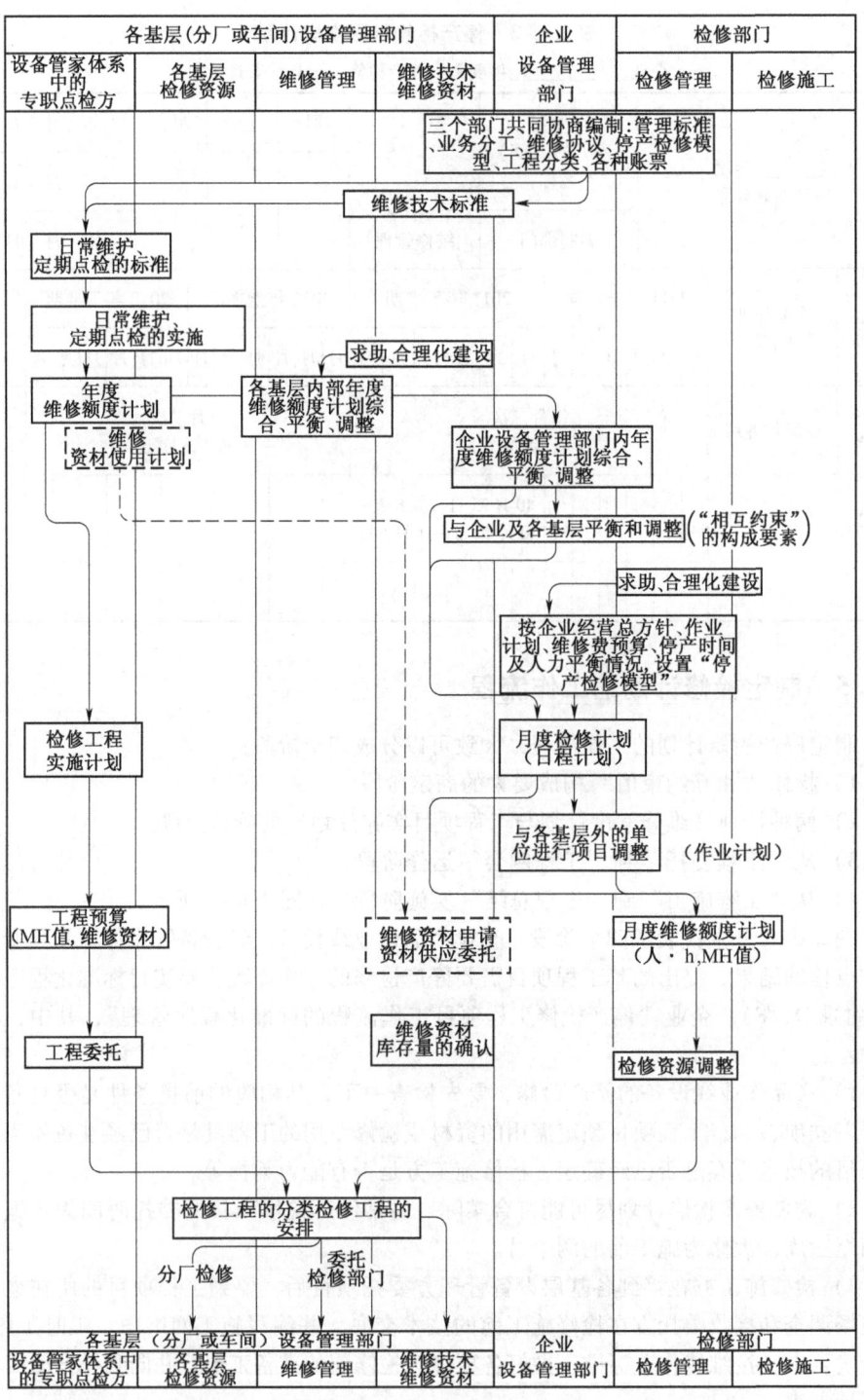

图 2.6-3 制定停产检修计划的工作流程

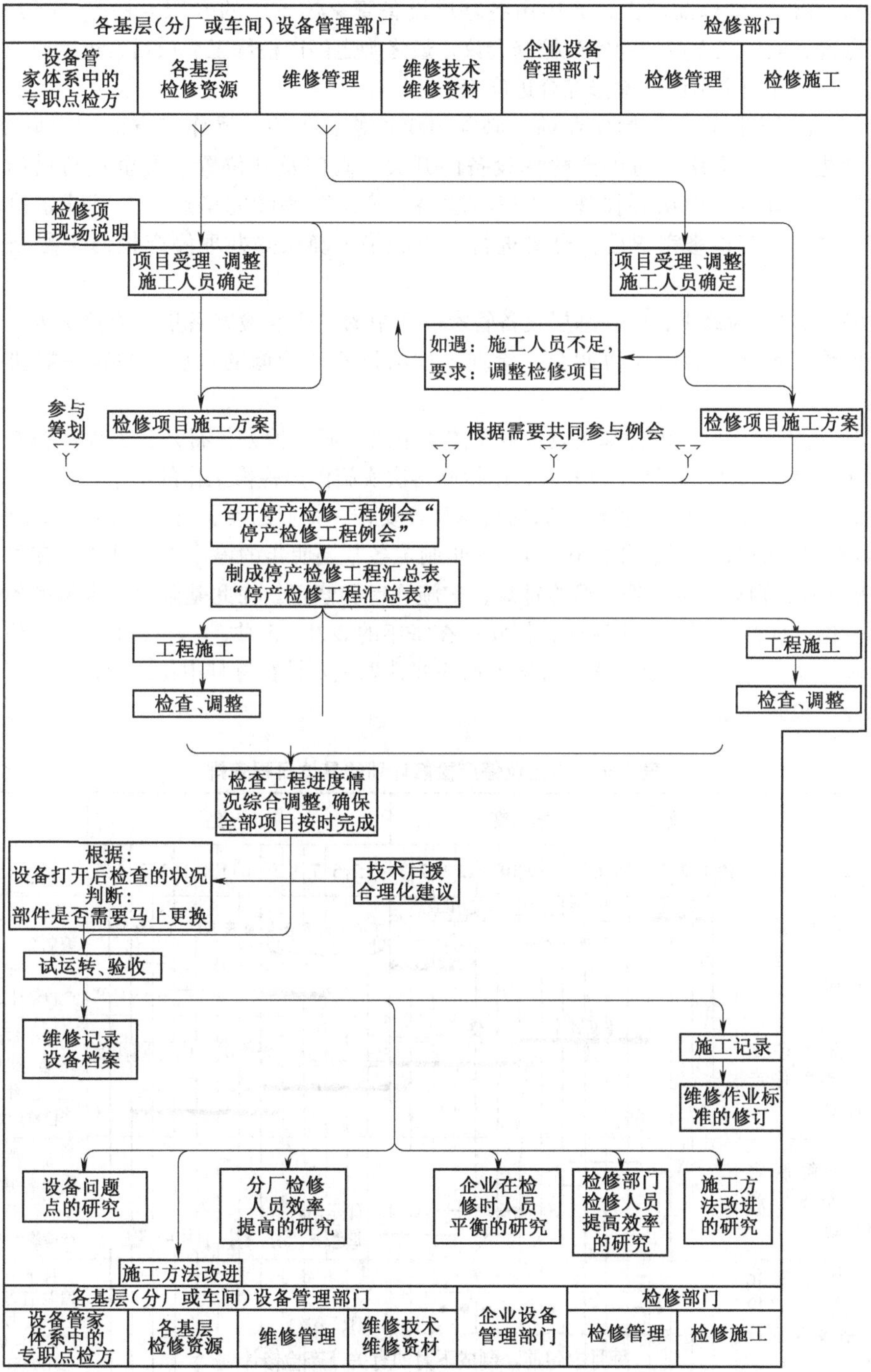

第6章 设备检修管理实务

图 2.6-3 制定停产检修计划的工作流程（续）

4）在停产检修前两天，必须由各基层设备管家体系中的专职点检方，召开由检修、点检、操作三方参加的停产检修会议，最终确定停产检修工程项目、进度以及相互配合事项，并制定出停产检修综合进度表。

5）在停产检修日开始作业前，必须组织检修、点检、操作三方的项目联络者、责任者进行安全联络，对停产检修设备的开关、阀门及其位置、安全预防措施，三方共同进行联络、确认并挂牌，"三方联络、确认"手续完毕后，方可开始检修施工，同样，停产检修完毕后，也要进行三方联络、确认并办理停产检修工程项目的验收手续。

6）在停产检修中，由各基层设备管家体系中的专职点检方召集三方负责人，召开停产检修工程项目的中间协调会，检查工程项目停产检修的进度，并解决需协调的问题。

7）停产检修后，由各基层设备管家体系中的专职点检方，召开三方停产检修总结会，相互交换意见，总结经验教训，以提高再次实施停产检修工作的水平。

表2.6-4是企业停产检修计划的具体日程安排，企业的设备管理部门，每年两次，（安排在当年的12月及转年的6月），初步制定各基层明年的停产检修计划；在每年的3月及9月，则对制定的停产检修计划，实施评审和修正。在此基础上，再编制各基层的季度停产检修计划，一年四次，将安排在每年的2月、5月、8月、11月来实施，再由季度计划，进一步制定细化的月度停产检修计划，安排在每月中旬之前，制成下一个月的停产检修计划。

表2.6-4 企业停产检修计划的具体日程安排

	上年度	本年度	下年度	工作内容
	12 1 2 3	4 5 6 7 8 9 10 11 12 1 2 3	4 5 6 7 8 9 10 11 12 1 2 3 4 5	
1. 初步制定＿＿年度停产检修计划	重新评定	制定　予先对比设定	有半年的重合期　每逢12月、6月制成	每一年两次，编制各基层的＿＿年度停产检修计划
2. 重新评定＿＿年度停产检修计划		重新评定　修正	每逢3月、9月要重新评定	每一年两次，评审和修正＿＿年度停产检修计划
3. 分解制定＿＿季度停产检修计划			（以下省略）每逢2月、5月、8月、11月中旬制成	每一年四次，编制各基层的季度停产检修计划
4. 制定细化＿＿月度停产检修计划及日程计划表		每月中旬前，制成下月的有关停产检修计划	（以下省略）	每年十二次，编制各基层的月度停产检修计划及日程计划表

6.3 停产检修模型

6.3.1 何谓停产检修模型

停产检修模型是企业作业设备实施标准化停产检修的最优化方案，也是企业各产品作业线的最佳组合式检修方案，设定"停产检修模型"的依据是要按企业产品作业的"四大平衡"出发（"四大平衡"是指：产品作业的相对平衡、原料物流的相对平衡、能源消耗的相对平衡、检修资源的相对平衡），来达到各产品作业线设备停产检修的周期及其每次停产的时间为最佳化的标准化、规范化的模式。

图2.6-4为停产检修模型，即表示了企业在实施停产检修时，在各产品作业线设备的停产检修周期和停产检修时间最优化的考虑中，必须满足的"四大平衡"的相互关系。可以从最底层往上看，首先要使长流程、连续作业企业的产品作业的平衡，这是个主要依据，然后要使两边企业停产检修的周期和时间按此需求来最优化，以及物料、能源和检修资源的平衡，在满足这些的前提下，来安排每个基层的停产检修计划，这就是所谓的"停产检修模型"。

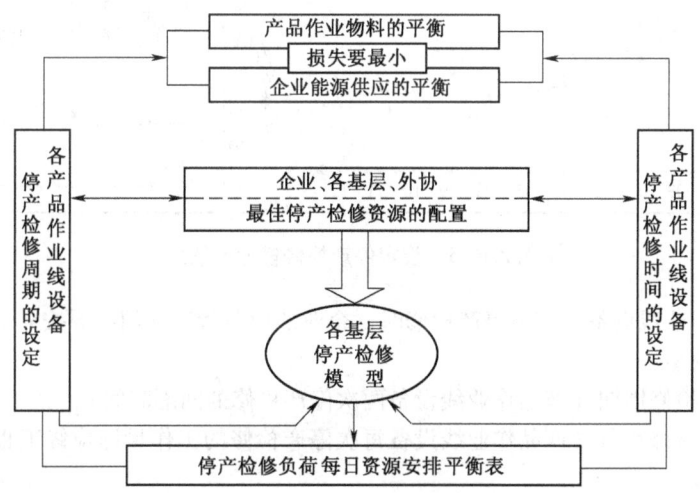

图2.6-4　停产检修模型

企业产品作业线设备的"停产检修模型"，能比较明确地显示企业内部的停产与不停产检修的安排方式；能更好地明示、更便于设定停产检修资源力量的配置，包括企业内、外的和企业内部的集中与分散的检修力量；便于按企业与各基层间"相互约束"构成要素的要求进行管理，便于企业及各基层做到"按设定的停产周期和停产时间组织检修"，以确保企业年度经营总目标的实现；同时，停产检修模型能促使"检修施工作业产品化"，即像企业产品作业部门的作息时间一样，做到"你作业、我检修，你休息、我也休息"，减少非计划停产检修作业的比例，以提高检修施工效率。

6.3.2　设定停产检修模型的依据

各类企业在设定"停产检修模型"的依据主要考虑：企业年度产品经营的总目标；企业产品的合同、订单和产品作业总量计划；企业与各基层和设备管理部门及检修施工部门间"相互约束"（或称之为"维修计划值"）的构成要素；企业产品作业成本及维修费用的预算；企业设备管理部门对设备维修的方针和停产检修计划。企业与各基层和设备管理部门及检修施工部门间"相互约束"的构成要素或称之为"维修计划值"，图2.6-5所示为设定停产检修模型的依据。

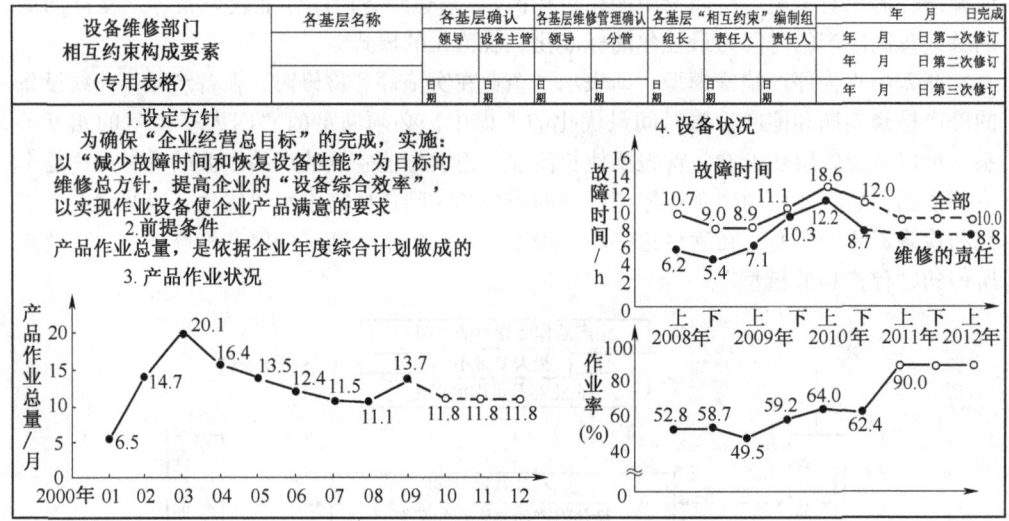

图2.6-5　设定停产检修模型的依据

各产品作业线设备在实施停产检修时，企业的设备管理部门，要按如下三要素来设定停产检修模型：

1）停产检修周期（产品作业线设备两次停产检修的间隔时间）。

2）停产检修负荷（产品作业线设备每次停产检修的工作量即检修工程施工项目需要总的工时数）。

3）各个停产检修工程项目其检修施工部门每次能参加的人数（包括企业内外部及内部集中的维修力量资源数和产品作业线设备单位，每次能够参加停产检修的人数，即企业分散的维修力量的资源数）。

6.3.3　制定停产检修模型的流程

1）停产检修周期和停产检修时间。可根据该设备故障曲线上的 $P—F$ 间隔期，其在时间轴上的位置，来分析、确定该设备两次停产检修最短间隔时间和每次停产检修至少要耗费的停产时间，如，以钢铁企业中产品作业线停产检修周期和每次停产检修时间设定的依据（见表2.6-5）。其他类型企业的产品作业线设备，也可参考这个表的形式试行，在经过一段实践，即可逐步掌握这两个关键的参数。

表2.6-5 作业线的停产周期和停产时间表

作业线名称	停产周期		停产时间	
	周期/d	依据	时间/h	依据
高炉	45	风口更换	18	炉顶设备检修
烧结	30	热破、导料槽、环冷给矿部检修	20	传动带、热破、导料槽、环冷给矿部检修
转炉	45	三炉共用设备及OG系统	18	水、风、汽总管装置处理及继保、绝保、主要行车换钢丝绳
	15	OG系统	4	雷蒙管漏检处理
初轧	15	板坯剪、飞剪安全销更换及1号车轧前后工作辊道轴承座螺栓紧固	16	板坯水冷链条更换、热锯修理
			18	2号轧机下接轴平衡缸、曲轴更换
			24	1号轧机后内机架辊更换，轧机万向接轴更换
钢管	10	穿孔机三辊定心机更换1~2架、连轧机主传动接手更换1~2架、冷床1~2次、接料臂更换2~4个、再加热炉输入、输出辊更换2~4个	16	穿孔机主传方向接手导盘，脱棒机、插入链主传动修复，再加热炉输出输入辊及炉底传动修理
			36	三辊定心拆装修复，环形炉装出料机修复，冷辊上下压紧装置修复，张减机双位机座、复式减速机箱检修

钢铁企业实施大修（长期停产检修）的依据，见表2.6-6。

表2.6-6 钢铁企业实施大修（长期停产检修）的依据

作业线名称	停产周期		停产时间	
	周期/y	依据	时间/h	依据
烧结	2	热破碎、导料槽、ESCS拉链机检修，导轨更换	150	烧结机头尾曲轨更换
初轧	1	1号、2号轧机上下方向接轴更换，飞剪曲轴更换，1号、2号推床托辊更换	15	主设备基础处理
钢管	1	环形炉、再加热炉炉体砌筑、炉底台车调整及设备零部更换	21	环形炉、再加热炉炉体砌筑、炉底传动设备解体及台车调整、主设备主要零部件更换

2）每次停产检修的负荷量。包括计划的和紧急抢修的工作量，可以参照历年来的实绩，某火力发电企业及钢铁企业停产检修的工作量，见表 2.6-7、表 2.6-8。

表 2.6-7　某火力发电企业停产检修的工作量

项目/设备名称	类别	平均停产检修工作量	平均不停产检修工作量	平均故障数	紧急抢修量	备注
		施工人数/天数	每月人工数	每年的次数	每次工作量	
煤气柜	机械	1000/30		0.5	30 人/7 日	
	电气	75/30				
	仪表					
煤气加压机	机械	40 人/5		0.1	4 人/6h	
	电气	4 人/5				
	仪表					
江河取水泵站取水口入口过滤网	机械	30 人/5 疏通		0.3	30 人/每次	
	电气					
	仪表					
水泵	机械	20 人/5		0.3	12 人/每次	115kW
	电气	8 人/2		0.3	8 人/每次	同上
	仪表					
过滤器	机械	32 人/4		0.5	32 人/每次	5m³/min 的案例
	电气	4 人/2		0.3	2 人/每次	
	仪表	4 人/2		0.3	2 人/每次	
软水设备	机械	5 人/1		1	5 人/每次	0.8m³/min 的案例
	电气	6 人/2		0.3	2 人/每次	
	仪表	4 人/2		0.3	2 人/每次	
加压沉淀池	机械	12 人/3		0.5	3 人/每次	10m³/min 的案例
	电气	2 人/1		0.3	2 人/每次	
	仪表	/				
供配电设备断路器	机械	/				ABB 产品
	电气	9 人/2		0.2	4 人/4h	
	仪表	/				
带转换开关的变压器	机械	/				
	电气	10 人/4		0.1	4 人/20h	
	仪表	/				

第6章 设备检修管理实务

表 2.6-8 某钢铁企业紧急抢修的工作量

生产工序	类别	平均的故障次数和紧急抢修的工作量				备注
		初期		稳定期		
		次数	工作量	次数	工作量	
原料处理车间	机械 电气 仪表	0.8 次/月 1.4 次/月 0.2 次/月	3.9h/月 1.8h/月 1.0h/月	3.8 次/月 4.8 次/月 —	25.8h/月 1.7h/月 —	
港口装卸设备（卸料机）	机械 电气 仪表	7 次/年 68 次/年 —	5 人×3.2h/次 4 人×3.3h/次 —	10 次/年 11 次/年 —	6 人×1h/次 4 人×5h/次 —	表示两台卸料机配合状态的实际情况
烧结车间	机械 电气 仪表	25.9 次/月 6.3 次/月 2.2 次/月	24.0h/月 8.4h/月 9.1h/月	19 次/月 2.7 次/月 0.6 次/月	14.1h/月 1.8h/月 0.1h/月	用故障次数和时间合计数表示
炼焦车间煤气精制设备	机械 电气 仪表	24.5 次/月 8.7 次/月 0.3 次/月	46.0h/月 21.4h/月 0.1h/月	2.1 次/月 0.2 次/月 —	6.5h/月 0.5h/月 —	故障次数和时间用 1~4 炉的合计数表示
高炉车间	机械 电气 仪表	1.080 次/年 420 次/年 420 次/年	3 人×2h/次 2 人×1.5h/次 2 人×1h/次	850 次/年 167 次/年 380 次/年	3 人×2h/次 2 人×1h/次 2 人×1h/次	

3) 停产检修的组合。企业在产品作业线设备中,首先,要确定能代表这一段的工序系统（如原料系统、配料系统等）；其次,从物流平衡,将前、后工序组合成一个方案；最后,用能源和作业平衡来衡量是否可以组合。

一般企业其产品制作的工艺过程,图 2.6-6 所示为企业产品制作工艺流程及相应产品作业线的设备,大致可以分为几大工序系统,如原料系统、配料系统、初级产品系统、中间产品系统和半成品及（最终）产品系统等组成。

企业产品作业线设备在停产检修时,可以按各种不同的工序组合成相应的不同检修的组合模式,从图 2.6-7 所示可以清晰地看出,大致有三种不同组合模式。"工序组合

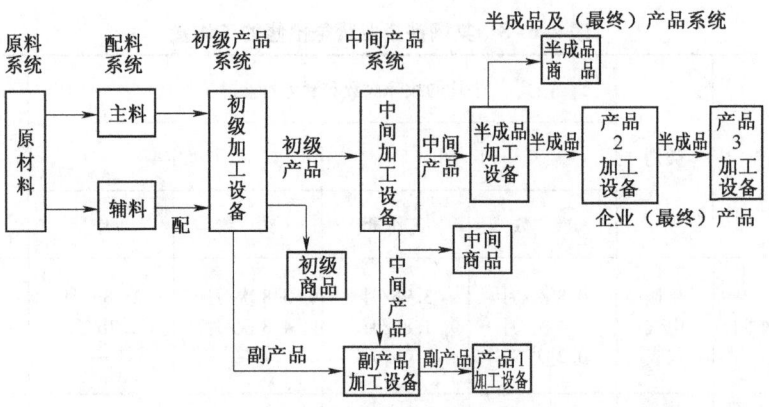

图 2.6-6　企业产品制作工艺流程及相应产品作业线的设备

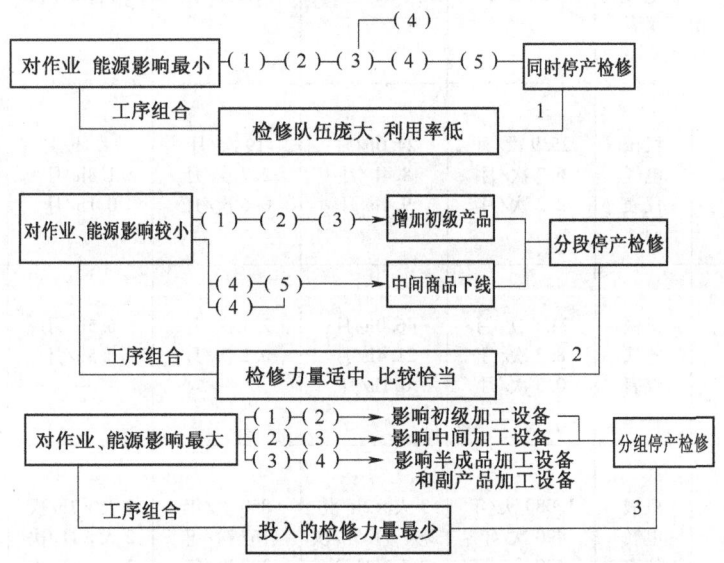

图 2.6-7　企业产品作业线设备停产检修时各种不同工序组合模式

1模式"：是将企业所有作业系统全部统一停产，同时实施停产检修，这种模式的优点是，对企业的产品制作和能源供应的影响最小，但也带来了不足，那就是企业需要庞大的停产检修施工资源，如一个系统需要100位各工种的检修施工人员，五个系统同时停产，则需要500位检修施工力量，这是其一；其二是，停产检修当天，这500位力量都投入到停产检修中去，检修结束后，他们的工作量就不饱满了，形成忙闲不均的现象；

"工序组合2模式"：是采用"分段停产检修"的形式，即将（1）、（2）和（3）工序系统组合起来，将这三个工序系统一起停产检修，而（4）和（5）工序系统仍然进行产品作业，这样组合模式的优点是，虽然对产品作业及能源供应平衡有所影响，但影响比较小，停产检修施工力量，也只需要200～300位人员就够了，停产检修的力量适中，检修资源的利用比较恰当,其缺点是:前段工序停产,初级产品就不能满足后段工序的需求,这样,平时就要有计划地将一些初级产品多积攒一些,以备后工序需用,同样,后段工序还在作业,就会有多余的后段工序的中间商品下线,必须事先要考虑好他们的出路;"工序组合3模式":采用"分组停产检修",其优点是:投入的停产检修力量为最少,平时检修施工人员的工作量比较充实,工作效率也比较高,不足之处是:方方面面的平衡工作比较复杂,要有适当的库存,以备部分停产时的工序需求。

4)确定"最少停产检修人数"的两原则。其一是:要能满足各产品作业线设备停产与不停产检修的最大的负荷量的要求;其二是:要适当留有余地,以备应对突发事故、紧急抢修和其他必须立即实施施工工程的需要,一般可以考虑 5~15 位检修人员,作为检修施工的后援力量。

6.3.4 停产检修模型的应用

如图 2.6 - 8 所示,就是钢铁企业部分产品制作的工艺流程图,从其最上面左侧的原料系统、配料系统中的主料是铁矿石和焦炭,辅料是石灰石等开始,经过烧结厂和焦化厂等的初级加工设备及炼铁高炉等的作业,形成初级产品系统(如铁锭,也可以成为初级商品),初级产品通过鱼雷罐车,将其运到炼钢厂,通过转炉等中间加工设备的冶炼、连续铸坯线的作业,即可形成各种连铸坯等的中间产品或作为外销钢坯的中间商品,再经过不同的半成品及(最终)产品系统,将其轧制成各种市场需求的产品,这就是企业的(最终)产品的制作工艺流程。参照此方法,各类企业,包括制造业和服务业,也都可以有相应的属于自己的"企业产品工艺流程图"。然后如图 2.6 - 8 中的左图所示,按照企业产品作业的"四大平衡"关系和企业停产检修时不同工序的组合模式,将其组合成不同的"停产检修模型",可以用代号(代码)来表示,如,停产检修模型"A":表示 01~04 四个基层(分厂或车间)、"B":代表 05 分厂等,依此类推,即可形成企业停产检修模型"A"→"H"不同工序的停产检修的组合模式。

综上所述,再根据企业制定停产检修模型的三要素中的第三要素,即"各个停产检修工程项目其检修施工部门每次能参加停产检修的人数",按表 2.6 - 9 的形式,这里的"停产检修模型代码"即与图 2.6 - 8 上的代号一致,并详细列出停产检修时要求企业内、外机械检修施工人数的分配名额,将其叠加就成为"停产检修的总人数"(其他,如电气、仪表停产检修的施工人员,也可以参照此表实施之,个别工种,如土建、炉窑等,因涉及面不广,也可以简化)。这里,所谓"企业人数",可以理解为:各基层能参与停产检修机械维修的施工人数;"对外委托人数"则就是除了各基层的人数以外的参与者,包括企业内部集中的检修资源(中央检修或检修大队)、企业内部非停产检修日的各基层单位可以参与的机械维修施工人员、企业内部独立的检修公司和企业外的受委托前来参与停产检修的机械维修施工力量以及企业中一些专业设备和重要的特种设备,必须委托原制造厂或高级专业维修人员来实施检修的力量。

第2篇 设备检修的组织管理

代号	钢铁企业产品作业线名称
A	01、炼铁一分厂
	02、炼钢一分厂
	03、连续铸坯线
	04、初轧一分厂
B	05、热连轧线
C	06、热轧切板精整线
	07、螺旋焊管线
	08、冷轧一分厂
	09、冷轧精整一号线
D	10、UO钢管分厂
	11、连续酸洗一号线
	12、CAPL线
	13、电镀锌机组
	14、中厚板精整线
E1	15、烧结一分厂
E2	16、烧结二分厂
E3	17、烧结三分厂
F	18、冷轧精整二号线
	19、电镀锌剪切线
	20、大型型钢分厂
	21、锻接钢管线
G	22、炼铁四分厂
	23、炼钢二分厂
	24、初轧二分厂
	25、连续酸洗二号线
	26、热轧钢卷精整线
	27、电焊钢管分厂
	28、厚板分厂
H	29、冷轧二分厂
	30、线材分厂

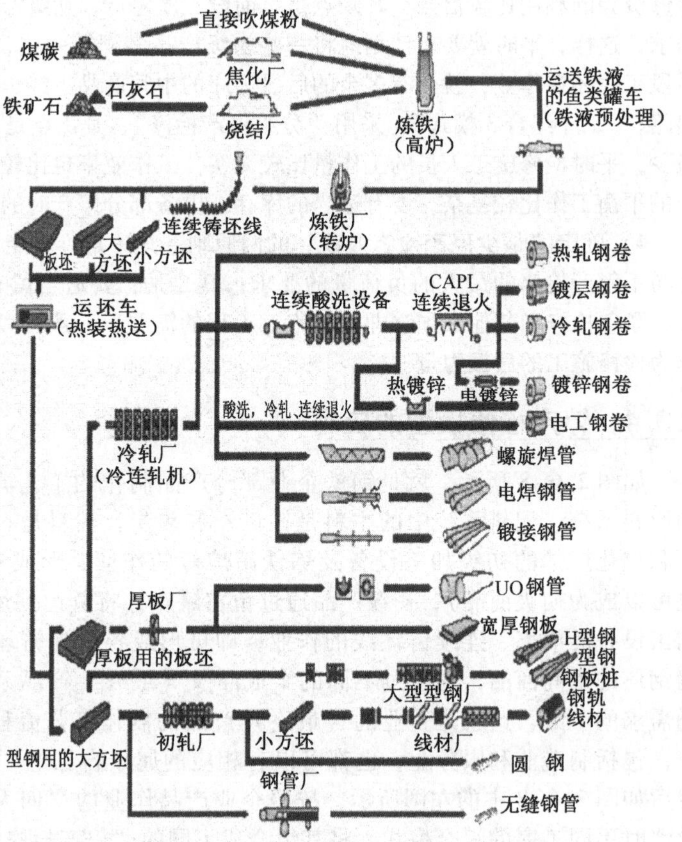

图 2.6-8　钢铁企业部分产品制作的工艺流程图

表 2.6-9　检修施工部门每次能参加停产检修的人数

停产检修模型代码	产品作业线编号	企业维修机械人员	对外委托维修机械人员	停产检修企业人数	停产检修对外委托人数	停产检修总人数
A	1	50	180	135	460	595
	2	15	80			
	3		60			
	4	70	140			
B	5	50	365	50	365	415
C	6	40	80	65	290	355
	7	5	40			
	8	20	110			
	9	0	60			

（续）

停产检修模型代码	产品作业线编号	企业维修机械人员	对外委托维修机械人员	停产检修企业人数	停产检修对外委托人数	停产检修总人数
D	10	20	90	70	345	415
	11	15	70			
	12	30	80			
	13	5	65			
	14	0	40			
E1	15	40	270	40	270	310
E2	16	40	280	40	280	320
E3	17	90	280	90	280	370
F	18	30	70	80	390	470
	19	10	90			
	20	25	140			
	21	15	90			
G	22	50	180	150	515	665
	23	5	40			
	24	40	145			
	25	10	70			
	26	40	50			
	27	5	30			
H	28	55	130	115	280	395
	29	25	100			
	30	35	50			

做了这些停产检修的基础工作后，即可将其汇总成图 2.6 - 9 "停产检修模型图"，首先，建立一个"坐标系统"：横坐标是这一个月的日历时间、纵坐标则是停产检修施工的总人数，（这里，如每天上报在册的总人数为 990 人，考虑用一个平均出勤率，假设为 0.9，这样，每日应出勤并可以参与停产检修机械维修施工人数为 891 人，在坐标系统里，画一条 891 人的水平线，以此基数作为每日能参与检修的总定员。这样，就可以根据表 2.6 - 9 的"停产检修模型代码"和"停产检修总人数"的具体数值，按坐标系统的刻度，在坐标系统里，分别做出每天需要的检修人数曲线，其中，双休日检修施工人员和产品作业人员一样，照样休息，如遇大修，则也同停产检修一样地安排。其余富余的检修施工资源，可以去承担由各基层分管的"不停产检修"工程项目的委托检

修施工任务,实施"维修作业的产品作业型管理",即首先,安排的是产品作业线设备的停产检修及大修;其次,安排的是非产品作业线或普通作业线设备停机的不停产检修;而后,安排的是普通作业线设备上的常规工程,即定期更换的零部件;第四,安排设备管家体系委托的解体点检,包括倾向管理、精密点检等;再则,是安排一些委托作业,是由企业其他部门提出的需求工程,如安全项目、改善项目等;最后,如果还有时间,则可以安排备件修复工作。这就是检修施工人员,可以充分利用空隙时间,来实施一种没有时间限制的、有紧急任务时可以随时放下的产品作业线设备替换下来备件修复的作业,参见本书第2篇第7章的7.3.4节。

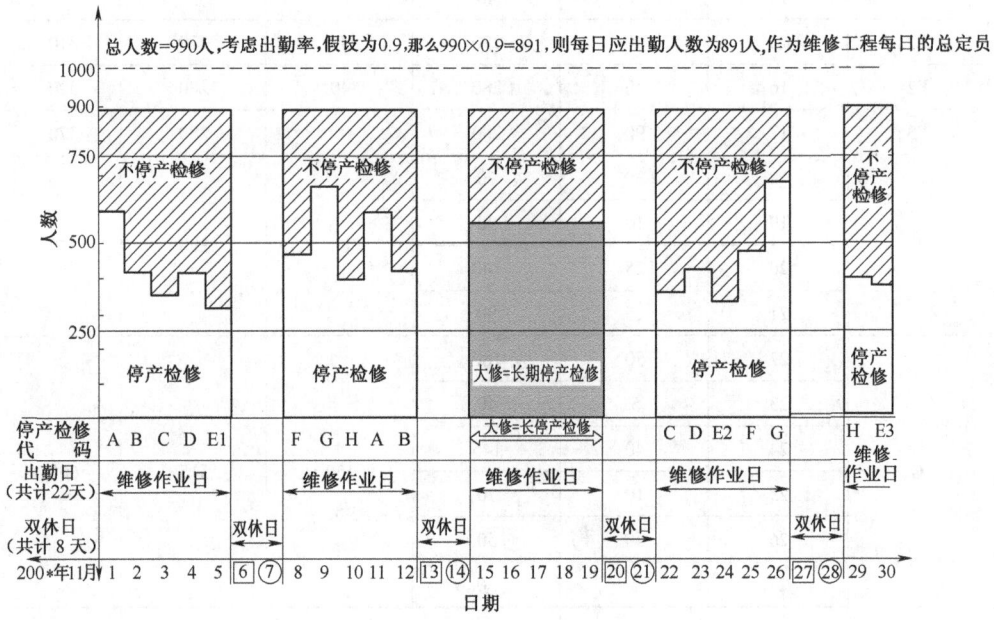

图 2.6-9 停产检修模型图

6.4 停产检修实施的"四个步骤"

企业在实施停产检修时,大致涵盖着以下内容:维修计划管理(或称之为"相互约束值");检修工程管理;停产检修计划设定的周期和进度的编制;停产检修年度计划的编制和调整;停产检修月度计划的日程编制;停产检修工程的实施计划;检修工程委托的具体办法;检修工程受理的具体办法;检修工程实施的具体办法;检修工程记录的具体办法;检修工程编码的具体办法;检修工程管理用的表格。其中的一些内容,在本书的其他各章节和第3篇的附录中,有详细的阐述,这里主要将四个"具体办法"或称之为"四个步骤"(即工程委托、工程受理、工程实施和工程记录)展开叙述一下。

6.4.1 工程委托

各基层设备管家体系中的点检（包括产品作业操作人员的日常点检、设备管理专职点检的定期点检和工程技术专业人员的解体、精密点检），在发现产品作业线设备上的关键设备及其状态受控点有异常现象、隐患或超过点检标准之处，经过设备管家体系定期的研讨、会诊，并告知相关的领导，即可实施"工程委托"，报请检修施工管理部门，对其进行修复处理。企业各基层设备管家，特别是专职点检方，在产品作业线设备停产检修、工程委托前，必须要掌握一些情况，如图 2.6-10 所示。

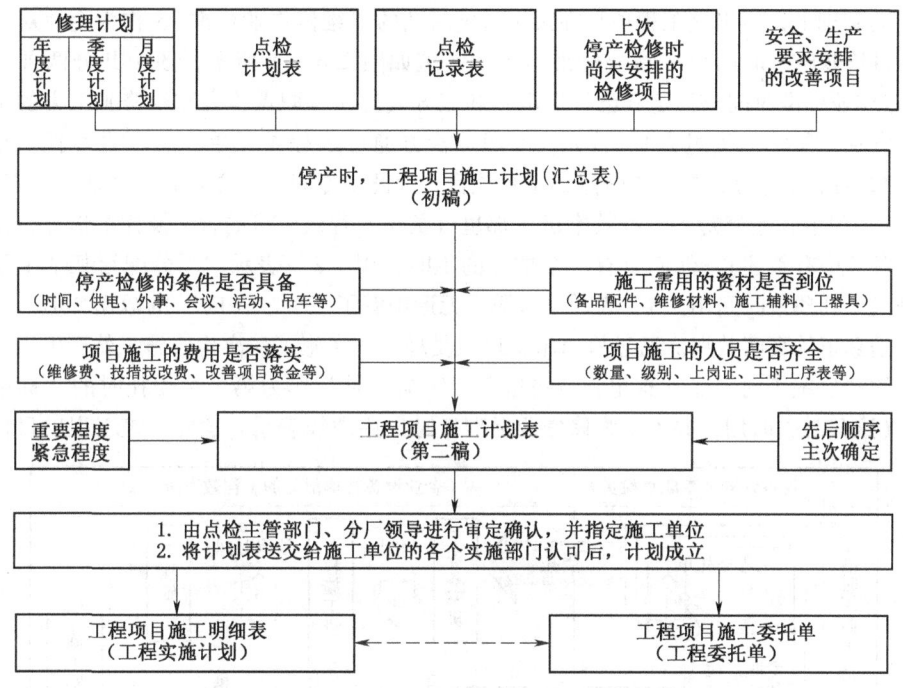

图 2.6-10　工程项目实施工程委托前的流程图

然后，就可以从设备管家体系中各位点检处汇总工程项目施工计划的初稿，再经过专职点检方在以下四个方面的"自查"（详见上图），排除一些尚不具备检修的项目，即可整理出"工程项目施工计划表"的第二稿，再考虑一下项目的重要、紧急程度以及先后排序、确定主次，最后，经过相关部门的审定，就进入到可以开具各基层、各设备管家体系需要进行委托的"工程委托单"。

关于"工程委托单"的形式，在本书的第3篇的附录E，关于"企业停产检修标准化常用表格"的"表E-14"已经给出。在工程委托单里，其中，有两项关于"检修施工工时"的，在这里做一个说明。在本书第3篇的附录C，"点检14种常用表格的形式及其填写方法"中，关于"维修作业标准"一节里，介绍了检修工程项目的"工时工序表"。该表是以同一个式样，在不同时期有不同的名称，即，专职点检方在面对一个从未做过的工程项目时,就不知道该项目的检修施工工时应该是多少,故在工时工序表上填写的"工时"数,是专职点检方的一个"估计值",然后,检修施工方接到工程委托单时,应该理解其上"委托方的工时",就是个"不标准的估计值"。同理,检修施工方也可以提出一个预计值。在此前提下,检修施工方就去实施工程项目的检修,检修结束,要填写"维修记录表",该表上的"工时",就是这个施工班组的"实绩值"。以后,有意识地安排由其他检修施工班组对该工程项目的检修,就会有相应的"实绩值",再经过"工程实绩定量化"的"业务研讨会"的研讨,根据企业的要求、各级领导的意见和检修施工方的平衡,即可在几次反复研讨不同"工时工序表"、"维修记录表"的基础上,得出该工程项目在某个特定时期的"维修作业标准",作为企业对该工程项目检修施工时的统一考核标准。具体实施如图2.6-11所示,图中共分两种状态(维修作业标准时间未设定和已经设定)和三方人员(专职点检方和检修施工方的工程效率班及工程施工班组方)。首先,专职点检方通过工程委托单实施项目委托。在图2.6-11的上面部分,是从未做过的工程项目,因此,专职点检方要有一个估计的工时,用"1"表示;递交到"工程效率班"那里(关于工程效率班的含义及详细情况,在下面的章节中有叙述),他们也有一个估计的工时,用"2"表示,当分配给某个工程施工班组,其预审时间用"3"表示,这样,无形中有了三个"工时"的数据,但,一个也不是真正的真实数据。通过检修施工班组受理后,实施了一次检修施工就产生了一个真正的"实绩工时"了。这里,就将这个"实绩工时"作为第二次委托时的"标准时间"(这只是临时用,并不是维修作业标准工时)用虚线表示。这样,该工程项目再次

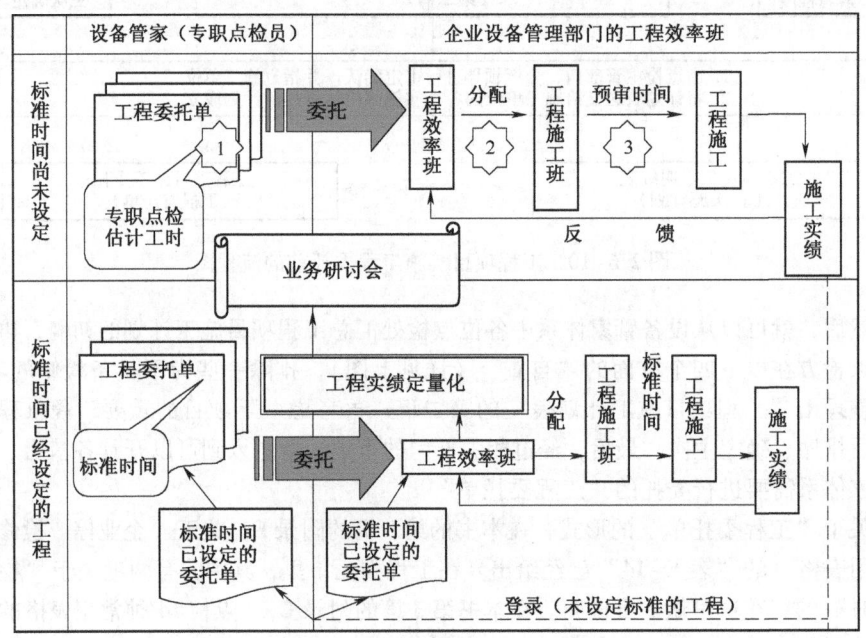

图2.6-11 维修作业标准产生的流程

委托时,就按图 2.6-11 的下面部分流转。因为,已经有了一个"实绩工时",就不要像第一个循环时需要"估计工时"了,其他的流程就同上所述。又经过一段时间的实践,该项目就会有了数次的实绩工时了,那时,就可以组织"工程实绩定量化"的"业务研讨会",经过商讨和认同后,即可确定该"工时"的数值,作为该工程项目的"维修作业标准",其"工时"就被认可为"标准工时"数了。

6.4.2 工程受理

当今企业,作为设备检修工程受理的地方,一般都由相关部门的"调度系统"承担,这里,称之为"工程效率班"。各基层设备管家体系中的专职点检方,将需要委托的工程项目,填写工程委托单(包括已经检修过的和从未检修过的两类),递交给工程受理的窗口,即工程效率班。工程效率班作为企业检修施工部门的代表,负责工程受理,同时,还要进行工程登录和管理,建立各基层产品作业线设备的"维修作业标准"的数据库,包括各检修施工班组的维修记录表的保管和存档工作,收集企业有检修经验的老师傅、老把式,向检修施工方提出复印要求并提供维修记录表。当检修施工班组接到工程委托单及维修记录表后,就可以进入到"工程实施"、"工程记录"阶段。还开展"工程定量化"的工作,即对检修施工"工时"有争议的项目,可在"业务研讨会"上提出并予以商讨,对大家一致认同"工时"的工程项目,可以归档,再将其"标准工时"告知给修改产品作业线的设备管家,作为他们再次委托该项目时的"维修作业标准",如图 2.6-12 所示。

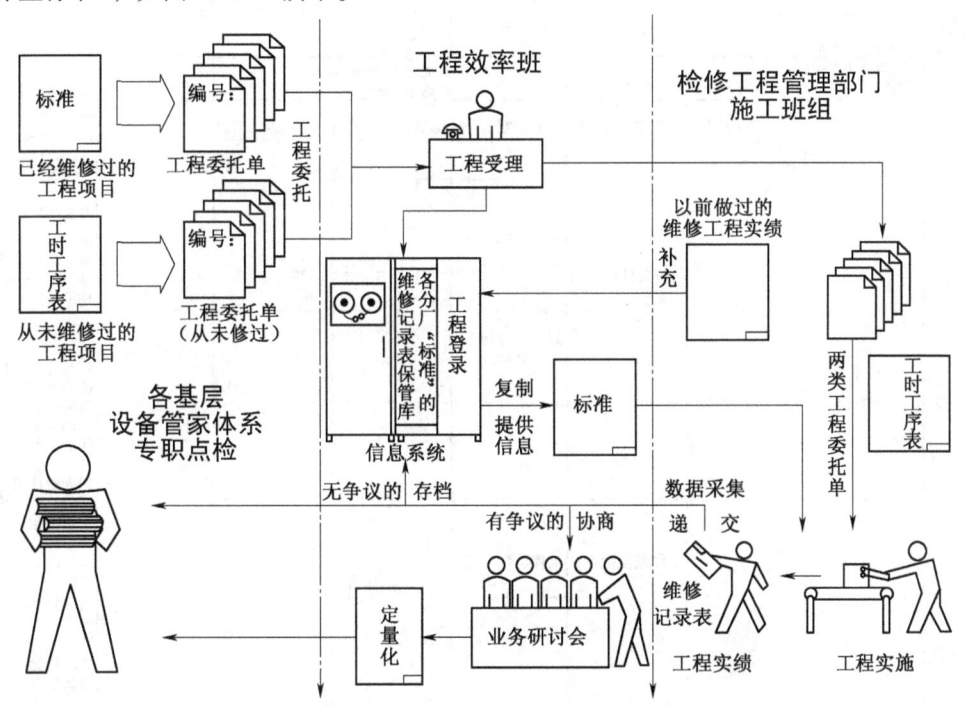

图 2.6-12　工程委托、受理、实施和记录作业全过程

6.4.3 工程实施

下面介绍案例企业的停产检修工程项目实施的全过程（见表2.6-10）。

表2.6-10 停产检修当日的标准化作业

（○ 实施　◇ 判断　□ 确认　▽ 联络）

(续)

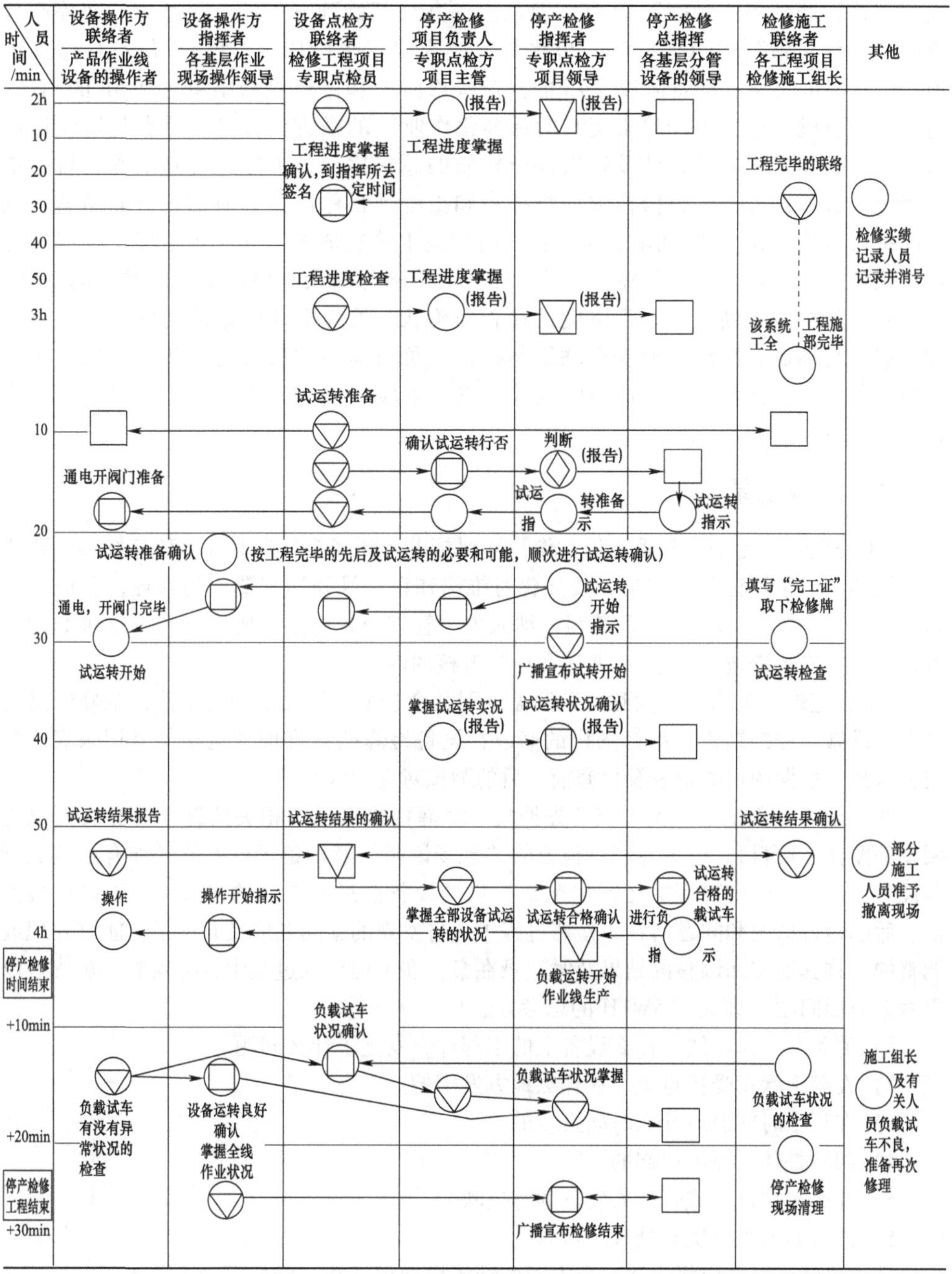

人员\时间/min	设备操作方联络者 产品作业线设备的操作者	设备操作方指挥者 各基层作业现场操作领导	设备点检方联络者 检修工程项目专职点检员	停产检修项目负责人 专职点检方项目主管	停产检修指挥者 专职点检方项目领导	停产检修总指挥 各基层分管设备的领导	检修施工联络者 各工程项目检修施工组长	其他
2h 10 20 30 40 50 3h			工程进度掌握确认,到指挥所去签名 定时间 工程进度检查	工程进度掌握 (报告) 工程进度掌握 (报告)	(报告) (报告)		工程完毕的联络 该系统工程施工全部完毕	检修实绩记录人员记录并消号
10 20	通电开阀门准备 试运转准备确认		试运转准备 (按工程完毕的先后及试运转的必要和可能,顺次进行试运转确认)	确认试运转行否	判断 (报告) 试运转准备指示	试运转指示		
30 40	通电,开阀门完毕 试运转开始		掌握试运转实况 (报告)	试运转开始指示 试运转状况确认 (报告)	广播宣布试运转开始		填写"完工证"取下检修牌 试运转检查	
50 4h	试运转结果报告 操作	操作开始指示	试运转结果的确认 掌握全部设备运转的状况	试运转合格确认 负载运转开始作业线生产	试运转合格的进行负载试车 指示		试运转结果确认	部分施工人员准予撤离现场
停产检修时间结束 +10min			负载试车状况确认					
+20min 停产检修工程结束 +30min	负载试车有没有异常状况的检查	设备运转良好确认 掌握全线作业状况		负载试车状况掌握		广播宣布检修结束	负载试车状况的检查 停产检修现场清理	施工组长及有关人员负责试车不良,准备再次修理

从表 2.6-10 中可以看出，该案例企业的"停产检修周期"为每四周一次；其每次"停产检修的停产时间"为 4h，即从上午九点开始到下午的一点结束。而停产检修的"工程实施"时间是 5.5h，可将其分成为"三个阶段"，即，由停产检修开始前一个小时的集结、准备阶段、4h 的停产检修阶段和停产检修结束后 0.5h 的确认、清理阶段组成。这"停产检修当日的标准化作业"的横方向，是表示参与这次停产检修的所有部门和人员，涉及这次停产检修的总指挥、各个停产检修工程项目的指挥者及项目负责人、设备操作方的指挥者和工程项目停产检修时的三方联络者；纵方向是表示这 5.5h 的时间轴及每个特定时间线上该完成的工作，包括停产检修的许可与确认、停产安全联络与确认、设备停产的实施与确认和检修施工的准备与确认、施工安全的检查与确认、工程进度的检查与确认、检修实绩的记录与确认和现场后勤的服务与确认、恢复作业安全联络与确认、负荷运转的状态与确认、现场清理的实施与确认和异常状态的检查与确认等。三个阶段，每个阶段四个，共"十二个确认"的工程实施标准化作业。

6.4.4 工程记录

"工程记录"是个非常重要的工作，特别是进入到当今信息时代、信息社会，要改变传统的"只干不记"的习惯，要强化对维修知识和维修知识资产的管理，要把"维修记录表"（见表 2.6-11）的填写，纳入整个管理流程中去，要执行"不交维修记录表，不算完成检修施工任务"，并以此作为考核的内容。

"工程记录"的内容，大致可以涵盖以下几个方面：维修费用的结账；维修资材的结算；维修工程的结论；维修图样的修改；设备检修档案管理（包括维修记录表、各类设备技术数据的检测记录及检修前、后的测试对比记录）等。

在实施"工程记录"前，应首先搜集、掌握检修部位的相关信息（有必要可以查阅设备图样、资料），听取专职点检方的"现场说明"及设备运行人员（如有连续运行的设备，还要了解中夜班的运行情况）提供的设备信息和他们的记录，了解设备检修前、后的运行情况和问题所在；检修过程中，将发现的新问题应及时记录，能够处理或调整的，将其处理和调整的结果及时记录在案；在工程记录过程中，必须要了解清楚以下六个方面问题（即应用5W1H 的思考方法）：

1) 哪条产品作业线、什么设备上的零部件，发生了什么问题。
2) 在哪个状态受控点上、在什么地方发生的。
3) 在哪个时间段或什么时间发生的。
4) 问题是什么原因引起的。
5) 什么人在操作或什么人发现的和反映的。
6) 准备如何来解决和处理的步骤。

在检修结束后，应将上述六个方面的结果详细记录在"维修记录表"上。

第6章 设备检修管理实务

表 2.6-11　设备维修记录表

编号			日期	
工厂名称	设备名称	工程名称	总工时（M×H）	

作业要求及验收条件

危险预知、施工安全

备品配件、维修材料	
名称	数量

（施工过程记录 0—8）

主要施工人员		
工种	人数 M	工时 H
钳工		
电工		
起重		
焊接		
冷作		
多能		

主要工器具及规格型号		
名称	规格	数量
手拉葫芦		
千斤顶		
汽车吊		

备注		施工班组	

6.5　停产检修会议及现场说明

图 2.6-13 所示为停产检修计划时间里，在"工程委托"到"工程实施"阶段前后的活动情况。最主要的是"停产检修会议"的召开和"现场说明"的实施。

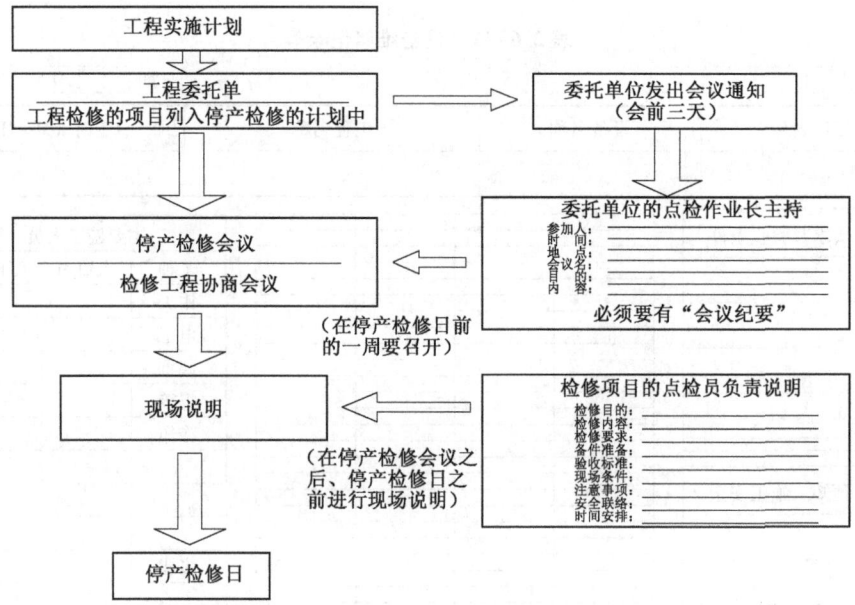

图 2.6-13　停产检修会议及会前会后的工作

6.6　停产检修全过程的时间安排

停产检修全过程的时间安排如图 2.6-14 所示。图中的坐标系统，横坐标是时间轴，纵坐标则是作业项目和作业内容。

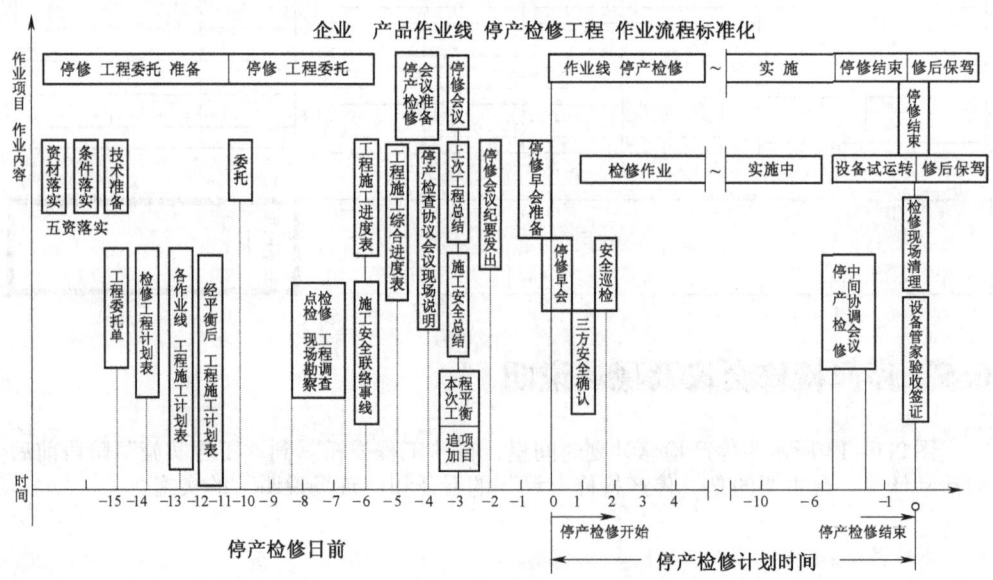

图 2.6-14　停产检修全过程的时间安排

这里，处于中间"0"位置的粗直线为"停产检修当天的起始点"，因此，在此前的点，如-1到-15，即以停产检修当日为零点的提前量，-15表示提前15天，以此类推，在"0"线后的，即为"停产检修计划时间"，这里都标明了哪天应该完成什么具体的内容。企业具体实施时，还可作适当的修改。

6.7 停产检修工程的标准化程序管理

企业停产检修时的标准化程序管理：按以下的步骤实施：

1）工程委托的提前量。停产检修为施工前10~20天，大修（长期停产检修）为施工前60天。

2）按精益理念指导维修过程。要将可能会出现意外情况的检修准备工作时间，如图样、备件、工卡量具等，提到停产检修时段外来进行。

3）"一图两表"的规范化作业。停产检修施工前点检要交底，检修施工方要到现场进行调查，并指定专人编写一图两表（施工网络图、工时工序表和安全确认书）。

4）停产检修会议。施工前2~3天，由管理方召开，检修、点检、操作三方参加，确定最终工程项目、进度、配合事项和"停产检修工程综合进度表"。

5）三方联络、安全确认挂牌。停产检修作业开始前，由专职点检组织检修、操作三方的项目责任者，进行安全联络（对开关、阀门的位置及安全措施进行确认并挂牌后方可开始检修施工），停产检修结束后，确认工程质量，并办理验收、撤牌等手续。

6）停产检修中间协调会。在停产检修中，由管理方召集三方负责人参加，进行安全检查、进度调整和核对项目，并解决需协调的问题。

7）停产检修总结会。停产检修后3天内由管理方召开，相互交换意见，总结经验教训，提高停产检修工作水平。

6.8 关于检修工程的效率组织

进入市场经济环境下，企业要求设备能为产品作业提供基础保障，那就是在设备有隐患或发生故障时，能否快速反应，能否尽快地实施修复、尽量缩短企业的停产时间。这就给设备管理部门特别是检修施工部门出了个课题，如何既要能修好，还要能快速地在尽量少的停产时间里修好，这就要求企业管理部门，从各个环节上来提高效率。因此，检修工程的"效率组织"就应运而生。为了能更好地改善企业设备检修的过程管理，先从下面来看我国的一个知名的案例，全国劳动模范，上海市原某房管所的水管维修工徐虎，是如何提高了检维修的效率，是如何打破传统管理，改进后的高效管理的优化点以及如何实施改善的。

为了能更清楚介绍以上的案例，试用下面"工作程序"表（见表2.6-12）来说明问题：横向列出的是：表示工作所涉及的单位，有房管所、施工队、作业组和居民等；纵向列出的则是：工作步骤及业务内容；表格的最下面是图例，表示各种形状符号的含

义。在此基础上，可以从工作步骤开始，如第 1 项工作，"居民家有洁具维修的要求"，其责任人是户主；第 2 项工作，"到房管所去填报修单"，也是由户主实施。再将户主名下的那个菱形符号，用细直线连接起来，表示其工作路径。这样，依此类推，就可以将居民家里水管坏了，如何到房管所去报修及施工作业员如何到您家里检修的过程，可以说表达得一目了然了。这张"工作程序"表，又可以清楚地标明：横向，说明了每件工作涉及哪些单位和人员以及每个人的职责；纵向，则说明了各个单位里的每个人，应该要完成什么样的工作。可见，传统房管所的检、维修工作流程，既长又烦。为了更好地服务于居民，使水管在检、维修上的方便，他设立了一个"徐虎报修箱"，并将其配置在居民住处的楼下，一旦居民家中的设施损坏，需要检、维修时，就不用到房管所去填报修单，只要将水管故障信息，投递到"徐虎报修箱"里。他每天上班，首先，就去打开报修箱，看看有没有居民提出需要检、维修信息，如有，徐虎马上就前往与您联系，并立即查看和实施检修。由于他的创新，减少了许多环节与手续，很明显地提高了居民生活设施的检、维修效率。

表 2.6-12　徐虎工作程序

序号	工作内容	房管所			施工队		作业组		居民		徐虎	备注
		主管领导	办公室	业务值班	队长	专业组	组长	作业员	户主	成员		
1	居民家有洁具维修的要求								◇	○	◇	徐虎报修箱
2	到房管所填报修单								◇			
3	受理报修单			◇								
4	登记、编号、下达任务			◇	◎							
5	按工种分配到作业组					◎						
6	组长按居民要求安排工作						◎					
7	作业员凭报修任务单去修							◇	◎	○		
8	修理完工、结算、归档		▽				○		□			

图例	含义	责任人	参与人	受理人	确认人	文档管理
	符号	◇	○	◎	□	▽

6.8.1 工程效率班与传统调度的差异

工程效率班与传统管理不同的工作程序见表 2.6-13。

表 2.6-13 工程效率班与传统管理不同的工作程序

序号		设备管理部门			检修施工部门			作业部门		工程效率班	备注
		主管	资料档案室	检修科调度	主管	专业组	组长	施工员	操作员	设备员		
1	作业设备有检、维修要求											
2	到各基层去填写报修单											
3	基层上报调度受理委托											
4	登记、分类编号并下达											
5	按专业安排到各作业组											
6	凭委托单分配作业到人											
7	施工员按委托单去检修											
8	修理完工现场清理工作											
9	填写维修记录表并归档											

图例	含义	责任人	参与人	受理人	批准人	确认人	文档管理
	符号	◇	○	◎	△	□	▽

可见图 2.6-14 即表 2.6-13 中虚线部分，是从企业检、维修工程项目的委托管理流程上，如何快速反应的方法。"工程效率班"是企业停产检修时工程项目的受理窗口，由企业设备系统四位员工组成（中小企业由两位员工组成），其中：两位是富有企业现场检修经验的老工人，两位是企业检修系统里选拔出来的反应快捷、思维敏捷、表达能

力强的年轻人。企业又将其产品作业线,有意识地分为两个区,将检修施工人员也分两个系列:每个系列有6个作业长或班长(下同),每个作业长带6个工长或组长(下同),每个工长带4~5个检修施工人员。检修管理部门将所有的检修工长都集中一起,集体办公(见图2.6-15)。图中表示的是"工程效率班"的办公室,一般将其设在企业检修车间的二楼,图2.6-15所示为鸟瞰布置图,是办公室的平面布置,企业各基层设备管家的工程项目委托单,都必须定期递交到此,其进口的门在左侧。进门后的四张桌子是工效班四位的办公、受理点,其后有两排桌子,分别安排产品作业线的两个区,每排有六组桌子,每组又有六张桌子,表示一个检修班及六位组长办公点。

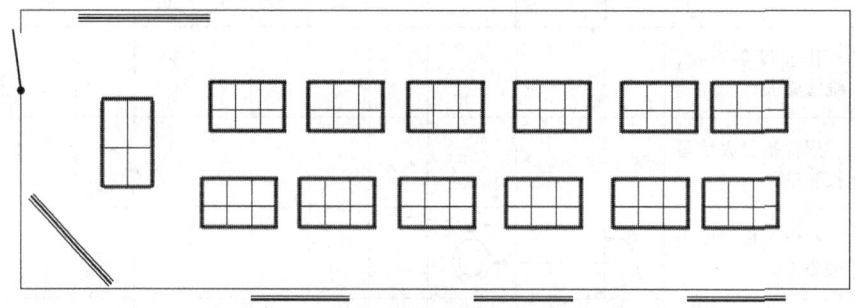

图 2.6-15　工程效率班办公室平面布置图

工效班办公室的平面布置,还显示了:

1)"出勤板",安排在一进门的左侧,每天各位组长一上班,就将当天本组的出勤情况统计完毕,立即要在"出勤板"上登录。这样、工效班在上班后15min里,就可以清晰准确地掌握当天检修施工人员的总数,一旦有情况就可以调整、调动和安排。

2)"工程管理板",安排在办公室的一隅或一面墙上,以便进行这一个月企业停产检修工程项目施工的安排和指挥。

3)在南墙上还有几个窗户,工效班及各位作业长、工长,都可以随时通过窗口,看到一楼检修车间各个检修施工班组的动态与情况,如遇突发事故,需要紧急抢修时,即可快速了解员工状态,以便及时掌握与应对,急速出动。

6.8.2　工程效率班工程管理的内容

"工程"人员分管的部分:

1)调整和确认施工班组及班组成员。

2)委托工程的受理和分配;委托工程的受理、登记、编号和造册;委托工程的分配,工程管理板的填贴;委托工程施工进度管理;公休、调休的控制与安排;工程的中止和变更;工程施工人员的考勤;施工班组工作量的平衡和充实。

3)年度修理计划管理、维修合同管理。

6.8.3　工程效率班效率管理的内容

"效率"人员分管的部分:

1）各级业务方针的跟踪（PDCA）。
2）用表格分析和检查各种数据。
3）施工现场的合理布局和机械化、省力化的考虑。
4）维修技术开发、工具卡具管理。
5）对外报道和信息管理。
6）对口工厂及交替修理的研讨。
7）维修"相互约束值"管理。
8）维修部门设备管理及设备台账。
9）施工人员效率研究和改进。
10）维修费的跟踪和审核。

"工程"和"效率"两部分人员都要管理的部分：维修工程质量的确保、控制和掌握：

1）失误工程的控制和掌握。
2）维修工作的生产性管理。
3）维修技术秘密的挖掘、积累和推广。
4）与施工队加强接触和联系，掌握维修对口情况。
5）维修工程"标准时间"的推广和应用。
6）两个系列维修施工队伍的交替应用和有效配置。
7）现场故障停机的对策和防止。
8）专题维修工程的设定。
9）其他有关维修工程的实施情况及交办的事项。

6.8.4　工程效率班"工程管理板"的编制

"工程管理板"是工程效率班里分管"工程"人员，将各基层设备管家递交的工程委托单，按照图 2.6-16 的流程及实施过程中的说明，逐步地实施，其中：

1）首先，要与各基层的维修管理，对图 2.6-16 中的 6 个方面进行联系，了解工程要求。
2）按检修工程的 4 条受理基准进行受理委托。
3）再次与委托方确认，如有调整，则按 7 条根据实施。
4）进入当月初次调整分配阶段，记入"工程管理板"。

"工程管理板"的形式和编制如图 2.6-17 所示，它是用薄钢板制成的、可以移动的长方形板，每块板包含 10 天的内容（也可以做成每块板涵盖一周 7 天的），横向是表示本月检修活动的预定日期，纵向是以检修施工工长或组长为代表的检修施工单位，经工程效率班的审定和安排，就将该工程委托单编制成一个代号，用不同颜色的塑料带磁铁小圆块，安放到工程管理板上，表示这个检修施工单位在预定日期去实施该工程项目的检修施工工作。

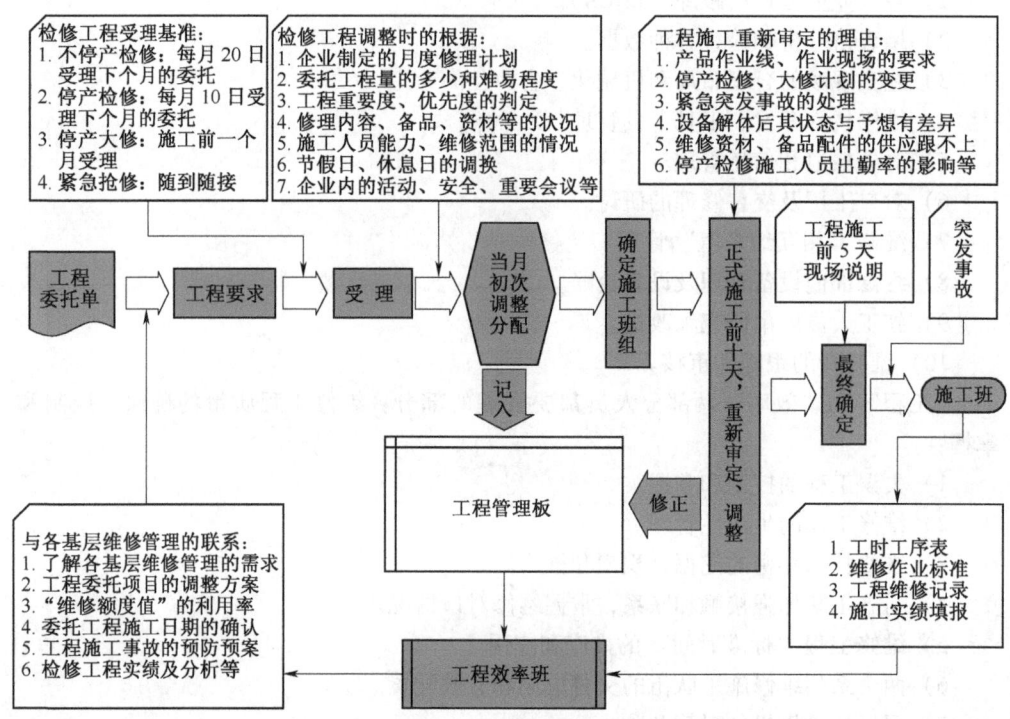

图 2.6-16 企业维修工程管理全过程的工作安排

工程管理板编写说明：

1）每月 25 日，将各基层设备管家体系中的专职点检方递来的"工程委托单"按企业检修的两个分区，实施分类编排下一个月的检修施工工程。（21～30 日的板，要准备有两块板，因为，本月的那块板正在执行，而下个月也要有一块板，那块板上的项目是作为'初排'在板上列出）。

2）按各作业长负责检修施工的分区及其专长为前提，尽量安排他们到对口基层去实施检修。

3）检修工程项目安排的顺序。突发故障的紧急抢修工程→计划的停产检修工程→余力工程（修复备件等不影响停产检修的项目）。而计划的停产检修工程，又可分为：大修（即长期停产检修）→停产检修（不超过 24h 的工程项目）→不停产检修→常例工程→解体点检、精密点检和倾向管理项目→换油作业等。

4）一个工程项目如果一个工长为单位的施工组拿不下来的话，可以由几个工长组成"临时检修施工大组"来一起搞，其中指定一位工长作为项目的"大组长"。

5）可以用不同颜色的塑料制成的带磁铁的小圆块，来代表不同的委托工程项目，然后，分别填入（吸铁小圆块吸住）相应的空格内。

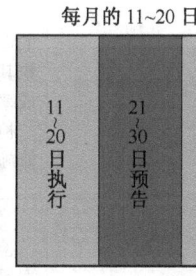

活动预定日期	1	2	3	4	5	6	7	8	9	10	…	…	…	25	26	27	28	29	30	31
检修分区（一）第一作业长 工长（1）																				
工长（2）																				
工长（3）																				
工长（4）																				
工长（5）																				
工长（6）																				
第二作业长 工长（1）																				
工长（2）																				
工长（3）																				
工长（4）																				
工长（5）																				
工长（6）																				
（二）第三… 工长（1）																				
工长（2）																				

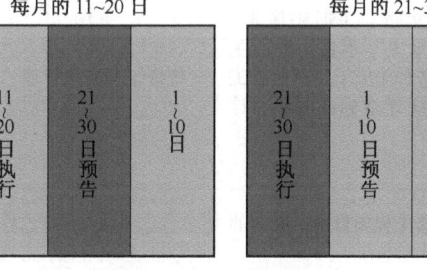

图 2.6-17　工程管理板的形式和编制

6.8.5　"工程效率班"与检修施工管理部门的分工

"工程效率班"与检修施工管理部门的分工见表 2.6-14。

表 2.6-14　"工程效率班"与检修施工管理部门的分工

区分	检修施工管理部门的工作	维修业务	"工程效率班"的工作
1	不设定，但要听取检修施工人员对"相互约束值"或"维修计划值"的意见和建议	相互约束值（维修计划值）的设定和检查	设定并跟踪、检查、分析维修实绩为下一期的"相互约束值"或"维修计划值"的设定做准备
2	维修工程分类及施工作业标准化的执行与实施，如：遵守"维修作业标准"、看懂"工时工序表"、填写"维修记录表"	维修工程的分类及维修工程施工作业标准化	维修工程施工作业标准化使用的表格及应用流程、体系维修工程分类定义的设定和建立

（续）

区分	检修施工管理部门的工作	维修业务	"工程效率班"的工作
3	收集和了解检修施工人员对工程受理及工程安排的意见与要求	维修工程的受理和安排	全体维修人员出勤率的统计维修工程受理、工程管理板使用按"相互约束值"要求接受订货实际检修达成率的统计
4	各检修施工区维修人员的出勤率及富余能力管理	维修施工人员的日常作业管理	按委托方及检修分区施工要求进行维修工程的分配，各检修施工区之间富余能力调整
5	实行：谁去施工，谁作方案	维修工程施工方案	—
6	每个检修工程项目施工计划的编制停产检修、大修工程项目综合工程施工计划表的编制	维修工程施工计划的编制	总体维修工程项目施工计划的汇总、内部调整与审定
7	每件工程项目施工实施进度管理及调整	维修工程项目施工实施与管理	总体检修工程项目施工实施进度管理及调整
8	负责组织填报"工时工序表"和"维修记录表"不良工程的主要分析部门各种对应于停产检修工程项目施工统计指标的收集、计算、填报	维修工程实绩管理	各检修施工班组停产检修实绩时间的汇集按产品作业线设备区分分别收集其"维修额度计划"工时的实际完成率 检修未完成以及终止项目的统计检修施工人员管理及实绩上报统计
9	开发为检修工程项目施工配套的工模具 维修工程项目施工方案的改进产品作业线设备的效率管理与能率管理的保证 教育与培训、维修施工作业的指导 组织停产检修计划的实施	维修效率和能率管理	检修施工过程的机械化、省力化效率提高和能率向上的研讨 检修新工艺、新装备的调研维修效率和能率管理指标的设定全部维修施工过程的倾向管理 全体检修施工人员的效率分析分区作业系统化管理计划的设定与实施

第7章 检修管理的考核

如何衡量"检修管理"的好坏，也就是人们经常谈到的：如何来考核设备检修管理的优劣或者说是如何来评价设备检修管理的成功与否，这可以从"企业经营总成果指标"来看。因为"企业经营总成果指标"是推动企业实现价值最大化的原动力指标。也可以说，企业经营总成果指标，是对企业经营战略的分解，并随企业经营战略总目标的变化而与时俱进地也随着变化的指标，它是一个有效地反应企业经营总目标变化的"风向标"，它又可分为"定量总成果指标"和"定性总成果指标"两大部分，其中：定量总成果指标部分，包括维修费指标和服务/经营运作指标；定性总成果指标，包括与设备检修管理业务发展战略相一致的非刚性指标等，它是对检修施工经营结果的反映，而不是对所有检修施工操作过程的反映；它是由企业设备高层管理者设定后并又被参与设备检修施工者认同的指标。因此，"企业经营总成果指标"能使企业设备高层管理者清晰地了解其对设备、对企业价值最大化的经营操作的影响情况；使其能及时地诊断检修经营管理中的问题并采取有效改善行动，以便有力地推动企业经营战略执行；它也能为企业主管领导在同上、下级交流沟通上，提供一个翔实的可操作基础；更能使检修管理者，能集中精力去针对企业经营总成果中具有原动力的设备检修经营管理方面的问题，及时地加以改进，以便能更好地实现"为企业的发展提供强有力的基础保障"。综上所述，"考核"必须是"以企业的经营结果为导向"、必须是能激励员工实现企业价值最大化的内容、必须是"自己与自己作比较并不要同奖金捆绑"的真材实料、必须是能融入企业（而不是分而治之）而考核的结果，将由企业的主管部门，必须按产品交付结果的情况，分别给予奖惩。

7.1 传统检修考核

传统检修考核，往往把"考核"作为管制基层员工的一种手段，似乎领导的责任性是加强了，但在某种方面，确实对基层员工表示了极大的不信任。例如，企业下达了阶段性任务，部门领导就要设法完成，特别是在当今，仍然用习惯的、传统的管理手段，不是讲清任务的重要性和迫切性，发动基层广大员工，出主意、想办法，相信群众并与大家共同商量齐心协力，而是生硬地布置任务、强行贯彻，将任务压下去，动不动就用"考核"来应对。随着企业管理的深化，对设备管理的考核、评估，变得越来越复杂。考核、评估的方法及其针对性、有效性、对工作的激励方面，已经成为企业及设备检修系统的广大员工普遍关心的问题。但传统的检修考核中，并没有把它与"企业经营总成果指标"挂钩，没有体现"设备要为企业的产品服务"，也没有凸显"服务要使设备的用户满意",而是将考核分为设备性能维护和发挥、设备维护成本及生产损失、维修组织管理、综合评价等,反正是面面俱到什么都要管。这里,所谓的考核指标,如设备维修费用率、设备事故率、维修材料费用比、维修工时费用比、设备修理复杂系数、主要设备大修实现率、设备维修计划完成率、设备损失费用、备件库存资金周转率类、维修计划强度、人均设备固定资产价值、生产现场设备5S活动评价等。综上所述,这些考核指标,复杂而又繁多,如果作为设备管理系统的考核,还有些商量的余地,要是针对检修考核,那就有些不相适应了。

7.2 检修管理的用户满意度

如果按企业的设备要实现"为企业的发展提供强有力的基础保障"的总方向、总目标,那就没有必要去实施那么多的条条框框。可以围绕着"为企业的产品服务"并要求设备检修必须使服务对象"满意",完成与企业经营总成果指标一致。

企业的设备检修系统,不论是属于企业的还是独立的检修公司或是设备制造厂的专业检修队,其性质都是属于"服务类"的,如图2.7-1所示。所以,他们都必须要为企业的产品服务的,同时,也要使服务的对象满意。因此,进入到社会主义市场经济环境下,企业真的要是对检修管理实施"考核",就不用要那么多的项目,只要看"用户满意度"就可以了。这里"用户满意度"涵盖了四方面的内涵:即检修施工的目标是"四满意",详见如下叙述。

图2.7-1 企业检修的服务性质

7.2.1 现场必清理——环境满意

以前,企业的检修施工,对现场是没有清理习惯的,表现在:设备检修时,拆下来的零、部件是摆放无序、擦洗机件的棉纱用完后就到处乱扔、洗油及用剩的油脂也是满地都是,检修施工一结束就一走了之,基本上对现场清理工作是不闻不问,因此,检修的委托单位,对设备检修后现场的"一片狼藉"很有意见。现在好了,考虑到要贯彻检修文明施工,更重要的是使委托单位(用户)满意,在检修一开始,就努力地要做到确保检修施工现场的"井井有条",要实施6S,如图2.7-2所示,检修施工部门,都要像配备检修施工必备的专用工、器具一样,要专门准备检修施工专用的现场铺垫材料。如图2.7-2所示的,检修现场的地面都铺白布(是一种再生的粗白布,也有的企业用其他的铺垫物),拆卸下来的零、部件都必须按部就班地摆放整齐,同时铺垫物也有防滑功能,以免检修施工人员滑倒,图中戴袖标的是检修施工作业长(班组长),是对其员工在检修施工中,实施"用户满意"情况,如拆下来零部件的摆放情况、检修用器材使用后的归类收集等,进行检查和指导。检修工程施工完成后,要将此铺垫白布卷起来(当然,回收后,可以用含有洗洁精的高压水,将其清洗干净,再循环使用),再将检修施工现场清理干净,才能离开。而"用户满意"的程度,则由委托方给您评价与鼓励。

图 2.7-2 案例企业的检修现场

7.2.2 检修不超时——作业满意

进入到社会主义市场经济环境下,企业(不论是"货物类"的还是"服务类")追求的是"产品",而产品,不仅是要靠人财物、产供销的保障,更重要的保障是要有"时间",产品要靠时间做出来的,这一点人们都很明确。传统企业管理,往往是生产一忙,就挤掉维修的时间,这是没有全局观点的表现。企业要在确保产品供应的前提下,如何平衡和满足企业各方在"时间"上的要求,这里,应用"相互约束"(或维修计划值)来确保企业各方的合理需求。因此,设备在检修施工时,在计划预定的检修时间里,必须完成设备工程项目的检修施工任务,否则,就称之为"不良工程"。这个理念,也必须要让所有参与设备检修的施工人员明确:"时间就是金钱"、"时间就是产品",在检修施工时要争分夺秒,要尽量减少企业设备的"停产时间"(而不是停机时间,也就是说"停机不停产",是鼓励的行为,是节能降耗的表现),在检修前,一定要有一个检修施工工序的计划,要将不需要非在停产时间里做到的事情,如准备检修对象的图样,领取检修更换的零、部件,检查其实物与图样的尺寸和位置是否一致,必要的工卡量具的准备和领取等,这些,都可以在非停产时间里准备好的必要条件,一定不要放在"企业停产时间"里去做。如图2.7-3所示,就是案例企业,在刚刚开始的前六次"停产检修"(即又可称之为"定修")的数据统计,最上面的是参加每次停产检修的人数,最下面的是每次停产检修的检修工程项目的数量,可见,开始时,没有经验,参加的人数较多,而且都是企业的检修施工力量,基层(委托单位)参加的人数少。但,随着以"企业设备管家体系中的专职点检为核心"工作的开展,随着经验的积累,随着停产检修逐次的进行,在检修工程项目没有减少的前提下,检修施工人数在减少,同时基层(本案例单位)的自修率在增加,也减轻和解放了企业的检修施工力量。中间的曲线表示,基层停产检修时间为4h,这是企业与基层的"相互约束"的要素,开始不习惯有超时的现象,后来就达标了。

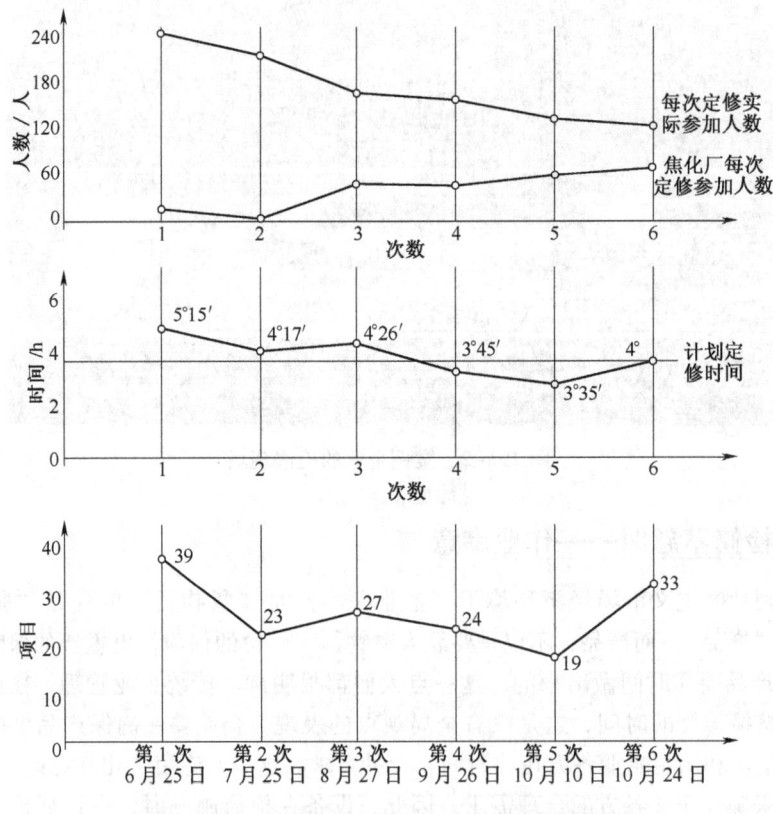

图2.7-3 案例企业六次"停产检修"数据统计

7.2.3　质量能保证——使用满意

这里的"质量"是指设备检修的质量,也就是说,企业的产品作业设备,在企业设备管家体系管辖下,通过操作点检、专职点检和精密点检的结果,发现的有不符合点检标准的场合或有隐患和故障后,委托检修施工方去实施修复,其修复后的设备运行状态及情况,能否起到基础保障作用,能否达到其功能、精度和可靠性等应有的程度,这就是检修的"质量"。为了避免检修施工后的"返工"、"补修"和"再次更换、调整"的检修施工质量不高的发生,各个参与停产检修的施工方,必须要认真吃透委托方递过来的工程委托单、参加停产检修会议和在企业设备管家引领下的现场说明,然后充分准备、精心施工和自我检查,确保检修施工质量的优良,使得用户满意。

7.2.4　全程无事故——自身满意

停产检修施工的安全环保管理,始终是摆在第一位的,上述"三大满意"的达成是建立在全程无事故基础上的,试想,施工中发生了工伤事故,连"自身安全都难保",其他的就毫无意义了。因此,要采取一系列的措施,如停产检修施工现场的安全管理、对施工对象开展"危险预知"活动、检修用的工器具,在施工前必须认真地检查其牢固度和可靠性和注重自身的健康和休息,确保"以人为本"的理念在检修施工中的体现和贯彻实施,以达到检修全程无事故的目标。

7.3　设备检修的自主管理目标

按照当今企业针对"考核"的思路,强化"自己与自己作比较"的方向,则就要更明确设备检修管理的"自主管理目标",这里,提供主要项目的自主管理目标如下。

7.3.1　按标准工时工序表作业

在本书的"附录 C - 点检 14 种常用表格的形式及其填写方法"中的基准类的 4、"维修作业标准"、"工时工序表"及"维修记录统计表"填写说明中,已经详细地叙述了具体的内容,就不再重复。这里,所谓"标准工时工序表",就是"维修作业标准",因此,作为参与企业停产检修的施工方,必须认真熟悉并切实按照企业设备管家体系中的专职点检方填写的工程委托单及工时工序表的内容,来实施检修施工作业,这是最根本要求的一项"自我的目标"。

7.3.2　向优良工程成功率努力

所谓"优良工程成功率",是指该停产检修工程项目的检修施工时间,完全按照"相互约束"的时间要素实施,没有超时的现象发生。即"维修计划值"规定的相互约束的时间值是 4h,那么,在检修施工时,没有超过 4h,就完成了工程项目的检修施工任务,并达到了"用户满意"的评价,就可以认为是"优良工程"。工程成功率的统计如图 2.7-4 所示，2011 年度及 2012 年一季度的统计，仅在第二及三季度，没有完全达到外，其余的基本达到了"自我的目标"。另外，附有改善工程件数的统计，供参考。

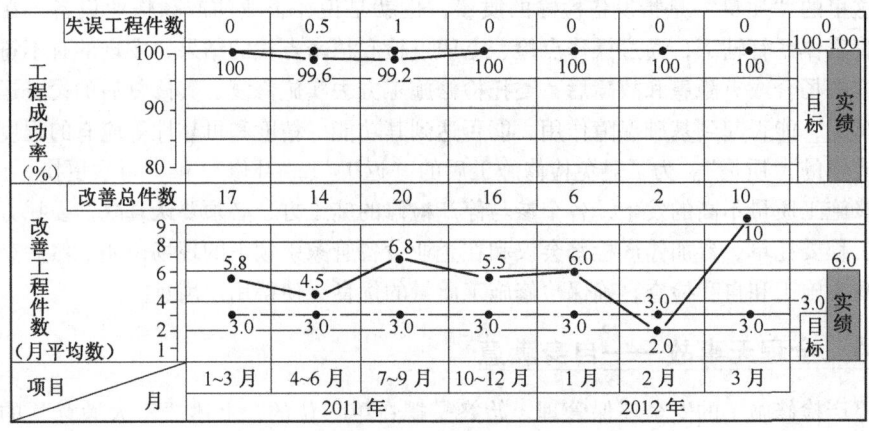

图 2.7-4　工程成功率及工程件数的统计

7.3.3　按检修员工作业率自查

"检修员工作业率"，也就是"维修作业率"，这对检修施工管理部门来说，是个很重要的参数，同样，对自己也是一个很明显的指标，可以分析、研讨时间利用的情况，找出薄弱环节，就可以进行改善，以提高维修作业的效率，见表 2.7-1。统计的项目名称，在最左面，计算方法在"摘要"一栏里标明，计算的结果，分别填写在各自的格子里。统计了 2011 年度的第二、三季度维修作业率的情况，平均也就是 84% 左右，从某种意义上来讲，作业率并不高，说明还有潜力可挖。

表 2.7-1　2011 年 4~9 月　机械维修"维修时间相互约束值"一览表

项目	摘要	第二季度			合计	第三季度			合计	总计
		4月	5月	6月		7月	8月	9月		
1. 全体在册人员	总人数	325	325	325	975	325	325	325	975	1950
2. 编外人员		49	49	49	147	51	51	51	153	300
a. 紧急抢修班		24	24	24	72	24	24	24	72	144
b. 工程效率班	a+b+c +d+e	6	6	6	18	6	6	6	18	36
c. 附属设备管理		3	3	3	9	3	3	3	9	18
d. 教育培训员		3	3	3	9	3	3	3	9	18
e. 其他		13	13	13	39	15	15	15	45	84
3. 维修人员	3 = 1 - 2	276	276	276	828	274	274	274	822	1650
f. 正式工	f = 3 - g	269	269	269	807	260	260	260	720	1587

（续）

项目	摘要	第二季度			合计	第三季度			合计	总计
		4月	5月	6月		7月	8月	9月		
g. 合同工		7	7	7	21	14	14	14	42	63
4. 工作天数	日历时间	21	21	22	64	21	23	22	66	130
5. 工作总时间	$1 \times 4 \times 7.5h$	42367.5	42367.5	44385	129120	40950	44850	42900	128700	257820
6. 不工作时间	h+i+j	4324	5071	3396	12791	4355	5603	3595	13553	26344
h. 请假（X天/人）	$f \times X \times 7.5h$	(1.5) 3026	(2.1) 4237	(1.1) 2219	(4.7) 9482	(1.6) 3120	(2.4) 4680	(1.3) 2535	(5.3) 10335	(1.0) 19817
i. 其他（Y天/人）	$f \times Y \times 7.5h$	1271	807	1150	(1.6) 3228	1209	897	1034	(1.6) 3140	(3.2) 6368
j. 迟到、早退	0.1h/人	27	27	27	81	26	26	26	78	159
7. 出勤率（%）	5−h−i/5	89.9	88	92.4	90.1	89.4	87.6	91.7	89.5	89.8
8. 出勤时间	5−6	38043.5	37296.5	40989	116329	36595	39247	39305	115147	231476
9. 允许加班时间	$f \times 4.2h$/人	1130	1130	1130	3390	1092	1092	1092	3276	6666
10. 维修的总时间	8+9	39173.5	38426.5	42119	119719	37687	40339	40397	118423	238142
11. 间接时间	$f \times 2h$/人	(9.9) 2663	(10.2) 2744	(9.4) 2528	(29.5) 7935	(11) 2860	(10.3) 2678	(9.1) 2366	(30.4) 7904	15839.5
12. 直接时间	10−11	36510.5	35682.5	39590.5	111783.5	34827	37661	38081	110519	222302.5
13. 直接时间比	13=12/10	93.2	92.9	94	93.4	92.4	93.4	94.1	93.3	93.1
14. 人均维修时间	12/f	134.5	131.4	146	137.3	132.7	143.6	145	140.5	139
15. 维修作业率	12/5+9	83.9	82	87	84.4	82.8	82	86.4	83.7	84.1

注：（ ）中的数值为平均每人没有直接参与维修工作的多少，即"间接时间"有多少。

7.3.4 按检修比照作业型管理

企业传统的检修管理是一种"不坏不修、坏了抢修"的变相,是处于"忙闲不均"的状态,即设备有故障时,就忙得连轴转,设备正常运行时,又闲得没有事干。故"自我的目标"是要使检修施工人员像产品作业人员一样,力争做到"你上班、我上班,你休息、我也空闲"的比照产品作业型的作息时间来安排工作(如遇特殊情况,有抢修作业例外)。检修施工要排序,见表2.7-2,具体的安排,请参看本书的第2篇第6章的6.3.4节停产检修模型应用中的日程安排。

表2.7-2 企业检修工程施工排序表

工程施工排序	工程性质	备 注
第1位	产品作业线停产	企业的停产检修
第2位	普通作业线停机	各基层不停产检修
第3位	常规工程	定期更换的零部件
第4位	解体点检	倾向管理、精密点检
第5位	委托作业	其他部门要求的工程
第6位	备件修复	充分利用空隙时间

附录

实用点检管理资料及表格

附录 A　企业设备管家点检作业标准化细则

第 1 章　总　　则

第一条　企业设备管家"点检作业标准化"的目的、意义

"标准化作业"是现代化企业作业现场基础管理模式的最重要内容之一，是企业第一线基层作业管理的准绳。企业设备管家"点检作业标准化细则"的制定和实施，可使企业三位一体的设备管家体系成员及其核心的专职点检员，都能够依据点检作业和工作程序标准化的细则，规范地开展设备管理工作，从而起到对企业产品的保障作用。专职点检员要认真把握作业设备的运行状态、制定切实可行的维修计划、防止欠维修或过维修、实现降低设备维修成本、提高设备检修效率与企业经济效益的企业经营总目标。

第二条　适用范围

本细则适用于：企业设备管家体系中的"专职点检员"。

第 2 章　点检作业标准化的特点与范围

第三条　"点检作业标准化"的特点

1. "点检作业标准化"是在引进、消化国外先进经验的基础上，结合我国社会主义市场经济的实际情况，形成的独具特色的"设备管家管理设备"模式的"点检标准化作业"，以此作为企业开展专职点检员现场基层作业管理工作的准绳。

2. "点检作业标准化"是企业"设备管家管理设备制度"的重要组成部分，也是确保现代化企业的作业设备，能够长期稳定、高效、安全运行的重要保障。

第四条　"点检作业标准化"的内容

"点检作业标准化"的内容，主要包括："点检标准化作业"、"点检信息化管理标准化"和"点检组织停产检修管理标准化"三个部分。

第 3 章　点检标准化作业

第五条　专职点检员在点检工作时间段，实施"点检标准化作业"的内容

一、专职点检员"工作制度标准化"

企业设备管家体系中心成员——专职点检员的工作制度：上常白班，一般作息时间

是，从上午的八点到十二点，中午的一个小时是吃饭休息时间，下午的一点到五点，构成八小时工作制。

二、专职点检员"点检工作时间段标准化"

"上午实施点检作业、下午实施设备台账管理"是全体专职点检员现行、必须自觉遵守的"点检工作时间段标准化"制度，并自觉地形成点检的行为规范。

三、专职点检员"工作时间安排标准化"

1. 专职点检员一天的"工作时间段标准化"，见图 A-1。

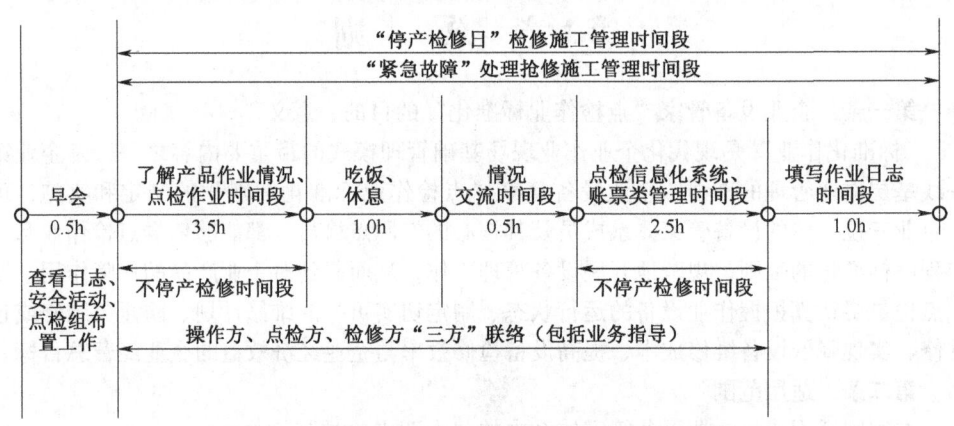

图 A-1 专职点检员一天的"工作时间段标准化"

2. 停产检修日及现场紧急故障发生时，按停产检修实施流程及故障抢修实施流程进行作业。这两项是专职点检员的重中之重的工作，一旦遇到上述两种情况，要雷打不动地投入其中，是全天候的责任，必须全力以赴地完成好。同时，也必须及时调整好当日的计划点检项目，妥善处理好各方关系，要充分发挥"轮值巡检员"的责任性和积极性，安排他们在中、夜班，实施白天没有完成的计划点检的项目。

四、专职点检员一日的"作业时间段标准化"的内容

1. "早会时间段"的作业内容标准化。

由作业线作业长或管家组长负责组织，主要是"做到作业信息及时上传下达"。除了要传达上级指令、通报管辖区域作业设备的状态情况和例行要布置好当天工作的重点外，还有：

1）要向操作方（或运行方）了解前一天的中、夜班设备运转状态信息。
2）查阅产品（或运行）作业日志。
3）查看中、夜班"轮值巡检员"的点检日志。
4）查看昨晚是否有紧急事故抢修及故障抢修记录。
5）今天的产品作业计划及操作方对作业设备状态的反应等。

2. "点检作业时间段"的作业内容标准化。按点检计划表、点检路线图，进行点检作业，具体内容分为以下几种：

1）按"专职点检计划表"项目内容，实施作业设备状态受控点的点检。
2）根据精密点检表的项目，安排在不停产和停产检修的时段中去检查。
3）根据倾向管理点检的项目，安排在作业设备运行或停产时再检查。
4）对作业设备存在隐患并可能经常出现故障的部位，要进行跟踪检查。
5）对产品操作方（或运行方）日常点检发现问题的部位进行诊断复查。
6）对昨晚，由检修方或轮值巡检员检修抢修的部位，作重点检查。
7）对点检自身实施过程中，发现的一些力所能及的问题及时自主维修。
对管辖区域的"不停产检修"，可借用这个时间段，实施联络和指导。

3. 午饭、休息时间段。

4. "情况交流时间段"的作业内容标准化。
对上午专职点检中发现的较严重作业设备的状态问题，会同管家组长、作业线作业长及有关技术方进行研究，迅速制定合理的处置方案。

5. "账票类管理时间段"的作业内容标准化。
1）进行点检信息化系统（包括点检仪、管理软件等）管理。
2）点检专用账表的填写和管理。
3）由点检结果，发现作业设备状态受控点的问题，编制检修计划。
4）为检修计划中工程项目的实施而准备必需的维修备件、进行资材管理。
5）作业设备故障源及可维修性改进、自主管理改善方案的研讨。
6）确认当日"施工委托项目"的完成情况。
7）对第二天"施工委托项目"的说明及调整。
8）其他，与之相关事项的处理，也可以认为是企业设备管家分内的事。
对专职点检员管辖区域的"不停产检修"项目，可借用这个时间段，与相关人员，实施业务联络和作业指导。

6. 填写"点检作业日志"的作业内容标准化。
本着"自我了结"的原则，对每天点检的结果及相关事项，都要认真详细地记录在案，对日志的形式，也要改变传统书写的方式，尽量对要记录的内容、范围、状态、时段、原因和参与的人员，事先有所考虑，设计成专用的日志记录形式，尽量减少书写过程，而用带方框的做选择题的表达方法。另外，发现有需要记录之处，要尽量多使用数码相机，及时抓拍，既图文并茂，又简单明了，还能提高编写日志的效率。

五、专职点检员承担管理业务范围的标准化

作为企业的设备管家体系中的中心人物——专职点检员，其承担的企业设备管理业务范围（是指管辖区域内的产品作业线上关键设备的状态受控点），是都要进行管理的，具体细分一下，可以归纳如下：

1. 制定或修改设备树及零部件编码、点检技术标准、润滑作业标准、标准工时工序表等，收集和汇总实施作业设备管理的基础资料。
2. 搜集设备状态信息，掌握机件劣化程度，便于定量分析和倾向管理。
3. 根据产品作业计划，主动安排好相应产品作业线的点检作业计划，编制作业设

备的日常点检、精密点检和倾向管理的计划及实绩记录。

4. 按专职点检计划，认真实施专职点检作业，并对操作方（或运行方）进行点检、维修业务指导，并有督促和检查的责任，有隐患问题要查明情况及时处理的责任。

5. 根据专职点检的结果，编制检修项目预定表，并列出检修工程计划。

6. 根据产品作业计划，主动安排好相应产品作业线的倾向管理项目和故障维修时需要的备品配件，编制好设备维修费用预算计划。

7. 根据备件预期使用计划和检修计划的需要，编制维修资材需用计划，并做好资材领用等设备检修的准备工作，提供给检修方检修时使用。

8. 参加设备事故分析和处理，提出预防、修复及改善设备性能的意见。

9. 审阅设备维修记录，并进行有关故障、检修、费用等方面的实绩分析，提出改善设备的对策和建议，开展自主管理活动。

10. 组织并会同设备管家体系中的"技术方"，参与作业设备的精密点检。

"专职点检员"，通过上述的工作和实施管家的责任，对所管辖的企业产品作业线关键设备上的状态受控点，实施点检与管理，以确保设备始终处于良好的工作状态，确保对产品作业的保障功能。

企业设备管家体系中的所有专职点检员，除抢修及处理故障时比较紧张外，正常情况，每天上午，必须保证有3h的贴近设备、实施点检的工作负荷，下午，合理安排点检信息化管理工作时间，企业"专职点检员"一天"点检作业的标准化"见表A-1。

表A-1 企业"专职点检员"一天"点检作业的标准化"

序号	标准时间	"点检工作时间段"工作内容及流程的标准化
1	08：00~08：15 08：15~08：30	班前准备：换装；阅读操作、点检日志及抢修记录，作业计划等 早会，主要内容：① 作业线作业长布置当天的重点工作 ② 开展"危险预知"活动，突出安全工作提示
2	08：30~11：30 11：30~12：00	必须携带规定的点检工器具按专职点检计划表、点检路线实施点检，在点检的过程中发现隐患时，力所能及地实施"自主维修"
3	12：00~13：00	午饭、午间休息时间
4	13：00~13：30	相互交流点检的结果情况，对状态超标的点及时向作业长汇报
5	13：30~15：00	各类台账的查阅、记录和登录： ① 日常点检计划实施情况及记录的阅查； ② 润滑作业计划的实施情况及记录； ③ 精密点检计划项目实施结果记录 ④ 倾向管理的结果及记录； ⑤ 不停产检修计划的调整； ⑥ 给产品方的建议、留言记录； ⑦ "资材维修档案"资料的记录、收集、汇总和归档； ⑧ 其他相关的管理台账及未尽事宜的处理； ⑨ 产品TPM表的处理； ⑩ 明天工作计划安排

附录 A 企业设备管家点检作业标准化细则

(续)

序号	标准时间	"点检工作时间段"工作内容及流程的标准化
6	15:00~16:00	A. 专职点检员: ① 检修项目(计划)确定及工程委托单的填写; ② 备件、资材计划,在库情况确认; ③ 检修项目的备件、资材的领用 B. 管家组长: ① 检查、确认专职点检员各类台账并签字; ② 重要状态受控点的点检结果与设备信息的记录、整理
7	16:00~16:30	填写点检作业日志,主要内容: ① 上午三个小时实施点检结果的情况; ② 特殊"状态受控点"点检的结果; ③ 根据专职点检员点检结果而提出的"计划检修项目"; ④ 产品作业"操作方"对作业设备状态的反馈信息
8	16:30~16:45	专职点检员: ① 当天实施的"检修项目"状态的确认; ② 第二天,要实施的"不停产检修项目"的准备及联络 管家组长: ① 检查、确认各专职点检员的作业日志并签字; ② 重要状态受控点的点检与设备信息摘记及联络、协调处理
9	16:45~17:00	点检工作办公室的内务整理、5S清扫工作

注:1. 无特殊情况时(如抢修、处理故障等),下午的时间段,专职点检员应在完成上述的第4项~第7项工作后,如有时间,设备管家中的管家组长或班组长,可以安排其他活动,如进行技术交流、设备状态业务研讨、自主管理活动和技搌、技改合理化建议等活动。
2. 专职点检员应建立"学习型组织",经常利用空隙时间,抽空自觉学习和掌握企业的设备安全、技术、标准及其他有关的资料。
3. 企业的设备管理或上级部门,对设备管家工作的过程,必须予以指导;对其按上述标准时间段及在此时间段内应完成的工作内容和要求,可按"以产品为中心"的原则标准,实施衡量、检查及考核。

第六条 专职点检员去作业现场,必须实施点检作业时的"二穿二戴"标准化。即,在现场点检时,必须做到:穿工作服与工作鞋、戴安全帽和必需的防护用品。同时,要精神饱满,思想集中,做到行为举止规范化、标准化,树立企业设备管家体系中的专职点检员形象标准化的良好典范。

第七条 专职点检员在点检工作时间段作业时,必须携带标准化的点检工器具,见表A-2。

表 A-2　企业设备管家中的专职点检员，必须携带标准化的点检工器具

职务	应带工器具	职务	应带工器具	职务	应带工器具
机械专职点检员	听音棒	电气专职点检员	听音棒	仪表专职点检员	万用表（小号）
	手电筒		手电筒		手电筒
	点检锤		点检锤		尖嘴钳
	扳手		扳手		扳手
	改锥（螺钉旋具）		改锥（螺钉旋具）		螺钉旋具（改锥）
	测振笔		验电笔		验电笔
			尖嘴钳		

第八条　编制作业设备"专职点检计划"时的标准化

1. 企业作业设备的"专职点检计划"，是企业设备管家中的专职点检员进行作业设备点检时的依据，是专职点检作业"实施计划"。这是很重要的专职点检实施的五要素之一，要由专职点检员在点检作业前，根据"点检技术标准"认真进行编制。因此，列入为点检作业标准化的内容。

2. 专职点检员对所管辖的作业设备各部位的专职点检项目，列出点检周期后，要进行汇总和综合平衡，编制出每天工作量比较平衡的点检计划。在专职点检计划实施中，对作业设备的点检部位、项目内容、点检周期、方法等，都应作出明确的规定。

3. "专职点检计划"不是一成不变的，应随着作业设备状态的变化而随时调整。对"关键设备"的专职点检内容、周期、方法及实施的重要程度，以及"状态受控点"的专职点检内容、周期、方法及实施的重要程度，也要随之调整。专职点检员要根据作业设备运行状态的实际情况，定期对"专职点检计划"加以修改和完善，及时调整其专职点检周期及相应的倾向管理项目的周期。

第九条　编制作业设备"点检线路图"时的标准化

1. 各个产品作业线的作业设备，点检区域都不相同。因此，专职点检时，也要有各自不同的"点检线路图"。专职点检员要根据自己管辖的作业设备对象情况，熟悉其分布范围、专职点检部位、项目等，编制好最合适的"点检线路图"，作为每天依照此"标准化"的线路实施专职点检作业，以达到安全、高效、防止漏检的目的。

2. "点检线路图"编制的原则是：专职点检员所管辖的产品作业线的作业设备，当天的应专职点检的状态受控点项目，在不得有遗漏点检项目的前提下，都必须包括在此点检线路内；所定的点检线路为最短、点检时间最省，尽量避免点检线路的重复，并要注意到点检作业的安全。

第十条　点检检查方法的标准化

1. 专职点检员在现场实施点检时，必须使用点检工器具，结合点检技能、经验，认真地实施点检，及时判断和发现设备故障隐患或劣化现象，提高设备专职点检的命中

率，并及时进行处理。

2. 专职点检员应掌握五感（视、听、嗅、味、触）点检技能的方法及根据经验进行五感点检的有关要领。在实施五感点检的过程中，要依据点检技术标准，认真检查设备，如发现设备出现异常，必须从原理上弄清异常发生的原因，并根据原因，采取正确有效的措施。

3. 设备诊断技术是研究设备故障机理的一门科学，也是从事设备精密点检工作必须掌握的一门技术。专职点检员应了解设备诊断技术的基本构成、有关方法、实施内容、基本程序及相关设备诊断仪器的性能和使用方法。

第十一条 点检作业实施的标准化

1. 专职点检员在实施点检前，应首先搜集和听取作业操作人员或三班运行人员提供的设备信息，并查阅他们的记录。

2. 专职点检员实施专职点检的方式见图 A-2。

3. 专职点检员对在点检的过程中发现的问题应及时记录，力所能及能处理的，如螺钉松动、漏油等，应立即进行处理或调整，并将处理结果及时记入"维修记录表"中。

4. 专职点检员对点检过程中发现的隐患问题，要了解清楚五个方面：

1）在什么时候发生的。

2）在什么地方发生的。

3）什么设备、零部件发生了问题。

4）什么原因引起的。

5）在操作时什么人或设备管家体系中的什么人发现的。

5. 专职点检员对发现的设备问题，要根据有关数据、记录、实际情况及经验进行综合分析研究。若专职点检发现的设备问题不需马上处理的，应将其列入计划检修项目，填写在计划检修项目预定表中。计划检修项目预定表是检修项目的汇总，其中的一部分可以在平时进行检修处理，可以列入"不停产检修计划"中。

6. 点检后，专职点检员应将结果，详细记录在点检作业日志上；若通过点检作业发现"点检技术标准"或"专职点检计划表"有明显不妥之处，应及时予以修正。

第十二条 专职点检员在点检业务中，应搜集以下信息，并根据搜集的信息，把握设备状况，进行分析处理。

1. 点检实施中的点检结果信息。

2. 搜集有关设备故障的信息。

3. 搜集施工部门或专业部门进行的现场检测、解体点检或精密点检的信息。

4. 对"操作方"根据"日常点检计划表"实施的日常点检作业记录所填写的"产品维护表"，进行确认和处理。通过产品维护表，加强对停产与不停产检修项目的管理，使设备的故障或隐患，能及时得到处理，并将有关信息及时反馈给"操作方"。

专职点检员根据以上信息，进行专职点检的关联业务是：

1）修改点检技术标准、润滑作业标准及专职点检计划表。

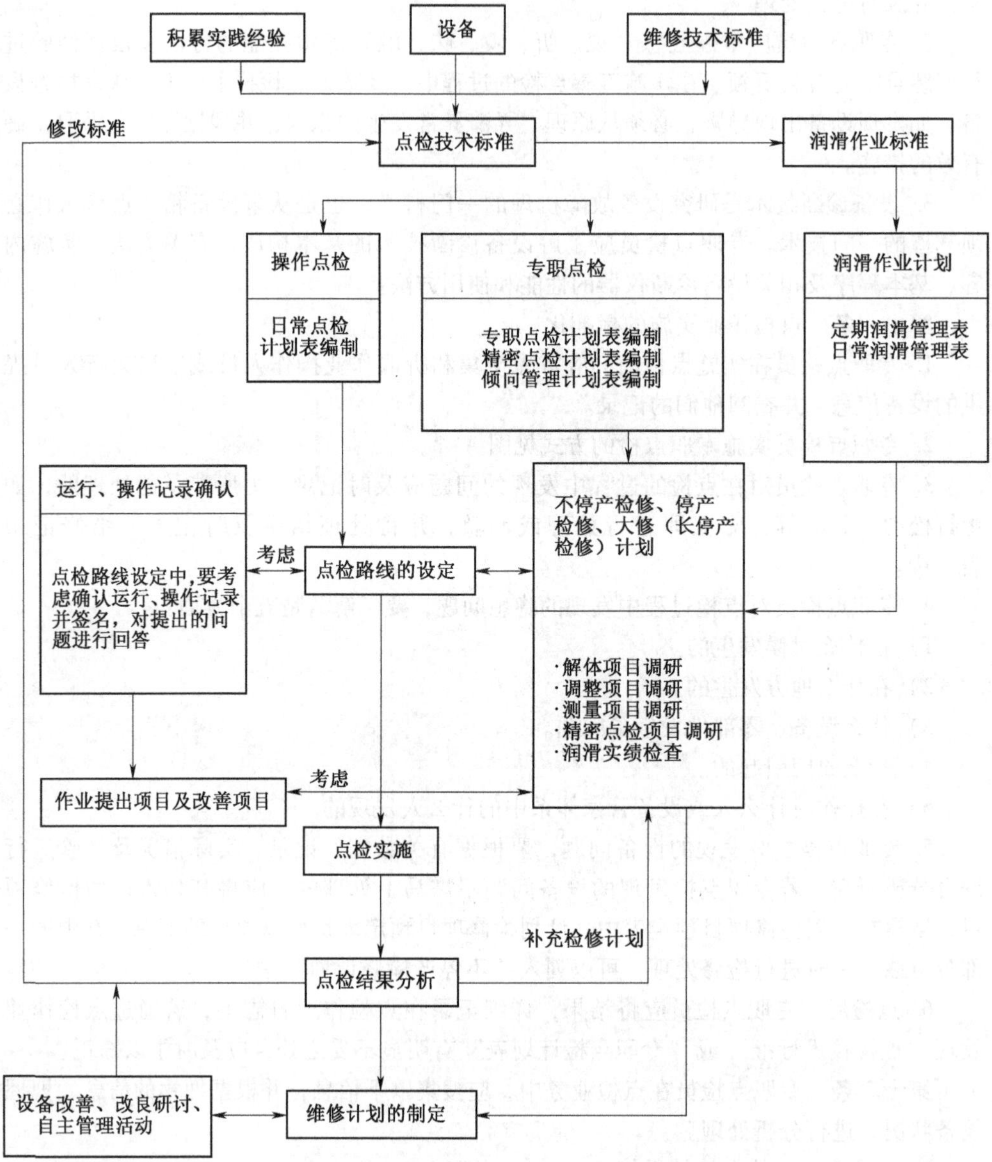

图 A-2 设备管家体系中的点检作业流程

2) 编制修订检修工程项目表。
3) 修改和补充备件消耗、资材需用计划。
4) 对企业计划值、相关指标、停产检修计划提出修改意见。
5) 对设备、资材（备品备件、工程材料），提出改善意见。
6) 对检修工艺及有关维修施工器具的使用，提出改进意见。
7) 对企业的设备管家管理设备的制度，提出改讲意见。

第十三条 专职点检员在实施点检的同时,应结合设备劣化倾向管理、精密点检与技术诊断进行。根据已制定的重要的状态受控点的劣化倾向管理、精密点检计划及设备运转状况的特殊要求,对设备进行精密点检和劣化倾向管理,并做好记录,进行定量分析,掌握机件的劣化程度,达到预知维修状态的目的。

第4章 点检信息化管理标准化

第十四条 点检管理设备的业务流程

专职点检员应按图A-3的点检管理设备的业务流程来开展点检管理业务,认真履行设备管家及专职点检员的职责,并执行"设备管家制"的管理制度。

第十五条 点检信息化台账管理

1. 点检信息化台账包括:基础类、标准类、计划类、实施类、实绩类及管理类六大类的相关台账。

1) 基础类台账,包括:设备编号、设备分类、设备分工、检修分工、各类考核制度等,是建立点检各类信息化台账的基础。专职点检员的基础类台账,必须认真建立和健全,原始资料必须搜集完整,以正确编制点检用的各种标准和计划类台账。

2) 标准类台账,是对设备进行点检、维护、修理、技术管理等标准化作业的基础与重要技术依据。包括维修技术标准、点检技术标准、润滑作业标准、维修作业标准四大标准。

3) 计划类台账,主要是:专职点检计划表、日常点检计划表、精密点检计划表、倾向管理计划表、定期润滑管理表、日常润滑管理表六种账表。

4) 实施类台账,主要包括:检修工程计划表、检修工程综合计划表、工程委托单、备件修复委托单和工程外协单等台账。

5) 实绩类台账,分为:点检实绩和施工实绩两大类台账。点检实绩类,包括:点检作业日志、倾向管理实绩记录、精密点检实绩记录和各级每月设备管理研讨会的分析资料等;施工实绩类,包括:设备维修记录表和资材维修档案等。实绩类台账必须根据实绩,实事求是认真地填写清楚,以便作为作业设备运行状态的原始记录。

6) 管理类台账,主要分为:工程安全管理(各动火证、安全确认书、检修牌)、备件、资材类(机旁备件台账、资材申请采购计划)、维修费用责任成本管理(月备件消耗实绩统计表、月资材消耗实绩统计表)、资产维修档案管理、故障(事故)管理(设备事故报告表、月故障统计汇总)及改善项目与自主管理类(点检改善项目及自主管理汇总表)等台账。

2. 专职点检员对点检信息化台账,要进行系统化管理,并保持其完整性,确保所编制的台账不错、不漏和数据正确,并分类编目、妥善保存。

3. 专职点检员要按"点检专用表格管理细则"的要求,认真编制、填写、管理点检信息化台账,并在点检活动中照章执行,按这种统一的业务流程开展点检活动,为下一步的点检信息化台账,进行计算机管理做好准备。

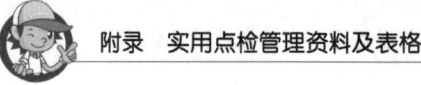

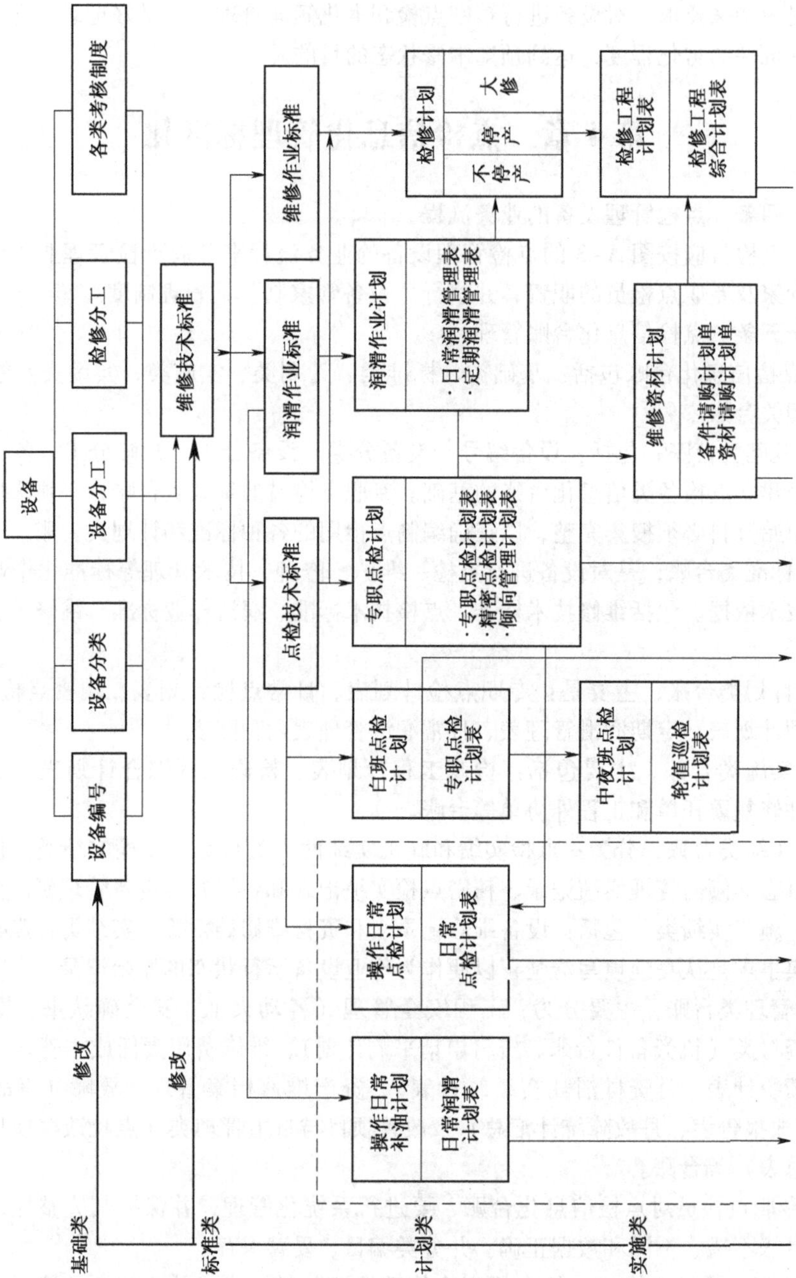

附录 实用点检管理资料及表格

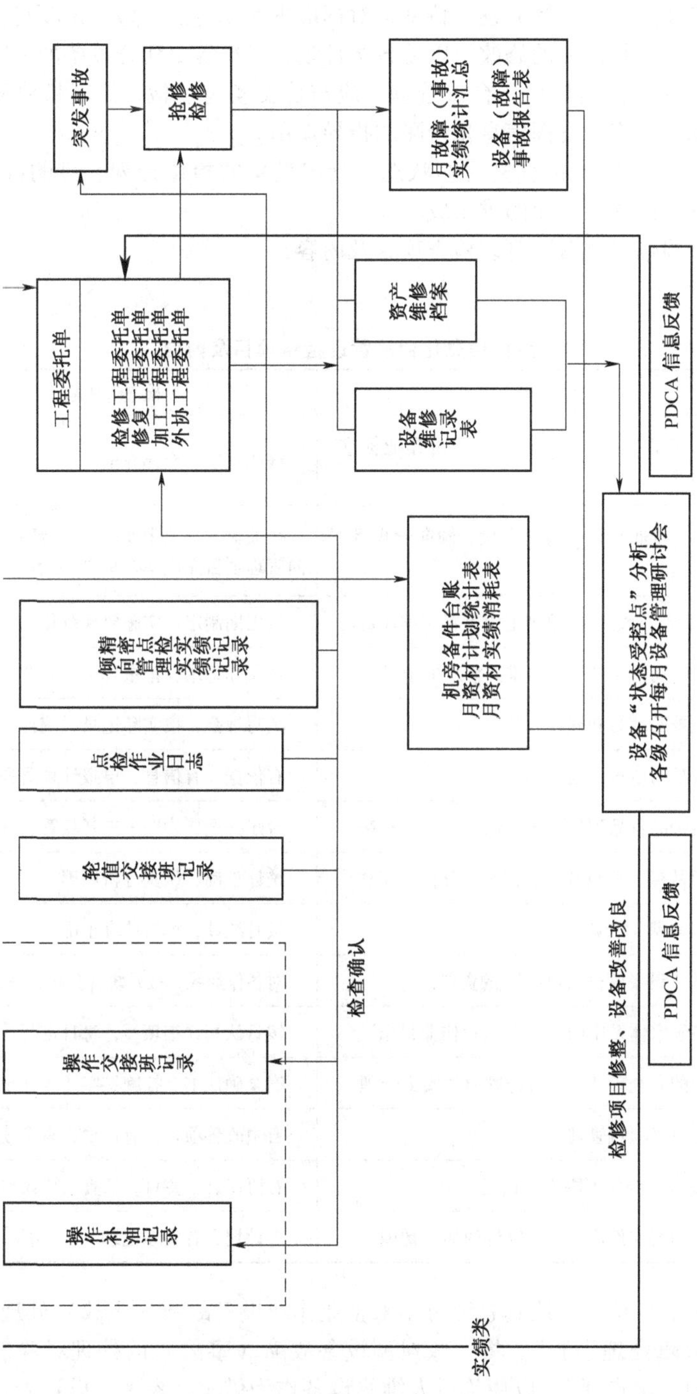

附录 A 企业设备管家点检作业标准化细则

图 A-3 点检管理设备的业务流程

4. 专职点检员对点检信息化台账的管理，要结合点检实绩及设备状态分析的情况，不断总结提高，定期加以修正和完善。特别是对标准中所规定的点检部位项目内容、周期等提出改进意见，进行必要的修改，以使各类计划、标准等更切合设备的实际情况。

5. 专职点检员进行点检信息化台账管理，应与认真实施点检、停产检修做到相辅相成，在点检活动中，充分发挥信息化台账的指导作用。

6. 专职点检员要根据设备点检后的状态，制定设备的检修计划、订购维修备件、资材，防止过维修，以降低企业的维修成本。

第十六条 点检信息化台账管理检查项目及内容

见表A-3。

表A-3 点检信息化台账管理检查项目及内容

序号	检查项目	检查内容
1	维修技术标准、点检技术标准、润滑作业标准、维修作业标准	修改审定、全部齐全
2	润滑管理、专职点检、精密点检、倾向管理等账票齐全	全面制定，按计划实施，精密点检和倾向管理项目完成率在90%以上
3	不停产、停产、大修（长停产检修）的工程计划表	按周期制定，实施要规范化
4	点检记录、润滑实绩管理、维护修理的记录	按实际记录，记录规范、齐全
5	工程委托单的填写和统计	填写规范，按实际记录、统计
6	备件、资材的申报计划	有依据、有信息，申报计划要齐全
7	设立在机旁的备品配件，物、账、卡三者相符	台账齐全，物账卡三者相符、存放整齐
8	每月"月故障、事故统计、记录、分析"工作	统计正确、认真分析原因
9	建立"维修费"台账	按月统计，填写认真正确
10	各级每月"设备管理研讨会"的资料	对各作业线，按月统计分析，有改进对策
11	企业设备管家体系中的"专职点检作业日志"	按日认真详细填写，每日进行检查
12	维修工程的安全确认、三方挂牌检修安全管理	安全确认书、挂牌签字、实施规范
13	设备自主改善项目管理	自主改善项目，有计划、有实绩记录
14	执行"设备维修分工协议"情况	有协议、已签订，认真按协议执行
15	参与离线的零部件修复及修复件的加工管理	有计划、有实绩记录

第十七条 专职点检员应认真总结历年来企业作业设备故障（事故）处理的经验，持续编写"设备故障处理手册"。将一些典型设备故障（事故）的处理经验能相传下来，编成小册子和"单点课"，以便给后人维修设备作为借鉴和参考，以达到快速有效地处理故障，减少企业产品停产时间的目的。

附录 A 企业设备管家点检作业标准化细则

第5章 点检组织停产检修管理标准化

第十八条 由点检组织的作业设备检修管理标准化。首先,要有在停产检修模型指导下的"检修作业流程的标准化",可按以下的科学而可持续的步骤实施。停产检修的全过程,其作业流程标准化,大致可以分为以下"四个阶段"。

1. "工程委托"阶段:包括工程立项、准备及工程委托,见图 A-4。
2. "工程受理"阶段:包括检修方以工程效率班为窗口进行工程受理、现场勘查、工程调查、编制"工程施工进度表"及召开"停产检修会议"等,见图 A-5。

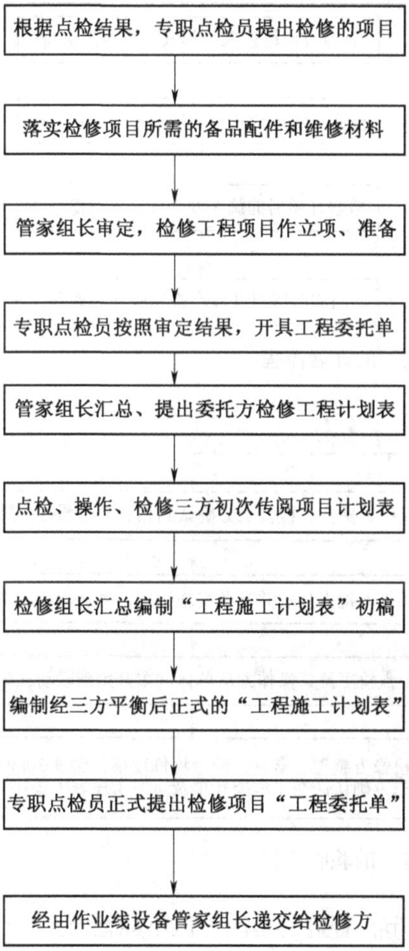

```
根据点检结果,专职点检员提出检修的项目
         ↓
落实检修项目所需的备品配件和维修材料
         ↓
管家组长审定,检修工程项目作立项、准备
         ↓
专职点检员按照审定结果,开具工程委托单
         ↓
管家组长汇总、提出委托方检修工程计划表
         ↓
点检、操作、检修三方初次传阅项目计划表
         ↓
检修组长汇总编制"工程施工计划表"初稿
         ↓
编制经三方平衡后正式的"工程施工计划表"
         ↓
专职点检员正式提出检修项目"工程委托单"
         ↓
经由作业线设备管家组长递交给检修方
```

图 A-4 专职点检"工程委托"流程

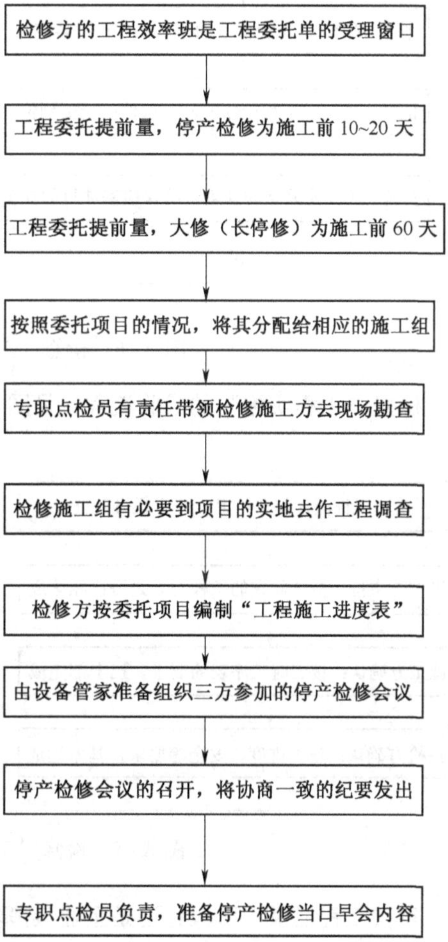

```
检修方的工程效率班是工程委托单的受理窗口
         ↓
工程委托提前量,停产检修为施工前10~20天
         ↓
工程委托提前量,大修(长停修)为施工前60天
         ↓
按照委托项目的情况,将其分配给相应的施工组
         ↓
专职点检员有责任带领检修施工方去现场勘查
         ↓
检修施工组有必要到项目的实地去作工程调查
         ↓
检修方按委托项目编制"工程施工进度表"
         ↓
由设备管家准备组织三方参加的停产检修会议
         ↓
停产检修会议的召开,将协商一致的纪要发出
         ↓
专职点检员负责,准备停产检修当日早会内容
```

图 A-5 检修方"工程受理"流程

3. "工程实施"阶段：这个阶段又可分为"开展流程"和"验收流程"。
检修"工程实施"的开展流程，见图A-6。

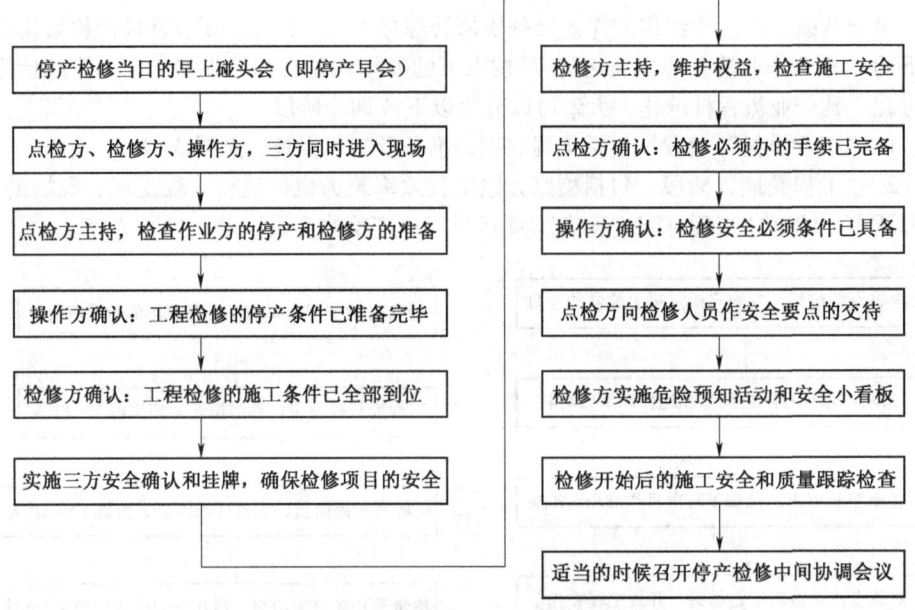

图A-6 检修"工程实施"的开展流程

检修"工程实施"的验收流程，见图A-7。

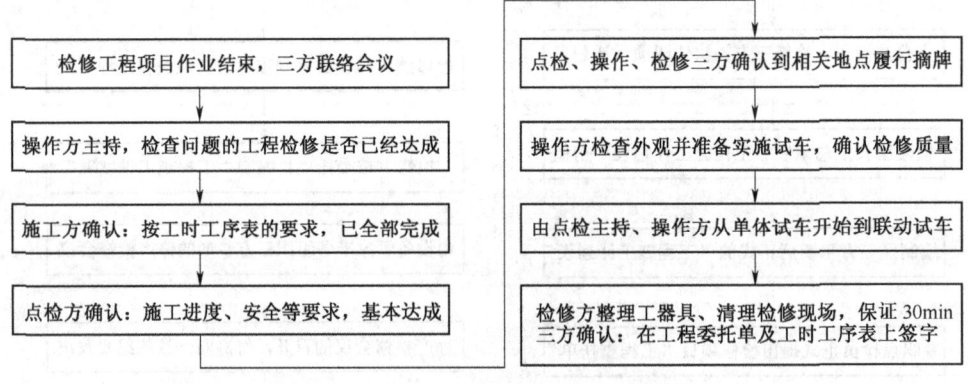

图A-7 检修"工程实施"的验收流程

4. "工程记录"阶段：这是企业最薄弱的环节，普遍的是能干但不能记录。"工程记录"阶段流程见图A-8。

综上所述，是点检组织的作业设备检修管理"内容"上的标准化，它已经涵盖了停产检修的全过程；进一步汇总其作业流程标准化的"四个阶段"，体现在对"时间"上的标准化有明确的要求（见图2.6-14，中间"0"点，表示停产检修当天的起始点）。

附录 A 企业设备管家点检作业标准化细则

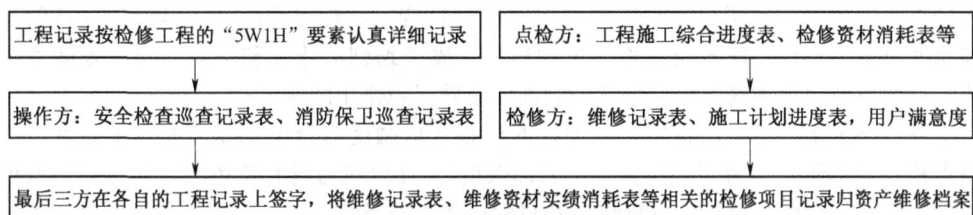

图 A-8 "工程记录"阶段流程

第 6 章 专职点检的培训与测试

第十九条 为了确保作业线设备的基础保障，对企业设备管家体系中的各类点检人员的系统培训，是极其重要的工作。因为，他们是设备的直接管理者，是推进"预知状态、超前管理"的关键。因此，对操作点检、专职点检，必须进行有针对性的专业培训，以满足产品不断发展的需要，确保产品作业的安全、顺行。

第二十条 设备点检员培训的目标，应是增强其适应市场经济的管理思想和意识理念，以及增强其点检专业技能和管理业务素质，以进一步提高点检的效率和作业质量，不断减少产品作业线的停产时间，降低设备故障的维修费用，保持作业设备的功能和精度，确保企业作业设备的安全、顺行。

第二十一条 在应知、应会水平测试、技能强化培训及资格认证的基础上，应会同相关培训部门，编制切合企业产品设备实际的专职点检员管理、技能水平的培训大纲，以进一步提高专职点检员队伍的整体素质。同时，定期进行专职点检员的资格升级考试与复证工作，实现对专职点检员资格确认的规范化和动态管理。

第二十二条 针对产品作业线设备的外协承包作业情况，如：设备点检、维护、检修管理中暴露出来的问题，为此应将外协承包作业的设备点检人员等，一并纳入企业设备管家的管理轨道。同时，切实抓好这些外协承包作业人员的设备点检水平测试工作，通过测试来进行上岗考核和确定对这些人员系统培训的大纲。通过吸纳和培训，来稳住外协承包作业的人员，确保企业外协工作的顺畅。

第二十三条 根据"预知状态维修"的要求，检查专职点检员的点检检测手段、技术方法、业务素质等，是否已落后于形势发展的需求。若要真正把握设备的运行状态，实现预知状态维修，必须给作业线设备管家体系，配备以适量的在线检测、诊断手段，同时，进一步加强对专职点检员的诊断技术的培训。

第二十四条 建立专职点检员"职务"和"资格"的双轨制管理，其内容为：

1. 今后对专职点检员的"资格"不作专门培训，凡符合"资格"者，可由本人提出申请，作业线领导的推荐，在业绩考察的基础上，参加"资格"评审考试，成绩合格者并经综合评定后，由企业主管部门，颁发"等级资格证书"。专职点检员具备"等级资格"后，进一步遵从国家质检总局的"职业资格考核鉴定工作安排"的要求。

2. 专职点检员必须获得国家相应的点检资格认证书，严格按作业线配置上岗，并与"为产品服务、使用户满意"的绩效和薪酬挂钩。实行这种制度,可以为设备管家体系明确努力目标,使各类点检人员的精力,集中到创造业绩和提高自身业务能力上来,从而有效地促进其岗位竞争意识和确保基础保障作用的效果。

第二十五条　结合设备特点和现行的设备管理制度与管理实际,进一步完善"设备点检管理手册"作为"点检员资格培训教材",使之成为具有特色的专职点检员培训教材,为今后专职点检员的资格培训和自学成才创造条件。

第7章　点检作业标准化的推进

第二十六条　企业推进的组织机构

成立企业"点检作业标准化推进委员会",正副主任委员由企业的设备经理、分管设备工作的领导、企业设备管理部门部长担任,委员由企业设备管理部门有关管理处室及各作业线设备管家体系代表组成。"点检作业标准化推进办公室"可设在企业的企管部或工会系统下。

第二十七条　职责

一、企业"点检作业标准化推进委员会"职责

1. 负责组织、领导企业"点检作业标准化推进办公室"及各作业线的点检作业标准化推进工作。

2. 负责对企业点检作业标准化推进工作的重大决策及工作计划的审议。

3. 负责召开企业点检作业标准化推进工作会议及全体委员会议。

4. 审定企业点检作业标准化推进工作中的先进集体及个人的表彰、奖励方案。

二、"点检作业标准化推进办公室"职责

1. 在企业推进委员会的领导下,负责日常的点检作业标准化工作的推进。

2. 负责对各作业线设备的专职点检员的标准化作业情况进行现场检查。

3. 对企业范围内发生的重大"点检作业"事故进行调查,及时牵头组织讨论、剖析,提出下一步推进工作方案。

4. 推进专职点检员队伍整体素质的再提高,做好"优胜劣汰"工作,优化队伍,把点检员引导到有激励机制的竞争中去,不断提高其自身技能及管理业务素质,充分调动各级点检员的工作积极性,以创造更好的点检效果。

5. 组织实施"专职点检员"资格认证工作。

第二十八条　"点检作业标准化"的评比与推进

1. 企业的设备部,代表企业"点检作业标准化推进办公室",每月不定期对企业各作业线设备系统专职点检员的标准化作业情况,进行评比与推进,对每次抽查都能按"点检作业标准化"作业的专职点检员,予以表彰,并与作业线领导的工作业绩挂钩,以"正激励"的方式,鼓励先进,调动积极性。

2. 对评比出"点检作业标准化"不标准的问题,在企业作业线的看板上公示,并责成作业线设备管家体系作出整改,限期验收。

3. 各设备部门室（作业线领导），要加强对专职点检员标准化作业的指导和服务，要建立专职点检员"点检作业标准化"优秀案例档案，并记录在案作为专职点检员业绩考核的依据之一。

4. 对于屡次"点检作业标准化"评比，都在末三位的专职点检员，作为今后专职点检员"资格认证"的降级依据之一。

第二十九条　表彰与奖励

1. 以人为本，要适应市场经济环境，加强对专职点检员队伍标准化作业意识和优胜劣汰、竞争上岗的教育，对点检队伍实行动态管理，形成竞争机制和氛围。

2. 管理引导分配，分配促进管理。各部门室（作业线领导）要严字当头，强化点检作业标准化的评比、表彰力度；要改变传统的、习惯的对员工惩治、扣奖金等"负激励"的工作作风，要鼓励先进，"榜样的力量是无穷的"，要充分调动广大员工的积极性，以先进来带动落后面，使企业点检作业管理登上快车道。

3. 树立"点检作业标准化"中涌现出来优秀点检员典型，给予表彰和奖励，并总结、推广他们的工作经验，编制成小册子，作为广大员工的"单点课"教材。

第三十条　其他事项

一、设备管家体系实施"标准化作业"的八项基本内容

1. 基准标准规范化。

2. 行为动作规范化。

3. 安全工作标准化。

4. 管理方法标准化。

5. 工作时间标准化。

6. 工件程序标准化。

7. 服装标志标准化。

8. 礼仪环境标准化。

二、企业作业现场"标准化作业"活动时，这组"47285135"数字代码的含义

4——实施作业要按P、D、C、A循环的四个阶段；

7——推进标准化作业的七种基本方法；

2——要考虑符合两类标准，即技术、作业标准和制度、管理标准；

8——标准化作业的八项基本内容；

51——5W1H，安排作业的落实（何事、何时、何人、何地、何因和如何做）；
　　51Z0，作业目标的五个一和一个零（安全第一、质量第一、效率第一、一流标准、一流业绩和事故为零）；

3——三个确字（确认、确信、确实）、三方确认（操作方、点检方、检修方）；

5——5M+5S，思考改进的五个方向（人员、机具、原料、方法、环境）；作业完成后五个结尾（整理、整顿、清扫、清洁、素养）。

附录B 点检基本业务表格管理细则

第1章 总 则

点检基本业务表格管理细则是指"专职点检员专用表格及台账管理细则",是企业设备管家体系中"专职点检员"的一项基本责任规定。

一、实施"管理细则"的目的

在企业建立了"设备管家体系"后,本细则适用于设备管家体系中的专职点检员,以及国家质量监督总局正在实施的企业点检资质培训中,将来要去企业担任"高级点检员"岗位职责以上的点检员。

二、实施"管理细则"的意义

通过专职点检员对作业设备管理的"专用表格及台账"编制、对点检设备的认真实施和点检实绩的记录管理,为"专职点检员专用表格及台账"的进一步按计划实施、将点检实绩等输入计算机和实现计算机"无纸化"的管理做准备。这将会有利于企业的"设备管家体系"提升管理设备的业务水平和提高管理设备的工作效率。

第2章 "专职点检员专用表格及台账"的分类、作用和分管

一、专职点检员专用表格及台账的分类、编制依据和编制内容,见表B-1。

表B-1 专职点检员专用表格及台账的分类、编制依据和编制内容

序号	分类	表格名称	编制依据	编制内容	分管	备注
1	基准类	(1) 维修技术标准 1) 通用维修技术 2) 专用维修技术	制造厂家提供的使用说明书、图样、零部件资料 参考国内外同类设备或使用性质相类似设备的维修技术管理参数	电机、变压器等专用设备及其易损件、材质、磨损量,更换周期,点检方法及周期	企业设备管理部门及各技术室	管家体系中的设备工程师编制A、B类设备,企业设备管理部门审核、设备主管批准
		(2) 点检技术标准	维修技术标准部分技术图样和说明书 实际经验结果 同类设备的推荐技术管理参数	机械点检十大要素:压力、流量、温度、泄漏、给脂状况、异音、振动、龟裂(腐蚀)、磨损、松弛等	三位一体的点检方	设备管家体系中的专职点检员编制,管家中的设备工程师审核,设备主管批准

附录 B　点检基本业务表格管理细则

（续）

序号	分类	表格名称	编制依据	编制内容	分管	备注
1	基准类	（3）润滑作业标准	设备使用说明书、图样资料 同类设备可比资料实绩、经验积累 企业设备管理部门推荐的设备润滑及油脂使用技术标准	润滑方式、油脂名称、加油点数量、加油量、加油周期、化验周期等	三位一体的点检方	设备管家体系中的专职点检员编制，管家中的工程师审核、批准
		（4）维修作业标准	设备图样资料说明书 实际施工经验结果 维修技术标准	各类施工方案、安全措施、技术要求	施工方	施工方编制、专职点检员汇总
2	计划类	（1）点检计划划类 1）专职点检计划表	维修技术标准 点检技术标准	专职点检员靠五感或简单工具、仪器，对各类关键设备的状态受控点实施静态、动态的点检	点检方	三位一体中的专职点检员编制，作业线作业长或管家组长审核
		2）日常点检计划表	维修技术标准点检技术标准	作业操作人员进行设备清扫、易损更换、设备紧固、周期调整，简单修复件更换等	点检方	三位一体中的作业操作员编制，作业线作业长或管家组长审核
		3）精密点检计划表	维修技术标准点检技术标准	点检周期大于1年以上的离线、在线解体点检	点检方	三位一体中的专职点检员编制，工程技术人员配合，作业线作业长或管家组长审核
		4）定期润滑管理表	润滑作业标准	设备补油周期大于1个月的润滑点，包括，补给油量周期、更换油的周期、油质检验周期等	点检方	同上
		5）日常润滑管理表	润滑作业标准	设备补油周期小于1个月的润滑点	点检方	作业操作员编制，专职点检员审核
		6）倾向管理、精密点检计划表	维修技术标准点检技术标准	对A、B类设备（关键、重要设备）上的状态受控点，设备管家必须要实施倾向管理及定期精密点检	点检方	专职点检员编制，管家组长汇总，作业长审核，A、B类设备，要求每台单机两类点检项目必须≥2个

231

(续)

序号	分类	表格名称	编制依据	编制内容	分管	备注
2	计划类	（2）施工计划类 1）检修工程计划表	点检后的结果 定期管理的计划项目 倾向、精密点检的结果	企业设备的不停产、停产和大修（长停产检修）的工程计划项目	点检方	管家组长汇总，作业长审核平衡
		2）检修工程综合计划表	检修工程计划表	机、电、仪、土、炉、自动化等产品综合计划平衡	作业区	以机为主体，实施检修工程量的平衡
		3）工程委托单	检修工程综合计划项目	各类修理、项目	点检方	由作业线授权，由专职点检员实施委托
		4）备件修复委托单	各类修复件	修复内容，要求修复周期等	点检方	专职点检编制，作业长审核，备件管理把关
		5）工程外协委托单	各类外协项目	外协修理项目	点检方	专职点检编制，作业长审核，设备管理把关
3	实绩类	（1）点检实绩类 1）点检作业日志	点检计划	设备动静态状况结果 点检一天作业安排情况 故障处理情况	点检方	专职点检员记录，管家组长审核
		2）倾向管理实绩记录、精密点检实绩记录	倾向管理、精密点检计划表	实绩记录整理各类测定记录	点检方	专职点检员编制，管家组长审核
		3）各级设备管理每月实绩综合分析报告	事故（故障）工程项目、维修费用、改善项目、周期管理等各类设备的状态情况	汇总各类设备业务管理情况	点检方	专职点检员编制、管家组长审核 作业长编制 管理组审核
		（2）施工实绩类 1）设备维修记录表	各类维修的项目	按照作业线上单机设备维修时，根据状态受控点维修实绩情况，分别填写	点检方	施工方编制 专职点检员审核

附录 B 点检基本业务表格管理细则

（续）

序号	分类	表格名称	编制依据	编制内容	分管	备注
3	实绩类	2）资产维修档案	A、B类关键设备的状态受控点的动态、静态维修过程记录	状态受控点的维修管理内容： ·工时工序表 ·故障事故统计 ·改善改良项目 ·精密点检记录 ·润滑管理实绩	点检方	专职点检员编制 工程技术人员审核 管家组长认可
4	管理类	（1）安全管理类各级动火证，三方安全确认，工程检修牌	维修工程委托项目及环境的需求	按需求的要求内容填写	点检方	专职点检员负责办理和监督实施
		（2）资材管理类 1）机旁常用备件管理台账	机旁常用备件管理情况	账、物、卡要求一致	点检方	专职点检员编制 操作方协助
		2）资材申请采购计划	工程维修及各类计划上提及所必需的物品	资材包括：备品配件和维修材料的总和	点检方	专职点检员编制，管家组长审核
		（3）责任成本管理类：月资材计划统计表、月资材实绩消耗表	按计划采购和实际消耗编制	按预测计划采购的情况和实际消耗的情况汇总	点检方	专职点检员编制，管家组长审核
		（4）故障、事故管理类：设备事故记录表、设备故障统计表	企业设备故障管理制度	根据故障、事故的实绩记录汇总	点检方	专职点检员编制，管家组长审核
		（5）改善及自主管理类：设备管家改善项目及自主管理的汇总表	企业各项相关的管理制度	改善计划、完成日期、落实情况、效果情况	点检方	专职点检员编制，管家组长审核

233

二、"专职点检员专用表格及台账"建立的依据

根据：企业"产品作业线和普通作业线上设备状态受控点"的状态；维修、故障和事故实绩分析中发现的规律；必须由企业"设备管家体系中的专职点检员"实施必要的作业和设备运行中总结出作业设备经常检查项目、内容等要求，将以上内容汇总而成的基准类、计划类、实绩类和管理类四大类的点检基本业务"表格"，是专职点检员实施该台设备点检时所必需的项目。再将同类型的"表格"装订起来，即称之为该台设备的"台账"。这就是"专职点检员专用表格及台账"的内容。

三、"专职点检员专用表格及台账"管理的推进

"专职点检员专用表格及台账"的内容、规格统一以后，企业"设备管家体系"中的"专职点检员"，应对所管辖的设备或再新添的作业设备，一律按统一要求，使用上述的表格，即指：要按维修技术标准（机械）、点检技术标准、润滑作业标准和维修作业标准四类基准、计划类、实绩类和管理类四大类管理标准等来实施。这点应作为一项基本责任规定来对待。

第3章 "专职点检员专用表格及台账"的内容要求

首先明确表格及台账的内容要求如下，而14种表格填写说明详见附录C。

一、维修技术标准（机械）要求记录

作业设备及装置名称、部位简图、零件名称、材质、维修标准（包括图样尺寸、图样间隙、劣化极限的容许量）、点检方法和点检周期（或更换或修理周期），其中有"检修方"要特别注意的事项及零、部件要素等。

二、点检技术标准（M、E、I通用，即机、电、仪通用，下同）要求记录

根据企业作业设备各部位的结构特点，详细地规定了专职点检员点检作业的基本事项，包括：点检部位、点检项目、点检内容、点检周期、点检分工、设备点检时的状态、点检方法、点检技术标准等。"点检技术标准"是各个点检员对设备进行预防检查的依据，是编制各种点检计划的基础。

三、润滑作业标准（M、E、I通用）要求记录

"润滑作业标准"是企业设备管家实施设备润滑工作的依据，详细规定了润滑设备的名称、装置名称及对其管辖的润滑作业的基本事项，包括润滑部位、润滑方式、油脂牌号、润滑点数、润滑的补给油量与补油周期（或润滑的更换油量与更换周期），以及润滑作业的分工（操作、专职和检修人员）等。

四、维修作业标准（M、E、I通用）、"工时工序表"及"维修记录统计表"要求记录

"维修作业标准"是用"工时工序表"的形式来体现的。"维修作业标准"的形成，有一个过程，即先有"工时工序表"，他是记录每个维修点的作业记录，积累了若

干个"工时工序表"后，就可以进行定量研讨会，通过研讨后确定比较合理的定额，这就是"维修作业标准"。

设备维修工程的"工时工序表"要求记录：以企业产品作业线及普通作业线中的单台、单机设备为单位，专职点检员对所管辖设备的维护、修理、更换等工程项目的名词、内容、类别（不停产、停产、大修（即长停产检修）、周期、非周期作业等）特别是维修作业的"工时"和"工序"等，要认真地填写。维修工程及检修情况，工时工序的实绩情况，每年进行一次总结，有利于专职点检员素质的提高。"工时工序表"是对国内外许多优秀企业实施的相关表格的归纳、汇总，去其糟粕加以优选而成，作为专职点检员和检修方必须认真地予以实施。

"维修记录统计表"要求记录：设备管家中的专职点检员对于委托"维修方"实施工程维修项目，按每个月进行统计该项目所属的设备编号、项目内容、设备名称、施工者及工时实绩等。

企业的专职点检员，在"维修作业标准"形成过程中，先要编制以下两个方面的内容：其一是，作为设备管家，在给"检修方"下达检修项目委托时，要明确地提出"检修的要点和验收条件"等相关的要求，必须以"工时工序表"的形式来转达；其二是，当"检修方"完成检修项目时，必须由检修方负责填写并上交给设备管家中的专职点检员一份，也是以"工时工序表"的形式体现，称之为"维修实绩记录表"。专职点检员要加以保存，并定期参加"工时工序表"的定量研讨会，经过讨论，即形成维修作业的定量数据，这就是标准的"工时工序表"，也就是"维修作业标准"。可见，这个"维修作业标准"仅仅适合于本企业，即使是同一个检修项目、同类型的企业，在定量数据上，也仅能供参考。

"维修作业标准"要求记录：设备名称、工程名称、总工时数以及组成总工时数的主要施工人员的数量和工时数，主要工器具及规格型号；作业要求及验收条件、危险预知、施工安全、维修资材（即备品配件和维修材料），还有工程施工的工序记录等。

五、专职点检计划表（M、E、I通用）要求记录

根据"点检技术标准"，对产品作业线设备中的关键设备上的状态受控点，专门编制的专职点检计划表，是通过专职点检员，凭五感点检方式或简单工器具、仪表，对该设备上，编制十大机械点检要素：压力、温度、流量、泄漏、润滑状况、异音、振动、龟裂（折损）、磨损、松弛的点检诊断的内容。通常，专职点检员对该状态受控点的点检周期为：从1天（d）到1个月（m）。

六、日常点检计划表（M、E、I通用）要求记录

由作业操作方，根据"维修技术标准"规定及图样资料推荐，加上平时观察积累的经验，编制出作业设备的日常清扫、周期调整、周期紧固、周期零部件更换等项目。点检周期为1小时（h）到1天（d）。

七、精密点检计划表（M、E、I通用）要求记录

"精密点检"：企业设备管家体系中的专职点检员，对所管辖的产品作业线设备的

附录　实用点检管理资料及表格

运行状态，通过使用工具、仪器和仪表，实施检查和测试，作图分析、定量地掌握其运行参数的具体数值，对其异常振动、应力、温升、电流、电压部位、程度及产生的物理化学机理，进行识别并预测其劣化趋势的技术，以判断其维修和调整的及时性和必要性。"精密点检的周期"根据有关规定和要求确定。这种对状态受控点由专职点检员提出委托、请设备管家体系中的工程技术人员参与，具体由检修方实施用工具、仪器和仪表的检查，称为设备状态受控点的劣化"精密点检"。

专职点检员根据"维修技术标准"规定及图样资料推荐，加上专职点检员平时积累的经验，会同设备管家体系中的工程技术人员，共同编制出作业设备的周期离线、在线解体点检、周期诊断、不定期的精密检测及倾向管理等项目。精密点检的周期通常为 1 年（y）或更长。

八、倾向管理表（M、E、I 通用）要求记录

"倾向管理"是对设备状态控制点的点检数据，随着时间的推移，进行记录并作统计、分析，找出其劣化的规律，是实行状态检修的一种设备管理方式、是设备状态定量分析管理的一个重要的组成部分。

"倾向管理"要根据"维修技术标准"规定及相关资料的推荐，由企业设备管家体系中的专职点检员，对其所管辖产品作业线上其关键设备（或有必要管理的普通作业线上的重要设备）上的状态受控点，找出其状态劣化发生的原因和劣化发展的规律、控制其劣化变化倾向，定量掌握其状态变迁和保障寿命，称为设备状态受控点的劣化"倾向管理"。

设备状态控制点倾向管理的目的：跟踪关键设备、状态控制点的劣化趋势，评估设备的运行状态状况，以判断设备的保障性，为设备的停产检修（消除劣化）决策提供科学的依据。

实施"倾向管理"的步骤：

1. 根据"设备管家"在点检过程中，在对产品作业线上的关键设备及其状态受控点的点检中，选择其中最重要的部位，作为倾向管理的"对象物"。

2. 建立一个"坐标系统"，横坐标表示时间或与时间相关的数值，纵坐标表示该状态受控点的点检数值。

3. 运行中，对该状态受控点项目的状态，实施跟踪。

4. 确定一个周期（能够明显分辨出该点状态变化的两次测定间的时间）。

5. 设备管家按确定时间认真实施点检、测定其数值，并将其反映到上述的坐标系统中。

6. 连续不断地测定，将各点连成线，体现状态走向。

倾向管理表以企业设备管家中的专职点检员为责任人，负责填写编制，实绩记录有专职点检员或管家组长保管。周期由 1 月（m）到 4 年（y）不等。

九、定期润滑管理表（M、E、I 通用）要求记录

根据"润滑作业标准"规定及资料推荐，以及三位一体的点检方平时积累的经验，编制出管家所管辖作业设备的"润滑油脂更换量及周期、油脂检验周期以及大于 1 个月

的补油周期"的润滑作业计划和实施情况,还适用于设备补油周期大于1个月的项目。如补油、换油工作量较大,需要检修方协助的,则由专职点检员进行委托,按工程项目的形式予以实施。

十、日常润滑管理表(M、E、I通用)要求记录

根据"润滑作业标准"规定及资料推荐,以及作业操作方平时积累的经验,编制出所管辖设备其补油周期≤1个月(M)的点和项目的润滑作业计划和实施情况。根据分工协议,设备补油≤1个月的日常项目也可用该表。此类润滑管理,适用于手动以及岗位员工就力所能及点的润滑项目。

以上十种是"点检管理"常用的业务表格,为企业设备管家体系的主要点检实务表格,由专职点检员或管家组长编制,由企业产品作业线的作业长审核确定。

以下四种是"实绩管理"常用的统计表格,为企业设备管家体系的主要实绩统计表格,由专职点检员或管家组长统计,供企业产品作业线的作业长考核之用。

十一、机旁常用备件管理台账(M、E、I通用)要求记录

对构成企业在机旁的常用备件,进行台账管理,要求状态受控点常用的消耗备件的账、物、卡记录必须一致。对常用的一些零星小件(密封、软管、接头、V带等),则可以以各种专业类别,进行登录。

十二、月资材统计中的"备品配件消耗表"(M、E、I通用)要求记录

以企业设备管家体系中的专职点检员为单位填写,通过对本月备品配件的消耗汇总、统计分析,以追求设备资材合理的寿命周期,最终降低资材购置费用的最佳化基础管理工作。

十三、月资材统计中的"维修材料消耗表"(M、E、I通用)要求记录

以企业设备管家体系中的专职点检员为单位填写,通过对本月维修材料的消耗汇总、统计分析,以追求设备资材合理的消耗周期,最终降低材料购置费用的最佳化基础管理工作。

十四、资产维修档案(M、E、I通用)要求记录

企业对A、B类设备的状态受控点的维修管理内容、工时工序表、故障事故统计、改善改良项目、精密点检记录、润滑管理实绩、每月的设备管理研讨会报告等资料,是企业设备的终身档案,必须要认真记录和保存。

第4章 "专职点检员专用表格及台账"自我管理的检查项目、内容及评定标准

一、企业设备管家体系中专职点检员的自我检查项目和检查内容

按企业产品作业线设备划分的设备管家中的专职点检员实施的点检作业项目;再根据历年来企业对设备状态要求和掌控的实绩汇总,归纳了以下共计15项,作为自我检查项目及内容,见表B-2。

表 B-2　专职点检自我检查的项目和内容

序号	检查项目	检查内容
1	维修技术、点检技术、润滑作业、维修作业标准	修改审定、全部齐全
2	润滑、专职点检、精密点检、倾向管理等账票齐全	全面制定，按计划实施，精密点检和倾向管理项目完成率在90%以上
3	不停产、停产、大修（长停产检修）工程计划表	按周期制定，实施要规范化
4	点检记录、润滑实绩、工时工序表的收集和汇总	按实际记录，记录规范、齐全
5	工程委托单的填写和统计	填写规范，按实际记录、统计
6	备件、资材的申报计划	有依据、有信息，申报计划要齐全
7	设立在机旁的常用资材，其物、账、卡三者相符	台账齐全、物、账、卡三者相符、存放整齐
8	每月"故障统计记录卡"的汇总分析工作	统计正确、认真分析原因
9	建立"维修费用及成本"记录台账	按月统计，填写认真正确
10	参加每月的"设备管理研讨会"及做好表格资料准备	各作业线按月统计分析，有改进对策
11	企业设备管家体系中的"专职点检员作业日志"	按日认真详细填写，每日进行检查
12	维修工程的安全确认、三方挂牌的检修安全管理	安全确认书、挂牌签字、实施规范
13	设备自主管理的改善项目，开展学习型设备管家活动	自主管理改善项目，有计划和实绩记录
14	设备管家体系中的"设备维修分工协议"执行情况	有协议、已签订，认真按协议执行
15	参与"离线的零部件修复及修复件的加工管理工作"	有计划、有实绩记录

二、企业设备管家体系中专职点检员工作的自我评定标准

1. 企业设备管理的四大标准都齐全，专职点检员能够掌握、使用，并结合实际，能主动、定期对全部标准，进行审定并有修改者，自评为优；三大标准中（点检技术标准、润滑作业标准、维修作业标准），其中，都没修改，为不合格。

2. 每次对周期计划项目、专职点检、精密点检、倾向管理的平均完成率达到90%以上者，自评为优；以上各项平均完成率，在75%以下，为不合格。

3. 对企业的不停产、停产、大修（长停产检修）工程计划表，根据各表填写的要求，能认真填写并规范实施者，自评为优；未按要求填写或者有缺项（2项以上）者为不合格。

4. 专职点检员日志记录规范、齐全、润滑实绩记录、资产维修记录清楚、齐全者自评为优；点检记录不齐全，润滑实绩及资产维修记录填写漏项（3项以上）者为不合格。

5. "工程委托单"按规范化填写，按实际施工工时记录，并有认真确认者，自评为优；填写不规范（2项以上），无实际施工工时，未经亲自确认者为不合格。

6. 能掌握状态受控点的状态信息，并资材申报计划齐全者，自评为优；计划信息

项中缺 1 项或执行中不按时完成者，均为不合格。

7. 机旁常用资材的物、账、卡齐全，三者相符，资材存放整齐者，自评为优；三者不相符（3 项以上），资材存放不整齐者为不合格。

8. 月故障、事故统计、分析，必须原因有分析，能加强事前预案准备并有"危险预知、故障预案"措施的，明确责任者，提高责任心，对于重大事故有处理意见者，自评为优；填写不认真或缺项，"设备故障统计记录卡"缺 1 项者为不合格。

9. 建立"维修费用及成本"台账（对每月的资材、人工费及消耗，能认真按月统计、填写准确者，自评为优；填写缺项者（3 项以上）为不合格。

10. 定期召开"设备管理研讨会"，按企业产品作业线，填写实绩分析表，各设备管家组有月实绩分析，并表格化者，自评为优；填写缺 1 项，统计不准确（2 项以上）为不合格。

11. "专职点检员作业日志"填写清楚，能反映专职点检员每日的工作情况，并有自我检查者，自评为优；反之填写马虎，不能反映每天点检情况，记录不全（3 天以上），没有自我认真检查者（3 次以上）为不合格。

12. 维修工程安全确认、三方挂牌、安全管理、实施规范者，自评为优；维修工程安全，未经三方确认签字的发现 1 项者即为不合格。

13. "设备改善项目"管理有计划、有实绩，记录并开展学习型设备管家活动详细者，自评为优；无计划、无实际情况并没有学习型活动者，自我评定为不合格。

14. 操作方与点检方签订点检分工协议，操作方日常点检，能按协议执行，点检方对操作方能够进行指导者，自评为优；不能按协议执行者为不合格。

15. 修复件、加工件管理有计划、有实绩，记录齐全，自评为优；无计划、无实绩、无记录或漏记者（2 项以上）为不合格。

三、专职点检员专用台账的自我评定标准

企业设备管家体系中的"专职点检员"专用台账的评定标准，见表 B-3。

表 B-3 "专职点检员"专用台账的评定标准

自我评定人（作业长、点检方）	自我检查项目（共 15 项）	自我评定标准		
		优	合格	不合格
		15 项，自评为优者	13 项，自评为合格者	3 项，自评为不合格者

自我评定标准的说明：

1. 进入社会主义市场经济环境下，企业领导对员工的管理，要与时俱进，要想方设法调动广大员工的积极性。所谓"领导"就是"服务"，领导要改变传统的、习惯的，把员工看成为"工具"，实施"考核过程"并常用"负激励"的方法，采用高压政策，动不动就扣奖金，使员工失去了"做人的尊严"，丧失了最活跃的工作积极性，应该看到"使员工满意比使顾客满意更重要"，试想，员工心态都不好，如何能做出使用户满意的产品。

因此,当今优秀企业的领导,要"管企业的发展方向、要让员工协调一致、要激励广大员工",要"指导员工作业的过程、考核员工作业的结果"。

作为企业的设备管家,企业领导要放手,将产品作业线设备托付给他们,当然,领导还是领导,这样,就形成了两个积极性的双赢局面。这里,采用专职点检员"自我评价"的方法,发挥自我管理的能力,而考核的是企业产品的订单和合同完成的情况,即设备管家体系对企业产品的"保障程度"。

2. 作为企业的设备管家,其责任就是要把家"看好",就是要和企业的其他各个团队,共同努力"为企业的产品服务"。因此,设备管家体系的评定,是采用"自己和自己比"的自我判定的原则,即企业的设备管家体系中的三部分人员,每个月按上述的方方面面,自己给自己打分,不断地严格要求自己,不断地使"用户满意",以达到"企业信得过、用户满意高、自己心无愧"真正的、优秀的、有效的企业设备管家团队;

3. 实行"过程由各个管家来控制、结果由企业产品做结论"的方针,设备管理业务,由企业的设备管家体系实施"自我评定"的原则,评定标准,分为优良、合格、不合格三个自我评定业务等级,企业是根据或按照月度、季度或年度的产品订单、合同完成的情况,来进行综合分析和奖惩考核。

4. 对企业产品作业线上的作业长、管家组长和其专职点检员等级的评定,取决于对企业的设备管家体系所管辖的设备,必须达到对产品的保障程度,即被评为优秀者,其设备状况必须达到产品作业的用户满意。若设备管理业务评为优秀而设备状况仅达合格等级,则只能评为合格班组,反之亦然。

附录 C　点检 14 种常用表格的形式及其填写方法

第 1 章　设备管家点检管理常用的"10 种表格"填写说明

一、基准类

1. "维修技术标准（机械）"表格填写说明

（1）编制依据

1）制造厂提供的设备使用说明书和图样。

2）参考国内、外同类设备或使用性质相类似设备的维修技术管理。

（2）作表要领

1）对 A、B 二级设备，都要进行编制。

2）设备名称栏：填写单项设备的中文名称。

3）装置名称栏：填写作业设备名称。

4）设备编号栏：填写企业作业设备的编号。

5）画出装置的示意图，标出装置中需要点检部位的名称及代号和易损部件的名称及代号，在备注栏内，要填写部件安装要求。

6）件名栏：填写易损更换件、修理件或修复件名称。

7）材料栏：填写易损更换件、修理件或修复件材质。

8）维修标准栏：填写易损件、修理件或修复件图样上所标注的主要尺寸，以及该零件和相关联的零件之间主要标准装配间隙和该零件的劣化极限允许值。

9）点检或检修栏：填写易损件、修理件或修复件点检的方法和周期时间。

10）更换周期栏：填写易损更换件、修理件或修复件更换周期时间。

11）编制栏和审核栏：A、B 类设备的"维修技术标准"，由设备管理部门技术人员编制，企业设备管理部门有关技术室审核，或由企业设备管家中的设备工程师编制，企业设备管理部门审核，设备主管批准（供参考）。

12）各产品作业线单位负责人批准（供参考）。

（3）标准分类　维修技术标准（机械）可以分为：

1）通用类设备的维修技术标准：如泵、罐、管道、空压机、传动带等类，由大类再分为小类，如泵类中可以分为离心泵、柱塞泵、叶片式泵等，再按作业表要领分类填写，越细越好。

2）国家规定特种设备的法定检查标准：如压力容器、起重机械设备等，检查周期、方法及劣化允许值（按国家规定数值）。

3）专用类设备的维修技术标准：如轧机压下、轧机传动、转炉氧枪提升等装置，按作表要领填写。

（4）其他要求

1）根据已有资料，要求尽量填写数据正确，名称完整，字迹清楚。

2）结合点检实际经验，对维修技术标准不断充实、完善和修改。

3）新增设备及技措改造后设备，维修技术标准要进行修改或增补。

表 C-1 为维修技术标准（机械）表格，其上面的，为空白表格的形式，下面就是案例企业初轧机推床上传动减速机的"维修技术标准"的实例。

表 C-1　维修技术标准（机械）表格

设备名称：2)　　装置名称：3)　　设备编号：4)　　编号：　　修改码：

部位简图	件名	材料	维修标准			点检或检修		更换周期	备注
			图样尺寸	图样间隙	允许量	方法	周期		
6)	7)	8)	8)	8)	8)	9)	10)	5)	

编制：_____　审核：_____

（续）

设备名	初轧机推床		装置名	传动减速机					
部位简图		件名	材料	维修标准			点检或者检查		备注
				图样尺寸/mm	图样间隙/mm	允许量	方法	更换周期	
		①小齿轮	SCM4	$M=10$ $N=17$ $PCD=170$	齿侧隙 0.29~1.15	齿厚磨损 20%	测定	2y	
		②大齿轮	S45C	$M=10$ $N=109$ $PCD=1090$		齿厚磨损 30%	测定	2y	
		③小齿轮	SCM4	$M=16$ $N=87$ $PCD=304$	齿侧隙 0.38~1.17	齿厚磨损 30%	测定	2y	
		④大齿轮	S45C	$M=16$ $N=19$ $PCD=13.92$		齿厚磨损 30%	测定	2y	
		⑤轴承	SUJ2	23072RW 33C-CS	0.34~0.45	1.130	测定	2y	
		⑥轴承	SUJ2	23044RW 33C-C3	0.22~0.29	0.730	测定	2y	
		⑦轴承	SUJ2	23128RW 33C-C3	0.145~0.19	0.480	测定	2y	
		⑧齿接手	MT-CCA470			齿厚磨损 30%	测定	2y	

注：y：年。

2."点检技术标准"表格填写说明

（1）编制依据。

1）维修技术标准。

2）同类设备的实绩资料。

3）设备使用说明书和技术图样。

4）实际经验。

（2）作表要领

1）对A、B二级设备都要进行编制。

2）设备名称栏：填写单项设备的中文名称。

3）序号栏：填写点检项目的顺序号。

4）设备编号栏：填写企业作业设备的编号。

5）部位栏：填写该部件可能发生劣化的检查部位，可以分：滑动部分、回转部分、传动部分、与原材料接触部分、荷重支撑部分、受介质腐蚀部分、电气包括绝缘、电动机参数精度控制、监测的稳定性等的检查。

6）项目栏：填写该部件劣化检查项目，如回转部分的轴承、传动部分的齿轮或齿条、解体检查。

7）内容栏：填写该机械部件劣化检查项目中诊断的十大要素：压力、流量、温度、泄漏、异音、振动、给油状况、磨损、松弛、裂纹（腐蚀）等。

8）点检周期栏：按分工协议的规定，确定出专职、日常、精密点检的周期。专职点检的周期，可先设定一个具体值，以后，再逐步进行修正和完善。

9）点检分工栏：严格按分工协议区分项目、内容、属性。

10) 设备状态栏：该项目、内容的点检状态，即在什么状态下点检。

11) 点检方法栏：该项目、内容的点检方法，可在相应格内打"√"或"0"做记号。

12) 点检标准栏：填写定性量或定量数据，如"无破损"属定性量，"温度≤75℃"为定量数据。

13) 编制栏：由专职点检员编制并签名。

14) 审核栏：由产品作业线的作业长审核并签字。

(3) 标准分类

1) 该表适合于企业设备管家中的专职点检员（M、E、I通用）的使用。

2) 该表可以分为：

① 通用类设备的"点检技术标准"，适合与如传动带机、泵、直流电动机、交流电动机、变压器、开关等类，由大类再编制小类，如传动带机可以按传动带宽度不同、传动方式不同、配重方式不同、传动带形式不同分类，再按作表要领填写，越细越好。

② 国家规定特种设备的法定检查设备，如压力容器、安全阀、起重设备等，国家法令有规定的按规定编制。

③ 专用类设备的"点检技术标准"，按作表要领填写。

(4) 其他要求

1) 在现有的资料中，要求尽量填写数值正确，名称完整，字迹清楚。

2) 在编制中，首先编制该部件凭"五感检查"的内容。其次是编制周期管理项目内容，有清扫、紧固、调整、解体检查、更换件、循环修复品件。在编制"精密点检"的内容，如测振、探伤等，有三方面的内容为完整内容。

3) 对增补设备、技措改造设备应及时制定"点检技术标准"，并要考虑到同类设备因使用环境不同，其"点检技术标准"也应不同。

4) 每年通过P、D、C、A循环总结，不断修改完善"点检技术标准"。

表C-2为"点检技术标准"的表格，详见如下。其上面的，为空白表格的形式，下面就是案例企业初轧机压下装置的"点检技术标准"的实例。

表 C-2 "点检技术标准"表格

设备名称：___(1)___ 设备编号：___(2)___ M、E、I通用 编号：___ 修改码：___

序号	部件编号	部位	项目	内容	点检周期			点检分工			设备状态			点检方法							点检标准
					专职	运行	生产	专职	运行	生产	运转	停止		目视	手摸	听音	敲打	嗅觉	介质	精密	其他	
3	4	5	6	7	8			9			10			11								12

编制：___(13)___ 审核：___(14)___

附录 C 点检 14 种常用表格的形式及其填写方法

（续）

设备名称			初轧机		装置名			压下装置					
序号	部位	项目	内容	点检周期	分工			状态		点检方法					点检标准	备注
					操作	运行	专业	运转	停止	目视	手摸	听音	打诊	精密	其他		
1	减速机	箱体	螺栓、松动	1m		○	○		○				○			无松动	
			油量	1d	○	○	○		○	○						规定范围内	
			泄漏	1d	○	○	○		○	○						无泄漏	
			龟裂、损伤	6m		○			○	○						无龟裂、损伤	
			配管损伤	1d	○	○	○		○	○						无损伤	
		蜗轮蜗杆	磨损	6m			○		○					○	测定	无异常磨损	
			损坏	3m			○		○	○						无损伤	
			齿接触	3m			○		○					○	测定	规定范围内	
			异音	1w	○	○	○	○				○				无异声	
			给脂状态	1d	○	○	○	○		○						良好	
		齿轮	磨损	3m			○		○					○	测定	无异常磨损	
			损坏	3m			○		○	○						无损坏	
			异声	1d	○	○	○	○				○				无异声	
		轴承	损坏	3m			○		○	○						无损坏	
			温度	1d			○				○					室温 +40℃	
			振动	6m		○	○			○						无异常振动	

注：m：月、d：天、w：周。

3. "润滑作业标准"表格填写说明

（1）编制依据

1）设备使用说明书。

2）同类设备实绩要领。

3）企业设备技术部门推荐的设备润滑及油脂使用技术管理值。

（2）作表要领

1）序号栏：填写设备名称的顺序号。

2）设备名称栏：填写单项设备的中文名称。

3）分部设备栏：填写该设备的名称，如滚道、滚筒、压下装置、传动装置等。

4）场所栏：填写该设备分部设备所需润滑场所，如轴承、滑道、衬板等。

5）润滑方式栏：填写该部件润滑场所的方式，如手动给脂、手动集中给脂、自动给脂等。

245

6)润滑牌号栏:填写润滑油的牌号。

7)润滑点数栏:填写所需润滑的。

8)补充油、更换油标准栏:填写补充油或更换标准油量,以升为单位。

9)周期栏:填写时间(h——小时、s——班、d——天、w——周、m——月、y——年)。

10)分工栏:严格按企业设备管家体系中的分工协议的规定,进行填写。

11)备注栏:填写附加说明。

12)编制栏:由专职点检员编制并签名。

13)审核栏:由产品作业线作业长签字。

14)对A、B、C、D四级设备都要编制润滑作业标准。

(3)标准分类

1)该表适合于企业设备管家中的专职点检员(机、电、仪通用)使用。

2)该表可以分为通用设备类,如皮带机、空压机、泵等大类,再由大类分小类编制,越细越好。

3)由设备技术室推荐的液压润滑标准。

(4)其他要求

1)在现有的资料中,尽量要求填写名称完整,数值正确,字迹清楚。

2)对于增补或技措改善的设备,要补上润滑作业标准。

3)通过P、D、C、A工作循环,不断完善润滑作业标准。

4)编制顺序:首先编制企业单机作业设备的补油标准和更换油脂标准;然后,编制容积大于500L的供油部位(需要进行油脂化验的)的化验油标准。

表C-3为"给油脂作业标准"表格,详见如下。其上面的,为空白表格的形式,下面就是案例企业2#初轧机的"给油脂作业标准"的实例。

表C-3 "给油脂标准"表格

(M、E、I通用)

编号:
修改码:

| 序号 | 设备名称 | 装置名称 | 润滑场所 | 润滑方式 | 润滑牌号 | 润滑点数 | 补充油标准 | | 更换油标准 | | 分工 | 备注 |
							油量	周期	油量	周期	点检、运行、操作	
1)	2)	3)	4)	5)	6)	7)	8)		9)		10)	11)

编制 12)　　　　　审核 13)

附录 C 点检 14 种常用表格的形式及其填写方法

（续）

设备名		2#初轧机	装置名									

设备名称	装置名称	给油脂部位	润滑方式	油脂牌号	润滑点数	给油脂标准		更换标准		分工		
						量	周期	量	周期	操作	运行	检修
2#初轧机	驱动装置	上下接轴轧机侧油包	GE	OMALA460	2			140L	1m			○
		下接轴平衡弹簧箱	GE	PELI-2	2			10kg	6m			○
		轴向调整链接手	GE	PELI-2	2			50kg	3m			○
		轴承	CA	PELI-2	49	245g	1/3h			4*给脂		
		接轴滑块	CL	GEAS-5	14	330 L/min	连续			2*给脂		
	推床	传动减速机	CL	GEAS-5	28	20 L/min	连续			2*给脂		
		传动齿接手	GE	GCCS-1	14			5kg	4m			
		齿条箱	CL	GEAS-5	48	30 L/min	连续			3*给脂		
		托轮	CA	PELL-2	24	28.8g	1h			3*给脂		
		翻钢减速机	OB	GEAS-5	1			200L				○
		翻钢机齿接手	GE	GCCS-1	2	0.5kg	1m					○
		抱闸销轴	GG	PELI-2	6	0.1kg	3m					○
		冷却水旋转接头	GG	PELI-2	8	0.1kg	1m					
		导向轮	CA	PELI-2	20	24kg	1h			3*给指		
		翻钢长轴	CA	PELI-2	10	25kg	20h			3*给指		

注：m：月。

附录 实用点检管理资料及表格

4. "维修作业标准"、"工时工序表"及"维修记录统计表"填写说明

(1) 维修作业标准 "维修作业标准"即用"工时工序表"的格式来替代,这样,一表三用:其一,该工程首次维修,则这张"工时工序表"就是设备管家要求的条件;其二,该工程维修结束,则这张"工时工序表"就是检修方的维修记录表。其三,该维修工程经研讨定型,则这张"工时工序表"就是"维修作业标准"。因此,这张"工时工序表"显得十分重要,也是这次需要极力推荐的!

为了更好地能适应国内企业的应用,"维修作业标准"在原来市场经济环境下,在已经呈现"工时工序表"的基础上,做了一些修改,并增加了一些内容,详细的表格及填写如下所述:

1) 将表格由原来横向设置改为纵向的,自上而下设置比较适合于我们的习惯。

2) 增加了检修时必要的"特殊工器具、备品配件和维修材料"的填写位置。

3) 将总的时间轴,由原来的 10h 改为 8h,适合于企业一个作业班"8h 工作制"的体制。如果,项目检修时间较长,一个班做不完,要做一整天时,则可将"每 8h 一张"的分成"三张表"合并装订在一起来表示。

4) 时间轴的纵向方格,由原来的每 15min 一格变为每 10min 一格,使得更加明晰;另外,时间轴的纵向有三条线,其中,中间的一条是维修主线,两边还有两条辅助线,可以作为维修工程项目在检修中,同期平行作业时,表达使用。

极力推荐的"工时工序表"的形式,大致可以分成为四大部分来理解它:
(以下线形说明最好改为点画线等)

1) 第一部分:表头。在表 C-4"工时工序表"中,用"粗黑横线"上面的部分表示:工厂或产品作业线名称、设备名称、维修工程名称和总工时。其他,如日期、编号等,除了"总工时",都可以由企业自己来设定。

除表头外,"工时工序表"具体的内容,在表 C-4,"粗黑横线"下面的部分表述,包括:要求该"维修工程项目"的作业内容、技术标准、维修作业场所的安全要点情况、维修结束设备验收条件和工器具一览表等,分别由"委托方"和"施工方"来填写。

2) 第二部分:在"粗黑纵线"右边的部分,必须由"施工方"填写:

① 工时:在"粗黑纵线"右边的上面,包括:"检修方"检修人员的工种、每个工种的人数(用 M 表示)、每个检修人员耗用的工时(用 H 表示)。将每个工种的 M × H 相乘,再将其全部相加,即为上面提到的"总工时"数(又称 MH 值),并两者保持一致;如有"多能工"情况的企业,则"总工时"要另当别论,按照企业"多能工"的政策办理。

② 主要工器具及规格型号:在"粗黑纵线"右边下面,这是指:"检修方"除了检修人员一般随身携带的小工具外的,专为检修这个项目所必须用的其他的工、器具清单。

3) 第三部分:在"粗黑纵线"左边的部分,必须由"委托方"填写。

① 作业要求及验收条件。在"粗黑纵线"左边的上面,必须由"企业设备管家"

附录 C　点检 14 种常用表格的形式及其填写方法

在委托检修方来维修时,应该要交代清楚的事项,即:"作业要求及验收条件"。如内容较多,书写位置不够时,可以用增加"附页"的办法,即可在空格中述明"详见附页",然后,将其详细的"作业要求及验收条件"写好后,附在"工时工序表"后面。

② 危险预知、施工安全。在"粗黑纵线"左边的中间,作为企业的设备管家,有责任要将项目施工安全的情况,告知前来维修的"检修方"人员,并要有防患的预案和危险预知,力争要确保施工人员的安全。

③ 备品配件、维修材料。在"粗黑纵线"左边的下面,是指这个项目在维修中所必需的资材(这里,资材即为"备品配件+维修材料"的总称)。

4) 第四部分:在两条"粗黑纵线"的中间部分,必须由"施工方"认真、仔细地填写。

① 维修工程施工的工序。"时间轴":是在两条"粗黑纵线"的中间,用方格表示,从 0 开始到 8 为止,共 8h,以表示为"一个作业班的时间";每个小时则分有六个小格,每一小格表示占有 10min 的时间。

"工序主线"。这里,是指在"工时工序表"中间的那条带有时间的纵直线,围绕着这根中间的"工序主线",将该维修工程的项目,按维修工艺顺序,要先做什么,后做什么的施工次序或工序,按时间的先后来展开,并用圆圈加顺序号,在两侧有空余的地方加注"工序内容的说明"来表示,这样,也就是表明了该维修工程的施工工序。

"工序时间"。每个施工工序所占用的时间,可以从占有的小方格多少来看出。这样,维修工程的总进度,就比较形象、直观、一目了然,也为今后不同施工班组,互相间在同一个施工项目"工序时间"的比较,打下了一个良好的条件和基础。

② 备注。委托方和施工方,如有什么需要说明的,都可以在这里表述。除了以上所示,如果还有一些上述没有涵盖的内容,可以在这里补充叙述之。

③ 施工班组。请署名是"检修方"由哪个班组施工的及施工班组的组长或临时负责人(有时遇到较大的维修工程,一个班组力量不够时,会组织好几个班组同时参与时)的签名。

(2) 工时工序表　表 C-4、表 C-5 所示的两种格式,上面的那张是空白的"工时工序表",下面的那张是:一个检修工程项目的"工时工序实绩记录"的案例,可供大家使用时的参考。

建议:企业在使用时,请再仔细地核对"工时工序表"的样式,其内容是否适合企业的实际情况,请一些有经验的老师傅、一线员工,将企业里原来已经有的好传统、好做法来加以补充、修改。请将具有本企业特色的"工时工序表"定型后,用较厚的纸张来印制,这样,便于设备管家体系和检修方书写和保存,待有条件后,再提升为并列入使用"无纸化"的计算机管理流程中去。

一般情况,开始推行时比较困难,要改变人们的习惯和理念,确实要有一个过程,要循序渐进。但应该认识到,这是必须要做的基础工作的基础啊。一个企业设备维修管理,做一个工程项目,连"工时、工序"都没有记录和标准化,其他的如成本、绩效、考核就无从谈起,就很难实施。企业要开展"工时工序表"时,可以先做一些试点,

附录　实用点检管理资料及表格

以及先从企业设备维修的对外委托项目开始，要求委托单位在承接企业设备维修工程项目时，必须递交"工时工序表"，然后在企业内部逐步展开，一周做一个，一年会积累五十几份。

表 C-4　工时工序表

编号 □□□□□□　　　　　　　　　　　　　　　　　　　　日期 □□□□□□

工厂名称	设备名称	工程名称	总工时（M×H）

作业要求及验收条件	工序主线	主要施工人员		
	0	工种	人数 M	工时 H
		钳工		
	1	电工		
		起重		
	2	焊接		
		冷作		
危险预知、施工安全	3			
	4	多能		
		主要工器具及规格型号		
	5	名称	规格	数量
备品配件、维修材料		手拉葫芦		
名称	数量	千斤顶		
	6	汽车吊		
	7			
	8			
备注		施工班组		

表 C-5 的这个案例，表明该工程围绕着这根"工序主线"，能够在 7.5h 即一个班时间内完成的项目。如果维修工程项目施工时间比较长，可以用"每一个班"按一条"工序主线"来分别画出。如果，工程施工中还有平行作业的，也可按表中表示的那样，在"工序主线"的两边，分别以添加平行纵线来表示。

附录 C　点检 14 种常用表格的形式及其填写方法

表 C-5　工时工序表案例

编号 B303512　　　　　　　　　　　　　　　　　　　　　日期 040825

工厂名称	设备名称	工程名称	总工时（M×H）
冷轧	30t 起重机	主卷减速机 解体精密点检	52.5

作业要求及验收条件
精密点检，检查各级减速齿轮和轴
详细记录各实测数据
主动轮、轴和钢丝绳的倾向管理图
制动机制动性能确认
减速机油的更换

危险预知、施工安全
1. 起重机要停放在检修位
2. 主卷钢丝绳及吊钩必须落地
3. 防止吊钩自重下垂
4. 大车、小车车轮定位
5. 主卷两边拉安全网

备品配件、维修材料	
名称	数量
减速机油 GEAS	200L

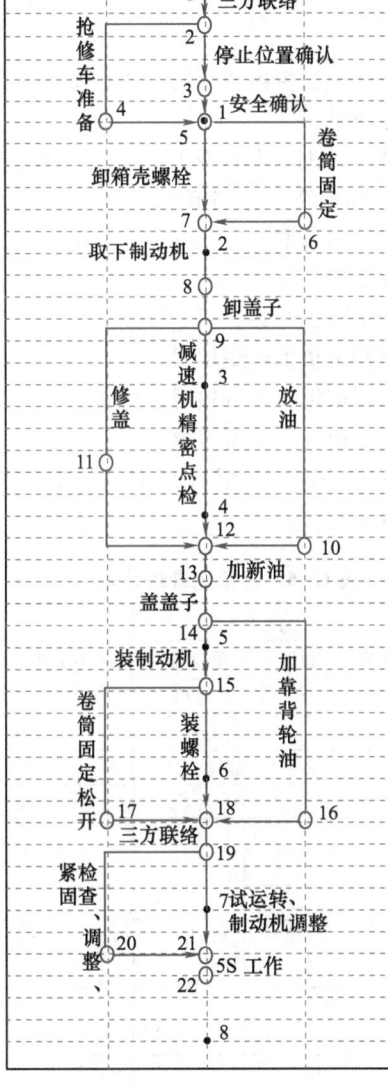

主要施工人员		
工种	人数 M	工时 H
钳工	3	7.5
电工	1	7.5
起重	2	7.5
焊接	1	7.5
冷作		
多能	(7)	

主要工器具及规格型号		
名称	规格	数量
手拉葫芦	5t	2 台
千斤顶		
汽车吊	15t	1 台

备注	施工班组	检修3-2组

(3)"维修记录统计表"填写说明

1)编制依据。根据企业作业线实际维修项目,进行记录、统计汇总。其中包括:需要填写"工时工序表"的项目和不需要填写工序的项目。

2)作业要领

① 设备编号。根据企业设备管理制度规定的设备编码填写。

② 设备名称。维修设备的中文名称。

③ 序号。按顺序的序列号。

④ 委托日期。按实际填写。

⑤ 更换与修理内容。按维修项目更换或维修点内容填写。

⑥ 数量。是指同期维修点数量。

⑦ 项目类别。按两种安排(计划与非计划)三类(不停产、停产与突发)及四种(不停产、停产、大修即长停产和抢修)分别填写。

⑧ 完成日期。项目维修结束的日期。

⑨ 施工者。维修项目的施工方。

⑩ 工时实绩。维修项目的实际工时数。

⑪ 填表。作业线的专职点检员负责组织填写。

⑫ 点检班长。或者是设备管家组长负责核对、检查。

⑬ 点检作业长。作业线的作业长,负责审核、签字。

3)制表要求。每月统计汇总一次,截至到25日,三个工作日完成,五个工作日结束。"维修记录统计表"见表C-6。

表C-6 维修记录统计表

设备编号	(1)		设备名称		(2)			
No	委托日期	更换及修理内容	数量	项目类别	完成日期	施工者	工时实绩	
(3)	(4)	(5)	(6)	(7)	(8)	(9)	(10)	

点检作业长(13)　　　点检班长(12)　　　填表(11)　　　___年___月___日

二、计划类

1."专职点检计划表"填写说明

附录 C 点检 14 种常用表格的形式及其填写方法

（1）编制依据 "专职点检计划表"的编制是根据"点检技术标准"及实际经验积累，见表 C-7 和表 C-8。

表 C-7 专职点检计划表

M、E、I 通用

编号：CSB0801
修改码：A

设备名称　　（1）　　　　　编制：__(9)__ 审核：__(10)__

序号	部件名称	点检计划项目	周期	年月\日	1	2	3	4	5	6	7	8	9	10	11	12	13	14	15	16	17	18	19	20	21	22	23	24	25	26	27	28	29	30	31
(4)	(5)	(6)	(7)	计划															(8)																		
				实绩																	(9)															
				计划																															
				实绩																															
				计划																															
				实绩																															

表 C-8 桥式起重机的"专职点检计划表"

装置名	点检部位	周期	第1周							第2周							第3周							第4周							备考
			日	1	2	3	4	5	6	日	1	2	3	4	5	6	日	1	2	3	4	5	6	日	1	2	3	4	5	6	
走行装置	减速机	1w	9						⊗							⊗							⊗							○	
	齿轮	1m																														
	轴承	1m					●																									
	齿轮接手	1w					⊗							⊗							⊗									○		
	制动器	1w					⊗							⊗							⊗											
	轴销	1w					⊗							⊗							⊗											
	制动轮	1w					⊗							⊗							⊗									○		
	螺栓	1w					⊗							⊗							⊗									○		
	车轮	2w		⊗														⊗														
	轴承	1w		●							●							●									○					
	弹簧	1w		⊗							⊗							⊗									○					

注：1. 此案例在做表时，与上面的表有些不同：
　　计划栏：填写在该部件点检、检查具体日期上，在日期格打"○"做记号；
　　实绩栏：根据实际，在点检日期格打上符号，对于要停止时才能点检的点，在"○"里打一个"×"做记号；对于要不停止也能点检的点，在"○"里涂黑"●"做记号；这些记号并和作业日志记录相对应。

2. w：周、m：月。

(2) 作表要领

1) 设备名称栏：以单项设备中文名称填写。

2) 编制栏：由企业设备管家中的专职点检员编制并签字。

3) 审核栏：由产品作业线的作业长或管家组长签字。

4) 序号栏：填写点检作业设备的顺序号。

5) 分部设备名称栏：填写该设备的分部件名称。

6) 点检计划项目栏：填写该部件凭五感或用仪器进行检查的项目内容。

7) 周期栏：填写该部件点检、检查的周期（以不超过一个月时间为限）。

8) 计划栏：填写在该部件点检、检查具体日期上，在日期格上打"○"作记号。

9) 实绩栏：根据实际点检日期格打上符号，并和作业日志记录相对应。

(3) 适用范围

1) 适用于企业设备管家中专职点检员实施点检时的计划（机、电、仪通用）。

2) 该计划表，可结合点检卡片及点检路线图同时使用。

(4) 其他要求

1) 根据现有资料，要求尽量名称完整，计划安排合理，字迹清楚。

2) 对于同类设备、系统设备，如皮带机、空压机、泵、罐等，可以按点检路线图，结合点检卡片上的项目进行点检，点检后的设备状况要记录在点检作业日志上。

3) 点检记录要实事求是，不能弄虚作假。

2. "日常点检计划表"填写说明

(1) 编制依据 "日常点检计划表"的编制是根据点检技术标准、维修技术标准及实际经验，见表 C-9。

表 C-9 日常点检计划表

周点检计划卡	单元：区域：	点检者：	甲 乙 丙 丁	日 期	自 年3月15日 至 年3月21日	点检状态标记 ○—运行中点检 ×—停止时点检		
设备名称	部位	点检项目	内容	星期			点检标准	异常记录	备注
				1	2	3	4	5	6	日			
普通	横行轨道	钢轨	龟裂、损伤	●	●	●	●	○	○	○	无龟裂或损伤		
		螺钉	松动、折损	●	●	●	●	○	○	○	无松动、损伤		
			脱落	●	●	●	●	○	○	○	无脱落		
		轨条压板	折损	●	●	●	●	○	○	○	无折损		
	运转室	构件	龟裂、变形	⊗	⊗	⊗	⊗	×	×	×	无异状、变形		
		螺钉	松、脱、损	⊗	⊗	⊗	⊗	×	×	×	无松脱、坏损现象		
		轴承	异声	●	●	●	●	○	○	○	无异声		

附录 C 点检 14 种常用表格的形式及其填写方法

(2) 作表要领

1) 设备名称栏：以单项设备中文名称填写。

2) 编制栏：由企业设备管家中的作业操作员编制并签字。

3) 审核栏：由专职点检员或管家组长签字。

4) 序号栏：填写点检作业设备的顺序号。

5) 分部设备名称栏：填写该设备的分部件的紧固、清扫、调整、在线解体更换、循环修复件等周期管理内容的名称。

6) 点检计划项目栏：填写该部件凭五感或用仪器进行检查的项目内容。

7) 周期栏：填写该部件点检、检查的周期（以一天时间为限）。

8) 计划栏：填写在该部件点检、检查具体日期上，在日期格打"○"做记号，表示运行中点检，打"×"记号，表示停止时点检。

9) 实绩栏：根据在实际点检日期的格打上符号，在"○"上涂黑，或在"×"外，再画个"○"做记号，并要和作业日志记录相对应。

10) 注意：填写编制的日期。

(3) 适用范围

1) 适用于企业设备管家体系中的作业操作人员（机、电、仪通用）使用。

2) 要求按每一单项设备进行编制。同类型设备或系统设备不能合并制定在一张表上。

(4) 其他要求

1) 根据现有资料，要求尽量填写名称完整，计划安排合理，字迹清楚。

2) 对于新添增补设备或技措设备，可以先根据同类设备情况设定一个周期，以后通过实践再进行修订。

3) 该表为每个设备管家体系作业操作人员一份，目的是为了相互检查、督促。

3. "精密点检计划表"填写说明

(1) 编制依据 "精密点检计划表"的编制是根据点检技术标准、维修技术标准及实际经验，见表 C-10、表 C-11、表 C-12。

(2) 作表要领

1) 设备名称栏：以单项设备中文名称填写。

2) 编制栏：由企业设备管家中的专职点检员编制并签字。

3) 审核栏：由产品作业线的作业长或管家组长签字。

4) 序号栏：填写点检作业设备的顺序号。

5) 分部设备名称栏：填写该设备的分部件的紧固、清扫、调整、在线解体更换、循环修复件等周期管理内容的名称。

6) 点检计划项目栏：填写该部件凭五感或用仪器进行检查的项目内容。

7) 周期栏：填写该部件点检的周期（以 1y（1 年）到 3y（3 年）之间）。

8) 计划栏：填写该部件点检、检查具体日期，在日期格打"○"做记号。

9) 实绩栏：根据实际点检日期格打上符号，并和作业日志记录相对应。

255

10）注意：一定要填写编制年份。

（3）适用范围

1）适用于企业设备管家体系中的机、电、仪专职点检员使用。

2）要求按每一单项设备进行编制。同类型设备或系统设备不能合并制定在一张表上。

（4）其他要求

1）根据现有资料，要求尽量填写名称完整，计划安排合理，字迹清楚。

2）对于新添增补设备或技措设备，可以先根据同类设备情况设定一个周期，以后通过实践再进行修订。

3）该表为每个设备管家体系一本，目的是为了相互检查、督促。

表 C-10 精密点检计划表

M、E、I 通用

设备名称 （1）　　　　　　　编制：__(8)__　审核：__(9)__

序号	装置名称	点检内容及周期管理项目	周期	年月	(5) 年度												年度												年度												备注
					1	2	3	4	5	6	7	8	9	10	11	12	1	2	3	4	5	6	7	8	9	10	11	12	1	2	3	4	5	6	7	8	9	10	11	12	
(2)	(3)	(4)	(5)	计划																(6)																					
				实绩																	(7)																				
				计划																																				
				实绩																																				
				计划																																				
				实绩																																				
				计划																																				
				实绩																																				
				计划																																				
				实绩																																				
				计划																																				
				实绩																																				
				计划																																				
				实绩																																				

注：1. 以 6 位数编号填写设备名称。
2. 此表适用≥一年周期更换、周期调整计划项目（离线解体、在线解体、紧固及清扫）。

附录 C 点检 14 种常用表格的形式及其填写方法

表 C-11 精密点检计划表填写案例 1

装置名称	点检部位	周期	年\月\点检	1986年 1	2	3	4	5	6	7	8	9	10	11	12	1987年 1	2	3	4	5	6	7	8	9	10	11	12	1988年 1	2	3	4	5	6	7	8	9	10	11	12
卷上装置	减速机解体点检	1y	计划							○												○																	○
			实绩																																				
	绳轮组解体点检	1y	计划		○												○												○										
			实绩		●																																		
	钢丝绳更换	3m	计划		○			○			○			○			○			○			○			○			○			○			○			○	
			实绩		●		●		●																														
横行装置	减速机解体点检	5y	计划																		○																		
			实绩																																				
走行装置	1#减速机解体点检	5y	计划	○																																			
			实绩	●																																			
	2#减速机解体点检	5y	计划	○																																			
			实绩	●																																			
	3#减速机解体点检	5y	计划		○																																		
			实绩		●																																		
	4#减速机解体点检	5y	计划		○																																		
			实绩		●																																		
夹钳旋转装置	1#减速机解体点检	1y	计划	○																						○										○			
			实绩	●																																			
	2#减速机解体点检	1y	计划	○																						○										○			
			实绩	●																																			
	夹钳解体点检	1y	计划	○																○													○					
			实绩		●																																		
	夹钳更换	1y	计划					○												○												○							
			实绩																																				

注:y:年、m:月。

附录 实用点检管理资料及表格

表 C-12 精密点检计划表填写案例 2

装置名称	常例工程名称	数量	工时(mh)	周期	计划与实绩	1986年												1987年	1988年
						1	2	3	4	5	6	7	8	9	10	11	12	1~12	1~12
电源盘	开放点检	14	28	3y	计划										○				
					实绩														
	开放点检	8	26	3y	计划										○				
					实绩														
	开放点检	9	18	3y	计划										○				
					实绩														
机侧盘 RC-1	开放点检	2	8	6m	计划			○							○			○○	○○
					实绩			●											
	开放点检	3	12	6m	计划			○							○			○○	○○
					实绩			●											

注：y：年、m：月。

4. "倾向管理表"填写说明

（1）编制依据 "倾向管理表"是根据相应的设备技术条件及点检技术标准，见表 C-13。

表 C-13 倾向管理表

M、E、I 通用

| 设备名称 | | (1) | | | | | 编制：___(8)___ 审核：___(9)___ | | | | | | | | | | | | | | | | | | | | | | | | | | | | | | | | | | | | | | | | | | |

序号	装置名称	点检及倾向性管理内容	周期	年	(5) 年度												年度												年度												年度										
				月	1	2	3	4	5	6	7	8	9	10	11	12	1	2	3	4	5	6	7	8	9	10	11	12	1	2	3	4	5	6	7	8	9	10	11	12	1	2	3	4	5	6	7	8	9	10	11	12
(2)	(3)	(4)		计划													(6)																																			
				实绩													(7)																																			
				计划																																															
				实绩																																															
				计划																																															
				实绩																																															
				计划																																															
				实绩																																															

258

(2) 作表要领

1) 设备名称：填写要实施倾向管理作业线设备的名称。

2) 装置名称：填写作业线单项设备上要实施倾向管理装置的名称。

3) 内容栏：填写该作业线设备中的倾向管理项目的内容。

4) 周期栏：填写周期，m——月，y——年。

5) 年度栏：填写编制年度。

6) 计划栏：按记号格，说明对应的编制计划日期。

7) 实绩栏：填写倾向管理，点检实绩的实施日期。

8) 编制栏：由企业设备管家体系中的管家组长编制并签字。

9) 审核栏：由企业设备管家体系中的作业线作业长审核并签字。

(3) 适用范围　该表适用于企业设备管家体系中的专职点检员（机、电、仪通用）实施倾向管理点检时使用。

(4) 其他要求

1) 对 A、B 类设备，每台单项设备要做两个或多于两个"状态受控点"的倾向管理点检的项目。

2) 选定对象设备→确定管理内容→制定计划（倾向管理）→实施记录（根据数据作出曲线）→分析与对策来预测更换件和修理的周期，提出改善方案。通过 P、D、C、A 循环不断提高。

3) 该表由点检组长汇总编制，点检员提供计划内容加以实施，实绩记录由点检组长保管，并通过点检组的活动来预测零部件的更换周期，掌握设备状态的变化状况。

4) 要求实绩数据正确，字迹清楚。

5. "定期润滑管理表"填写说明

(1) 编制依据　"定期润滑管理表"的编制是根据润滑作业标准及企业作业设备的实际经验，见表 C-14。

表 C-14　定期润滑管理表

M、E、I 通用　　编号：CSB0801
编制：　(9)　　审核：　(10)　　修改码：A

设备名称	部件名称	润滑方式	油脂牌号	周期	代号	年	(6) 年度												年度												年度												备注
						月	1	2	3	4	5	6	7	8	9	10	11	12	1	2	3	4	5	6	7	8	9	10	11	12	1	2	3	4	5	6	7	8	9	10	11	12	
(1)	(2)	(3)	(4)	(5)		计划						(7)																															
						实绩						(8)																															
						计划																																					
						实绩																																					

注：1. 人工润滑要在"润滑方式"栏中标润滑的点数。
　　2. 补油周期 >1m 更换，化验周期 =1m~3y。

作业区　(11)　　班组　(11)

附录　实用点检管理资料及表格

(2) 作表要领

1) 设备名称栏：填写单项设备的中文名称。

2) 部件名称栏：填写分部装置的名称。

3) 润滑方式栏：填写手动给脂、手动集中、自动给脂、喷淋和油浴等。

4) 油脂牌号栏：填写该部件润滑油脂牌号及周期。

5) 加油量栏：填写该部件的加油量，以升为单位。

6) 计划年度栏：填写年度及计划。

7) 计划栏：按要求画上计划时的代号，打"○"做记号。

8) 实绩栏：要求填写真正实施的日期。

9) 编制栏：该表由专职点检员编制。

10) 审核栏：由作业线作业长或管家组长负责审核。

11) 注意：要填写作业线名称及实施班组名称。

(3) 适用范围　该表适用于企业设备管家体系中的专职点检员（机、电、仪通用）。

(4) 其他要求

1) 根据现有的资料，要求尽量填写名称完整，计划正确，字迹清楚。

2) 按单项设备进行编制，先编大于1m补油项目，再编更换油脂计划，最后编制油脂化验计划。

3) 实绩要填写：给油脂日期，必须要求与点检作业日志、修理记录、资产维修档案及委托单的日期相一致。

6. "日常润滑管理表"填写说明

(1) 编制依据　"日常润滑管理表"的编制，是根据润滑作业标准及企业历年来的实绩，见表C-15。

(2) 作表要领

1) 序号栏：填写单项设备顺序号。

2) 设备名称栏：填写单项设备的中文名称。

3) 部件名称栏：填写部分设备名称，如传动装置、压下装置等。

4) 分工栏：根据分工协议由点检员制定补油工作计划，填写补油部位名称，如轴承、轴套及补油数量（多少升）。

5) 油脂牌号栏：填写要补油的油种牌号。

6) 周期栏：填写补油周期：h——时、s——班、d——天、w——周、m——月。

7) 计划栏：在本月底前要求填写好下个月的点检补油计划。

8) 编制栏：此表由点检员编制。

9) 审核栏：点检作业长或组长审核。

(3) 适用范围

1) 该表适用于企业设备管家体系中自身实施补油的场合，以及专职点检员，需要委托"施工方"实施补油的计划。

2) 该表也适用于按分工协议制定的、由作业操作人员补油的工作计划。

附录 C 点检 14 种常用表格的形式及其填写方法

表 C-15 日常润滑管理表

编制： (8)　　　编制： (8)　　　M、E、I 通用

序号	设备名称	部件名称	补油部位		油脂牌号	周期	年月	年　　　　月																									
			名称	数量			日	1	2	3	4	5	6	7	8	9	10	11	12	13	14	15	16	17	18	19	20	21	22	23	24	25	26	27	28	29	30	31
(1)	(2)	(3)	(4)		(5)	(6)	计划									(7)																						
							实绩																															
							计划																															
							实绩																															
							计划																															
							实绩																															
							计划																															
							实绩																															
							计划																															
							实绩																															

注：1. 此表由生产操作根据点检提供基准实施并记录，点检定期检查（包括点检委托补油）。
　　2. 补油周期≤1m。

（4）其他要求

1）根据现有资料，要求尽量填写名称完整，计划正确，字迹清楚。

2）实绩栏：填写时请按要求打"○"做记号，并在点检作业日志中，记录补油的日期和情况；在委托补油完成，实施验收时，要认真检查施工补油的状况，对补油不到位的地方，在点检作业日志中记录并要求施工方返工。补油到位的，也要在作业日志中填好记录（补油正常），以利于润滑工作实绩的检查。

第 2 章　设备管家"实绩管理"常用的"4 种表格"填写说明

一、管理类

1．"机旁常用备件管理台账"填写说明

（1）编制依据　企业设备管家中"专职点检员"管辖的产品作业线设备，其中最

常用的易损、易耗的设备维修资材、装机量较多而损坏几率又高的,并处于重要地位的事故件,为考虑尽量缩短产品作业的停产时间,将其放置在"机旁"保管。机旁常用备件管理台账及目录见表 C-16、表 C-17。

表 C-16 机旁常用备件管理台账

备件管理号 (1):	属性: (2)	计划单价: (3)	元	原制造厂: (4)
原备件编号:	装机数量: (5)	年消耗量: (6)	外商推荐量: (7)	现制造厂:(指定点厂商)(8)
新编图号: (11)	单位: (13)	最高贮备量 (上限): (15)	备件名称·中文: (9)	
备件制造号: (12)	重量: (14)	最低贮备量 (下限): (16)	备件名称·英文: (10)	
略图、尺寸及简要说明 (17):			规格型号及材质 (18)	
			库位号: (19)	

表 C-17 机旁常用备件管理台账目录

序号	备件管理号	属性	备件名称	页次

(2) 作表要领

1) 备件管理号:按企业设备管理制度,分为专用、通用和作业备件三类"备件管理号",按其分类,分别填写。

2) 属性:按企业设备管理制度,分为事故件 sgj、计划件 jhj、常用件 cyj 和准计划件 zjhj,填表时,分别用代码来表示。

3) 计划单价:按企业相关部门颁布的"价格"数填写。

附录 C　点检 14 种常用表格的形式及其填写方法

4）原制造厂：按设备铭牌上的名称填写。

5）装机数量：按实际数量填写。

6）年消耗量：按年内消耗的实际数量填写。

7）外商推荐量：如有，如实填写。

8）现制造厂：是指该零部件的制造厂。

9）备件名称：中文名。

10）备件名称：外文名。

11）新编图号：备件图样的编号。

12）备件制造号：是指大型备件的制造厂的制作号。

13）单位：是指该备件名称的单位，如件、根、个等。

14）重量：是指零部件的单体重量。

15）最高储备量：是指合理的储备量的上限。

16）最低储备量：是指储备量的下限。

17）备件简图。

18）规格型号及材质：如实填写。

19）库位号：按机旁备件的存放地点库位号填写。

（3）适用范围

1）主要针对大型、连续作业、长流程的货物类企业和大型、长流程的服务类企业，为了尽量减少企业的停产时间而设置的存放在机旁的常用备件，需由作业线的设备管家体系中的成员提出，经与专职点检员及工程技术人员召开的研讨会确定，才能列入"机旁备件库"存放和管理。

2）"机旁常用备件管理台账"由该作业线的专职点检员负责记录和管理。

3）表 C - 16 适用于企业设备管家体系中的专职点检员（机、电、仪通用）。

2. 月资材统计中的"备品配件消耗表"填写说明

（1）编制依据　根据作业线每月备件的实际消耗情况统计、登录，见表 C - 18。

表 C - 18　备品配件消耗表（1）

作业区　（15）　　　班组　（16）

序号	备件编号	用何设备上	备件名称、规格、单价			原库存量			领用量			现库存量		
			名称	规格	单价	总计	机旁库	地区库	数量	领用人	日期	总计	机旁库	地区库
(1)	(2)	(3)	(4)	(5)	(6)	(7)	(8)	(9)	(10)	(11)	(12)	(13)	(14)	

　　　　　　　　　　　　　　　　　　　　　　　　　　　　　年　　月　　日

(2) 作表要领

1) 序号：是指领用备件时的顺序。

2) 备件编号：按企业设备管理制度的要求，制定的备件编号。

3) 用何设备上：备件的归属，按备件在哪里工作的具体设备填写。

4) 备件名称：请如实填写。

5) 备件规格：同上。

6) 备件单价：同上。

7) 原库存量的总计：同上。

8) 机旁库存量：同上。

9) 地区库存量：同上。

10) 领用数量：按实际消耗量。

11) 领用人：请如实填写。

12) 领用日期：同上。

13) 现库存总计：同上。

14) 现机旁库存总量：同上。

15) 现地区库存总量：同上。

3. 月资材统计中的"维修材料消耗表"填写说明

(1) 编制依据　根据作业线每月维修材料的实际消耗情况统计、登录，见表 C-19。

表 C-19　备品配件消耗表（2）

点检班组：___(11)___

序号	名称	规格/型号	领用数量	领用日期	领用人	单价	总价	机侧结余数	下月计划数
(1)	(2)	(3)	(4)	(5)	(6)	(7)	(8)	(9)	(10)

编制：(12)　　作业区：(13)

(2) 作表要领

1) 序号：是指领用维修材料时的顺序。

2) 名称：是指领用维修材料时的名称。

3) 规格/型号：是指领用维修材料时的规格型号。
4) 领用数量：按实际消耗量。
5) 领用日期：同上。
6) 领用人：请如实填写。
7) 单价：同上。
8) 总价：同上。
9) 机侧结余数：清点后填写。
10) 下月计划数：由专职点检员按照作业量的估计数。
11) 点检班组：是指该作业线领用维修材料的管家团队。
12) 编制：是指由企业设备管家体系领用维修材料的编制人。
13) 作业区：是指领用维修材料的设备管家团队。

二、实绩类

"资产维修档案"归档内容

(1) 编制依据

1) 企业资产，依据国家"科学发展观及可持续发展战略"，实施以维修为主的方针。
2) "维修技术标准"和制造厂提供的技术资料。
3) 设备管家体系开展的设备维修管理活动的实绩记录。

资产维修档案的封面如图 C-1 所示。

资产维修档案

设备编号：_____

设备名称	
规格型号	
制造厂	
出厂日期	
出厂编号	
使用单位	
投产日期	
设备重量	
原值	
设备级别	

建档人：_____
日期：　　　年　　　月

图 C-1　资产维修档案的封面

（2）归档内容 对该台设备的"全寿命周期"中的各种活动及记录。

1）设备前期管理的活动内容。

2）设备使用期里的活动内容。

① 基础类的相关内容：四大标准（两个技术标准、两个作业标准）等。

② 计划类的相关内容：点检计划、润滑计划和施工计划等。

③ 管理类的相关内容：安全管理、资材管理、成本管理、故障事故管理和自主管理等。

④ 实绩类的相关内容：点检实绩、施工实绩等。

（3）其他要求

1）按企业设备管理制度要求，产品作业线设备及普通作业线设备中的关键设备和状态受控点的主要活动内容，都必须纳入"资产维修档案"管理的范畴，实施活动内容的归档工作。

2）由各个作业线的设备管家体系，从自身角度出发，组织收集活动的内容，由专职点检员负责汇总、装订成册。

3）以一年作为归档的基本单位，以每年度活动汇总装订成册，登录要有连续性，将来组成每年一册的合订本。

附录 D　企业停产检修标准化管理细则

第 1 章　总　　则

进入到社会主义市场经济环境下，企业的经营战略目标，归根结底是要通过企业能制作有竞争力的、高性价比的、优质保量、交货期精准的产品来实现。因此，企业的"产品"，就成为企业上下、全员为之共同努力奋斗的唯一对象，而企业"停产"将是对企业"产品"的最大威胁。必须要将企业产品的作业时间放在首位，要尽量减少产品作业线设备的停产时间，企业的"停产检修"，要有计划还不能够超时。这已成为当今企业在产品经营中的当务之急，企业员工们必须要严肃认真地对待企业的"停产检修"管理。

我国参加了世界贸易组织（WTO），WTO 将世界的企业分成为两类，即"货物类"企业和"服务类"企业，两类企业要完成产品的制作，也都有"停产检修"的情况。因此，本"企业产品作业线设备停产检修标准化管理细则"，适用于所有具备产品作业设备的企业，特别是适合于长流程、连续作业、大型"货物类"企业，其他各类中小型企业，可以视本企业的实情，适当简化一些流转过程而用之。

第一条　制定设备"停产检修"标准化管理的目的

一、进入社会主义市场经济环境下，企业领导要面对激烈、残酷的国内外的市场经济的竞争，企业管理的重心要下移，特别是设备管理重心下移，企业产品作业线设备停产检修的"标准化管理"尤为突出和急迫，需要有一个"细则"。

二、提高设备停产检修计划的达成率，加强设备停产检修计划执行的严肃性，确保产品作业组织及设备停产检修组织的规范和高效。在社会主义市场经济环境下，企业设备停产检修计划的达成率过低或设备停产检修作业频繁的变更，均将给产品作业计划、合同完成、物流平衡、设备检修负荷平衡、物资、备件供应等，产生很大的影响与困难，因此，设备停产检修计划的申报与调整，是一项极其严肃的工作，其申报与调整工作，必须按照"企业设备停产检修标准化管理细则"严格执行。

三、"三分检修施工、七分停产准备"，设备停产检修准备工作的充分与否，将直接影响到设备停产检修的效果，因此，设备停产检修的准备工作，应作为一个系统工程有计划、有步骤、规范地进行，以确保在安全、经济、优质、高效的条件下，实施设备的停产检修。

四、设备停产检修的实施，除了检查设备停产检修准备工作充分与否以外，对设备停产检修实施的检修施工组织管理，也同样是一个关键。如果，设备停产检修实施的组

织管理工作紊乱，造成的直接后果就是设备停产检修失败，导致大量的人力、物力、机组作业能力的停产与浪费。因此，设备停产检修实施，也必须按"企业设备停产检修标准化管理细则"执行。

五、通过规范设备停产检修实绩的分析，作为"P、D、C、A"重要的一环，可提供改进设备"停产检修模型"设定的依据，从更合理、精确地制定设备"停产检修计划"，提高企业设备管家的点检周期管理及设备运行状态管理的水平，减少设备过维修量的发生，提高设备停产检修人员的工时利用率，以有限的人力，完成设备所必需的全部设备停产检修工作量，力求减少或避免机会损失和能源损失，这是当今企业在实施停产检修时，必须提到议事日程上来的当务之急。

第二条　设备计划检修的分类及定义

企业的产品作业设备，必须严格由企业设备管家来实施点检，当点检过程，发现有隐患或故障时，则要按设备运行状态，有计划地组织该设备的"检修"。根据产品作业时间、作业条件不同，设备的计划检修分为以下三类：停产检修、长期停产检修（或以下简称为"大修"）、不停产检修三类。

一、凡是必须在企业产品作业线"停产"条件下进行检修的或对产品作业线有重大影响而安排的检修，称为"停产检修"。有计划"停产检修"的周期和时间是相对固定的，每次停产检修的时间，一般不超过24h、即一天或三个作业班次。

二、当停产检修的时间超过24h，（即连续几天进行的停产检修），统称为"长期停产检修"（考虑到该词汇太长），以下简称为"大修"。

三、凡不需要在产品作业线停产条件下进行的计划检修，称为不停产检修。

四、不停产检修中，可根据产品作业或设备的情况，分为：普通作业线设备（即"非产品作业线设备"）中重点设备的计划检修和一般设备正常的不停产计划检修。前者是指：该设备会引起产品作业的不均衡或经常影响产品作业线作业的计划检修，或经常影响产品用户合同完成的部分重点成品机组、设备的计划检修，此类设备的不停产检修，仅次于停产检修，可以"比照"停产检修模式组织。

第三条　编制"维修计划值"的目的及意义

一、"维修计划值"是企业认定的各产品作业线年度、季度、月度设备停产检修时间，是企业设备系统，执行设备停产检修计划的依据。

二、企业通过编制维修计划值，可以预测各产品作业线的大致产品作业时间，为企业确定各产品作业线年产量及销售资源量，提供可靠而必要的依据。

三、维修计划值是企业计划体系的一个组成部分，由企业设备管理部门专业归口管理，其管理程序，按企业经营、计划管理部门的有关规定执行。

第四条　企业"停产检修模型"的定义

企业归口的设备管理部门，从企业的全局利益出发，根据产品作业的要求和作业设备的需要，统一规定：企业各主要产品作业线设备停产检修的周期、每次检修停产的时间及参与停产检修工程项目的负荷人数等计划值的设定表，称之为"停产检修模型"。在"停产检修模型"设定的过程中，应有产品作业经营、计划管理部门参与和确认，以确保主要产品作业设备,能在适当的时间里进行恰当的维修,既可防止为追求产量而拼设备,造成设备因欠维修而提前磨损或发生事故;也为防止因作业设备不按计划实施修理,而影响了产品作业计划的执行。

企业产品作业线设备"停产检修模型制定及停产检修计划管理业务流程",见表E-1。(注:这里"辅品作业部门"是指:企业除了主要产品以外的其他回收品、副产品等的辅品;"能源管理部门"是指:除企业有独立的发电厂以外的风、水、汽、电、压缩空气、冷冻、空调等的企业能源介质系统管理部门)。这里,企业各产品作业线设备的停产检修周期、每次停产检修的停产时间、企业停产工序的组合、停产检修的施工日、每次停产检修各检修施工(机、电、其他)工种负荷(人数)的综合平衡设定表,用企业产品作业线设备"＿＿＿＿＿＿＿年度停产检修模型设定表"来表示,见表E-2。这里,再次强调:"停产检修模型"必须由企业的"设备管理部门"来负责设定。

第五条 企业"停产检修模型"的设定程序

一、停产检修模型的设定。每年设定一次,是在由企业的"经营、计划管理部门"主持的、编制企业"年度经营及产品作业计划"期间进行的,企业设备管理部门负责参与和汇总。

二、各基层(企业分厂或各车间)。按"＿＿＿＿＿＿＿年度停产检修模型设定表"(见表E-2),根据企业设备管理部门下发给各基层(企业分厂或各车间)的设定模型,提出本部门的各产品作业线的停产检修周期、每次停产检修的时间、每次停产检修的检修负荷以及本单位可以参与停产检修的人数,报请企业设备管理部门核定。

三、各停产检修的施工部门。在企业设定停产检修模型前,将可以参与停产检修的施工人数,报企业设备管理部门核定。

四、企业设备管理部门。对各基层(企业分厂或各车间)提出的停产检修负荷及可参与停产检修的人数,按表E-2,进行综合平衡,制定企业停产检修模型。经企业经营、计划管理部门确认,报企业主管作业的副总经理或分管企业设备管理的领导批准,随同企业年度产品作业计划,同时下达。

第六条 停产检修管理业务的分工

企业产品作业线设备"停产检修工程管理业务流程"的标准化流程图,见图E-1,本流程图较详细地表述了各个部门在企业产品作业线设备实施停产检修时的定位作用、工作内容、时间节点和相互关系,并列举了三种比较典型的停产检修模型。模型1:每隔30~40天停产检修一次,每次停产20~30h(有的也称为小大修,或过度大修,因为,大修的定义是,每次停产时间超过24h的停产检修);模型2及模型3,是比较常用的企业停产检修的模式,其时间节点可供各个企业参考。

一、企业的设备管理部门。负责编制产品作业线设备的"停产检修模型",即决定企业各产品作业线设备的停产检修日期及每次停产检修的时间和设备停产检修时检修施工力量配置计划的平衡。

二、各基层(企业分厂或各车间)的设备管理领导。负责确定由设备管家体系提出的产品作业线设备的停产检修工程项目、编制设备停产检修工程日程计划,以及要负责本单位各条产品作业线设备停产检修的组织工作。

三、各个停产检修的施工部门。接受产品作业设备管理部门的委托，搞好设备停产检修施工任务的分配和停产检修现场的施工管理，精确掌握停产检修施工进度和确保停产检修施工质量。每次设备停产检修施工时的检修资源，则由设备检修施工管理部门负责落实。

第 2 章　设备停产检修计划的制定

第七条　企业设备管理部门：在每年的 7 月 15 日左右，下发下一年度停产检修计划编制及预测在下一年度停产设备检修计划征求意见的通知，具体包括：企业产品作业线设备"长期设备停产检修计划征求表"（见表 E-3）、企业产品作业线设备"＿＿＿＿年度设备停产检修模型设定征求表"（见表 E-4）及企业产品作业线设备"停产检修周期、时间设定征求表"（见表 E-5），并附编制要求。

第八条　企业设备管理部门：在每年的 8 月 15 日左右，将根据各基层（企业分厂或各车间）编报的上述三种表格，经设备管理部门内的第一次平衡后，制定出企业产品作业线设备"＿＿＿＿年度停产检修计划表"（见表 E-6）及企业产品作业线设备"＿＿＿＿年度设备停产检修模型设定表"（见表 E-2）。

第九条　每年 9 月 15 日左右，企业的设备管理部门在各基层（企业分厂或各车间）领导会上，对企业产品作业线设备"年度停产检修计划表"（见表 E-6）"＿＿＿＿年度停产检修模型设定表"（见表 E-2），进行再一次的平衡，并经设备管理部门领导的确认，报企业经营、计划管理部门批准后，方可列入企业年度经营管理计划，予以实施。

第十条　企业设备管理部门，在每年 2 月 15 日左右，下发下半年度设备停产检修计划编制及预测下一年度停产检修计划征求意见的通知，具体包括："长期设备停产检修计划征求表"（见表 E-3）、"＿＿＿＿年度停产检修模型设定征求表"（见表 E-4）、"停产检修周期、时间设定征求表"（见表 E-5），并附相关的编制要求。

第十一条　企业设备管理部门，在每年 3 月 15 日左右，将根据各基层设备管理部门编报的上述三种表格，经部内第一次平衡后，制定出企业产品作业线设备"下半年度及第二年上半年度停产检修计划表"，（见表 E-7）。

第十二条　企业设备管理部门，在每年 4 月 15 日左右，在各基层（企业分厂或各车间）领导会上，对设备管理部门制订的上述计划表进行再次平衡，并经企业设备部门领导确认，报企业经营部门作为调整计划，纳入企业下半年度经营计划予以实施。

第十三条　企业设备管理部门，在每季度的第一个月前 45 天左右，在各基层（企业分厂或各车间）领导会上，发放企业产品作业线设备"季（月）度停产检修计划征求表"，详见表 E-8、表 E-9（这里停产检修模型，必须显示由哪几个基层单位一起停产，如表上有三个、四个基层单位的组合停产检修的预留，企业可根据实际情况来编排填报）并于每个季度的第一个月前 15 天左右，在各基层（企业分厂或各车间）领导会上,审定企业产品作业线设备"季(月)度停产检修计划报表",详见表 E-10、表 E-11。经协调调整后,形成企业产品作业线设备"季度设备停产检修计划表",经销售合同管理部门领导会同,并报企业主管领导批准实施。

第十四条 "停产检修工程施工计划表"(见表 E-13),在实施过程中,因特殊原因(突发事故、物流平衡等)必须对停产检修计划进行变更时,应按企业产品作业线设备"停产检修计划调整流程图"(见图 E-5)规范、严肃、认真地执行:

一、因产品作业部门或设备检修部门的原因,要求变更设备停产检修计划,应由要求变更的部门,做出书面申请报告报设备管理部门,由设备管理部门负责与相关的各基层(企业分厂或各车间)、产品作业部门、产品作业管理部以及有关设备检修施工单位协调平衡同意后,下达设备停产检修计划变更书面通知。遇紧急情况,可先电话申请,经设备管理部门协调同意后由电话通知执行,但事后(第二天)必须填写申请报告报设备管理部门,设备管理部门在收到书面申请报告后,即下达设备检修计划变更书面通知,备案存档。

二、如因各基层(企业分厂或各车间)及相关产品作业部门的原因,造成设备停产检修计划必须变更的,相关的各基层(企业分厂或各车间),必须写申请报告报设备管理部门,由设备管理部门进行协调、平衡。未经设备管理部门协调、确认同意,任何部门无权变更下达的设备停产检修计划。如遇特殊情况,需紧急变更设备停产检修计划的,可先用电话申请,经同意变更后执行,但必须于次日内补交书面申请报告。如因人为原因造成设备停产检修计划不当而要求变更的,对责任单位应予以记录在案。

第十五条 各基层(企业分厂或各车间),在每年的 7 月 15 日左右,在接到设备管理部门下发的下一年度设备停产检修计划编制及预测再下年度设备停产检修计划征求意见的通知后,各基层(企业分厂或各车间)设备管理领导或各基层设备管理主管,召集相关产品作业线的设备管家体系,专门召开设备停产检修计划征求工作的布置会,并说明编制停产检修计划的要求。

第十六条 各基层(企业分厂或各车间)在每年 8 月 15 日前,各基层的设备管理主管,应将经设备管理领导确认签字的本单元设备的"长期设备停产检修计划征求表"(见表 E-3)、"＿＿＿＿年度设备停产检修模型设定征求表"(见表 E-4)、"停产检修周期、时间设定征求表"(见表 E-5)送交设备管理部门。

第十七条 各基层(企业分厂或各车间),在每年 2 月 15 日左右,接到设备管理部门下发的下半年度设备停产检修计划编制及预测下一年度设备停产检修计划征求意见的通知后,各基层(企业分厂或各车间),应由设备管理领导或设备管理主管,召集相关产品作业线的设备管家体系成员,专门召开"设备停产检修计划征求"工作的布置会,并说明编制要求。

第十八条 各基层(企业分厂或各车间)的设备管理领导,应在每年 9 月 15 日前,将经设备管理领导确认签字的本单元设备的"长期设备停产检修计划征求表"(见表 E-3)、"＿＿＿＿年度设备停产检修模型设定征求表"(见表 E-4)、"停产检修周期、时间设定征求表"(见表 E-5)送交企业设备管理部门。

附录 实用点检管理资料及表格

第十九条 各基层（企业分厂或各车间），在每季度第一个月前45天左右，根据设备管理部门在各基层（企业分厂或各车间）领导会上发放的"季（月）度设备停产检修计划征求表"（见表E-8、表E-9）进行认真讨论后，附上本部门意见，于每季（月）前35天前，返回企业设备管理部门。

第二十条 为了加强设备停产检修计划管理的严肃性，确保企业产品作业部门及设备停产检修施工组织的规范和高效，各基层设备管理部门，在确定本单元的季度或月度设备停产检修计划（见表E-10）时，要注意以下几点要求：

一、申报设备停产检修计划，应以设备管理部门下发的"季度及月度停产检修计划征求表"所确定的施工日期及设备停产检修模型所设定的停产检修时间为基础。如，申报的施工日期及停产检修时间与模型设定有差异的，必须在停产检修计划征求表中，注明具体的原因。

二、对设备管理部门下发的征求表，各基层（企业分厂或各车间）必须严格按要求的日期，返回企业设备管理部门。

三、在每个月的各基层（企业分厂或各车间）领导例会上，各基层（企业分厂或各车间）及各设备检修施工单位，若对设备管理部门编制的下个月的"月停产检修计划表"（见表E-11）无异议，经设备管理部门领导及产品营销合同管理部门（涉及产品合同）领导签字确认后，即作为下个月正式的停产检修计划下达，除非有特殊原因，原则上不予变更。

第二十一条 设备检修施工部门在每季度第一个月的前45天左右，各设备检修施工部门，根据设备管理部门在各基层（企业分厂或各车间）领导会上发放的"季（月）度停产检修计划征求表"（见表E-7、表E-8）进行认真讨论后，如认为设备管理部门对设备停产检修计划安排有不当之处，则请附上本部门的意见，于每季（月）前30天前，返回设备管理部门，以便由企业设备管理部门统一协调平衡。

第3章 设备停产检修准备

第二十二条 企业设备管理部门：应随时掌握企业主要产品作业线的停产检修及大修的准备工作进展情况，尤其对企业产品作业线的物流、能源平衡影响较大的大修，不但要弄清大修的主要控制项目，而且，该工程项目对其前、后工序的影响程度，要了如指掌。如，因停产检修时间过长、产品作业形势发生变化，或部分工程项目实施停产检修后，造成对前、后道工序有较大影响等情况发生时，经各基层（企业分厂或各车间）协调后而本身又无法解决的，设备管理部门要积极主动地为各基层（企业分厂或各车间）排忧解难，组织召开协调会。如，设备管理部门协调未果，应尽快专题报告给企业相关领导，由企业领导给予协调解决。同时，还应积极参与对各主要产品作业线大修的各项准备工作情况的检查，设备管理部门要根据检查情况及企业领导的决定事项，及时落实好大修实施的最终日期及大修工期，并组织相关单位，按此大修计划，做好大修的准备工作。

附录 D　企业停产检修标准化管理细则

第二十三条　企业备件管理部门：根据设备管理部门确定的设备停产检修计划，要积极地与备件采购、备件修复及相关设备管理部门密切保持联系，随时掌握各产品作业线设备停产检修所必需的备件采购、备件修复工作进展及备件到货、相关产品作业线对备件的使用需求计划等情况；对各部门提出的紧急备件计划要有应急措施。同时，还应积极参与各产品作业线设备大修准备工作情况检查的汇报会，汇报相关产品作业线设备的备件到货情况、在途情况及最后的到货期限，并采取积极有效的措施，确保各产品作业线设备的大修，不因备件原因而推迟实施。

第二十四条　企业设备检修施工管理部门：根据设备管理部门确定的设备停产检修计划，应参与所有产品作业线设备各类设备停产检修的准备工作会议。负责组织落实各部门提出的设备检修施工力量、设备检修施工用工器具及特殊起重吊具等工作。负责检查各设备检修施工单位对设备检修施工准备工作的标准化及其执行情况。

第二十五条　企业设备技术管理部门（包括机、电、仪、土）：根据设备管理部门确定的设备停产检修计划，应参与制定各设备停产检修工程项目重大技术攻关、科研项目等的停产检修施工方案等。

第二十六条　各基层（企业分厂或各车间）：应根据设备停产检修计划，作好停产检修工程的立项、调整、确认等工作。企业产品作业线设备"停产检修工程立项表"见表 E-12。立项：按专职点检员（提出）→设备管家体系（审阅、汇总、平衡）→各基层（企业分厂或各车间）领导（审核、调整、平衡、确认）的顺序进行。

在设备停产检修工程立项前，首先要由该产品作业线的设备管家体系中的专职点检方，确认设备停产检修项目预定所需要的备品备件、资材（即指备品配件和维修材料的总称，下同）及专用工器具、起重吊具等，是否能按设备停产检修的时间和要求等到位并做好准备；复杂而有技术难度的项目，其技术资料是否齐备、施工技术方案是否已确立，对设备停产检修工作量较大或技术精度要求较高、设备停产检修专业性较强的项目，停产检修的施工部门是否有能力承担等。停产检修项目，只有具备了停产检修施工条件后才能立项。若停产检修项目过多，且超出停产检修模型规定负荷较多，造成设备检修施工力量难以安排时，则企业的设备管家体系，要采用设备停产检修施工项目"排队"的方式，按项目的紧急程度及重要程度，选出优先的顺序，进行调整。

第二十七条　各基层（企业分厂或各车间）：应根据设备管理部门编制的年度、季度、月度停产检修计划，按照设备的停产检修周期、每次停产检修的时间、停产检修负荷及设备的实际技术状态编制的"停产检修工程施工计划表"，详见表 E-13，并要向设备检修施工部门提交设备停产检修"工程委托单"（见表 E-14），（"工程委托单"是个通用表格，适用于企业任何设备、如何检修、维修项目的委托，在这里，也适用于停产检修工程项目点委托）。"工程委托"是在工程立项、调整、确认的基础上进行的，"工程委托单"是委托单凭证。

在编制工程委托计划草案时，应综合考虑到：

一、企业设备管家体系提出的"点检计划表"内的"周（定）期管理项目"。

二、根据状态控制点"劣化倾向管理表"记载的已趋劣化极限的项目。

三、以企业设备管家体系中的专职点检方为主,汇集作业操作方的日常点检、设备技术方的精密点检时,所发现的需要作检修处理的项目。

四、设备技术与设计部门、测绘部门、产品作业部门及作业安全等部门,所提出的需要对产品作业线设备进行改善、改造的项目。

五、上一次设备停产检修时,没有及时处理或遇特殊情况,所遗留的项目。

六、设备突发事故或需要紧急处理的零部件劣化、故障项目。

七、对停产检修施工工程的立项(主要是产品作业线设备停产条件、设备检修资源及设备检修施工水平、备件资材条件、技术方案条件、检修施工用的专用工器具及吊运条件、设备检修工程进度条件等)具有同等条件,也需要一并考虑进去。

八、通过以上筛选出的设备停产检修工程项目,再以项目设备的重要程度、设备劣化状态决定的紧迫程度、设备的故障率、设备检修工程项目的工作量等设备检修工程项目的重要、紧迫度,决定检修项目的优先度,并填好工程委托单。

第二十八条 停产检修项目的委托,委托提出时间:按标准规定通常应为在停产检修实施前10~20天;停产时间超过24h的"长期停产检修"或简称为"大修"项目,为施工前60天左右。这个"时间提前量",主要是考虑到:要为设备停产检修工程的施工准备工作,留有充分时间以确保设备停产检修施工计划能够得到准确地实施("不停产检修"工程计划委托时间,一般为不停产检修开始日前的3~7天。)

第二十九条 企业设备管家体系中的专职点检方:在接到各设备检修施工部门,根据各基层(企业分厂或各车间)提供的设备"停产检修工程施工计划表"(见表E-13)及设备停产检修"工程委托单"(见表E-14)后进行汇总整理,应认真地做出设备"停产检修工程施工计划进度表"(见表E-15)。主要是按设备停产检修委托项目的要求,确认设备"停产检修工程施工计划进度表"(见表E-15)内,工程顺序的正确合理性。在此前提的基础上,企业设备管家体系中的专职点检方,主持召开的设备"停产检修预备会"(或称之为"设备停产检修例会")。

第三十条 各基层(企业分厂或各车间)的专职点检,将各设备检修施工部门返回的设备"停产检修工程施工计划进度表"(见表E-15)进行综合汇总和整理,并确认其工程顺序是否合理。在此基础上,按设备"停产检修工程管理业务流程"(见图E-1)标准化程序所示,由企业设备管理部门、产品作业部门和检修施工部门的领导参加,由设备管家体系中的专职点检方主持召开的设备"停产检修预备会"。会议主要是全面地对设备停产检修施工计划所安排的设备停产检修工程施工项目,从企业设备管家体系中的专职点检方、设备检修施工方、产品作业操作方各自的立场出发,对设备停产检修施工条件,进行统筹调整、协调、平衡;并对设备停产检修工程施工项目的各方面问题进行商讨、解释、解决。要特别强调施工的安全注意事项。经与会人员逐项研讨后,决定做出有关设备停产检修工程施工的各方认可的方案。

第三十一条 经设备"停产检修预备会"上,企业设备管家体系中的专职点检方与设备检修施工方的充分协商后,根据设备检修施工方的提议,对有必要在设备停产检修的现场,进行停产检修工程项目的内容和检修意图说明时,可给与设备停产检修项目施工方，对设备停产检修工程项目，进行现场说明。

现场说明的目的：通过停产检修施工项目的现场说明，使得设备检修施工方与专职点检方，在停产检修工程项目内容和委托检修的意图，取得一致的理解和看法。同时，使设备检修施工方，可以针对需要施工的停产检修项目、装置的周围环境，作一次实地了解的机会。但，也并不是要对每一个设备停产检修的项目，都需进行现场说明的，而是在检修施工方有必要时，专职点检方才予以配合并给予现场说明。

现场说明的内容：设备停产检修工程的内容、专职点检方对停产检修项目工程委托的目的和检修意图、设备更换零部件或修理位置、动力配合情况及能源停止的时间和地方、预定施工当天现场的环境条件及设备停产检修工程重叠交叉情况、关联工程和工程制约条件、设备停产检修时的注意点，尤其是设备停产检修施工安全注意点和措施，以及设备停产检修施工联络与设备停产检修指挥系统的说明。

第三十二条 经过设备"停产检修预备会"和停产检修项目的现场说明，在协商、研讨、确认、了解的基础上，专职点检方应进一步修正、完善"停产检修工程施工计划进度表"（见表 E-15），并汇总制成设备"停产检修工程综合施工进度表"，详见表 E-16。专职点检方在制订设备"停产检修工程综合施工进度表"（见表 E-16）时，应注意：

一、明确停产检修施工主要控制的项目及需要特别注意的部分项目。

二、对各停产检修施工项目，能否在规定时间内完成，要进一步进行确认。

三、要确切掌握各设备停产检修项目的施工目的及施工内容。

四、用直观的直线图（甘特图），表示停产检修的综合施工进度、工序计划。

第三十三条 在"停产检修预备会"上，企业设备管家体系中的专职点检方、设备检修施工方及产品作业操作方这三方人员，在设备停产检修工程施工前，必须对设备停产检修工程的全部内容进行彻底了解，实施互相沟通思想、统一看法。对设备停产检修项目施工中出现的矛盾和问题，三方互相交换意见并协调解决。会上，企业设备管家体系中的专职点检方，要将填好的"停产检修工程施工安全联络事项总表"（见表 E-17），送交设备检修施工部门，作为准备设备停产检修牌等有关安全措施的依据。"停产检修工程施工安全联络事项总表"（见表 E-17）是停产检修施工安全的一个非常重要的"总表"，表上明确了三方联络的名单、三方确认并实施挂牌的场所、动火方面、安全检修施工设备方面等，以及安全碰头会等事项，必须认真对待和一丝不苟地实施，也可作为各方人员的一张全面的"自查表"。

第三十四条 设备"停产检修会议"：各基层（企业分厂或各车间）在设备"停产检修工程综合施工进度表"（见表 E-16）制作完成后，必须在预定设备停产检修施工日前 1~2 天，由设备管家体系中的专职点检方，主持召开设备"停产检修会议"，并将其作为设备停产检修工程管理标准化程序的内容。会议对本次停产检修总体情况（包括停产检修时间）分为机、电、仪等各个专业项目数，主要工程项目及总的停产检修要求，作最后一次确认。对预定设备停产检修时间再进一步明确，同时，要确定：各产品作业线设备的停产时间，设备停产检修时的停电、断水、断气的联络点，修理用临时电源等以及特别注意事项。"停产检修会议"的会议时间，控制在 1h 左右。

附录 实用点检管理资料及表格

第三十五条 设备管家体系中的专职点检方,在"停产检修会议"上,需对停产检修工程施工项目的工程程序和项目的增、减,作最终修正,并全面核实设备"停产检修工程综合施工进度表"(见表 E-16)的每一个工程项目内容,作好总体平衡。一般,追加的停产检修施工项目总数,不得超过 5%,并尽可能在此会议前做好平衡工作。设备检修施工方,应对追加施工项目及时平衡,如有困难,在会上,可请求对施工项目予以调整。

第三十六条 产品作业线设备"大修"准备阶段的会议制度:

首先,要组织企业全体参与"大修"的各方人员,了解和熟悉已标准化了的"大修工程管理业务流程"(见图 E-2)。这是企业实施产品作业线设备长期停产检修即"大修"的指导性文件,特别是大修前必须提前要做到的相关事项。

一、大修工程推进计划布置会:该会在大修前的 10 个月,由各基层(企业分厂或各车间)设备管理领导主持召开,设备管理组长为召集单位负责人,会上主要布置本单元年度大修推进计划,确立大修的主控项目及大修的规模。

二、大修改造项目专题会:该会在大修前的 9 个月,由各基层(企业分厂或各车间)设备管理领导主持召开,设备管理组长为召集单位责任人,会上主要落实重大的设备技术措施、技改及改善维修项目的立项情况、推进计划及责任单位等。

三、大修主要项目专题推进会:该会在大修前的 8 个月,由各基层(企业分厂或各车间)设备管理领导主持召开,设备管理组长为召集单位责任人,技术组、管理组及设备管家体系相关人员参加会议,对大修主要项目实施过程中存在的问题进行研讨。

四、大修备件、资材申报委托情况汇报会:该会在大修前的 7 个月,由各基层(企业分厂或各车间)设备管理领导主持召开,备件管理组长为召集单位责任人,备件组、产品作业方、专职点检方及有关方面参加会议,主要听取产品作业、设备、物流等部门备件计划申报情况。

五、大修工程指挥体制职责分工会:该会在大修前的 6 个月,由各基层(企业分厂或各车间)设备管理领导主持召开,会上要确立大修工作制、大修会议制度,并建立紧急联络体制。

六、大修备件、资材申报委托情况检查会:该会在大修前的 6 个月,由各基层(企业分厂或各车间)设备管理领导主持召开,备件管理组长为召集单位责任人,备件组及产品作业方、设备专职点检方有关方面参加会议,主要目的是:进一步整理大修备件及资材(备品配件和维修材料)的清单。

七、大修改善项目专题会:该会在大修前的 6 个月,由各基层(企业分厂或各车间)设备管理领导主持召开,设备管理组长为召集单位责任人,主要听取有关设备管家体系中的专职点检、设备工程师,对改善项目立项情况的汇报,经设备管理部门领导审批同意后,可作为各个基层可立项改善的项目。

八、大修测绘计划及落实情况汇报会:该会在大修前的 5 个月,由各基层(企业分厂或各车间)设备管理领导主持召开,备件管理组长为召集单位责任人,企业的检测部门或专业测绘企业的测绘大队参与会议并做主题汇报。

九、大修准备工作情况检查会(第一次):该会在大修前的4个月,由各基层(企业分厂或各车间)设备管理领导主持召开,设备管理组长为召集单位责任人,会上主要检查设备停产检修用的备件、资材的落实情况,布置测绘及其他如土建、炉窑停产检修项目的计划,并对停产检修预制作件项目进展情况进行检查。

十、大修改造、改善项目落实情况检查会:该会在大修前的3个月,由各基层(企业分厂或各车间)设备管理领导主持召开,设备管理组长为召集单位责任人,设备技术组、各相关设备管家体系中的专职点检员、企业改善、技改相关等部门参加,主要检查这些项目的进展情况,包括备件、资材的制作情况、施工队伍情况及施工用的工器具落实情况、对常规大修工期有无影响等。

十一、大修准备工作情况检查会(第二次):该会在大修前的2个月,由企业分管设备的领导或设备管理部门的领导主持召开,相关的各基层(企业分厂或各车间)领导为召集单位责任人。会上,主要是对大修的重点项目、大修用的备件、资材、预制作件、修复件等的到货计划及到货情况进行重点检查、重点落实。同时,对大修准备过程中,出现的一些涉及各基层(企业分厂或各车间)难以协调的问题,进行充分地暴露并落实解决的办法。各基层(企业分厂或各车间)的领导,应预先拟定好与大修相关疑难问题的汇报材料,汇报材料的内容包括:

1. 本产品作业线设备的沿革与历年来"大修"的概况。
2. 大修指挥部组织体制情况及"大修工程指挥体制图"(见图E-3)。
3. 大修的项目准备、立项情况,对重点项目要列出,另加说明。
4. 计划工期(提供主控项目的施工网络计划),重点项目的施工方案及安全技术措施落实情况。
5. 大修项目施工委托情况。
6. 备件、资材的准备情况。
7. 提供综合施工网络计划,以供产品作业部来平衡产品作业物流之用。
8. 存在的问题及建议,采取的对策。

十二、大修准备工作情况检查会(第三次):该会在大修前的1个月,由企业分管设备的领导或设备管理部门领导主持召开,相关的各基层(企业分厂或各车间)领导为召集单位责任人。会上,将对上次大修准备工作检查会上布置的任务进行检查,并对大修的重点项目、大修用的备件、资材、预制作件、修复件等的到货计划及到货情况、大修工程项目,再次进行重点检查、确认、落实。同时,大修准备过程中出现的一些涉及各基层(企业分厂或各车间)难以协调的问题进行充分暴露,并落实解决的办法。各基层(企业分厂或各车间)领导,应预先拟定好与大修相关疑难问题的汇报材料,汇报材料内容的前八项,与上述第二次汇报会要求的内容相同,另外,再增加汇报第二次大修准备工作检查会上布置任务的落实情况。

十三、大修工程准备情况确认会:该会在大修前的10天左右,由企业分管设备的领导或设备管理部门领导主持召开,相关的各基层(企业分厂或各车间)领导为召集单位责任人。会上,将对大修现场施工管理、能源停送组织、大修施工指挥部成立情况、安全、消防管理、备件、资材、大修工期、运输、交通、后勤等各项准备情况，进行最后的确认检查。

十四、"（案例）2011 年＿＿＿＿作业线设备大修推进综合进度"（见图 E-4），是某个案例企业的产品作业线设备，实施长期停产检修即大修时的一个具体情况，从图中可见，企业在按"大修工程管理业务流程"（见图 E-2）标准化流程的实施过程中，又灵活结合企业的实际情况，做了一些精简，将一些流转过程简化，提供作为参考。

第三十七条 各基层（企业分厂或各车间）的大修准备阶段的会议制度：各基层（企业分厂或各车间）的大修准备阶段的会议制度，可参照企业或产品作业线设备的大修准备阶段的会议制度执行，会议的主持人，可以是该产品作业线设备管家体系中的专职点检组长。

第三十八条 大修工程指挥体制：应在大修实施前3个月最终确立，大修总指挥由委托部门主管产品作业的领导担当，企业设备管理部门领导、各基层（企业分厂或各车间）的设备管理领导及检修施工部门的领导，为大修的副总指挥。大修指挥部下设若干服务小组，如工程协调、技术服务、备件资材、安全环保、消防保卫和保健后勤小组等，企业可以视大修的规模来确定与之相适应的大修指挥的规模（见图 E-3）。

第三十九条 各设备检修施工部门，在接受各基层（企业分厂或各车间）的设备管理部门送交的预定停产检修工程计划表及工程委托单（见表 E-14）的同时，首先，要复核并确认委托工程项目的正确性，同时确定接受上述委托工程的时间，以此考虑制定设备检修人员计划及施工班组的施工实施方案，确定施工班组，并将确定的施工班组记入到预定停产检修工程计划表，对上述计划表中，断定不能施工的委托项目，必须及时与各基层（企业分厂或各车间）的委托方进行协调。

第四十条 各设备检修施工部门，在接受产品作业线设备管家体系提出的设备停产检修工程委托项目后，按标准化管理模式，必须进行现场停产检修工程调查。主要包括：设备停产检修工程的资料搜集（设备停产检修图样、相关技术资料、以往修理实绩记录等）、施工项目的现场调查（施工环境、现场条件的确认）、设备停产检修用备品备件、资材及专用工器具的准备到位确认等。经充分调查后并填写以下内容：设备停产检修项目内容需要的工器具、停产检修施工安全要点、停产检修项目的工时工序表及要点、备件与主要工程材料准备情况，停产检修施工所需工种、工时和工程进度等的工程调查表、工程施工进度表及维修作业标准等报表，并按此做好各项停产检修前的施工准备工作。

第四十一条 各设备检修施工单位，在设备停产检修准备阶段，应积极参与各类设备停产检修工程协调会、平衡会、研讨会。

第四十二条 产品作业方在设备停产检修准备阶段，应积极参与、配合产品作业线设备管家体系及专职点检方，一起搞好设备停产检修的委托、停产检修项目的施工交底、现场说明及停产检修设备的停机位置、停产时间等的确认工作。并将产品作业方的委托项目，按委托要求尽早送交给设备管家体系中的专职点检方，以便及其纳入整个设备停产检修工程中，实施统一管理。

第4章 设备停产检修实施阶段

第四十三条 除企业的设备管理部门外、其他的相关部门如：设备技术（包括，机、电、仪、土等）、安全技术等部门，应坚持服务在大修现场，抓好大修现场设备停产检修的标准化作业管理。并参加每天的大修指挥部会议，及时了解大修的进展情况，对大修中出现的设备检修力量难以平衡、工器具缺乏、备件质量、技术难题等情况，应及时帮助并协调解决。

第四十四条 各基层（企业分厂或各车间）的设备管理部门，应根据既定的设备停产检修日并按以下要求组织，实施设备停产检修工程：

一、设备停产检修工程的实施，是从"安全确认"最重要的一项确认开始，企业设备管家体系中的专职点检方，应会同设备检修方、产品作业方，在设备停产检修前，对设备停产检修施工范围内设备的动力源的电源开关及煤气、蒸汽、水、油、压缩空气源等各种能源阀门全部切断关闭，并挂上"禁止合闸、开阀"的设备检修牌。设备停产检修施工前的安全确认书内容有：设备停产检修前"三方会同"的安会确认事项；设备停产检修施工班组现场安全自检记录；动火时的安全确认事项等。

二、设备停产检修前的安全确认结束后，设备管家体系中的专职点检方，是以设备停产检修管理组织者的身份，参与设备停产检修工程的实施。为了使各产品作业线设备的停产检修工程项目，在停产检修工程实施中顺利进行，专职点检方对设备停产检修工程的施工方，其没有估计到的设备检修中的疑难问题，如：对设备零部件的装配难点、对设备检修工程出现的异常干扰、对根据停产检修作业内容中委托的解体检查和测定工程、对施工安全及掌握工程进度状况、对施工作业工程中的施工质量等，在停产检修时应与设备检修方及产品作业方，会同后协同管理。

第四十五条 各基层（企业分厂或各车间）设备管理部门，应根据以下要求，组织设备停产检修工程的验收工作：

一、设备管家体系中的专职点检方，根据设备停产检修施工班组，对各设备停产检修项目完成情况的汇报，应及时对项目完成情况进行检查，并察看施工场地清理工作是否全部完成；确认安全后在安全联络卡上签署设备停产检修交工证；同时，确认与该停产检修施工项目有关的工程完成情况。然后，会同产品作业操作方，实施"三方确认"，把开始设备停产检修施工前，由三方确认的停电关阀的修理牌，要一个不漏地摘取掉。完成该步骤后，通知全体施工方及设备停产检修人员，退离停产检修设备的周围并撤出停产检修现场。三方的责任者，要同时在一起，进行确认、检查，以确保设备停产检修设备单体试运转时的安全。

二、专职点检方、设备检修方要协同产品作业方，对停产检修完的单体设备，实施试运转工作，并听取产品作业方意见、对设备的每一个部位是否正常应进行检查和判断，而后实施热态验收。在判定为合格的单体设备后，便等待整体设备的联动试车。当被判定为检修质量差的设备、设备技术状态差的工程，需立即进行检修返工或再一次调整设备。如可以在不切断能源状态下进行的返工、修正、调整等处理的设备返修项目，可以在继续单体设备试转中进行。如果，返修时必须要切断能源状态的，则必须要严格遵守"三方安全确认、挂牌制度"，即便时间再短，也必须执行并重新做好三方确认的流程。

三、专职点检方，在确认设备停产检修工程全部结束后，必须正式通知产品作业方的负责人："设备停产检修项目已全部结束，设备具备综合联动试运转条件"。从联动试车开始，设备停产检修工程管理的主要职责，就由专职点检方过渡到产品作业方。专职点检方在现场，要坚持到产品作业线设备的开始运转后。

第四十六条 设备停产检修实施前及停产检修的实施过程中，必须召开停产检修早会及停产检修中间会。

一、停产检修早会

1. 停产检修早会。由停产检修指挥主持，停产检修指挥应在第一次停产检修早会前 3min 到达产品作业现场，了解产品作业结束情况，并与产品作业方取得联系。早会开始前，应在停产检修现场指挥所，张贴放大的"设备停产检修工程施工综合进度表"。

2. 停产检修早会上，专职点检方要介绍本次停产检修起止时间、强调主要工程项目并结合天气情况，指出停产检修施工中的安全注意事项，专职点检方、产品作业方参与确认，还要将早会精神，传达到各个相关部门及相关人员中去。

3. 会议以例会形式准点进行，早会一般用 10min 左右。停产检修开始时间，一般以预定时间为准。如停产检修开始时间因产品作业原因延时的，可以顺延计算其停产检修时间。停产检修开始时间，是以产品作业线的设备树上的某一台工艺设备停止作业，作为开始的标记。

二、停产检修中间会

1. 一般在停产检修预定结束前 2~3h 或停产检修工程中的设备检修，进行到四分之三的时间时，召开停产检修中间例会。停产检修中间例会召开前，应对本次停产检修工程的综合进度有所掌握（特别是停产检修主要工程的进度）。

2. 会上，专职点检方将停产检修各项工程的工程进展及完成情况，依据停产检修工程综合进度表上的项目，要作介绍说明，并对未完工程计划进度的，施工干扰、条件变更和力量不足等的影响工程实施计划的问题，进行综合研讨，要立即制定有效措施，调整工程进度，特别是要确保主要工程项目的按时完成。同时，根据停产检修综合工程进度，初步做出设备试运时间及预定停产检修结束时间。设备检修方、企业作业调度等要参加会议，并充分落实停产检修工程进度，对停产检修施工难点，应积极协同设法解决，重新统筹安排设备检修力量，确保主要项目按计划时间予以完成。产品作业方应协同专职点检方、设备检修方完成停产检修工程项目，并根据会议决议，迅速进行各项产品作业准备及试运转工作。

3. 一般停产检修中间会，只安排一次即可，若由于停产检修工程时间长（大于 16h）、停产检修工程重要度大、参加的施工方多且各方配合面广等因素，可以安排两次进行,两次的侧重点可以以第一次工程协调为主,第二次以确认施工进度,决定试运转时间为主。

第四十七条 大修实施过程中,必须坚持召开好大修早会或分区平衡会及大修指挥部会议。

一、大修早会或分区平衡会:在大修期间,为确保预先制定的各项大修计划顺利实施,必须强化每天上午召开的大修早会或分区平衡会。会议由各副总指挥或分区指挥主持,参加的人员除专职点检方以外,还有大修指挥部所属设备检修施工管理、施工技术组全体成员及产品作业方、大修安全、保卫等有关人员。早会或分区会议主要是协调昨晚停产检修的施工情况,并要平衡停产检修施工中出现的问题,对白天的停产检修施工节点进行布置安排,会议时间要简短,应本着"有事则长、无事则短"的原则开好会议。

二、大修指挥部会议:在大修期间,应坚持开好每天下午4:00左右的大修指挥部会议。会议由大修指挥部指挥主持,参加会议的人员,除专职点检方外,指挥部所属的施工技术、备件材料、运输调度、安全保卫、宣传报道、综合管理等相关方面及产品作业方、设备检修方均应派人参加会议。会议时间一般为30min左右。会上所用的"大修综合信息汇总报表"(见表E-18)、"安全检查巡检记录表"(见表E-19)、"消防、保卫检查记录表"(见表E-20),必须统一格式,认真检查、记录。

第四十八条 各设备检修方在停产检修实施工程中,应协同专职点检方、产品作业方这两方,在设备停产检修前,对设备停产检修的范围内,对设备的动力源等进行安全确认挂牌。安全确认结束后,设备检修方以执行设备停产检修的施工者,参与设备停产检修的工程实施,并参加设备检修过程中的各类工程协调会。

第四十九条 设备检修方,在各设备停产检修项目结束后,要及时与相关的产品作业线设备管家体系中的专职点检员联系,并会同专职点检方,对停产检修工程项目进行验收,参与产品作业方对设备停产检修设备的单体试车及联动试运转、对试车过程中发现的问题,则需按前述安全确认要领进行管理,在安全确认后,对异常部位进行返修、调整处理。经试运转验收后的设备检修方,仍旧负有以下责任:

一、保证在交工后24h的产品作业运转时间内,设备停产检修的部分,确保无异常情况发生。

二、从这次停产检修到下次设备停产检修时的周期内,一旦设备出现故障,经分析其原因,若与设备停产检修有关,设备检修部门仍负一定的返修责任。

第五十条 在设备停产检修工程实施过程中,产品作业方应会同专职点检方和设备检修方这两方,在设备停产检修前,对设备停产检修施工范围内的设备动力源,进行安全确认挂牌。安全确认结束后,产品作业方以设备停产检修的协同者参与设备停产检修工程实施,并参加设备停产检修过程中的各类停产检修工程协调会。

第五十一条 产品作业方应协同专职点检方,共同搞好设备停产检修工程的验收工作。产品作业方在接到专职点检方的可以"单体试车或联动试运转"的通知后,应立即进入单体试车或产品作业联动试运转准备阶段,并对设备的技术状态及运转前必须处

理、调整的工作,再次做确认。从联动试车开始后,设备停产检修工程管理的主要职责,就应该由专职点检方过渡到产品作业方。联动试运转结束后,产品作业的准备工作也就完成了,当产品作业运转条件具备后,产品作业方就应该开始投入产品作业的运转时期。

第5章 设备停产检修的实绩分析

第五十二条 设备停产检修实绩分析的目的及相关的考核指标

一、停产设备检修实绩分析的目的

1. 设备停产检修实绩管理,是设备停产检修管理业务中不可缺少的一个重要组成部分,是设备停产检修管理 P、D、C、A 工作方法中的重要一环。通过设备停产检修的实绩管理,不断总结实践经验,积累设备停产检修的数据资料,经过汇总整理、综合分析后,可以作为改进、完善设备停产检修管理方式、提高设备停产检修管理水平及设备停产检修管理效率的依据,从某种意义上讲,也是实施停产检修、改善设备劣化状态的一种信息和依据。

2. 设备停产检修实绩数据,来源于各基层专职点检方的汇总和设备停产检修部门的正确信息,通过对这些数据及信息的研讨、分析,可以为修正停产检修模型、停产检修计划、维修方针、维修管理制度、维修计划值的制定,提供第一手资料。同时,也为维修技术标准、点检技术标准、润滑作业标准、维修作业标准等"企业设备管家管理设备的四大标准"的修订和完善,提供了真实的实绩依据。为了加强对设备停产检修实绩的管理,在设备停产检修实绩管理中,建立了两种实绩报表制度及相应的考核标准。

二、设备停产检修实绩相关的考核指标

1. 停产检修计划时间达成率:停产检修计划时间达成率,是对停产检修计划时间精度的一种考核指标,其计划管理目标值为100%,企业要求的考核值为95%。

(1) 设备停产检修准时或提前完成时的计算公式为

$$设备停产检修计划时间达成率 = \frac{实际设备停产检修时间(h)}{计划设备停产检修时间(h)} \times 100\%$$

(2) 设备停产检修延时后的计算公式为

$$停产设备检修计划时间达成率 = \frac{计划设备停产检修时间(h) \times 2 - 实际设备停产检修时间(h)}{计划设备停产检修时间(h)} \times 100\%$$

2. 设备停产检修延时情况考核,按企业设备管理部有关考核办法执行。

3. 设备停产检修计划项目完成率:停产检修计划项目完成率是用于考核设备停产检修项目的计划达成率的程度与所反映出专职点检方对设备技术状态的掌握情况的考核指标,其计划管理目标值为100%,其考核目标值为98%。其达成率公式为:

(1) 设备停产检修实际项目数少于或等于计划项目数时的计算公式为

$$设备停产检修计划项目达成率 = \frac{实际设备停产检修项目数}{计划设备停产检修项目数} \times 100\%$$

附录 D　企业停产检修标准化管理细则

(2) 设备停产检修实际项目数大于计划项目数时的计算公式为

$$\text{停产设备检修计划项目达成率} = \frac{\text{计划设备停产检修项目数} \times 2 - \text{实际设备停产检修项目数}}{\text{计划设备停产检修项目数}} \times 100\%$$

第五十三条　设备管理部门，在设备停产检修施工结束后，应及时搜集与设备停产检修模型设定相关的各类数据、信息，并进行认真分析，为进一步改进和完善设备停产检修模型提供依据。同时，每月为各基层（企业分厂或各车间）设备管理部门领导会及企业设备例会，提供设备停产检修实绩资料，"年月停产检修完成情况汇总表"（见表 E-21）；"时间段停产检修实绩报表"（见表 E-22）。对设备停产检修过程中出现的异常现象，要认真总结分析，并提出考核意见。如需要对一些检修的零部件测绘的，则必须填写"检修工程测绘任务委托书"（见表 E-23）。

第五十四条　设备检修施工管理部门，在设备停产检修施工结束后，应注意收集与设备停产检修负荷、设备停产检修施工工时等相关的各类数据、信息，并进行认真分析，为进一步协调、平衡好各产品作业线设备的停产检修力量、设备停产检修施工工时等，提供实践性依据。及时掌握各产品作业线设备的停产检修施工实绩，对设备停产检修施工过程中出现异常现象，要认真总结分析；对因设备停产检修施工原因造成的设备停产检修施工质量事故或停产检修延时，要提出考核意见，并对相关检修施工单位，实施考核。

第五十五条　备件管理部门，在设备停产检修结束后，应注意搜集与设备停产检修用的备件质量、使用寿命等有关的各类数据、信息，并进行认真分析，为进一步改进停产检修用的备件质量、提高备件寿命等提供实践性依据。掌握各产品作业线设备的停产检修实绩，对设备停产检修过程中，出现的备件质量问题，要认真总结分析，并对备件相关的产品供应商及制作厂家，提出赔偿要求。

第五十六条　各设备技术部门（机、电、仪、土等专业）在设备停产检修工程结束后，应积极配合各基层（企业分厂或各车间）设备管理部门，针对在设备停产检修过程中，发现的重大设备隐患或重大设备缺陷，提出解决的办法及措施。

第五十七条　各基层（企业分厂或各车间）设备管理部门，在设备停产检修结束后，应针对本单元在此次设备停产检修中，出现的设备检修质量、安全、工程进度、工程协调、施工组织等方面出现的问题，通过召开设备停产检修实绩分析会，进行回顾与反省，对成功的经验进行总结推广，以促进今后的设备停产检修的工作，专职点检方、产品作业方、设备检修方均应参加。若未能在计划时间内完工，且停产检修延时达 1h 或大修延时达 5h，则必须在设备停产检修或大修结束后 3 日内，召开设备停产检修或大修延时反省会（设备管理部门，必要时也要参加），并于 3 日内，将设备停产检修或大修延时反省报告报送设备管理部门。要对较大的设备停产检修质量事故及造成停产检修延时的责任者，提出考核意见，提交有关部门实施考核。

第五十八条　为了使设备管理部门能够尽快了解各产品作业线设备停产检修的实施情况，各设备检修部门负责设备停产检修实绩的管理人员，应在停产检修结束后 3 日内、大修结束后一周内，将设备停产检修实绩，用电话形式报送设备管理部门，报送内

附录　实用点检管理资料及表格

容包括：设备停产检修计划完成时间、实际完成时间、计划实施的项目数、实际完成的项目数、主要控制的项目的名称，有延时的项目，要报出项目延时的原因及提供项目延时的反省报告。次月3日前，将书面的停产检修的实绩报表，报送给企业的设备管理部门。"_____年_____月停产检修（大修）实绩报表"，详见表E-24。

第五十九条　设备检修部门，在参加完设备停产检修后，应积极参加设备停产检修的委托方主持召开的设备停产检修实绩分析会，并将停产检修工程中的设备停产检修综合信息（包括备件、资材、施工组织、设备技术状态等），如实、准确地提供给企业的设备管理部门，以便能在今后的设备停产检修工作中，不断地改进与提高设备检修部门的管理水平和停产检修员工的素质。

第六十条　设备停产检修完毕后，产品作业方也应积极参加专职点检方主持召开的设备停产检修实绩分析会，并将设备停产检修结束后有关产品作业调试、投产后的设备运转情况及存在问题，如实、准确地提供给企业的设备管理部门，以便能在今后的设备停产检修工作中，不断地改进与提高。对其中较大的设备停产检修质量事故，要提出相应的考核意见和针对性的建议和办法。

附录 E 企业停产检修标准化常用图、表 29 种

关于实施企业产品作业线设备停产检修管理业务中，部分主要图、表标准化的说明：

为了配合企业产品作业线设备停产检修管理标准化细则的推进与实施，根据企业推进"设备管家管理设备体系"及产品作业线设备停产检修计划及停产检修施工业务的管理需要，特对企业产品作业线设备停产检修管理过程中的部分主要图、表，进行了归纳和整理，列入图、表共 29 张。其中，有停产检修管理流程标准化及案例"图"5 张、由按照实践整理，可供各个企业，在实施产品作业线设备停产检修时参考应用的表 24 张。另有若干张图、表，将在本书的相关章节里穿插，敬请注意，以便进行统一应用。本附录中的 29 张图、表的详细清单如下：

序号	图、表编号	图、表名称（企业产品作业线设备）	属细则的哪个条款
1	图 E-1	停产检修工程管理业务流程	第六条
2	图 E-2	大修工程管理业务流程	第三十六条
3	图 E-3	＿＿＿＿年大修工程指挥体制图	第三十六条
4	图 E-4	（案例）2011年＿＿＿＿作业线设备大修推进综合进度	
5	图 E-5	停产检修计划调整流程图	第十四条
6	表 E-1	停产检修模型制定及停产检修计划管理业务流程	第四条
7	表 E-2	＿＿＿＿年度停产检修模型设定表	第四条
8	表 E-3	长期设备停产检修计划征求表	第七条
9	表 E-4	＿＿＿＿年度设备停产检修模型设定征求表	第七条
10	表 E-5	停产检修周期、时间设定征求表	第七条
11	表 E-6	＿＿＿＿年度停产检修计划表	第八条
12	表 E-7	下半年度及第二年上半年度停产检修计划表	第十一条
13	表 E-8	＿＿＿＿年＿＿＿＿季度停产检修计划征求表	第十三条
14	表 E-9	＿＿＿＿年＿＿＿＿月停产检修计划征求表	第十三条
15	表 E-10	＿＿＿＿年＿＿＿＿季度停产检修计划表	第十三条

（续）

序号	图、表编号	图、表名称（企业产品作业线设备）	属细则的哪个条款
16	表 E-11	_____年_____月停产检修计划表	第十三条
17	表 E-12	停产检修工程立项表	第二十六条
18	表 E-13	停产检修工程施工计划表	第二十七条
19	表 E-14	（企业设备检修）工程委托单	第二十七条
20	表 E-15	停产检修工程施工计划进度表	第二十九条
21	表 E-16	停产检修工程综合施工进度表	第三十二条
22	表 E-17	停产检修工程施工安全联络事项总表	第三十三条
23	表 E-18	_____年大修综合信息汇总报表	第四十七条
24	表 E-19	_____年安全检查巡查记录表	第四十七条
25	表 E-20	_____年消防、保卫检查巡查记录表	第四十七条
26	表 E-21	_____年_____月停产检修完成情况汇总表	第五十三条
27	表 E-22	_____至_____时间段停产检修实绩报表	第五十三条
28	表 E-23	检修工程测绘任务委托书	第五十三条
29	表 E-24	_____年_____月停产检修（大修）实绩报表	第五十八条

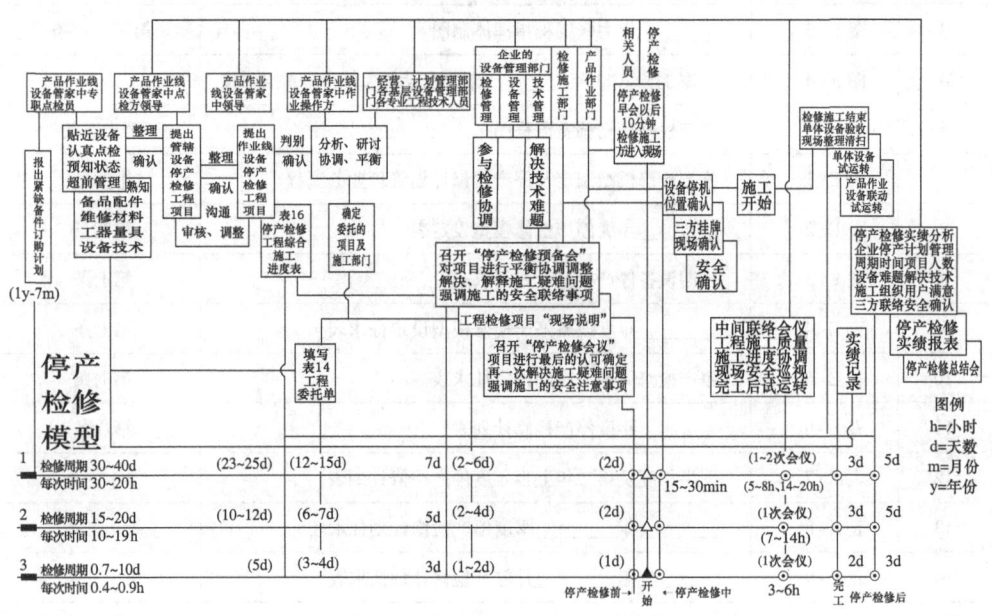

图 E-1　停产检修工程管理业务流程

附录 E　企业停产检修标准化常用图、表 29 种

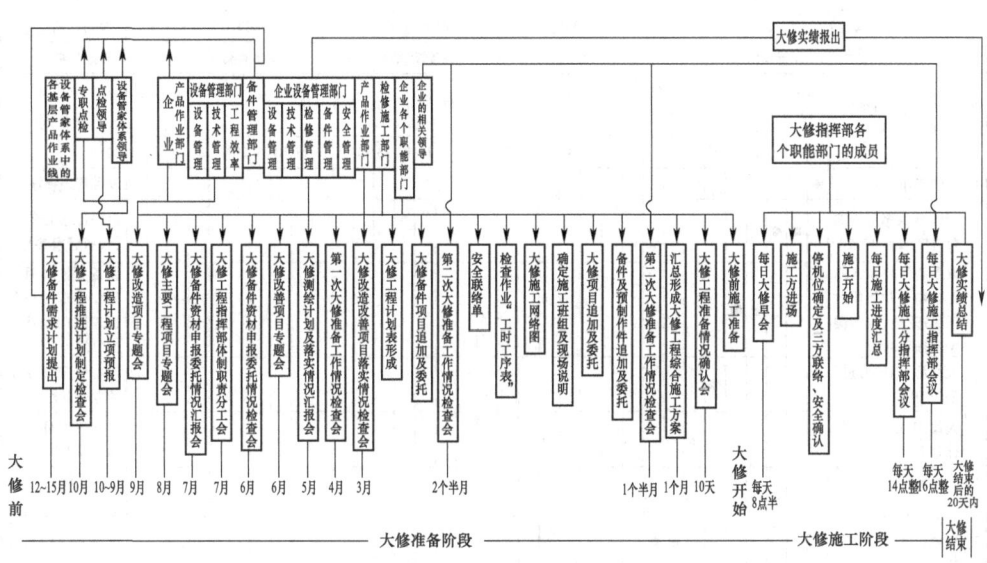

图 E-2　大修工程管理业务流程

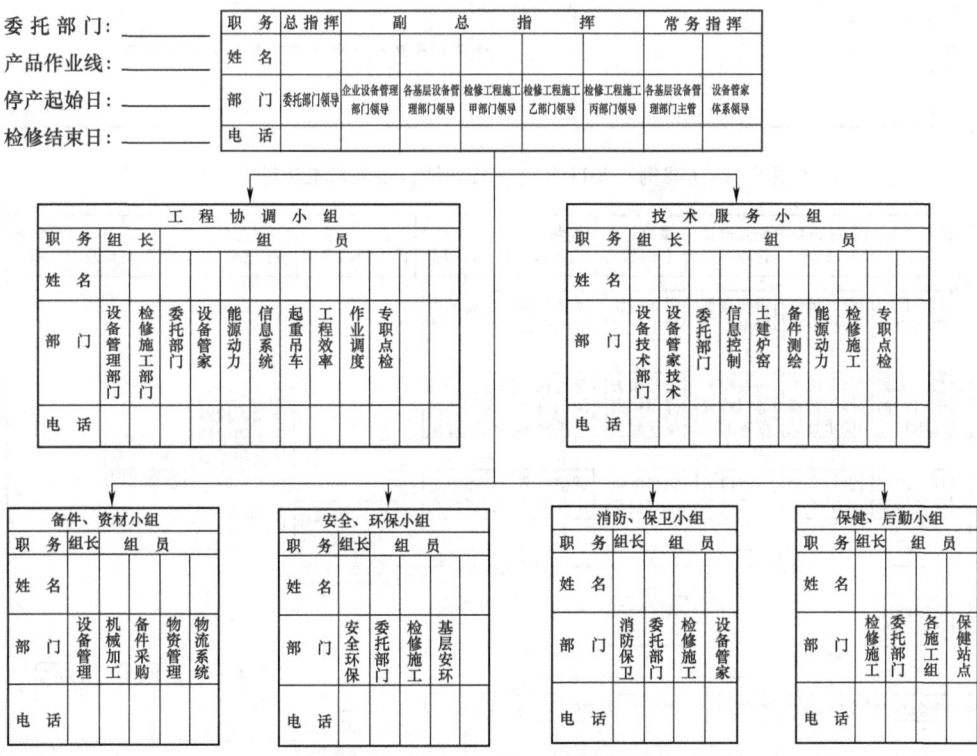

图 E-3　_____年大修工程指挥体制图

2011年＊＊厂＊＊＊作业线设备大修推进综合进度	委托部门	＊＊＊	产品作业领导	＊＊＊	设备管理主管	＊＊＊	编制日期：____
	作业线名	＊＊＊	设备管理领导	＊＊＊	专职点检编制	＊＊＊	修改日期：____

序号	时间 内容	2010年12月			2011年1月			2011年2月			大修(当年)2011年3月份																									责任方
		上	中	下	上	中	下	上	中	下	1	2	3	4	5	6	7	8	9	10	11	12	13	14	15	16	17	18	19	20	21	22	→	→	31	
1	大修工作令下达	●																																		设备管理领导
2	2011年大修推进综合进度编制、修改		●	●																																设备管理主管(设备管家参与)
3	设备管家体系大修工程项目初稿研讨项目：改造、改善测绘、科研、维修				●	●																														设备管家体系产品作业部门设备管理部门企业相关部门
4	大修施工计划进度表(初稿)						●																													设备管家体系中的专职点检
5	大修工程需用备件计划上报							●																												设备管家体系中的专职点检
6	大修备件审定							●																												备件管理部门
7	大修备件核对催交清单汇总预制作件落实								●	●																										备件管理部门物资采购部门机械加工部门
8	大修施工计划进度表(审定)										●	●	●	●	●	●	●	●	●	●	●	●	●	●	●	●	●	●	●	●	●	●				设备管理主管(设备管家参与)
9	大修相关部门专业配合计划大修施工准备																	●	●	●	●	●	●	●	●	●	●	●	●	●	●	●	●	●	●	企业相关部门检修施工部门
⋮	大修起始日	——————————→																																		2011年4月1日

图 E-4 （案例）2011年____作业线设备大修推进综合进度

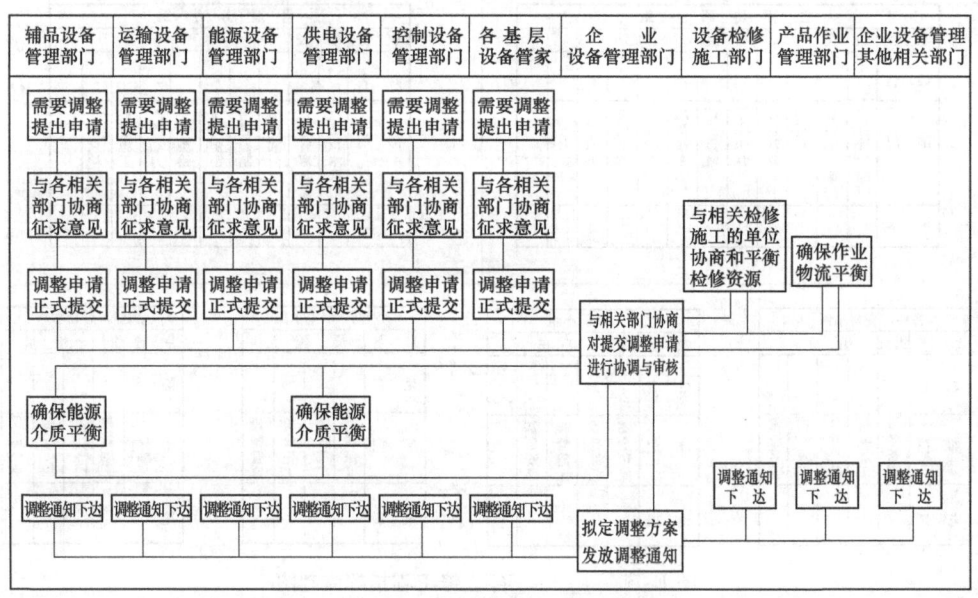

图 E-5 停产检修计划调整流程图

附录 E 企业停产检修标准化常用图、表 29 种

表 E-1 停产检修模型制定及停产检修计划管理业务流程

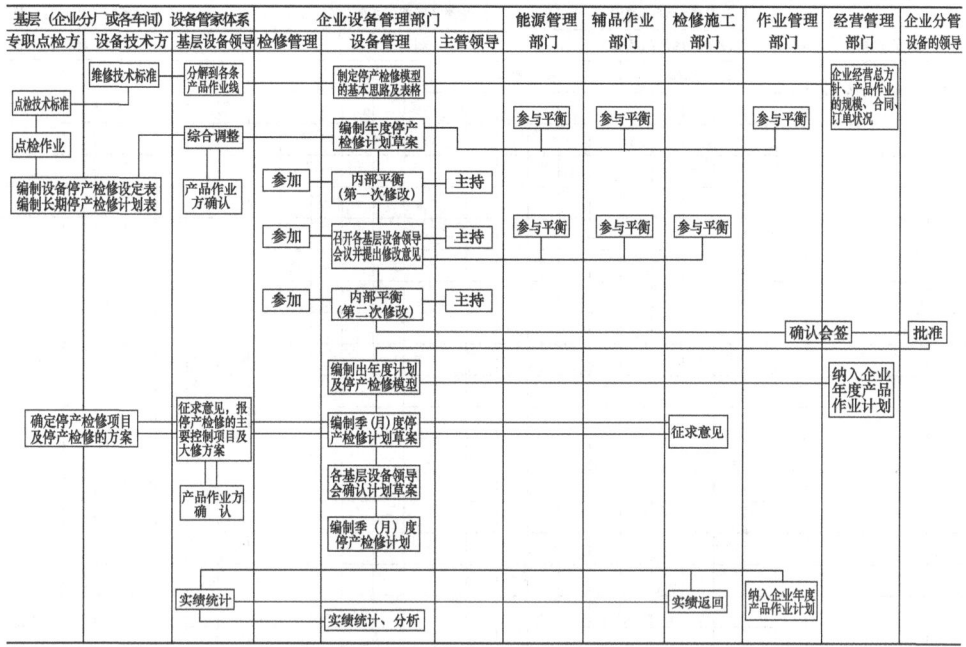

表 E-2 _____年度停产检修模型设定表

年度停产检修模型设定表		设备管理部门领导				经营管理部门领导				表号			—
		设备管理部门主管				编制				日期			
类别	作业线设备名称	周期时间	施工日	本单位参加人数					检修施工部门参加人数					其他检修施工部门参加人数					需要总人数				
				机械	电气	仪表	其他	合计	机械	电气	仪表	其他	合计	机械	电气	仪表	其他	合计	机械	电气	仪表	其他	合计

表 E-3　长期设备停产检修计划征求表

_____年度停产检修模型设定征求表		产品作业管理部门				设备管理部门主管				编制　年　月　日	
		设备管理部门领导				制表				修改　年　月　日	
类别	作业线设备名称	__年__半年			__年__半年			__年__半年		__年__半年	备注

表 E-4　_____年度设备停产检修模型设定征求表

_____年度停产检修模型设定征求表		产品作业管理部门					设备管理部门主管					编制　年　月　日	
		设备管理部门领导					制表					修改　年　月　日	
序号	作业线名称	周期时间	施工日	需要人数				本单位可参加人数				备注	
				机	电	仪	其他	合计	机	电	仪	其他	合计

表 E-5　停产检修周期、时间设定征求表

_____年度停产检修模型设定征求表		产品作业管理部门		设备管理部门主管		编制　年　月　日	
		设备管理部门领导		制表		修改　年　月　日	
类别	作业线设备名称	周期		设定依据	时间	设定依据	

表 E-6　_____年度停产检修计划表

年停产检修计划表		设备管理部门领导		经营、计划管理部门领导		表号	
		设备管理部门主管		制表		日期	
分厂或车间	作业线设备名称	第一季度	第二季度	第三季度	第四季度	备注	

表 E-7　下半年度及第二年上半年度停产检修计划表

_____年下半年度及_____年停产检修计划表		设备管理部门领导	经营、计划管理部门领导		表号	
		设备管理部门主管	编制		日期	

分厂或车间	作业线设备名称	第三季度	第四季度	第一季度	第二季度	备注

表 E-8　_____年_____季度停产检修计划征求表

说明：

停产检修	1	2	3	4	5	6	7	8	9	10	11	12	13	14	15	16	17	18	19	20	21	22	23	24	25	26	27	28	29	30	31	备注	停产检修模型			
	日	一	二	三	四	五	六	日	一	二	三	四	五	六	日	一	二	三	四	五	六	日	一	二	三	四	五	六	日	一	二		代号	单元	周期	时间
月																																			d	h
大修																																			d	h
																																			d	h
																																			d	h
																																			d	h
停产检修	三	四	五	六	日	一	二	三	四	五	六	日	一	二	三	四	五	六	日	一	二	三	四	五	六	日	一	二	三	四					d	h
月																																			d	h
大修																																			d	h
																																			d	h
停产检修	五	六	日	一	二	三	四	五	六	日	一	二	三	四	五	六	日	一	二	三	四	五	六	日	一	二	三	四	五	六	日					
月																																				
大修																																				

产品作业线　设备管家体系　领导：　　　　　编制：　　　　　编制日期：

附录 E 企业停产检修标准化常用图、表29种

表 E-9 _____年_____月停产检修计划征求表

备注

分厂或车间作业线设备名称	1一	2二	3三	4四	5五	6六	7日	8一	9二	10三	11四	12五	13六	14日	15一	16二	17三	18四	19五	20六	21日	22一	23二	24三	25四	26五	27六	28日	29一	30二	31	备注

表 E-10 _____年_____季度停产检修计划表

__年__季度停产检修计划表	设备管理部门领导				销售合同管理部门领导						表号			
	设备管理部门主管				停产检修计划编制						日期			

		1一	2二	3三	4四	5五	6六	7日	8一	9二	10三	11四	12五	13六	14日	15一	16二	17三	18四	19五	20六	21日	22一	23二	24三	25四	26五	27六	28日	29一	30二	31	备注	停产检修模型		
																																		代号	单元	周期	时间
月	停产检修																																			d	h
																																			d	h
	大修																																		d	h
																																			d	h
																																			d	h
月	停产检修	三	四	五	六	日	一	二	三	四	五	六	日	一	二	三	四	五	六	日	一	二	三	四	五	六	日	一	二	三	四			d	h
																																			d	h
																																			d	h
	大修																																		d	h
月	停产检修	五	六	日	一	二	三	四	五	六	日	一	二	三	四	五	六	日	一	二	三	四	五	六	日	一	二	三	四	五	六	日				
	大修																																			

产品作业线 设备管家体系 领导： 编制： 编制日期：

表 E-11 _____年_____月停产检修计划表

__年__月停产检修计划报表		设备管理部门领导			销售合同管理部门领导			表号			
		设备管理部门主管			停产检修计划编制			日期			
分厂或车间作业线设备名称	1 一	2 二	3 三	4 四	5 五	6 六	7 日	8 一	9 二	10 三	11 四	12 五	13 六	14 日	15 一	16 二	17 三	18 四	19 五	20 六	21 日	22 一	23 二	24 三	25 四	26 五	27 六	28 日	29 一	30 二	31	备注

表 E-12 停产检修工程立项表

部门_____ 作业线_____ 专业_____

序号	停产检修工程项目			施工项目分类 {与表E-14保持一致 用"○"标明}					工时 (人·时·日)	施工部门	设备管家、专职点检	相关专业配合 (用○标明)			
	工程名称	NO.	工程内容	定期项目	恢复修理	改善修理	离线检修	委托技措	其他				机	电	仪	配合要求

编制日期: 设备管家领导: 专职点检:

附录 E 企业停产检修标准化常用图、表 29 种

表 E-13 停产检修工程施工计划表

停产检修工程施工计划表							产品作业部门		计划确认	基层设备管理部门领导			实绩确认	基层设备管理部门领导		
							产品作业线名			基层设备管理部门主管				基层设备管理部门主管		
							编 制			产品作业线设备管家				产品作业线设备管家		
							日 期			专职点检方				专职点检方		
工程编号					工程名称	工程类别	项目分类代号	计划				实绩				备注
产品作业部门代号	产品作业区段代号	专业代号	月份	顺序号				工程委托单发出日期	施工工时(人·时)	要求施工日期	施工单位	接受日期	接受编号	施工组	施工日期	施工工时(人·时)

表 E-14 (企业设备检修)工程委托单

设备检修工程委托单					部门领导							委托日期					
					设备管家							电话号码					
作业部门					施工类别与项目分类代号(选定后画○表示之)												
					施工类别				施工项目分类								
作业线名		一	二	三	四	1	2	3	4	5	6	7	8	9	10	11	12	13
工程编号		不停产检修	停产检修(停产时间不超过24h)	大修(停产时间超过24h)	突发事故紧急抢修	定期更换油脂	定期解体点检	定期调整试验	定期更换易损件	事故抢修	恢复性修理	改善性修理	合理化建议协同	不停产离线检修	测绘委托工程	安全委托工程	技术措施工程	其他
工程名称																		
修理记录	要否	检查记录	要否															
委托单位人工估计	钳(电)工 人·时·日		起重 人·时·日		人·时·日	人·时·日		施工预定 月、日				现场说明		时间 地点		月 日 日		
工程内容:								委托方要求摘要:									
使用车辆	车种		数量		台班		施工单位估工	钳(电)工 人·时·日		起重 人·时·日		人·时·日					
							估计										
							实绩										

（续）

设备检修工程委托单	部门领导		委托日期	
	设备管家		电话号码	

使用材料：	施工中发现设备情况：

施工单位摘要：	接受编号	
	接受日期		接受者	

施工人工实绩（人·时）		实绩记录员		验收员		施工部门		施工者	

表 E-15 停产检修工程施工计划进度表

停产检修工程施工计划进度表						停产检修的产品作业部门			编制日期		年 月 日	施工管理部门		施工部门	
						停产检修的施工部门			编制部门			领导	调度	领导	调度
序号	工程接受号	工程名称	施工组	施工估工工时	委托估工实绩	项目分类代号	_月_日 8:00-16:00	_月_日 8:00-16:00	_月_日 8:00-16:00	_月_日 8:00-16:00	_月_日 8:00-16:00	_月_日 8:00-16:00		备注	
						吊车									
						吊车									
						吊车									
						吊车									
						吊车									
						吊车									
						吊车									
						吊车									
说明：					每日投入施工组、工种、人数										
					合计班组工种人员数		_班_名	_班_名	_班_名	_班_名	_班_名	总计	_班_名		

附录 E　企业停产检修标准化常用图、表29种

表 E-16　停产检修工程综合施工进度表

表 E-17　停产检修工程施工安全联络事项总表

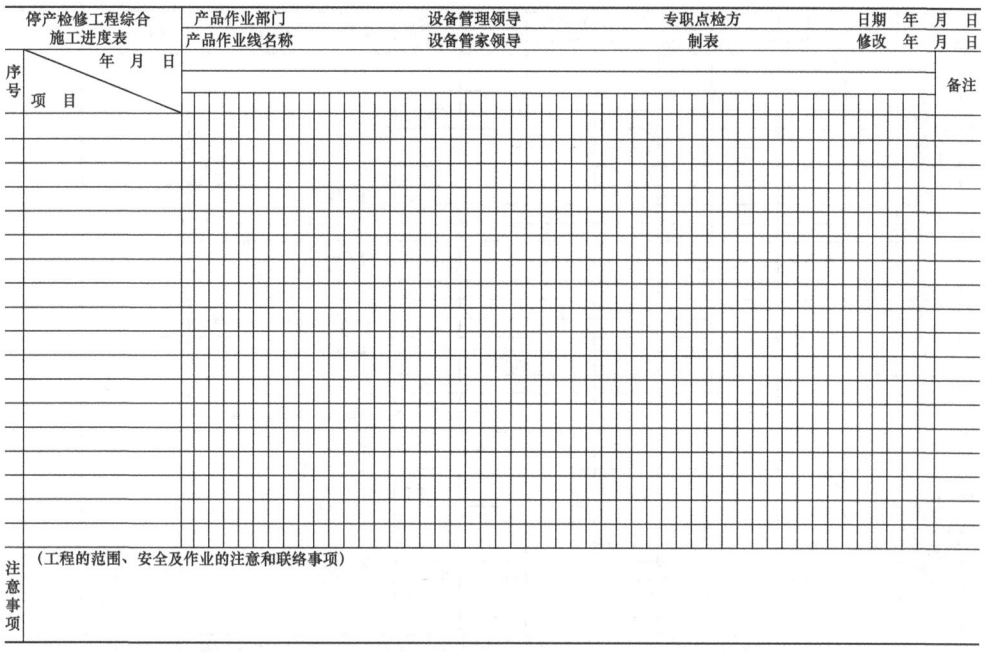

表 E-18 ＿＿＿＿年大修综合信息汇总报表

参与大修施工部门		施工项目计划总数	今天计划施工项目数	今天实际施工项目数	今天投入施工人员数	累计开工项目数	今天完工项目数	累计完工项目数	追加项目总计数	大修每天检修负荷概况曲线	大修中存在的问题与解决的办法
企业检修施工部门	机修									人数↑　　　　　→天数	
	电修										
	仪修										
	土炉										
	监测										
	其他										
	合计										
信息部门	计算机									人数↑　　　　　→天数	
	通信										
	合计										
检修施工部门甲	机									人数↑　　　　　→天数	
	电										
	仪										
	其他										
	合计										
检修施工部门乙	机									人数↑　　　　　→天数	
	电										
	仪										
	其他										
	合计										
其营参加检修人员	机									人数↑　　　　　→天数	
	电										
	仪										
	其他										
	合计										
技措技改											
改善维修											
测绘											
外协											
其他											
合计											

注：请各参加单位将本单位在大修中的主要施工进展情况及存在问题按此表栏目分别填写清楚，并在每日大修指挥前30分钟前递交大修指挥部，由大修指挥部汇总后于指挥部会议上发给与会者。

编制单位：　　　　　　　编制人：　　　　　　　＿＿＿年＿＿月＿＿日

表 E-19 ＿＿＿＿年安全检查巡查记录表

参加人员		检查形式	
检查内容		检查日期	＿＿＿年＿＿月＿＿日
检查路线		检修时间	＿＿＿时＿＿分　＿＿＿时＿＿分

序号	发现隐患内容	整改部门	整改时间	整改负责人

查出隐患	起	备注：
已整改	起	
整改率	%	

附录 E　企业停产检修标准化常用图、表 29 种

表 E-20　_____年消防、保卫检查巡查记录表

参加人员		检查形式	
检查内容		检查日期	____年____月____日
检查路线		检修时间	____时____分____时____分

序号	发现隐患内容	整改部门	整改时间	整改负

查出隐患	起	备注:	
已整改	起		
整改率	%		

表 E-21　_____年_____月停产检修完成情况汇总表

_____年_____月停产检修完成情况汇总表							设备管理部门领导							制表	
							设备管理部门主管							日期	
产品作业部门	产品作业线名称	日期	停产检修时间		达成率(%)	停产检修项目		停产检修人数							备注
								计划				实划			
			计划	实际		计划	实际	机	电	仪	其他	合计	机	电	仪	其他	合计	
大　修　完　成　情　况　汇　总																		
小　计:																		
小　计:																		
最高负荷																		
最高负荷																		

299

附录　实用点检管理资料及表格

表 E-22　　　　　至　　　　　时间段停产检修实绩报表

序号	产品作业线名称	施工日	时间/h		项目数		主要项目	备注
			计划	实绩	计划	实绩		
	大　修　情　况							

设备管理部门主管：　　　　制表：　　　　日期：

表 E-23　检修工程测绘任务委托书

委托单位：（公章）　　　　　　　　　　　　　　　　　　　　　　年　月　日

测绘项目名称		测绘项目原来提供的总图号	备件号（测绘项目原来提供的）	件数	
				零件	部件
测绘特殊要求			检修类型		
			大修	停产检修	抢修	不停产检修
测绘条件	样件测绘		现场测绘		
	库位号	测绘日期及时间	解件程度	可提供测绘的最晚日期	
委托部门设备管理主管			配合测绘联系人及电话		
测绘分类	自测	外委测绘	请专业制造厂测绘	分类人	
备件管理部门主管			备件管理部门确定专业制造厂		
测绘部门主管			测绘完成日期		
备注					

注：1. 对于零星紧急测绘，需提前两天申报委托单位或通知测绘部门补办委托单。
　　2. 正常测绘任务需提前十五天申报委托单。
　　3. 测绘条件一栏如不填写即为废单。现场测绘栏如测绘日期填写困难，必须将可提供测绘最晚日期填清。
　　4. 测绘分类栏由测绘部门填写。

附录 E 企业停产检修标准化常用图、表29种

表 E-24　　　　年　　　月停产检修（大修）实绩报表

产品作业部门		设备管理部门主管审核			停产检修日期			投入人数达成率（%）				（%）
作业部门领导		设备管家专职点检填报			实绩报出时间			表　　号				
序号	产品作业线设备名称		各部门参与停产检修（大修）的人数									
			企业检修施工部门				外委检修施工部门				基层参与检修人员				合　计				
			机	电	仪	其他	机	电	仪	其他	机	电	仪	其他	机	电	仪	其他	小计
		计																	
		实																	
		计																	
		实																	
		计																	
		实																	
		计																	
		实																	

项目/个	计划	主要项目				延时原因		
	实绩							
时间/h、d	计划							
	实绩							
点检定期管理项目实施情况	计划							
	实绩							
停产检修时段情况精密点检	计划	利用停产检修时段实施倾向管理情况		计划		停产检修（大修）中存在问题及解决办法：		
	实绩			实绩				

附录 F　企业设备故障统计的应用表格

一、设备管家管理设备要从故障统计着手

当前，一些企业的设备故障频发，对产品作业及设备管理都带来不利的影响。因此，如何协助企业尽快地控制住故障的发生，避免事故对产品作业带来的损失，已成为企业设备管理中的当务之急和优先要解决的问题。

为此，作为企业的设备管家，首先，就必须要认识什么是"设备故障"及其发生的规律。所谓"规律"，就是指"认识了的必然性"，认识故障发生的规律，就是要去了解"企业设备故障发生的必然性"。

要了解设备故障发生的规律。据不完全统计，一般企业的现场设备中，平均约有10%~15%的产品作业时间损失，是因为管理部门（计划不完善等）造成的；约有20%的损失，是来自产品作业系统（产品切换和开工准备等）；约有35%左右的损失，是由于设备系统导致的，包括设备故障、短暂停机、设备空转以及性能、效率降低等。因此，找到设备故障和造成性能降低的原因，并进行相应的改善，成为企业稳定作业、降本增效中的一个重要的环节。

"设备故障统计"是设备管家体系管理设备的一个重要的组成部分，设备发生故障次数的多少，将直接反映出设备管家体系管理设备的水平及设备维护、设备检修质量等相关的企业作业设备运行状态的好坏。

从企业的作业设备等已发生"设备故障"统计和分析的结果显示：大部分设备故障是由一个或几个劣化、隐患同时作用而引发的。只有对设备隐患进行"预知状态、超前管理"，加大作业"设备预防性维护"和"预测性防护"的力度，才能更有效地控制劣化和隐患的扩展，减少设备异常、事故和故障的发生，达到最大限度地减少企业产品作业设备、辅助设备的非计划停产时间的预期目标。

要说明的是：这里指的是"故障统计"，而不是故障报告。我国的一些企业，在强化故障管理的过程中，也做了不少的工作，特别是对企业作业现场的设备事故或设备故障，管理得也很认真和严厉。一旦，企业作业设备发生事故，就赶赴现场，做详细的记录，从时间、地点、现状、损失、后果，特别是对当事人和相关部门，要求"三不放过"，后来，进入到21世纪，又提升到"四不放过"等，同时，整理出一大厚本的"事故报告"，将这起事故的方方面面都点到，惩前毖后，要大家吸取教训。这样做的效果是，往往时过境迁，事故完了后就将事故报告束之高阁、归档、封存了之，结果还是有重复故障发生。因此，如何采取相应的措施，将事故或故障消灭在源头，如何找到发生劣化、故障或事故的根本原因，如何对这些大大、小小的故障或事故进行统计，从中找到缘由，以较彻底的消灭重复事故和找到避免事故的措施，这是我们要努力的方

向。目前,要改变个别企业的一些传统的做法,把一些设备发生故障后,不是去找发生故障的"根本原因分析";而是把员工推到"秋后算账"的路上,而不是引导对故障要有个"预防预案"、实施"危险预知",这是当今企业在"设备事故管理"中的一个急需要解决的问题。由此可见,企业设备管家体系管理设备,要控制隐患和故障,必须从"故障统计"着手的重要性。

二、设备故障的含义及设备故障的原因和类型

如图 F-1 所示,是"设备故障曲线",是指设备故障发生率与使用时间之间的关系(粗的空心线,表示的是其磨损曲线)。从图中可以看出:在摩擦、磨损机理指导下的机械设备在投入作业后,其零部件间的"早期故障"往往发生率是比较高的,这是因为这些设备在新的状态下,由于防锈、防护等设备表面涂的油脂比较多,互相之间还没有经过磨合、配合,在装配后的运行中,还会有磕磕碰碰的现象所致,虽然小毛病比较多,但都不是致命的故障,是正常现象,这也符合客观规律。

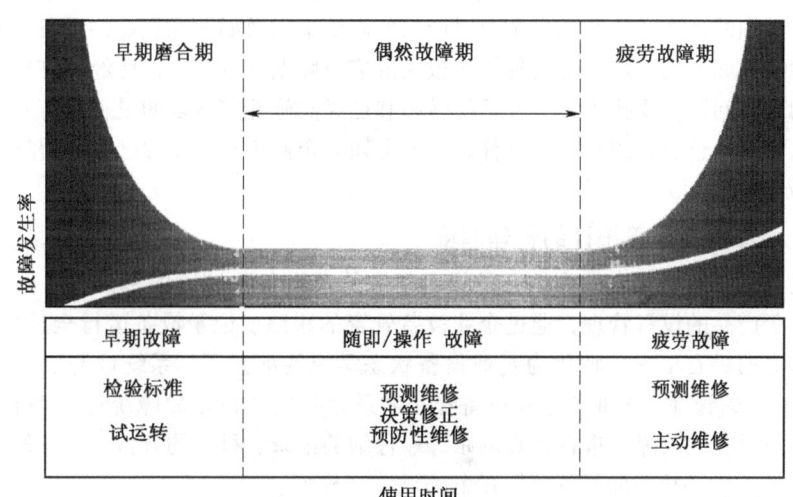

图 F-1 设备故障曲线

"设备故障"是指其"状态受控点"的劣化已发生、发展并将危及产品作业线设备或辅助系统设备的运行安全及人身安全的异常现象,即由磨损、耗损、污损,发展成为松动、噪声、位移、断裂、变色、变形、泄漏、缺油、过热、电气失灵等涉及安全、消防和相应设施的损坏、设备故障引发的不正常现象等。

一般来说,形成企业设备劣化故障的,大致有以下四种原因和三个类型:

"设备故障"的四种原因:

1) 自然劣化。是指设备在正常使用时,产生正常的磨损和劣化,或是由环境、自然不可抗拒的力量造成的劣化。

2) 人为劣化。是指人为因素造成的,如使用不当、操作不当或者是维修不当所造成的设备劣化。

3) 无视劣化。是指设备已经存在劣化,仍不进行修复。例如,设备缺油了,螺

钉、螺母松脱了，电气设备沾染了灰尘和开始漏电了等，出现这些缺陷和隐患而管理者麻木不仁，这就是"无视劣化"的表现。

4）无视规范。是指设备设计时有强度、应力的规范，作业操作、维护检修时也相应有一定的规范。例如，设计缺陷、材料应力强度不够、违规操作、超标使用、维修不当而形成设备故障，致使无法保证正常生产。这些不标准的行为即是"无视规范"的结果。

"设备故障"的三个类型是：磨损、耗损和污损。

因此，首先要统计和分析企业的设备故障，到底是属于上述四种原因和三个类型中的哪一种、哪一类，以便针锋相对地找到矛盾，并采取相应的措施。

三、如何避免故障发生及故障统计的方法

可以相信，全国各行各业的设备，在投产以后对所发生的设备故障，肯定也做了大量的工作和采取了措施，但传统的"针对人的事故报告"，往往对指导查找原因和避免设备故障发生，所起的作用不大。进入新时期，企业如何适应经济体制的变化、如何适应国内外激烈的市场竞争和满足企业对产品的高要求以及如何在企业的设备管理上，采取相应的措施和方法，以改变这种忙于救火的应对频发的故障。这已经是许多企业在当今遇到的现实问题，要找到一个较好的措施和已经实施并实践证明是行之有效的方法和经验。这里，给企业介绍和推荐一种，世界上知名企业正在使用并已经取得良好效果的设备"故障统计"方法。

四、建立设备故障统计的管理制度

在已经确立的"以点检为核心的设备管家管理设备"制度的基础上，推进全员参与的服务于产品的设备管理，通过企业设备管家的跟踪、记录设备运行全过程的状态，将设备管家的尽心尽责，转化为企业设备状态掌控的前提下，系统地开展、实施设备"故障统计"的管理。企业要建立设备管家体系完善的"设备故障统计管理制度"，并对企业作业设备的故障，进行认真的跟踪、仔细的记录、科学的分析、具体的归纳和统计，建立了"设备故障曲线管理"的新方法、新模型。

五、设备故障统计记录卡明确故障统计的要点

要以企业作业设备已经发生故障的统计内容为中心，以故障统计内容中的"七大要素"为要点，设置企业设备的"故障统计记录卡"。

企业设备故障统计、记录时（用故障分类代码来表示）的七大要素：

1. 什么装置、设备（用代码的第 1~9 位的数字表示）。
2. 什么部位发生故障（用代码的第 10 位数字表示）。
3. 什么时间点发现的（用代码的第 11 位数字表示）。
4. 故障有什么现象（用代码的第 12、13 位数字表示）。
5. 故障是什么原因（用代码的第 14、15 位数字表示）。
6. 故障是谁的责任（用代码的第 16、17 位数字表示）。
7. 有什么改进措施（用代码的第 18~20 位数字表示）。

备注：第 4、5 和 6 项的代码有两个空档，说明有时对故障的现象、原因和责任分

附录 F 企业设备故障统计的应用表格

析时，会有主要和次要之分，则可分别填写在：前为主、后为次要因素。

表 F-1 "故障统计记录卡"记录每个设备故障的所有要素，达到建立适合于本企业完整的产品作业线设备的"故障统计记录管理体系"，进一步整理出其故障曲线的类型，为针对性的维修提供服务。

表 F-1 故障统计记录卡

故障统计记录卡			车间		作业区		—	
时间	故障发生的日期		产品作业线设备停产			产品作业线设备停产		
			时段		停产时间	时段		停产时间
	年 月 日		开始 结束	时——分	时 分	开始 结束	时——分	时 分
故障分类代号	产品作业线代号	车间、专业、设备代号			装置代号	部位代号	时间代号	现象代号	原因代号	性质代号	措施代号 技术、教育、管理
		车间	专业	设备							
	1	2	3	4	5	6	7	8	9	10	11	12	13	14	15	16	17	18	19	20

故障名称				故障发生	初次 ☐	重复 ☐
	概况			停产责任	作业系统 ☐ 设备系统 ☐ 其他方面 ☐	
故障状况	哪个装置	哪个部位	什么现象	主要原因		
	调查确认					
处理情况				临时 ☐	永久 ☐	
改进意见						
备注	1. 产品作业线设备停产1h以上，普通作业线设备停产4h以上的设备管家中的点检员必须认真填写 2. 本卡一式三份，经签名确认后，设备管理、作业方和点检各执一份					
	主任	作业长	班组长	点检员		
	填写日期_____年_____月_____日					

305

这张"故障统计记录卡",可以分成为两部分,并用粗的"点点线"加以分开。

在"点点线"的下方,即是大部分企业已经很熟悉的形式,也就是目前许多企业正在应用实施的"故障记录"或是"故障报告",在此就不再重复叙述。

在"点点线"上面的部分,在这里要重点介绍的是:企业的设备管家体系中,要认真地按"故障分类代号"予以记录的"故障统计表"。

六、设备管家实施设备故障统计的内容及表格

"故障分类代号"由以下九个方面的代号组成,这九个方面分别是指:产品作业线代号;车间、作业厂、专业、设备代号;装置代号;部位代号;时间代号;现象代号;原因代号;性质代号和措施代号。

而这九个方面的代号,则由共20位数字组成,分别代表各种含义,详见表F-2。

表 F-2 故障分类代号

代号记号记入栏\故障分类代号\专业分类	作业线代号	车间(作业厂)、专业、设备代号			装置代号		部位代号	时间代号	现象代号		原因代号		性质代号		措施代号		
		车间(作业厂)	专业	设备											技术	教育	管理
	1	2	3	4	5	6	7	8	9	10	11	12	13	14	15	16	17	18	19	20
机械					M			表F-1		表F-5							
电气					E			表F-11	表F-2	表F-4		表F-6		表F-8		表F-9		表F-10		
仪表					I			表F-12	表F-3			表F-7					

以下,就构成"故障分类代号"的九个方面及其代号,分别叙述如下:

代号1~7:是指企业的产品、作业组织和设备相关的编码或代码,这七位数,企业可以自行设置,即;

1. 产品作业线代号(1、2号,共2位数)

"产品作业线代号"所代表的是:企业在产品订单或合同中,该类产品制造时的作业线设备的代号。也许有的场合,会与车间、作业厂代号和设备代号同义,但在故障实绩记录中,用一条"产品作业线"来描述,往往比较清晰、方便。

2. 车间、作业厂和专业以及设备代号(3、4、5、6、7号,共5位数)

这些代号有的企业已经具备条件的,就可以应用原有已经编制的号,不用重新再设定;如还没有设定的,可以自行加以编制本代号。这里,专业代号5,可以用英文字母的M、E、I来代表,也可以用拼音字母J、D、Y来代替,二者可选其一。

3. 装置代号(8、9号,共2位数)

"装置代号"是描述"划分在1~7位代号范围内"设备装置的机构或部件,设置成机械、电气、仪表各种不同的装置代号。

机械:可借用设备图样上分类代号中的"设备分类代号",并与之保持一致,这里就不再提供相应的对照表。

电气：是描述"划分在1~7位代号范围内"设备上，各车间、作业厂用电气通用装置的代号。

仪表：是描述"划分在1~7位代号范围内"设备上，各车间、作业厂用仪表通用装置的代号。

关于这部分电气和仪表"装置代号"的具体内容，请参照代号表F-3，代号表F-4。

表F-3 设备故障代号：部位代号（机械）

代号	部位区分	详细部位
A	柱梁型构造部	a. 支柱，脚，塔，座；b. 连接构，梁，板，箱，杆，机架；c. 架台，支架；d. 轨道，轨条；e. 框架机座；f. 连接板；g. 导轨板，挡板；h. 盖，底座，护板；i. 手柄附体；j. 其他
B	容器，壳型构造部（受内外压的东西）	a. 压力容器；b. 热交换器；c. 炉壳；d. 风口管；e. 箱；f. 泵，壳；g. 过滤器；h. 其他
C	配管，阀门	a. 配管，软管；b. 管；c. 管接头，喷嘴；d. 各种阀门；e. 其他
D	密封部	a. 密封环；b. 密封垫；c. 油封；d. 机械密封垫；e. 其他
E	紧固部	a. 螺栓，螺母；b. 键，销，楔部；c. 铆钉；d. 热装部；e. 焊接部；f. 止转部
F	连接部	a. 销接合面，铰接面；b、c. 其他
G	支承部	a. 滚动轴承；b. 滑动轴承，轴瓦；c. 轴颈，耳轴；d. 限止器；e. 其他
H	回转部（驱动）	a. 轴，主轴；b. 联轴器，离合器；c. 减速机
I	回转部（从动）	a. 轧辊，滚轴，滚子；b. 车轮；c. 转子
J	直线运动部	a. 气缸；b. 活塞；c. 线轴；d. 楔块；e. 滑动部；f. 其他
K	复合运动部	a. 压下螺钉；b. 链条，运输链；c. 运输带；d. V带，钢绳；e. 其他
L	弹簧振动部	
M	全体	部位选定困难
N	其他	

表 F-4　设备故障代号：部位代号（电气）

代号	部位区分	详细部位
A	开闭器部	主回路用接触子，接点（包含遮断器，主接触器的附属接点）
B		控制回路用接触子，接点（辅助继电器，时间继电器）低压开关等
C		灭弧装置（隔电、灭弧线圈）等
D		无熔断器，闸刀开关，隔离开关，接地泄漏熔断器
E		操作机构
F	配线部	导线，端子连接器
G		配线（外线，内线）
H	回转部	整流子，集电环（包含刷子，刷架）
I		轴，轴承
J	单体品	操作器具，自动复位开关，控制开关等
K		可控硅整流元件
L		
M		小物部品（R.L.C，晶体管）
N	保护部	包含熔断器（高压、低压）及架
O		继电器（包含 PT，CT）
P	共通部	铁心
Q		卷线
R		绝缘物（包含绝缘支持物）
S		绝缘油
T		弹簧，螺栓，螺母，杆
U		冷却装置
V		支持物（R 绝缘支持物）
W		表示部，记录部
Y		全体（部位的选定困难）
Z		其他

4. 设备故障的部位代号（10 号，共 1 位数）

"部位代号"是把装置详细地分类，按机械、电气、仪表的专业，分别设置各种不同的部位代号，参照代号表 F-3，表 F-4，表 F-5。

附录 F 企业设备故障统计的应用表格

表 F-5 设备故障代号：部位代号（仪表）

代号	部位区分	详细部位
A		a. 热电偶；b. 取压管，文丘里管，导压管；c. 放射线线源；d、e. 光脉冲，探触子；f. 传压器；g. 其他
B	变换部	a. MV/I，MV/V，Ω/I；b. I/I，c. V/I，I/V；d. I/P，P/P；e. A/D，D/A；f. 流量压力变送器；g. 其他
C	指示，记录部	a. 滑动电阻，刷子；b. 记录电动机；c. 传动机构；d. 打点机构；e. 伺服放大器；f. 伺服电动机；g. 阴极对线管；h. 数码管；i. 计算器；j. 指示计；k. 印字机；l. 其他
D	调节部	a. 调节放大器；b. 调节机构；c. 报警放大器；d. 报警机构；e. 设定器；f. 比较器；g. 油压操作器；h. 定位器；i. 其他
E	操作部	a. 扭力缸；b. 隔膜阀；c. 电动阀；d. 电磁阀；e. 气缸，液压缸；f. 其他
F		a. 中继器；b. 计时器；c. 限制开关；d. 微动开关；e. 压力开关；f. 切换开关；g. 其他
G	配线，配管	a. 端子台；b. 配线；c. 连接口；d. 电源开关；e. 配管（空气，油）；f. 其他
H	动力源	a. AC，DC 电源；b. 空压机；c. 空气脱湿机；d. 油压泵；e. 其他
Y	全体	部位选定困难
Z	其他	

5. 设备故障的时间代号（11 号，共 1 位数）

"时间代号"是按设备故障发现时间来分类的，不论机械、电气、仪表专业都用一个代号。具体的时间分类内容参照代号表 F-6。

表 F-6 设备故障代号：时间代号

代号	时点区分
1	由企业设备管家的日常点检和定期点检作业时，在外观检查的发现隐患时
2	由企业设备管家专职点检员在定期解体修理、解体检查发现隐患时
3	由电气的继电器和机械的安全销、扭矩限止器等保护、报警装置等动作时

(续)

代号	时点区分
4	设备起动时,由企业设备管家中的运行、操作人员发现的异常状态时
5	设备运行中,由企业设备管家中的运行、操作人员发现的异常状态时
6	由第三者发现隐患、故障的报告时
7	突发故障发生时
8	
9	
0	其他

6. 设备故障的现象代号(12、13号,共2位数)

"现象代号"是把设备故障确认时的现象(即不同于故障前的状态或故障后现在的状态情况)以此进行分类,按机械、电气、仪表的专业,分别设置各种不同的现象代号,具体"现象分类"的内容,请参照代号表F-7,代号表F-8及代号表F-9。

表F-7 设备故障代号:现象代号(机械)

代号		现象区分
11	动作及状态变化	挂上,粘住,干扰,冲击
12		烧痕
13		振动,摇动,脉动
14		异声,裂纹
15		滑动,空转
16		发热,带热,发烟,发臭
17		压力异常(升压,降压,变动)
18		泄漏,蒸发
19		
10		其他
21	形状变化	破损,割损,缺损,龟裂,折损,切损,剪断
22		熔损,熔断
23		变形,弯曲,伸长,收缩,压曲,扭曲,褶皱
24		卡住,飞边,受伤,磨钝,凹痕,气孔,粗糙,刀口钝
25		热应变
26		
20		其他

（续）

代号		现象区分
31	相对位置变化	变位，偏心，沉落，错动
32		松弛，偏接
33		脱落，消失，拔出
34		焊接
35		
36		
37		
38		
39		
30		其他
41	性状变化	酸化，发蓝，炭化，腐蚀，侵蚀
42		潮湿
43		
44		
45		
46		
47		
48		
49		
40		其他
51	质量变化	剥离
52		磨耗
53		异物粘住，堆积，沉淀，堵塞，咬入，侵入，污损
54		
55		
56		
57		
58		
59		
50		其他

(续)

代号	现象区分	
01	其他	浸水，水淹，淹没
02		
03		
04		
05		
06		
07		
08		
09		
00		其他

表 F-8 设备故障代号：现象代号（电气）

代号	现象区分	
11	主控制电源回路的异常	过电压，不足电压
12		过电流，过负荷断路器熔断（虽经复位后，其他部位仍有异常）
13		周波数异常
14		混触，漏电
15		短路，接地
16		
17		
18		
10		其他
21	机械的异常	断线
22		接触不良
23		松弛，偏接，脱落
24		挂上
25		振动，异声，裂纹
26		破损，折损，割损，缺损
27		磨耗，粗糙，受伤
28		异物粘住，堆积，堵塞，污损
29		
20		其他

(续)

代号		现象区分
31	性状的异常	整流不良
32		绝缘不良（劣化，低下）
33		烧痕，溶损，烧损，炭化
34		发热，过热，发烟，发臭
35		酸化，发蓝，腐蚀，材质劣化
36		泄露，蒸发
37		
38		
39		
30		其他
41	控制异常	保护继电器的协调不良及误动作
42		控制卡片，控制单元，元件的不良
43		SCR 闸刀断开（虽经复位后，其他部位仍有异常）
44		控制装置应答不良，误动作及设定不良
45		检测端的误操作及动作不良
46		
47		
40		其他
51		
52		
53		
54		
55		
56		
57		
58		
50		

（续）

代号		现象区分
01	其他	受潮，浸水，水淹，淹没
02		
03		
04		
05		
06		
07		
08		
09		
00		其他

表 F-9 设备故障代号：现象代号（仪表）

代号		现象区分
11	电源回路的异常	过电压，不足电压
12		过电流，过负荷断路器熔断（但复位后仍有异常）
13		周波数异常
14		混触，漏电
15		短路，接地
16		
17		
18		
10		其他
21	机械的异常	断线
22		接触不良
23		松弛，偏接，脱落
24		挂上
25		振动，异声，裂纹
26		破损，折损，割损，缺损
27		磨耗，粗糙，受伤
28		异物粘住，堆积，堵塞，污损
29		
20		其他

(续)

代号		现象区分
31		
32		绝缘不良（劣化，低下）
33		烧痕，溶损，烧损，炭化
34		发热，过热，发烟，发臭
35	性状的异常	酸化，发蓝，腐蚀，材质劣化
36		泄露，蒸发
37		
38		
39		
30		其他
41		
42		控制卡片，控制单元，元件的不良
43		
44	控制异常	控制装置应答不良，误动作及设定不良
45		检测端的误操作及动作不良
46		
47		
40		其他
51		
52		
53		
54		
55		
56		
57		
58		
50		

(续)

代号	现象区分
01	受潮，浸水，水淹，淹没
02	其他
03	
04	
05	
06	
07	
08	
09	
00	其他

7. 设备故障的原因代号（14、15号，共2位数）

此类代号是把故障发生的原因（为什么发生，在何处有问题等）进行分类的，是与机械、电气、仪表专业无关的一种通用代号，关于具体原因分类的内容，请参照代号表 F-10。

表 F-10 设备故障代号：原因代号

代号		原因区分
11	点检维修计划的原因	点检错误（忘记，迟了，漏了）
12		点检方法，判定基准有问题
13		点检周期有问题
14		备品交货期延迟
15		备品忘装，迟装，漏装
16		物理性迟效
17		点检责任以外的停工
18		给油脂有问题（周期不适当）
19		给油脂有问题（铭牌，量不适当）
10		其他

（续）

代号		原因区分
21	部品加工制作的原因	材质缺陷（质量，热处理，表面处理）
22		尺寸加工有问题
23		配合加工有问题
24		焊接有问题
25		紧固有问题
26		连接有问题
27		异物混入
28		
29		
20		其他
31	组装安装的原因	组装，配合有问题（方法上有问题）
32		组装，配合有问题（施工技术差）
33		组装，配合有问题（其他）
34		安装，拆卸有问题（方法上有问题）
35		安装，拆卸有问题（技术水平差）
36		安装，拆卸有问题（其他）
37		在接线，连接上有问题（接线错误，连接错误）
38		在接线，连接上有问题（不紧）
39		在接线，连接上有问题（其他）
30		其他
41	使用运转的原因	运转操作有问题（误操作）
42		运转操作有问题（技能，知识不足）
43		运转操作有问题（其他）
44		调整设定有问题（调整错误，设定错误）
45		调整设定有问题（技能，知识不足）
46		调整设定有问题（其他）
47		修理，维护有问题（方法有问题）
48		修理，维护有问题（周期不适当）
49		试运转，声响运转不良（方法，计划）
40		其他

(续)

代号		原因区分
51	不可预测的原因	属事后维修设备
52		自然劣化（预测困难）
53		尘埃（在计划设计时不能预测）
54		温度（在计划设计时不能预测）
55		
56		异物侵入
57		天灾
58		
50		其他
61	计划设计的原因	设计机构，构造有问题
62		尺寸，强度，容量有问题
63		材质选定有问题
64		机种，形式选定有问题
65		
66		
67		
68		
69		
60		其他

8. 设备故障的性质代号（16、17 号，共 2 位数）

该类代号是故障按性质、责任所在而进行分类，是与机械、电气、仪表专业无关的一种通用代号。具体性质分类内容参照代号表 F-11。

表 F-11　设备故障代号：性质代号

代号	现象区分	内　　容
01	维修责任（A）	对日常维护，点检计划，修理等维修部门的责任属一般故障
02	维修责任（B）	由于维修部门的责任，使停产检修、大修延长
03	维修责任（C）	由设备或备品的不良而发生的故障，要慎重选定设备结构或备品（虽然是维修部门的管理范围，但是责任以外的事，在一般维修活动中是不能避免的故障）
11	车间责任（产品厂责任）	由于车间（产品厂）操作部门的运转操作不良，发生的故障
21	其他的责任	不属于车间（产品厂），操作部门，维修部门的责任故障

9. 设备故障改进的措施代号（18、19、20号，共3位数）

此类代号是对企业设备故障发生后的反思和所采取的改进措施，改进措施一般分成三类，即：技术措施、教育措施、管理措施，这是与机械、电气、仪表专业无联系的一种通用代号。关于具体改进措施的分类内容，请参照代号表F-12～表F-14。

表F-12　设备故障代号：措施代号（机械）

代号		措施区分
1	技术的措施	规格书，图面等的整理，修正，改善
2		改订维修标准（点检周期，检查周期，判定基准等）
3		维修作业方法的改善（调整作业，点检方法，组装作业方法，故障检修等）
4		运转作业方法的改善
5		备品的改善、改造
6		设备的改善、改造
7		设备更新
8		
9		
0		措施不要
1	教育的措施	基础的技术教育充实（专业技术，管理技术）
2		修理方法的指导、研修
3		点检检查方法的指导、研修
4		运转操作方法的指导、研修
5		
6		
7		
8		
9		
0		措施不要
1	管理的措施	维修标准的管理制度改善（周期遵守方法对策或顺序等）
2		措施实施的管理制度改善
3		报告联络制度的改善
4		组织体制的改善
5		预算制度的改善
6		业务负荷均衡的修正
7		产品时间表的改善（停工产，产品顺序，规模构成等）
8		扩大或类似故障防止活动（厂内类似设备总点检）
9		
0		措施不要

附录　实用点检管理资料及表格

表 F-13　设备故障代号：装置代号（电气）

代号	区分		代号	区分		代号	区分	
11	受配电设备	高压盘全体	41	控制盘	交流控制中心	71	配线	高压电力电缆（包括端子，附属品）
12		低压盘全体	42		程序继电器盘，端子盘	72		低压电力电缆（包括端子，附属品）
13		交流高压断路器（ABB，MBB，GBB）	43		逻辑程序控制盘	73		控制电缆（包括端子，附属品）
14		交流高压断路器（OCB）	44		晶闸管整流器盘	74		通信电缆（包括端子，附属品）
15		交流高压断路器（组合）	45		CP，CPE	75		移动式电缆（包括端子，附属品）
16		交流低压断路器	46		逻辑程序定器	76		无轨电车电缆
17		支流断路器	47		联络盘	77		母线
18		变压器	48		其他	78		配线保护物（电缆接头，金属管等）
19		电抗器	49			79		其他
10		其他	40			70		
21	交流电动机	高压交流感应电动机（鼠笼型）	51	操作盘	主操作盘台	81	单体附属机器	照明器具
22		高压交流感应电动机（卷线型）	52		辅助操作盘	82		冷却装置
23		高压交流同步电动机	53	监视盘	监视盘台	83		给油脂装置
24		低压交流感应电动机（鼠笼型）	54		计算机设定盘	84		起重电磁铁
25		低压交流感应电动机（卷线型）	55			85		集电弓架
26		低压交流同步电动机	56			86		电磁阀
27		制动器	57			87		焊接机
28		液力接手	58			88		电热器

附录 F 企业设备故障统计的应用表格

29	测试、测速发电机（交流电机附属）	59		其他	89
20	其他特殊回转机	50		自整角机	80
31	轧制用电动机	61		脉冲发生器	91
32	轧制辅机及吊车用电动机	62		近接开关	92
33	工业用电动机	63	检出端	光学金属控制器、摄影装置	93
34	发电机	64		限位开关（凸、平型）	94
35	风扇固定架	65		压力开关	95
36		66		离心式流速开关	96
37	制动器	67		平开关	97
38		68		负载元件	98
39	测试发电机、测速发电机附属（属直流电动机）	69		其他	99
30	其他	60			90

（直流电动机发电机）

附录　实用点检管理资料及表格

表 F-14　设备故障代号：装置代号（仪表）

大区分		中区分		大区分	中区分		中区分		大区分	中区分		中区分	
0 其他的特殊计测机器	0	其他 全部	2 非破坏检查机器	0	其他 全部	0	其他 全部	0	4 秤量机	0	其他 全部	0	其他	0
	1	检出部		1	检出部	1	本体机构部	1		1	检出部	1	送信部	1
	2	模拟设备处理部		2	模拟设备处理部	2	信号变换部	2		2	模拟设备处理部	2	收信部	2
	3	数据处理部		3	数据处理部	3	指示部	3		3	数据处理部	3	控制部	3
	4	指示表示部		4	指示表示部	4	控制部	4		4	指示表示部	4	结合部	4
	5	转换装置部		5	转换装置部	5	转换装置	5		5	转换装置部	5	通信回路	5
	6	驱动操作部		6	驱动操作部	6		6		6	驱动操作部	6		6
	7			7		7		7		7		7		7
	8			8		8		8		8		8		8
	9	电源部		9	电源部	9	电源部	9		9	电源部	9	电源部	9
1 程序用一般计测机器	0	其他 全部	3 形状、尺寸计测机器	0	其他 全部	0	其他 全部	0	5 计算机	0	其他 全部	0	其他	0
	1	检出部		1	变换部	1	演算部	1		1	检出部	1	设定	1
	2	变换部		2	指示记录部	2	控制部	2		2	变换部	2	表示	2
	3	指示记录部		3	模拟设备处理部	3	设定表示部	3		3	指示记录部	3	FEP	3
	4	模拟设备处理部		4	数字控制部	4	转换装置	4		4	模拟设备处理部	4		4
	5	数字控制部		5	操作部	5		5		5	数字控制部	5		5
	6	操作部		6	顺序回路部	6		6		6	操作部	6		6
	7	顺序回路部		7		7		7		7	顺序回路部	7		7
	8			8		8		8	8 电源、动力源及其附属机器	8		8		8
	9	电源部		9	电源部	9	电源部	9		9	电源部	9	电源部	9

补充分类：
- 0 其他
- 1 AVR
- 2 交流电源装置
- 3 直流电源装置
- 4 空压机
- 5 脱湿器
- 6 油压装置
- 7 空调机

企业在实施"故障统计"时,也有可能发生对现有的故障,在表上没有对应的代号,遇到这种情况时,企业可以按照各个行业相同的类型(如机械、电气、仪表),由企业自行增加或开列新的故障状态项目,并给他一个新的命名。

注意,"由企业自行增加或开列新的故障状态项目"的工作,在一个企业里,必须由企业的主管部门来做,如产品保障部、设备部、装备能源部、机械动力部或工程基建部等相应的部门。主要是将各个不同类型企业的设备故障类型,在对应于各代号对照表中,能对上的则尽量对上,对不上的或没有的,可以由企业设备管家体系中的点检方推荐,经上述企业设备管理部门的主管领导,对补充列入的代号,进行审核、批准,以达到有一个统一的代号、统一的命名和形成统一的标准,以便提供给企业各个部门使用。

七、故障统计记录卡及故障汇总表的填写

按照上述的原则,对企业作业设备所发生的故障,除了填写"故障统计记录卡"外,主要是要将设备故障的九个方面的相应的代号,分别填入"故障统计卡"(见表F-15)里。

表F-15 故障统计卡

代号记录记入栏 故障分类代号 专业分类	作业线代号		车间(作业厂)、专业、设备代号					装置代号		部位代号	时间代号	现象代号		原因代号		性质代号		措施代号		
			车间(作业厂)		专业	设备												技术	教育	管理
	1	2	3	4	5	6	7	8	9	10	11	12	13	14	15	16	17	18	19	20

综上所述,企业的每一起设备故障发生,要在"设备故障统计卡"九个方面中特别是"装置、部位、时间、现象、原因和性质"这六个方面,分别来做相应的统计,并对照和查表,将其"六个方面"的内容,转换成相应的代号来统计。

也可以采用以下的方法,将企业历年来分散的设备故障信息,实施分类汇总:

1)对已经发生的故障,将存档的"故障报告"拿来,尽量按六个方面整理、查表,将代号对照后,填报统计。

2)对尚未发生的故障,一旦发生即按"故障统计记录卡"的方式,认真地实施登录。

经过一段时间的积累,再通过人工或将其输入计算机实施统计,在企业规定的一个时段里(如一个月、一个季度等,近期可以用三个月的时间段,以后可以过渡到半年或一年来统计),将统计的结果按照需要解决的目标,做出相应的直方图。

再将"故障统计记录卡"汇总完的内容,填入下面的那两个相应的表格里(见表 F-16、表 F-17),对企业在这个时间段里,作业设备上的机械、电气、仪表设备故障情况,即可见一斑,一目了然了,并根据故障统计,抓住主要项目进行"根本原因分析"。

表 F-16　企业机械、电气、仪表设备故障汇总表

___年___月			产品作业线设备停产故障						设备系统责任		总计	
			机械		电气		仪表					
车间	作业线	代号	设备系统责任	合计	设备系统责任	合计	设备系统责任	合计	合计			
			件　时间	件　时间	件　时间	件　时间	件　时间	件　时间	件	时间	件	时间

表 F-17　机械、电气、仪表设备故障汇总表

___年___月			产品作业线设备停产故障						设备系统		总计	
			作业系统—内部		作业系统—外协		其他系统					
车间	作业线	代号	作业人员	合计	作业人员	合计	作业人员	合计	合计			
			件　时间	件　时间	件　时间	件　时间	件　时间	件　时间	件	时间	件	时间

关于事故原因的分类,参照美国能源部,可以分成为八个大类和三十九个小类,详见表 F-18。

表 F-18　事故原因的分类

事故原因分类(大类)	事故原因分类(小类)	
机器装备及部件问题	A 制造缺陷的设备	C 有缺陷的焊缝、焊点或紧固连接
	B 提前失效的部件	D 设备运输或者安装造成的问题
原材料问题	A 有原始缺陷的材料	C 工作过程进入系统污染物影响
	B 工作失效的材料	
程序错误	A 有缺陷或者不当的程序	B 必要程序的短缺
人员错误	A 不适当的工作环境设计	E 无意、有意让设备超期服役
	B 对细节的疏忽,未检查、未确认	F 无意、有意让设备超负荷运行
	C 违反规范或者操作程序	G 对操作技能掌握不恰当
	D 口头信息传达错误	H 其他人为失误

(续)

事故原因分类（大类）	事故原因分类（小类）	
设计问题	A 不合适的人机界面，操作过于复杂	C 在部件或材料选择上的失误
	B 不正确或者有缺陷的可靠性设计	D 图样、规范或者数据错误
培训不足	A 没有提供足够的工作培训	D 后续培训、再教育不足
	B 实践经验或者动手能力训练不足	E 培训讲师的能力无法满足要求
	C 培训内容、教材缺陷	F 对部分培训内容的表述错误
管理问题	A 不适当或者不充分的管理控制	E 病态的公司文化和气氛
	B 工作的组织或计划、准备不足	F 制度和规范不细致、不深入、不严密
	C 不适当或者不充分的监督	G 管理上缺乏确认体系
	D 不正确的资源分配方案	H 不恰当的决策和指挥
外部原因	A 天气或者环境状况（水灾、雷电等）	C 外部火灾、爆炸等灾害影响
	B 能源供应的中断或者各种瞬态现象	D 盗窃、破坏等行为

从给企业带来的损失来看，在企业所有的设备故障中，只有20%或者少的重要事件，会超过全部故障损失的80%，运用常见的2-8定律来确定故障根本原因的范围，通过集中精力分析这20%的重要事件，即可化相对少的投入、在较短时间内制止故障，实现较大的回报。

八、分析设备故障的根本原因

在规定时段内，设备管家经过认真的统计，找出故障类别并分析其根本原因，就可以明确设备管理的改善方向。如通过统计，可归纳出企业发生设备故障的原因，按照80-20定律，将占有80%故障的项目划分开来。

如图F-2所示，粗黑线以上的故障占了将近80%。用粗黑线拦开，即为这阶段，企业设备的主要故障，并可分析找到影响企业产品作业的主要原因和根本原因，以便企业针对性的予以解决。

在对设备故障的"装置、部位、时间、现象、原因和性质"这六个方面作统计，则可以分别做出六个方面的分布图。这样，也就明确了企业解决设备故障问题的主攻方向。

如图F-2、图F-3所示是故障现象的分布图，它是某企业的旋转设备和静止设备的故障模式分布情况。

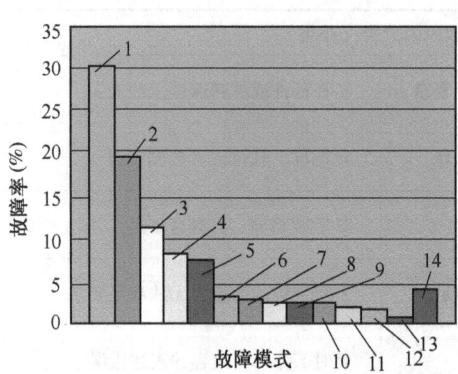
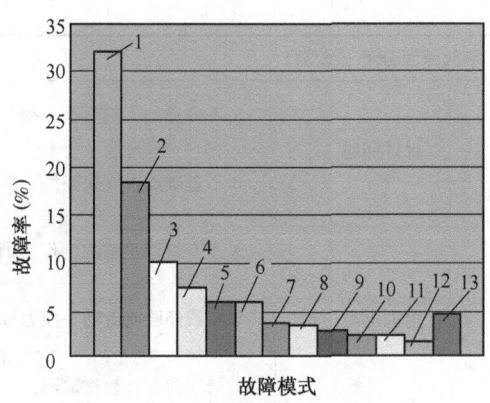

图 F-2　旋转设备常见的故障模式

1—异常振动故障率 30.4%
2—机械磨损故障率 19.8%
3—异常声响故障率 11.4%
4—微细裂纹故障率 8.4%
5—疲劳损伤故障率 7.6%
6—松动松弛故障率 3.3%
7—油质劣化故障率 3%
8—各种腐蚀故障率 2.5%
9—跑冒渗漏故障率 2.5%
10—材质劣化故障率 2.5%
11—异常温度故障率 2.1%
12—机械剥离故障率 1.7%
13—绝缘老化故障率 0.8%
14—其他故障故障率 4%

图 F-3　静止设备常见的故障模式

1—各种腐蚀故障率 32.1%
2—微细裂纹故障率 18.3%
3—跑冒渗漏故障率 10.1%
4—机械磨损故障率 7.3%
5—疲劳损伤故障率 5.8%
6—材质劣化故障率 5.8%
7—堵塞不通故障率 3.7%
8—油质劣化故障率 3.6%
9—氧化剥离故障率 2.9%
10—绝缘老化故障率 2.2%
11—异常温度故障率 2.2%
12—松动松弛故障率 1.5%
13—其他故障故障率 3.5%

根据统计，可以将 80% 的故障率的故障事件提出来，经过认真分析其根本原因，找到原因后，即可以对症下药，进行治理。

也可以分别以装置、部位、时间、现象、原因和性质这六个方面，作出相应的直方图，看看占 80% 的是哪些事故，从中找出一些规律来，再分析其根本原因，以制止故障的频发势头。

又如：国内外冶金设备的故障统计的结果，如图 F-4 所示，可以了解其设备故障的模式。也还可以进一步地按其故障时间占有的百分比来归纳、分析其主要的故障的种类，以指导企业来克服和改进。

然后，就可以作出下面的结果图（见图 F-5），80% 的故障率的项目，要进行根本原因分析，以找到影响企业的主要矛盾，而对 20% 故障率的项目，因不是主要的故障，也不会影响大局，则可以动员员工以持续改进的方法来解决问题。

如某个企业，在一个季度里，机械设备的故障统计显示：共断了 5 根轴，经调研、分析认为，如果是操作原因的，则可以强化对产品作业系统操作员工的培训；是维修原

附录 F　企业设备故障统计的应用表格

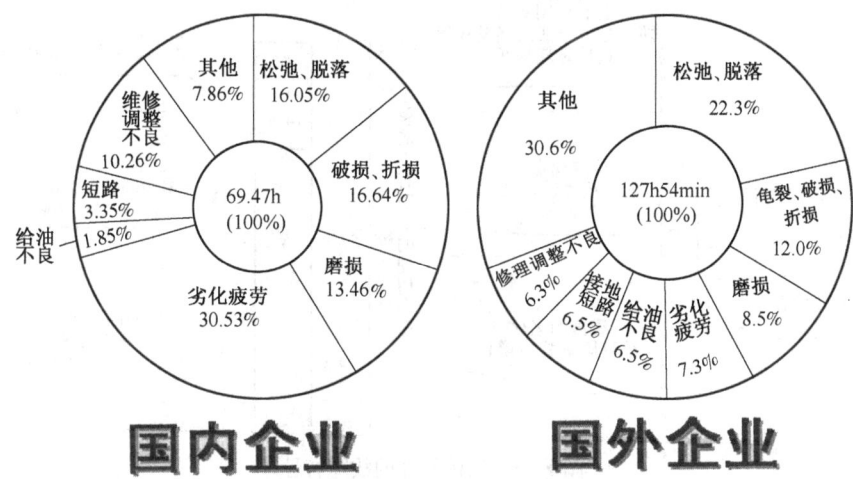

图 F-4　国内外冶金设备的故障模式

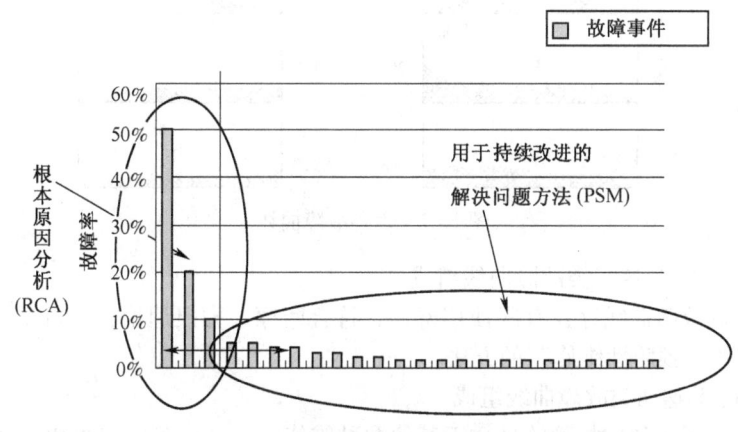

图 F-5　不同故障采用不同应对的解决方法

因的，则可以改进维修方式、提高维修技能和强调要用户满意的观念；是备件质量问题的，则从资材采购部门去找原因。

九、从故障统计导出故障曲线，能针对性地维护设备

设备管家管理设备从"故障统计"入手，进而可以做出该部位的故障曲线，而且能针锋相对地采取应对措施，来针锋相对地维护设备。

根据世界工程界对故障曲线的描述，当今零部件的故障曲线有六种，如图 F-6 所示。可以将这个六种故障曲线，按性质把它分成三组，如图 F-7 所示。

327

附录　实用点检管理资料及表格

飞机部件的故障特性

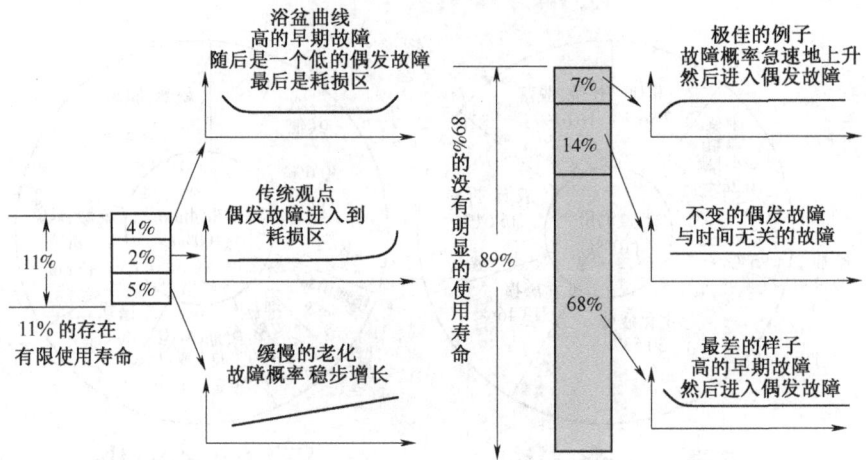

图 F-6　飞机部件的故障特性

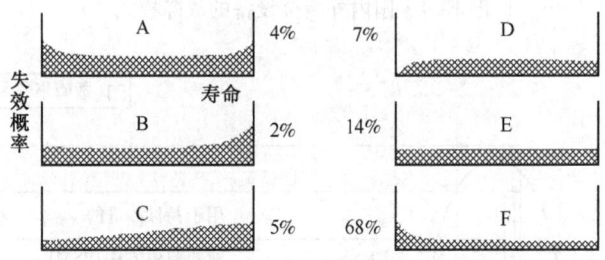

图 F-7　六种故障曲线

1. 由 A、B、C 这三类故障曲线组成

这 11% 的故障曲线存在有限使用寿命，符合摩擦、磨损理论，仍可采用大家已经熟知和习惯的"预防性维修"的方法。

2. 由 A、F 这两类故障曲线组成

这 72% 经历了初期故障的是介于其他两种维修方式间的策略，可以采用"倾向管理"的方法来"预知状态，超前管理"。

3. 由 D、E、F 这三类故障曲线组成：

这 89% 的故障曲线则没有明显的使用寿命，因为，故障和隐患都没有规律，是突然性的损坏，就是采用点检的方法也无济于事，因此，是要以用可靠性为中心的"预测性维修"来解决的。

企业的设备管家们，经过实测，可以作出这个零部件的故障曲线，了解和掌握它到底属于哪一类的故障曲线。然后，分别按上述的三组情况，针对性的采用相应的维修策略和维修方法，这对企业的设备管家体系管理作业设备及应对现场管理，是有一定的实用价值的。

附录 G 企业设备管家体系管理设备的成本意识

作为企业设备管家体系中的每一位成员,必须具备当家的起码知识,必须具备如下的基本素质,即"有主人翁的态度,能当家理财、要勤俭节约和会认真过日子的本领"。

回顾一下,我国企业早期传统的经济运作,企业设备系统是只管维修,从来不管"理钱财"的;是只管在计划下的实施,不管维修费用花费的多少,所有的维修成本、开销等,则全是由企业的采购、供应部门和财务部门来处理的。进入市场经济环境下,如果,再不改变这个传统习惯,再不过问费用和维修成本,这将是不可思议的、是辜负了企业对"设备管家"的重托,也当不好、完不成"设备管家"重任的,成了企业发展的"短板",所谓"设备管家管理设备"也就成了一句空话。

这里,介绍一些"成本管理"的初步意识,让企业的设备管家体系中的每个成员明确:为什么要实施"成本管理"、由谁来实施"成本管理"和如何实施"成本管理"的问题。

一、企业设备管家的成本管理意识

1. 设备管家"成本管理"意识的建立

如图 G-1 所示,想要钓鱼,一个人购置了全套豪华的装备,先进的游艇,可以收缩的碳素纤维的钓鱼竿,全身进口时髦的服装,但钓鱼的效果不佳;而另一位,从实际出发,就在大鱼出没的有利地势,找了一根结实又有弹性的长竹竿,看准有利时机,一个准劲,就将大鱼钓了上来,这是值得思考的现实问题。

图 G-1 企业设备管家管理的原则——少投入、多收益

那么，什么是"投入成本"，又什么是"价格、价值和成本"的关系呢？从图G-2则可以略见一斑：有一件商品，顾客一看，认为该商品值10000元，即（V），但他真正要购买时，最多也就是肯支付8000元，即（P）。这样，如果能以8000元成交，顾客的满意度就有2000元的差价，即（V-P）。这里，对企业而言，这件商品的成本是7000元，即（C），如按8000元销售，企业的利润为1000元，即（P-C）。

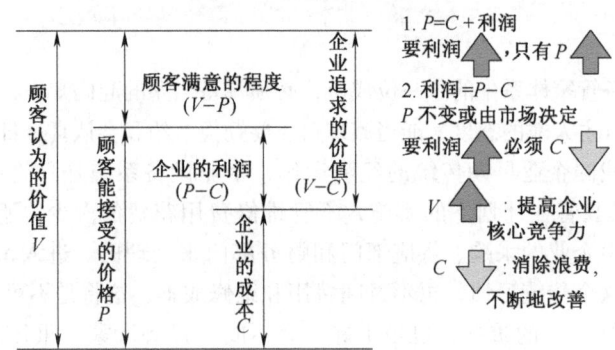

图G-2　市场经济环境下的降本增效关系图

企业追求或则说获得的价值，就是3000元了，即（V-C）。可见，这是一对矛盾，你想获得高额利润，唯独只有提高价格。但进入市场经济环境下，"利润"是"顾客能接受的价格"与"企业成本"间的差距，而顾客能接受的价格是受市场影响的。故企业想获取高利润的汇报，只有降低你自己的成本，只有不断地消除浪费，持续改善以降低成本，来提高企业的核心竞争力才行。

那么，"成本"到底与什么要素有关呢？通过图G-3"市场经济环境下的企业利润的组成"，可以看清，企业的利润等于产品的销售价格和企业成本之差，综上所述，"销售价格"是由市场决定的，企业是"说了不算"的，想要追求高一些的利润，唯独就要减少成本的支出。再从"成本"的组成来看，"工资成本"是要逐年提高的。利息和税务方面的问题，涉及国家政策，企业是必须遵守的（也就是企业改变不了的）。那么，就必须在各种费用上下大工夫，力求降低，与设备有关的就是：用工量、制造费用和管理费用。因此，企业必须要抓住影响"成本"的核心内容，即收入、费用及利润，从企业的薄弱环节或"短板"着手，解决企业的"成本"问题。

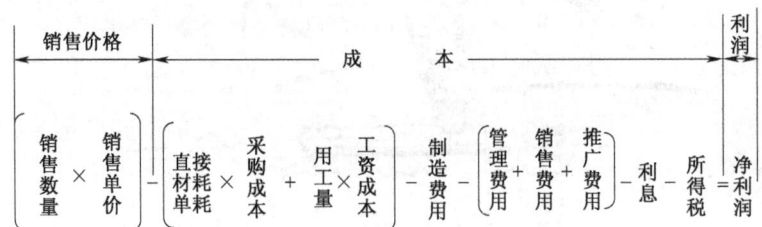

图G-3　市场经济环境下的企业利润的组成

2. 强化成本管理能增强企业竞争力

在严峻的市场竞争形势下,"成本管理"重要性的实质是:从长远来看,企业想通过提高价格来获取利润的空间是越来越小了。企业产品作业现场能否严格"成本管理"及降低产品成本,将是企业增加利润的主要手段,故企业推进成本管理,终将成为增强企业市场竞争力的必然选择。另一方面,"成本管理"又是企业的一个全员性、全面性和必要性的课题。

说他是"全员性"的,那是企业每位员工的工作,都与成本有关,大到一个投资项目,设备上的一个大的零部件,小到一张纸,一度电等,基本上可以说都处于每位员工的操作和管理之手中,企业员工的成本意识,及在成本控制的诸多环节中,都会起到至关重要的作用。因此,企业的每位员工都应该树立一种"降本增效"意识,"成本管理"要从小事做起,从我做起。

"成本管理"是"全面性"的,意味着每一个企业的成本,不仅是作业成本,也包含着资本性及企业运作期间的其他费用(包括基建、投资、采购、运送和库存费用等各个环节),通过对各个项目的价值量转化,建立企业完整的"成本管理"的项目体系,这将对控制企业成本,发挥重要和应有的作用。

"成本管理"必要性的实质是:决定企业必须大力提倡全过程的成本管理,不能轻视任何一个节点、环节。倡导全过程降低成本的观念,从投资、原料采购、合同订购、质量设计、工艺路线设计、产品作业组织、用户售前售后服务等各个环节,进行全过程的"成本控制和管理"。

3. 成本管理五个"是"的基本观念

(1)"质量是企业的生命,成本是企业的生命"。企业应确立"质量是企业的生命,成本是企业的生命"的观念,明确企业产品的质量是产品进入市场的准入证,若企业的产品质量过不了关,就没有市场,也谈不上企业的生存,同时,企业缺乏市场竞争力的"成本管理",企业也就没有长期生存和发展的后劲,更谈不上企业的寿命。因此,企业的设备管家只有持续降低作业的成本,使企业不断地节能降耗、降本增效,并持续拥有超过国内外竞争者核心竞争力的成本优势,才能够确保企业的稳定和不断持续地发展。

(2)"成本是设计出来的",降低成本的有效途径是改进成本的结构设计。要懂得企业产品的技术标准,企业的组织结构、管理体系以及企业文化、外部协作条件与业务关系等综合因素,是构成企业成本结构要素的基础条件。降低以企业现有条件为前提的"成本管理",是企业日常成本管理的重点内容。也就是说:首先,作为降低企业成本的最简单方式之一,就是通过降低作业的各种消耗;降低成本的第二种方式是:改变成本结构要素的基础条件,通过分析企业成本价值链的结构要素,来挖掘"成本管理"设计方面的潜力。

(3)"成本是组织出来的",产品作业组织的优化是降本增效的重要手段。企业产品作业过程可以看成是一个"作业链",企业产品作业链的优化过程,其实质就是产品作业组织的优化过程。从"价值观念"来看,消除企业产品作业链中的"非增值作业",实现企业"价值最大化",是很有效的方法。

对不同的产品作业的要素状态进行分析，包括打破惯性思维、审视企业物流管理；优化合同及产品作业组织及研究质量与成本的关系，将质量设计、作业工艺成本管理相结合，减少过程质量投入过剩；优化设备检修模式，减少对作业的影响；研究局部成本与总体成本关系，推进跨工序、降成本。找寻企业产品作业的"成本管理"效益最佳化的工艺路径和减少无效成本，以达到选择最优化的产品作业成本。

（4）"成本是运行出来的"，产品作业成本是企业各系统运行的结果。产品作业成本是企业各系统运行的结果，在运行过程中建立科学合理的成本评价体系，通过减少设备的故障，减少质量的下降、提高产品作业的操作水平以及加强作业组织和上、下工序的协调等有效手段，优化产品作业成本的运行环境，使产品作业成本在运行全过程中，受到有效控制，以保证企业总成本目标的实现。

（5）"成本管理的重心是在现场"，产品作业第一线的成本管理是关键。"成本管理的重心是在现场"是成本的客观属性所决定的，是市场经济环境下，推进企业产品作业的"成本管理"的客观要求。因为作为企业产品作业第一线的现场，是企业"成本管理"的重心所在，是标准制定的场所、修订的场所；差异分析的场所；责任承担的和成本业绩评价的重点场所。

4. 成本管理必须有明确的目标

要提高成本管理水平，促进各项降本增效措施有效实施，企业各个部门、各个工序就必须制定明确的成本目标，而这一目标一旦与员工的切身利益紧密联系起来，就会极大地发挥员工的主观能动性。

"成本管理"是连续的过程，但又必须是动态的闭环式管理，即 PDCA 循环。通过成本中心标准成本绩效衡量，寻找差异原因，并通过有效的手段进行改善，通过不断地完善和改进，促使成本管理水平不断提高。

加强"成本管理"，并将之列入企业"目标管理"的范畴，就是培养企业的全体员工要强调"成本管理"，也就是要反对铺张浪费、提倡勤俭节约、提倡廉洁奉公；强调"成本管理"，就是要促使每位员工，时刻以企业利益为重；加强"成本管理"，就是要求每位员工"细算账、算好账"，从自己岗位的小事做起，形成"勤俭节约"、"艰苦朴素"的好作风，是搞好企业设备管家体系"当家理财"的一个有力的保证。

二、案例企业"成本管理模式"简介

1. 明确推进企业成本管理的三项工作

1）企业必须要建设一套体系，使企业的成本受控，并不断推进，完善企业产品作业的第一线现场的成本控制体系，改被动控制为主动把关。

2）企业必须要创立一个机制，使企业的成本能持续改善，确立企业较长期的成本目标，降本增效，着力于成本持续改善。

3）企业必须要营造一个氛围，企业的理念是追求价值最大化：将勤俭治厂，追求"企业价值最大化"的观念，溶于企业日常经营管理中，解决长效机制和企业文化氛围，使企业的设备管家体系中的每一个成员形成自觉行为。

在此前提下，要更细化成本管理的实质是：倡导一种系统成本管理的理念。其目的在于通过"管理重心下移",鼓励各级成本管理,运用价值化手段,更加精细化、系统化地思考自己的工作,充分利用成本项目间的互动关系,着力追求成本、效益的最佳和谐与长期统一,培育持续降本增效能力。

2. 案例企业成本管理体系

案例企业成本管理体系是以健全的"标准成本制度"为基础,以管理创新和技术进步为动力,并通过成本对标、挖掘成本潜力,推进成本的持续改良,对成本实行全过程控制,以此全面提升产品的成本竞争力,并为公司实现"成为全球最具竞争力的钢铁企业"的战略目标提供成本保障。

3. "标准成本制度"简介

1)标准成本。标准成本有别于习惯意义上的目标成本。标准成本就是在一定的环境和条件下,通过对成本项目的细化分析及成本影响原因的确定,结合实际设定细化的成本基准,它是衡量实际成本是否受控的一种成本尺度(标杆)。

2)标准成本制度。通过对成本中心各项成本指标及其成本动因的细化分析,找寻规律并设定相应的成本标准及成本动因,运用标准与实际对比揭示差异并分析的方法,实施对成本事前、事中和事后的全过程控制,通过成本中心成本绩效衡量,着力于成本改善,并运用成本标准服务于经营决策的成本管理体系。

3)成本中心绩效衡量。成本中心为增加效益而提高投入,绩效衡量动态地调整成本目标(所谓弹性预算),其有别于一般意义上的预算,即在成本中心实际的作业量或服务量下,根据制定的成本标准所允许发生的成本。表现为:

① 剔除采购部门或上工序的价格因素对成本的影响。

② 剔除了产品结构的影响。

③ 对成本中心的可控成本(数量、余额)进行绩效衡量。

4. 适合设备管家体系的成本管理模式

基层(作业区、设备管家体系及班组)成本管理通过计划值(相互约束值)管理体系来实现。消耗、作业指标对作业区、设备管家体系(班组)及个人而言,将更加直观、更加注重于指标的控制;同时,作业区、设备管家体系(班组)等成本控制点,也可以通过成本因素,查找成本发生的直接动因,更能有效地从源头控制企业的成本。

三、案例企业"现场成本管理模式"的探讨

1. "计划值管理体系"简介

1)"计划值"定义:是指在企业内部共同认识的基础上,由企业统一规定的作业、技术预算等方面重要管理基础标准数值(即"相互约束值")。计划值的定义可从以三个方面理解:

① 计划值是企业共同认识的基础上作业的。也就是说计划值是从公司整体管理需要出发,而不是某个单元(作业区)所认定的,故它是企业比较重要的基础数值。

② 计划值是管理基础值,是各项管理的基准值。

③ 计划值是最小的基础标准数值。随着管理深入和数据收集手段的不断进步,计划值不断细分直至揭示出最直接的作业动因,使其成为不受其他因素影响的数值即标准

值。因此，计划值从其内涵来说也就是标准值。

2）"计划值"的特点

① 反映作业单元运行状况及作业能力。

② 运用精度分析理念，实行例外管理。

③ 寻找、收集成本动因。

④ 通过差异分析，及时揭示作业及成本等管理中的薄弱环节。

⑤ 完整性、真实性、唯一性及权威性。

⑥ 公司效益通过完成计划值实现。

⑦ 实行 PDCA 循环管理，具有动态管理的功能。

3）"计划值"的作用

① 计划值是公司各种计划作业技术方面共同的、基本的、各种专业计划提供基准，为制定成本标准提供基础数值。

② 计划值是公司、二级部（厂、分公司）和有关职能部门的管理基础，为现场提供成本、作业、设备管理、质量控制的基准，为评价现场管理提供量化标准。

③ 计划值是技术改进、设备改造和技术开发成果、应用等方面的管理基准。

④ 计划值可以促进企业各项管理水平的提高，不断降低消耗，降低成本，使企业的经济效益得到不断提高。

4）"计划值"表达方法和周期

① 计划值表达方法：函数式、实数式。如：高炉矿铁比→函数式表达；热轧轧线收得率→实数式表达。

② 编制计划值周期要求。按季度或年度制定。对受季节影响较大的计划值按季度制定，否则，按年度制定。如：发电厂用电率，能源随季节变化的项目实行分季度标准。

5）"计划值"指标制定（修订）原则

① 以追求完成 100% 为目标，客观、公正、合理、不留余量。

② 考虑作业条件的变化和作业工艺、操作技术改善、技术开发成果的应用、质量改进、设备改进所带来的指标的变动。

③ 考虑到对象期内人的主观能动性的充分发挥可能产生的成本改善。

④ 致力于管理水平的提高，实施对计划值指标的改善。

2. 现场成本管理模式的探讨

1）成本管理控制体系建设

① 建立完备的计划值管理（即"相互约束值"）体系及成本管理网络。

② 专人对各项指标及费用负责，成本管理责任分工明确。

③ 有完整的成本管理制度，制度执行有效。

④ 各级成本管理者基本掌握计划值管理思想，计划财务部会同厂部定期对现场成本管理者（特别是作业长）进行计划值及成本管理知识的培训，提高现场成本意识及成本管理水平。

2）科学的成本指标制定体系。作业区（设备管家体系及班组）成本管理用计划值

附录 G　企业设备管家体系管理设备的成本意识

管理（即"相互约束值"）体系来实现，消耗、作业指标对作业区（设备管家体系及班组）及个人而言更加直观，作业区（设备管家体系及班组）等成本控制点用计划值指标来控制成本，并通过对重要计划值指标的变动情况实施实时监控（按日、分班），查找成本发生的直接动因，从源头控制成本，促进现场不断降低消耗。

① 成本中心有完整的计划值管理指标，依照计划值管理的要求制定各类计划值管理（即"相互约束值"）指标。

② 成本中心有完整的成本目标制定及修订体系，成本指标（计划值）指标制定及修订原则。

③ 定期对计划值及成本目标进行修订，计划值指标和成本目标原则上每一年修订一次，对重大的前提条件变化，年中可以对相关指标进行适当的修订，计划值及成本目标指标以追求精度最小差异为最终目标，精度越高表明计划值及成本目标指标制定的水平越高。

3）可控费用、成本指标的分解落实及成本评价

① 结合成本中心实际，将成本指标层层分解落实，落实到班组（根据指标情况，部分指标责任到人）。

② 公司按期（或季度，下同）对厂部进行成本评价，厂部按期对成本中心进行成本评价，成本中心按期对分厂、班组进行成本评价。

③ 成本评价与成本管理责任者奖金挂钩，直接在成本管理者的奖金（成本奖一般占公司奖金的30%~40%）中休现。

4）成本、费用管理制度的执行情况

① 严格执行工艺纪律，减少无效耗费。

② 制定机物料、两用物资等专项制度，控制铺张浪费，计划财务都应会同厂部定期对机物料、两用物质进行检查。

③ 梳理各类回收项目，制定回收物资管理制度，有效管理各类回收项目，查堵漏洞。

④ 各类领料有专人管理，严格控制账外物资，对领料计划及时跟踪分析。

5）成本绩效的差异揭示、分析及改进

① 揭示成本中心及作业区（班组）的成本管理绩效的基础数据完备。

② 充分利用计划值等手段对成本绩效进行差异揭示、分析各级成本管理者能利用成本绩效衡量功能，开展降本增效。

③ 有各级成本分析制度，按月（按季度）举行成本例会，成本分析会对成本差异有揭示的量化分析。各级成本管理者基本掌握成本分析的基本方法。

④ 及时提出并实施不利差异改进措施。

6）成本基础数据及成本核算的规范要求

① 按时上报各种成本基础信息，成本基础信息准确无误。成本核算建立在各类成本消耗的基础上，成本基础信息必须准确和及时才能为成本核算有效地利用。

② 期初、期末成本账一致，分摊成品实物管理完善。

③ 及时递交各类费用结算发票，无不合理压单现象，成本费用及时结算，无不正

常跨期结算和突击领料现象。

④ 对主原料、产量及共同性费用进行折算和分摊的，有科学依据。成本中有很多费用是通过分摊方式进入成本中心和产品成本的，从作业、技术的角度认证分摊系数、折算系数。

⑤ 能结合作业实际不断完善成本信息核算流程。

7) 成本消耗原始资料和相关的台账管理

① 对重点主原料、燃料及辅料具备数量，金额的收发存信息。

② 有两用物资"收、发、存"台账。

③ 对工器具的使用、更换、调用、报废有完整的记录。

④ 各类成本消耗数据及时归档。

⑤ 做好工序金属平衡工作，金属平衡数据完备并及时上报报表。金属平衡控制在合理的波动范围。

8) 现场成本管理的开拓创新

① 开展国内外成本对标工作，促进本工序成本管理水平的提高。

② 对成本管理进行卓有成效的专题研究。

③ 在跨工序降成本方面进行有力探索。

④ 在成本账务系统完善方面做了重要的工作。

⑤ 积极组织降本增效措施的推进和跟踪。

⑥ 通过推进成本管理，为指导公司产销工作、对公司作业经营发挥了良好作用。

⑦ 通过重大的科技改进，合理化建议等，促进对公司成本产生深刻的影响。

四、案例企业"现场成本管理"举例

1. 成本目标制定流程

1) 各分厂技术员在分厂主管的领导下根据分厂各年统计实绩制定一年各项成本消耗标准。

2) 各相关成本控制小组根据公司成本目标的要求和小组统计实绩分厂制定的标准进行评审、修正、反馈。

3) 厂部领导和成本组协同对成本控制小组修正后的消耗标准进行检查、分析性复核、评定、反馈、确认，报公司审批。

4) 对新钢种，根据理论制定计划值（即"相互约束值"），实时跟踪实际消耗情况，成熟时予以修正。

2. 日常控制流程

1) 分解下发各类消耗指标计划，根据计划和各钢种产量制定月度成本计划。

2) 对此消耗建立台账。

3) 根据成本月报进行事中控制，保证月度指标的完成。

4) 月度分析控制。

3. 分厂计划值项目体系

管理中心＋大业（主要指计划值项目体系的构成分类）＋计划值项目（包括名称、

定义、计算方法）+分项+共同构成计划值（即"相互约束值"）项目类系。差异分析中对收得率主要影响因素：

1）高速区尤其是减速定径区域堆钢量增多。

2）尺寸超标、表面缺陷、冷却异常等质量原因产生的废次品量有上升趋势。

4. 剖析差异分析中对收得率主要影响因素之一"堆钢"

案例企业，一年中有400h为轧线调整和处理"堆钢"等异常时间。停产1min的成本大概在200元左右。这使大家认识到，节约成本最好的方式，就是保持产品作业的稳定。为此，减少轧机异常调整和"堆钢"处理时间，成为我们实施成本管理的首要任务，具体应进行以下四项专项管理：

1）能源专项管理。负责能源消耗的统计、总体分析、为作业区提供能源管理、技术的服务，跟踪能源消耗的异常的分析服务。

2）质量专项管理。负责金属消耗的统计，总体分析，为作业区提供质量管理、技术的服务，跟踪金属消耗的异常分析服务。

3）资材专项管理。负责资材消耗的统计，总体分析，为作业区提供资材管理，技术的服务，跟踪资材消耗的异常分析服务。

4）质量专项管理。负责资材消耗的统计，总体分析，为作业区提供设备管理，技术的服务，跟踪设备运行的异常分析服务。

5. "计划值"在作业区成本管理中的应用

1）基础管理是作业区、设备管家体系"成本管理"的重点。

2）完善成本管理的基础台账和原始记录。

3）制定物资、备件的申领使用制度，理顺管理流程。

企业各作业区的设备管家体系，在成本管理过程中，需要实施的基础管理工作，见表G-1。

表G-1 设备管家体系"成本管理"基础管理工作一览表

备件	资材	计量	成本分析
1. 备件领用消耗汇总 2. 作业备件统计表 3. 备件质量跟踪表 4. 备件领用（申请）单 5. 备件资料备记忆录 6. 备件修复完工清单 7. 备件申请计划单 8. 修复委托单 9. 修复跟踪表 10. 备用修复资料 11. 上机汇总表 12. 镀锡分厂备件清单 13. 备件出库汇总清单 14. 财务单元出库查询	1. 资材月申报计划 2. 机组申报计划 3. 资材领用（费用）清单 4. 进口资材报价单 5. 化学物品检验报告单 6. 物资领料出库汇总	1. 年度零件申请计划 2. 计量统计表	1. 分厂文件（各类协议书） 2. 备件、资材年度预算表 3. 分厂设备管理月报表 4. 三修消耗统计表 5. 设备成本管理费用分析 6. 资料成本管理费用分析 成本分析建立在健全的基础台账上

 附录 实用点检管理资料及表格

以作业区、设备管家体系为成本近控制点,建立成本评价体系。

(1) 评价指标细化

1) 分厂指标细化解到作业区。

2) 作业区指标细化分解到班组。

3) 作业区把具体做法落实到岗位。

(2) 成本评价的形式多样化

1) 开展劳动竞赛。

2) 重点项目推进单项评价。

3) 采取激励政策,推进瓶颈项目的改善。

(3) 作业区、设备管家体系的成本分析

1) 明确各成本中心的责任。

2) 科学修订消耗计划值。

3) 成本重心落实到现场。

4) 推广经验、取长补短。

(4) 作业区、设备管家体系成本分析内容

1) 成本水平分析。

2) 成本消耗计划值执行情况分析。

6. 分厂、设备管家体系"成本日日清"简介

1) 指导思想:贯彻"成本管理重心下移"的管理思路,分解成本管理责任对标,持续稳定降低炼铁成本。

2) 手段:对成本中心,分厂、设备管家体系成本管理绩效按班计算、按日汇总,按月统计实行:班组成本。

3) 目的:对分厂、设备管家体系的成本进行精度控制和差异分析,力求做到知道昨天、把握今天、预测明天,对各成本中心(甚至延伸到相关成本控制点)的各成本事项实施全过程和实时成本监控。

4) 成本日日清可以达到的效果

① 职工成本管理可使班组、作业区、设备管家体系每天的成本情况都一目了然,相互知晓,指标横向对比性强,作业区、设备管家体系的成本对标给全体员工增加了成本管理的压力和动力。

② 全过程成本临控易于发现成本指标的异常波动,找到了平时管理中很难发现的问题,通过措施改善降低成本。

③ 以成本管理带动了全盘工作,围绕成本控制展开分厂所有基础管理工作,使作业管理、技术进步等有了足够的提高。

7. 分厂、设备管家体系"八小时成本跟踪制"

当班作业区、设备管家体系,将各种指标消耗数据自动输入过程机,记录八小时内作业异常情况,下作业区接班时,运行"运行成本管理程序",将过程机内的数据自动倒入成本管理程序,计算上一作业区的发电单位成本,揭示与标准成本之间的差异,在

参考上一作业区的成本，查阅本作业区上一循环的实际成本完成情况，分析成本差异原因，再根据实际情况组织作业。每一天作业结束后，由接班的夜班作业区进行当天单位成本测算，分析异常情况。

8. 绩效衡量

弹性预算有别于一般意义上的预算，在各个成本中心（作业线的设备管家体系）实际的作业量下，根据事先制定的计划值计算出所允许发生的成本，据以考评成本控制情况、更加合理、科学。

1）剔除采购部门或上工序的价格因素对成本的影响。

2）剔除了产品结构影响。

3）对成本中心的可控成本（数量、余额）进行绩效衡量。

4）剔除了价格因素的影响（以某种备件为例）。

标准：单位成本 = 标准消耗 × 标准价格 = 0.60 × 21 = 12.6

实际：单位成本 = 实际消耗 × 实际价格 = 0.65 × 18 = 11.7

差异：单位成本 = 实际单位成本 - 标准单位成本 = 12.6 - 11.9 = 0.9

其中：价格因素：（18 - 21）× 0.65 = 1.95

消耗因素：（0.65 - 0.60）× 21 = 1.05

绩效报表中：

实际：单位成本 = 实际消耗 × 实际价格 = 0.65 × 21 = 13.65

差异：单位成本 = 实际单位成本 - 标准单位成本 13.65 - 12.6 = 1.05

9. 推进计划值管理的改进

（1）成本动因分析——煤气消耗

1）以往做法：立方米/吨钢成本动因分析，影响均热炉煤气消耗多少的主要原因是分不同锭型的冷锭或热锭的加热量。

2）现做法：分不同坯型、锭型冷热锭量分别制定。

优点：剔除了冷锭率对煤气消耗业绩评价的影响，此应用也在分班的业绩排行榜中使用，有利于现场去分析那些影响指标上升或下降的根本原因。实施前初轧均热炉冷锭率为 4.87% ~ 21%，吨钢煤耗为 92 ~ 158m^3，年平均水平为 105m^3，随冷锭率的变化波动较大，通过分不同锭型的冷热锭分别制定消耗标准后对现场绩效衡量更加科学化，差异率除重大异常因素外均比较稳定。

（2）成本动因举例——电耗

1）以往做法：度/吨钢成本动因（成本动因）分析，影响电耗高低的原因很复杂，它与作业或停产有关，也与作业多少有关。

2）现行做法：分停轧时间、轧制各锭型消耗量分别制定。

优点：剔除了作业率及不同品种对电消耗业绩评价的影响，此应用也在分班的业绩排行榜中使用，有利于现场去分析那些影响指标上升或下降的根本原因。

（3）成本动因举例——成材率消耗

1）以往做法：综合原料单耗（成材率的倒数）成本动因（成本动因）分析，影响线材综合原料单耗高低。

2）现行做法：对现行品种规格进行合理分段，科学制定各规格品种段的原料消耗标准。

优点：剔除不同规格产量品种对原料消耗业绩评价的影响，此应用也在线材各班的业绩排行榜中使用；有利于现场去分析那些影响指标上升或下降的根本原因。

（4）成本动因举例——运输车辆汽油消耗。

1）以往做法：油耗/吨成本动因分析，影响车辆油耗主要与行驶路程有关，同时也与车型有关。

2）目前做法：汽车大队不同车种行驶公里所允许的汽油消耗量。

10. 案例企业下属分厂的维修费用分解

案例企业下属的分厂，产品作业线设备维修费用，如图G-4所示，由"维修人工费"、"维修资材费"和"其他费用"三部分组成，而前两个主要部分又涵盖了两个分项及其在整个维修费用所占的比例及明细，也在表中列出，仅供参考。

生产设备维修费用的组成				序号	项目	说明
维修人工费	修理费	约占 17.5%		1	本厂检修	本厂机电仪参加检修工程的施工实绩
				2	中央机修	设备部机电仪参加检修工程的施工业绩
				3	宝冶	宝冶机电仪参加检修工程的施工业绩
	处协费	约占 10%		4	专项工程	防冻保温、防锈油漆、脚手架等
				5	常例工事	集尘布袋、衬板更换
				6	特殊工程	压力容器、起重机械、电梯、防腐工程
维修资材费	材料费	约占 10%		7	维修材料	维修工程中所耗用的主材料
				8	消耗材料	维修施工用的辅料及工器具等
	备件费	约占 60%		9	国产备品	国内订购的备件费
				10	引进备品	国外订购的备件费
				11	备件加工	经备件组安排的加工热处理费
				12	备件修复	经备件组安排的加工修理台班、再生费
				13	自制备件	自制备件所发生的费用
其他费用		约占 2.5%		14	吊汽车台班费	检修时吊装运输车辆台班费
				15	试验费、租凭费	配合检修所必需的费用
				16	其他	检修时发生的不可归类的费用

图G-4 案例企业下属分厂的设备维修费用

11. 编制维修费用预算单流程

企业维修费用的预算到底如何实施，是当今许多企业遇到的共性问题，下面就学习到的方法，告知如下：

一般，每年的10月份，企业就要组织相关的部门，专题研讨明年企业各个基层、分厂的维修费用的预算，参加的有各相关领导、企业的主管部门及各个基层产品作业单位的相关人员（这里，所谓"相关"即指与企业产品作业线设备使用、管理和检修的

附录G 企业设备管家体系管理设备的成本意识

有关的部门和领导)。编制维修费用预算的流程如图G-5所示。

在各基层、分厂,明年"维修费用预算研讨会"前,首先,将分成两个大组,其一是,企业的相关领导和各主管部门(见图G-5的左边),他们将根据企业历年来该基层、分厂"作业、维修成本指标"的实绩、参考"同类型企业的水平"和预计明年该基层、分厂的产品的订单、合同的数量,即"企业经营总方针",提出一个"目标预算",一般情况都是比较严谨的;其二是,该基层、分厂的领导和相关人员(见图G-5的右边),他们将根据企业预计下达的产品作业计划,即"维修编制部门的方针",参考"上年度维修工程的实绩"和预计"本年度维修工程计划",提出一个维修费用的"预算草案"。

有了"目标预算"和"预算草案"两个基础材料后,到了"维修费用预算研讨会"上,就展开争论,两大组队成员,都可以充分发表意见。一般前一个组,着重与企业整体产品作业计划的完成及企业各部门资源的平衡;而后一个组,则注重与本基层、分厂设备维修任务的完成和确保本基层、分厂产品作业任务的完成,特别是"停产检修模型"中的"停产检修时间",由此来确定维修费用的多少。经过两大组的研讨,最后"调整"这两大组的差距,一般都是取一个"中间值",有时还会偏向基层、分厂一些,以鼓励他们来完成企业经营总方针的目标。各个基层、分厂在明确了明年的"维修费用预算"后,得到的是两个数字。其一是:"维修费",这实际上是一个"允许基层、分厂可以实施工程委托的公司数",明年,该基层、分厂可以委托的工程量,这就要求有"标准工时工序表"的维修作业标准;其二是,"资材费",这是给基层、分厂的一个额度,可以用于购置资材,即备品配件和维修材料,这就要求有一个购置计划,然后就可以订货,这两个都具备了,就确保明年各基层、分厂的产品作业设备,能在企业经营总方针的指引下,起到基础保障的作用,确保企业产品能按质按量准时交付。

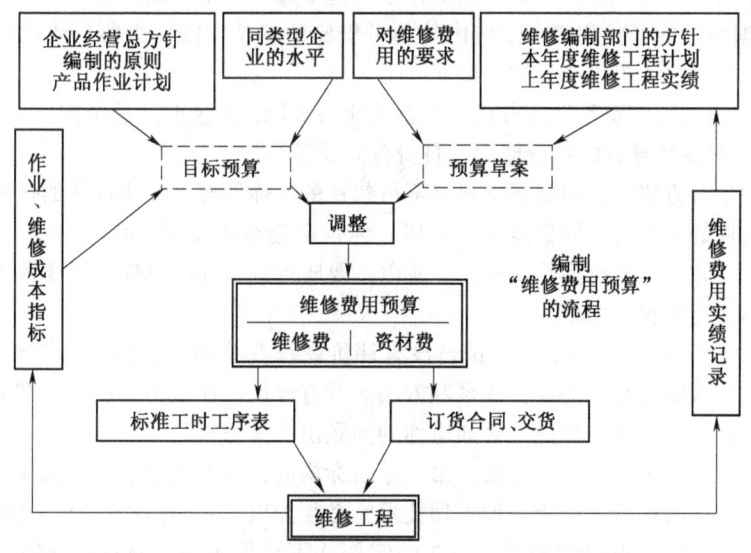

图G-5 编制维修费用预算的流程

五、深入开展全方位成本改善活动

1. 根本的力量来自于基层

案例企业工会组织的"最佳实践者"座谈会的主题是"立足岗位，响应号召，同舟共济，共克时艰"。有十二位来自基层的一线员工讲述了他们如何立足自身的岗位，从小事做起，从一点一滴做起，以真正的主人的姿态，为案例企业增收节支，创造效益。

2. 管理费的漏洞在侵蚀我们的队伍

最近，案例企业正在进行管理费用使用情况的清理。一周前，我们安排了由相关部门组成的五个检查组，对案例企业部分单位进行了账务抽查。检查管理者是怎样使用这些费用的。情况表明，尽管案例企业一再强调规范使用和节约使用管理费用，但有些单位的管理者还是不以为然，既不节约，也不规范，甚至在四季度危机来临已严重影响公司的作业经营时，仍然有人置公司的要求于不顾，违规使用费用。要求相关部门继续进行检查清理，所有发现的问题，相关管理者都要留下诚信记录，并责令立即整改。案例企业决定，今年管理费用下降30%。

3. 在成本改善活动中的领导责任

1）动员的责任。所谓动员就是通过一系列的组织活动使所有组织成员任务明确地为了实现目标而积极行动起来。更明确地说，动员责任至少包括以下三个方面：

① 要让组织成员知道为什么要做，为什么必须做，这是传统意义上的动员。

② 要让组织成员知道他应该做什么，做到什么程度，实际上是个任务分解的过程。

③ 要让组织成员知道做和不做是不一样的，这就是激励，包括正激励和负激励。

2）指导的责任。作为一个组织的领导者，仅仅会下达任务是远远不够的。要知道领导对部下负有指导的责任。指导的责任至少包括以下三个方面：

① 根据自己的经验和来自团队内外的可借鉴的成功实践，为参与活动的组织成员在实现路径和方法上提供必要的帮助。

② 在实施过程中发现好的方法和有益的典型事例，并及时地总结推广。

③ 为了提高领导者的指导能力，自身首先要学习。

在各种学习方法中，向部下学习是不可忽视的。你的部下在执行你的任务，他们会有很多创造性的表现，只要你能深入调研，你一定会有所发现，有所收获，有所提高。自身提高了，才真正具有指导的能力。所以，要履行好指导的责任，既要善于指导，又要善于传播，还要善于发现。

3）评价的责任。始终不要忘记，没有评价就没有管理。我们很多管理活动失效，都是由于没有或缺乏有效的评价体系和方法。没有评价，你就不知道谁优谁劣，你也不知道你的目标是否达到，你更不会知道你的问题出在哪里。

评价工作有三个难点必须解决：第一是目标构成，成本改善活动，由众多措施和众多子目标构成，目标管理作为一种管理技术，必须加以有效的运用；第二是跨团队合作的评价方法，这是难点中的难点，成功的实例并不是很多的，随着管理幅度不断地扩大，业务分工越来越细化，跨团队合作变得必不可少；第三是成果来源的区分，这一点

如果认真去做,其实并不难,但却是最重要的。我们在日常管理中所运用的"计划值"或"标准成本"的方法,其目的就是要解决这个问题。

4. 关于成本改善活动的六个发展方向

1)向外发展:建立与供应商的全面协同体系。

2)向内发展:作业管理者和作业者应成为成本改善的驱动者。

3)向前发展:工程设计和产品研发阶段决定了主要的成本水平。

4)向后发展:成本管理一直要覆盖到用户使用阶段。

5)向高发展:技术进步是改善成本最具潜力的实现途径。

6)向深发展:管理变革是深化成本改善活动的深层动力。

5. 倒逼机制适应市场和发展战略

案例企业在世界金融危机前后经历了"冰火两重天"的急剧变化,在现场作业组织和市场营销体系,采购、库存以及成本管理、决策机制和协同运作方面暴露出与市场形势不相适应的问题。

对此,一定要认真对待,深刻总结。要以市场为中心、以用户需求为驱动、以继续保持在国内的领先地位为目标,建立"倒逼机制",以适应市场和发展战略的需求。要求以市场为出发点和落脚点,以"倒逼"的思维方式,逼出面向市场需求的管理意识和行为习惯。要以用户需求为驱动,以继续保持在国内的领先地位为目标,"倒逼"管理机制和管理流程的完善,逼出"灵活性"和"竞争力"。要以推进案例企业二次创业为战略导向,"倒逼"兼并重组模式和路径方式的调整,创出新的发展机遇。

附录 H 世界级的设备维修概况

一、什么是"世界级管理"

据有关方面报道:"在全球化市场竞争中,能够在细分市场或地区市场占有主导地位的企业,其所拥有的管理模式、方法、工具和经验,就是世界级管理。"中国企业管理在向世界级管理升级的过程中,必须了解世界级管理的衡量标准,通过对比,改进现有管理模型,加快中国企业向世界级管理迈进的步伐。不仅要研究和提炼这些企业的管理思想、模式和方法,更要共同实验,把先进的信息技术结合到这些企业的经营与管理的创新活动中。这里,世界级管理,包括了六个方面的衡量标准,分别是:

1) 战略执行,反映了企业对于可用资源的利用效能和效率,体现了企业整体发展的节奏和布局。

2) 绩效管理,通过经营过程与结果的多维度综合反映,不断反馈企业发展所取得的成绩,并提醒所遇到的关键问题,有助于及时预防和解决。

3) 运营管理,实现企业资源的整合、运转、监控和效率及生产力的管理。

4) 监控力度,借助标准的工具、方法和手段,实现经营关键指标和特定指标的监控、分析与预测,是实现高效绩效管理和运营管理的必要基础。

5) 内控机制,从经营的成本—收益出发,实现活动、行为、组织、资源的 ROI(投资回报率)合理控制。

6) IT 部署,企业借助信息技术实现内在资源整合和外在业务协同的商务基础设施,也是企业改善管理体系、全面提高生产力的有力平台。

二、"世界级设备维修管理"的七要素

下面将收集的一些"世界级的设备维修概况"资料,按照上述"世界级管理"思路来整理一下,大致可以有以下几个方面:

1) 企业设备维修战略和策略。企业要设定与设备预防性和预测性(或可靠性)相关的维修战略和策略,同时,要为全部 89% 的没有明显使用寿命的设备设定并实施与可靠性相关的维修战略和策略,并运用企业设备在全寿命周期内的规划,来实施企业设备预防性和预测性维修战略。

2) 要按"资产运营效率"管理总原则,即提倡"轻资产、重技术、重管理、重人才、重市场"的"一轻四重"投资理念或按产品作业的周期总成本,采购设备及其易损的零部件;在采购设备时,就要与供应商谈妥设备易损零部件的供应渠道和更换成本。

3) 企业设备的保养与预防性维护。全部产品作业线设备实施维护保养手段与预防性维护活动,其维护保养的周期和时间,由掌控设备状态的管理者定期安排更新,不断

提高维护保养水平，设备操作人员经常有日常清洁、检查和保养设备的良好习惯，现场设备上，要标示并严格遵循预防性维护流程，根据情况及时调整需求和程序并实施动态管理；对全部89%的没有明显使用寿命的设备，在按企业产品经营的总成本计算设备成本效益时，可以使用状态监测，由预防性维修进入到预知维修，对产品作业线上的关键设备，全部跟踪并计算 MTBF 和 MTTR，详见图 H-1。

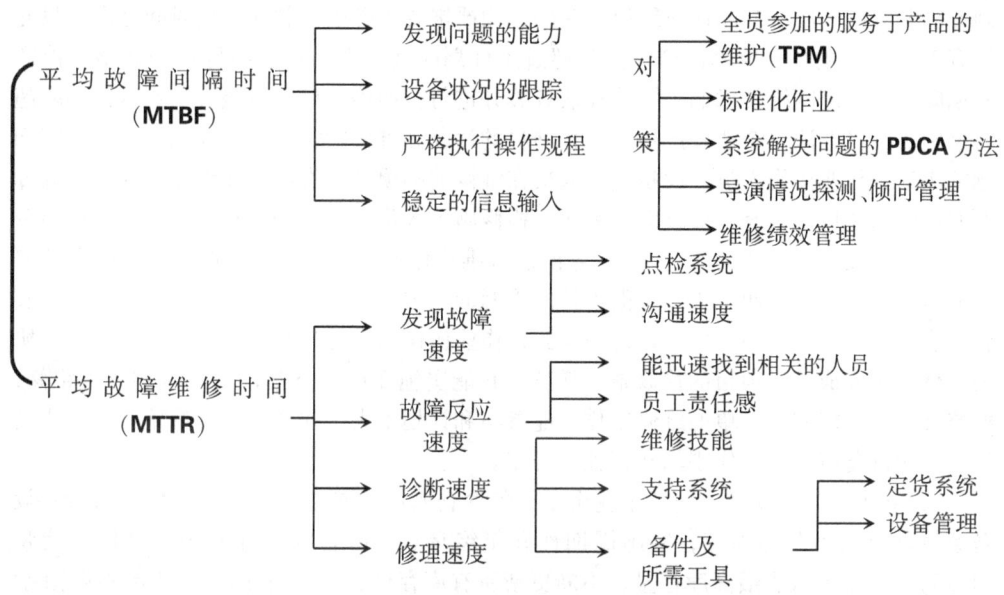

图 H-1　影响设备平均故障间隔时间和维修时间的因素与对策

4）企业维修组织和能力。维修组织结构，基于各基层区域的扁平式结构，要有一支稳定的检修队伍，维修组织完全要和主要支持部门的职能相融合；维修信息要跨职能沟通，与产品作业、设备和技术部门共同解决问题，防止设备故障，实现 OEE 管理；提倡"产品作业设备应靠我们大家来共同维护"的全员参加的服务于产品的维护活动，包括全员参加的服务于产品的维护绩效理念，要制定具体的全员参加的服务于产品的维护目标；产品作业、设备和技术部门共同承担责任，责权统一并予以跟踪，不断提高全员参加的服务于产品的维护目标的水平；建立全员参加的服务于产品的维护团队，带着明确的目标解决问题并实现这些目标；激励员工，实现甚至超过全员参加的服务于产品的维护的业绩并改进目标。全员参加的服务于产品的维护技能培养，要制定有针对性的全员参加的服务于产品的维护方案，对需培养的技能达成共识；结合招聘、培训和辅导等方面，培养全员参加的服务于产品的维护技能；要为所有的员工，提供全面的跨职能的全员参加的服务于产品的维护培训；要指定的设备专业点检和维护人员，提供改进后的最新专业培训。

5）企业设备维修规划和计划编排。包括日常工作计划：全面规划、计划，涵盖全员生产维护工作范围、材料、工具、人工时估算、设备停产计划和现场准备、明确目标

附录 实用点检管理资料及表格

以及其他相关信息，做到95%的工作按计划进行，90%的工作指令单有充足的时间来计划，90%以上的工单有具体内容，给计划编制员提供正式的培训。企业设备维修计划执行情况：计划执行率为95%（如浦项钢厂的检修计划执行率为80%），维修工时利用率为80%~90%，维修工程加班时间为4%，维修项目积压时间（工时）：1个月、100%的员工得到全员参加的服务于产品的维护的工作安排。产品作业线停产规划、计划编制和实施，所有产品作业线停产时间，均严格要求必须控制在计划时间之内，只允许有10%以下的项目维修停产时间，超过了计划时间、产品作业线停产前和整个停产时期间，均采用网络技术的关键路径法计算并进行全面停产后的审核，制定具体的防超时措施和改进办法。企业停产检修工程项目的诊断和维修的实施，加强维修项目故障问题的沟通、作业操作人员、设备点检人员在维修前必须进行沟通，详细交底和说明故障源并在维修之后与维修人员核对、验收，检修施工人员必须得到完整的信息和工作指令细节（工程委托单和工时工序表），才能进行维修作业，要进行对维修项目故障源的原因分析，设备维修专业工程师全面支持故障源的原因分析，根据故障源的原因分析，实施一次性修好设备、停产检修计划与实施，作业操作人员受过自主维修的培训，可以协助维修人员完成重大项目的检修施工任务，并能实施简单的日常设备调试和自主维修，检修施工人员能安排简单的维修工作，能参与和计划重大工作任务、检修施工班组成员能在完全准备就绪的工作现场自行独立开工。

6）相关部门的支持。包括企业设备、备件仓库：动态更新所有库存件的目录；设备事故件等的永久性库存，实施周期性和年终盘点，所有物件都使用了经济订货量（EOQ）、制定最低、最高库存量，不断更新所有库存件；为所有供应商制定评级系统。易损的和计划更换的零部件订购：90%~100%的订单和确认书通过电子数据交换（EDI）发出；根据供应商或企业的实力，制定单一采购、供应商联盟或多个供应商的全面战略。易损的和计划更换的零部件库存：96%~98%零部件可在仓库内一次性找到；90%~100%的零部件可按时收到；没有设置分散的零星仓库（不包括低值易耗品）；100%非开放式仓库，具有迅速配送能力；具有简单、精确的易损的和计划更换的零部件查询系统。产品作业线设备及普通作业线设备的备件质量：对供应商和零部件的质量审核（检验、测试、证书等）达到90%以上；绝大多数备件按使用周期成本采购。设备维修工具存放、维护和开放：企业所有设备维修用的工具（全部）均存在工具间，有标准化的控制程序；只允许<10%的工具存在失修的情况，并需要尽快鉴定、修理；可供工具100%必须良好；对企业和员工提供的工具，应有标准列表和目录供查询。企业设备维修外协、承包商的管理：每个外协承包商到现场，均由员工陪同并实施定期监控；多数维修项目承包工程均接受质量、完整性和工时的检查，维修项目承包商必须满足要求，验收合格并填写交付维修记录表方能交工；每项维修工程均经过全面评估，并将业绩标准列入工程协议；依据质量、供应能力、业绩、定价和内部资源局限，持续评估对维修项目承包商的使用情况；对外协、承包商进行优胜劣汰动态管理。其他设备维修的相关事项：点检、维修和作业操作人员，对90%以上的设备记录进行年度审核；25%的精力集中投入到设备的持续改进项目；企业各专业工程师，以虚拟团队的

形式全面支持持续改进；拥有全部89%的没有明显使用寿命设备的可靠性工程计划，优先并集中延长关键设备的正常运行时间；企业相关的维护人员，在设备项目前期管理时就积极参与选型的工作；不断使用设备供应商和成功的经验来提高现有设备的可靠性；持续关注信息，以寻找可改善业绩、成本效益的标杆企业。

7) 企业信息系统的支持。包括企业相关的计算机系统：全部信息能够做到完整、准确和可靠；作业设备的维护、规划、储藏、排产、采购、工资和应付款等领域均采用一体化系统；所有作业区、所有用户均可以使用PC；综合性、标准格式的报告要求全面准确及时，具备灵活性较强的在线汇报功能；所有企业员工，包括临时工均能理解和使用；广泛用于记录维护工作、有效规划、协助日常维护工作、分析维护业绩以及协助决策和遵章守纪。有关设备维修系统的计算机系统培训：企业所有部门的所有作业区，均有持续运用的正式程序，系统在必要时可以随时升级；所有作业区，均存放有最新的、对用户友好的说明书；满足用户不同需求的正式培训计划。企业设备档案存放和检索：100%的关键设备有停产和停机纪录；80%的设备有维修档案，其中包括100%的关键设备；维修档案已上网，方便检索；对每项停产检修工程，均有完整的维修记录表程序，包括作业操作工、采用维修材料、故障源分析、异常情况并在完工后通知维修方；在计划检修和设备分析时，全面使用设备维修档案；纪录并维持完整的设备技术资料。

三、"欧洲维修团体联盟"组织的维修服务

"欧洲维修团体联盟"是世界在设备维修方面比较活跃的组织，经常组织国际会议及与世界维修会议并期召开。会议认为：维修知识、技术和维修人才的短缺，已经成为当前世界各国普遍存在的重点问题，要求当前人们要比以往更加重视对维修知识和维修知识资产的管理，世界各国的维修界更强调，管理要"以人为本"和"自主管理"的精神，发挥员工的自主性以及心智模式的建立、团队的学习、愿景的分享以及系统性思考，越来越受到企业的尊重和重视。关心维修管理和评价标准的讨论，建立"维修管理评价体系"，已成为引导企业进步的关键程序。在维修管理领域的课题是：以RCM、TPM过程为基础的维修；以风险为中心的维修；以价值为基础的维修；精益维修；维修策略和模式设计；维修与运行的集成系统、维修成本管理、寿命周期费用分析；维修计划的优化；维修与可靠性矩阵等。在维修技术领域的课题是：点检信息化技术和手段的研究；诊断与监测技术、问题根本原因的分析；表面喷涂、表面修复技术与绿色维修；维修工程教育与专业培训；维修人员资质认证；设备润滑油老化的控制；设备泄漏的检测技术；维修过程的仿真；维修管理信息系统及软件；维修经济效益分析的专家系统等。动员企业通过设备维修管理提升企业价值：企业通过"设备维修管理"，特别是在设备前期管理中，选择并购置适用的装备，确保设备的功能、可靠性、可维修性和性价比，在设备运行管理中，简明的起始设置并能维持性能和可持续维修的特性，确保产品作业质量；在设备维护管理中，掌握最佳故障预防间隔期、降低维护准备时间和产品作业更换时间，降低备件消耗和节约维护费用，以确保设备的性能；在设备安环管理中，实施安全运行、减少对环境影响，节能降耗、降本增效，提高"用户满意度"。

附录 实用点检管理资料及表格

瑞士维修学会在第18届维修年会著文提到：维修部门要想达到优秀的目标，不可能有一个"标准配方"。因为维修工作复杂，而且各个企业的起点又各不相同。但是对于不同种类的企业，还是有某些共同的方法来达到优秀的目标。

本文介绍一种模式，可能适用于这些大多数企业，它们刚刚处于开发的初始阶段，还没有找到正确的改进方法。维修的目标可以按照 max/min 原理来考虑。要使维修的输出达到最大值，就是相当于技术装备的效率除以所有效率的损失因素最小值。维修目标的第二部分是维修输入最小化，举例来说，就是人员、工具、制度、方法、费用、知识等最小化。主要是所有这些输入因素都有相互关系。相对地降低所有输入因素，设备效率可以得到很大的提高。维修管理的概念和改进策略有许多种，例如 TMP、RCM、RBI（风险检查）、CBM、LCC、CMMS（计算机化维修管理软件）、维修管理培训、备件优化等。这些策略中，最适当的是从哪一种开始，实际情况表明，许多企业倾向于同时使用一个以上的概念/策略，而且假如这个策略不行，在已经确定项目的实施中期，投入新的项目。有许多情况，这种做法导致已经开始的项目得不到预期的效果，使情况变得更加复杂。假如一个企业把维修改进的目标从提高设备可靠性到降低成本，反反复复地改变，很明显，这种做法绝不会取得成功的。作为另外的事实，必须考虑的是，当发生维修时，现有的各种概念并不是都可以用同样的方法应用于所有的领域。TPM 对汽车工业是符合它的技术发展水平，但是难以普遍应用。在线状态监测，在石化工厂和其他加工工业是必需的，但是对简单的制造业，如服装工业，没有多大意义。根据这个道理，对现有的各种概念/策略必须加以详细研究和区分，看它是否能够和怎样满足既定的维修目标。所谓维修审查是用一个适当的仪器描述一个工厂内部维修的实际情况，并确定改进项目。这种审查通常由外部独立的审查人员实施。MCE 技术有一个最先进的方法用于审查维修部门。这个审查不超过两天，并且对企业现状提供一个完整的画面，并自动显示改进的范围。这个调查研究包括数量调查研究和质量调查研究。把这些研究结果汇总起来，提供给客户作为改进步骤的建议，客户可以决定独立的或者与伙伴一起实施建议。维修审查就是检查那些现场提供的基本的和重要的维修特征。这些维修特征即所谓维修基础，由基本方法组成，例如维修策略、订货单管理、备件管理、质量管理等。假如没有这些维修基础，在确定其他步骤之前必须加以补充。第一步是检查维修软件的使用，假如没有这些维修基础，在确定其他步骤之前必须加以补充；第二步是检查维修软件的使用，假如没有软件必须进行补充。有了维修基础和适当的使用维修软件，就能使企业找到一个优秀维修管理的最佳经验。这是所建议的模式的核心。假如完成了这些基本方法，通过使用软件来监测进一步变革的成功，就可获得足够的透明度。总之，维修企业如果没有上述的维修基础，要达到优秀维修管理就成了问题，因为首先必须做好所有的基本工作，然后才能开展先进的维修策略。

总部位于瑞士苏黎世的 ABB 集团，其在世界 100 多个国家拥有 13.5 万名员工，是电力和自动化技术领域的全球领先公司，其对维修服务的评价指标体系，主要侧重在设备利用率（Availability）、设备综合效率（OEE）、维修成本（Maintenance cost/unit）、服务于产品维修的比例（Preventive Maintenance）、PM 完成的比率（Completed PM）、紧急抢修（Urgent maintenance work）、用户满意度（Customer satisfaction）、维修人员培训天数（Training days）、员工测评（Employee survey）。从上述指标可以看出，其评价绩效的关键指标，基本上涵盖了设备综合效率方面、设备为企业的产品服务与维修策略方面、维修施工组织和维修施工技术方面等。

四、日本计算机产品的维修

日本的 NEC Personal Products 群马工场，负责 NEC 的计算机产品的维修及称为"NEC Refresh PC"的二手计算机回收中心。计算机产品用过一段时间后，可用性能过时或者某个部件损坏，这时用户往往是弃之可惜，而留着又毫无用处。而包括日本在内大多数国家的厂商，都会对旧的计算机产品进行合理价格回收后去再生，以减小客户的损失（在国内的计算机市场，为何就不能形成一个这样良好的市场氛围呢，值得厂商反思）。在再生过程中，十分注重用户在硬盘内残留数据的处理，特开发了符合美国 NSA 规格的专用软件，对硬盘数据进行去除处理。以往在作业工场中留下的数据和专门工具，可以把回收到的旧产品翻新成和新产品几乎完全一样，部分应用程序及电子手册的编转，可以通过 Refresh PC 用的专用备份 CD 进行，并随机捆绑出售。电源适配器已更换为全新的产品，机身也经过清洁及打包，翻新后的机器统一使用蓝色的包装进行识别。二手 PC 再生作业线上主要有 20 人，每日能处理 90~100 台机器。经过包装后的 Refresh PC 会分别送到全国的二手专门店进行出售。维修产品当中的约 45% 是台式机，笔记本电脑占剩下的 55%。在向维修转型的最初期，到 2002 年 7 月为止，维修覆盖率只有 7%，经过一系列体制的强化后，到 2003 年 1 月达到 28%，一年后的 2003 年 7 月进一步提高到 50%。另外，NEC 还定下了今后的目标，就是实现对其他品牌计算机产品的维修。首先，如果用户遇到 PC 出现故障时，可以拨打 NEC 的服务专线。以往产品咨询、操作解释以及要求维修等"窗口"处于十分混乱的状态，没有统一的规范管理，到 2002 年 7 月实行"一号"化处理后，用户只需直接拨打 NEC 的服务专线便可以直接进行以上的操作，而且该服务中心是全天候运转的。维修流程：当判断该台计算机需要维修时，就进一步办理维修的手续，其中维修处理窗口分为 3 种。一是使用 NEC 称为"安心服务"的方法：无论是否在保修期内的产品，回收和返送，实行免费而且免费提供 PC 包装用的纸箱；二是拿到 NEC 产品的专卖店；最后是通过 NEC 的营业部。现时通过专卖店回收维修的产品约占所有维修总数的 45%，而营业部占 25%，使用"安心服务"的则占 30%。再生后产品的检验：被回收到群马维修中心的计算机，就会进行对附件的确认，以及受理数据的检查和记录。之后修理品就会被运到二楼的维修线上，分笔记本电脑和台式计算机进行维修。除了 NEC 自家的计算机产品外，NEC 制的打印机以及电视机等家庭电器的维修，则在一楼的家电维修线上进行。另外该工场还设有部件库，当被送返的计算机、家用电器等需要进行硬件更换时，可以方便地进行。当维修完成后，就会使用其企业专门的软件进行自动检查，并确定维修是否合格并打印维修报告书。之后，便进入清洁打包的工序，最终从一楼的出货口处输出。根据其来源的不同而使用货车分别送返。从修理受理到用户最终接收到维修好的产品（免费维修或保修期内）大约需要 120h，而有偿维修，由于包括了报价单的寄付及回复的时间，所以大约需要 160h，今后其目标是无偿维修所需时间缩减到 100h。由于每台 PC 的维修项目都不大一样，所以，基本上是每张作业台独立维修一台机器。再生作业的职员，从最繁盛时期的 900 人减少到现时的 550 人，其中的 85% 都是进行保养、维修工作的人员，从业员平均年龄在 38、39 岁之间。图 H-2 可见一斑。

图 H-2　二手计算机回收中心的维修现场

五、美国的精益维修

多年来，在美军国防部所属的维修企业内部，一直在尝试着采用精益管理来改进装备的维修过程。精益（Lean Production）理论，原本来自于美国麻省理工学院，1992 年他们对"丰田生产方式"的考察和总结。精益过程的基本目标是：使企业以较低的投入获得极高的生产率、产品的质量和作业的柔性。其核心思想是"消灭一切浪费"，并且在这一核心思想的指导下，创造出一系列的管理技术与方法。美国人在运用"精益"思想改进装备维修过程时，把"精益思想"的发展和应用分为三个阶段：第一阶段，称为"学术精益"，此阶段大多通过制造领域（丰田公司）案例，来解释精益和精益生产的概念（精益生产，只是一个和大批量生产相对应的术语，是制造业历史中一种最具现代意义的生产模式，其研究的主要对象是生产过程）。为了在其他领域推广精益生产的概念和经验，使之成为一种放之四海皆准的行动指南，他们对精益生产理论，又进行了高度总结和概括，并补充了大量其他行业的案例，提出了"精益思想的五条基本原则"，基本内容是：

1) 从顾客的角度而不是从企业或职能部门的角度来研究，什么才能可以产生价值。
2) 按整个价值增值来确定供应、作业和配送产品中所必需的步骤和活动（价值流）。
3) 创造无中断、无绕道、无等待、无回流的价值增值活动（流动）。
4) 及时创造仅有顾客拉动的价值（拉动）。
5) 不断消除浪费并追求尽善尽美（尽善尽美）。

他们把这一阶段的精益理论称为"理想的精益",它反映了人们对推广成功经验到所有部门和行业的愿望。"理想精益"的价值是:激励学术精益工具的不断更新,以适应在服务类领域推广时所面临的一些挑战。理想精益的基本目标:"消除管理行为中没有增加价值的浪费行为",成为管理的基本原则。理想精益理论的研究过程中,提出了一系列的新工具和技术的集合,当把这些精益工具通过剪裁,应用到一个新的行业或者过程以后,就会形成一个精益项目,或者精益实践。"精益实践",简单地说,就是把理想化的精益思想,应用到现实世界的一个可以应用精益化思想的过程管理中。近年来,随着精益思想的普及和精益理论体系的日趋完善,出现了大量关于"精益企业""精益物流"等带有其他行业背景的精益实践。丰田公司针对大批量生产过程开展的精益生产,同样也只是这种精益实践的一个普通案例而已。通过对精益维修进行的专题研讨和案例交流,美国希望解决以下七个问题:

1)精益思想对美国的装备维修企业(即服务类企业)而言,意味着什么。
2)怎样应用精益理论产生更多的效益。
3)需要对哪些资源进行投资和改进。
4)应该发布怎样的政策方针进行引导。
5)期望得到哪些好处。
6)如何度量该理论的应用是否成功。
7)如何在该理论应用过程中加强国防部和维修企业之间的有效沟通。

精益维修(Lean Maintenance),在本书的第2篇第2章的2.7节精益维修的概念中已有叙述,美国的波音公司在2003年就已经在推进。这里介绍"精益维修"在美国空军及海军陆战队中,也得到了积极的响应,美国空军的维修组织是以 ALC(空军后勤中心)形式出现的(见图 H-3)。

图 H-3 美国空军的维修组织及其标记

附录 I　宝钢设备点检实用手册概要

第 1 章　维修的四大标准

1. 编制"维修技术标准"的方法

编写的目的；标准的分类；编写的依据；编写的要求；编写、审批分工。

2. 编制"点检技术标准"的方法

点检技术标准的分类；编制点检技术标准的依据；编制点检技术标准时要注意点问题；点检项次中要注意点问题。

3. 编制"润滑作业标准"的方法

编写的依据；润滑作业标准的主要内容；润滑方式的种类；油品品质化验（检查）周期；润滑工作分工；给油脂标准的编写、审批分工。

4. 编制"维修作业标准"的方法

编制的目的；编制的范围、依据；编制的要素；编制的实例。

5. 技术文件的制定、修订管理

规程的制定分工；规程的审批分工；设备技术通知单的制定、修订要点；技术资料和文档的管理要点。

6. 软件备份及管理

需要备份的系统；备份作业的分工；一级备份的管理要点；二级备份的管理要点；备份的保管和使用要点。

第 2 章　设备的点检作业

1. 点检管理的要素与分类

点检管理的要素；点检的分类。

2. 区域划分及业务流程

划分的原则；设备与产品作业分工原则、界面；点检员日工作流程；点检员业务全流程。

3. 编制点检计划的方法

编写的原则；点检计划的分类；点检计划的编制要点；短周期点检计划的编制要点；长周期点检计划的编制要点；信息系统中点检计划的编制要点。

4. 点检路线的编制与调整

编制的目的；编制的原则；编制的具体要求；点检线路图的编写、审批分工；编写样张。

5. 点检实施的标准化作业

点检标准化作业的意义；专职点检员工作日的工作时间分配；专职点检员工作日的正常作业内容；专职点检员上岗点检规定；专职点检员点检实施要点；专职点检员点检实施的关联业务；专职点检员点检台账管理要点。

6. 倾向管理

倾向管理的定义；倾向管理的内容；倾向管理的实施步骤；倾向管理的示例。

7. 设备劣化及其预防对策

设备劣化的定义；设备劣化管理的意义；设备劣化的分类；设备的有形劣化；设备的无形劣化；设备劣化的表现形式；设备劣化的原因分析；设备劣化的预防对策。

8. 点检项目的调整

点检项目调整的目的；点检项目调整的实施要点。

9. 故障（事故）处理

处理要点。

10. 故障（事故）分析与改进

故障分析单原则；故障（事故）分析的组织；故障（事故）分析依据；故障（事故）分析方法；故障管理要点。

11. 故障（事故）台账记录

故障（事故）台账登录要点；事故报告书编写要点；故障（事故）编写要点；故障（事故）纠正措施的落实要点；事故纠正措施落实情况的验证要点；事故分级管理要点。

12. 故障（事故）统计

故障（事故）统计的内容；故障（事故）原因归类；故障（事故）专业归类。

第3章 设备的检修工程

1. 与检修相关的管理文件

编制目的；点检员应知的相关管理文件。

2. 检修工程管理概述

检修工程管理的定义；检修工程的分类。

3. 工程计划委托与接受

项目点来源；项目立项应具备的条件；检修项目立项原则；定修项目委托流程；定修项目委托时间的要求；年修项目立项流程；年修项目委托时间的要求；日修项目立项流程；日修项目委托时间的要求；抢修项目委托的要求；工程委托单编写要求；委托单填写要素；委托单委托具体时间节点。

4. 项目的前期准备

前期准备目的；现场说明关键；前期八大准备；检修平衡会；检修平衡会应协调的问题。

5. 检修项目点实施

编写的目的；实施过程管理职责；三方确认挂牌；工程管理实施要点；检修质量管理；现场标准化管理；检修技术标准。

6. 检修完工确认及验收

检修完工确认；设备试车调试；项目竣工验收。

7. 检修安全标准化管理

编写的目的；安全体制建立；检修安全教育；主体检修单位安全教育；协力检修安全教育；安全技术交底；高危项目管理要求；安全联络挂牌；安全巡视及会议。

8. 检修实绩管理

实绩数据管理目的；检修实绩来源；检修实绩登录；定年修评价标准；计划时间误差率；检修计划项目完成率；检修负荷误差率；项目周期的优化的目的；项目周期的优化的方式；项目周期的优化的流程；检修组织及检修质量异议处理。

第4章 设备备件管理

1. 备件基础管理

备件分类；物料代码；定额编制方法；备件测绘要点。

2. 备件计划

M3 申请方法；M2 申请方法；申报注意事项；年修跟踪要点。

3. 备件领用

M3 使用操作；备件修复；质量异议处理。

4. 备件库存

机旁备件；呆滞报废备件；下机后去向跟踪。

5. 备件实绩及改进

运行信息收集；资金跟踪统计。

第5章 机械部分

1. 机械测量

通用测量要点；标准外径千分尺；游标卡尺；百分表；框式水平仪；三坐标激光动态跟踪仪。

2. 螺栓连接

螺栓松动的危害；螺栓点检要点；螺栓安装要点；螺栓紧固要点。

3. 联轴器

联轴器的分类；联轴器点检要点；联轴器对中要点；联轴器装配要点；高速旋转机

械上的联轴器装配要点。

4. 滚动轴承

滚动轴承维护常用工具；滚动轴承使用要点；滚动轴承安装要点；滚动轴承的维护要点。

5. 滑动轴承

滑动轴承的装配；装配间隙的测量；滑动轴承装配要点；滑动轴承使用注意事项；油膜轴承；油膜轴承常见的故障及对策。

6. 设备润滑

润滑油日常点检；稀油润滑系统日常维护要点；脂润滑系统日常维护要点；润滑泵站日常维护要点；液位计日常维护要点；净油装置日常维护要点；轴承润滑日常维护要点；链条和钢丝绳润滑日常维护要点；润滑系统调试步骤。

7. 减速机

减速机常见分类；减速机基本结构；减速机点检要点；齿轮副安装要求；齿轮接触斑点检查方法；齿侧间隙要求；齿侧间隙检查方法；减速机安装及调整要点；偏心套的应用；典型齿轮磨损和损伤。

8. 起重机械

钢丝绳标记方法；钢丝绳捻制方向的判断；钢丝绳的选型原则；钢丝绳报废标准；钢丝绳安装；钢丝绳的测量；滑轮与卷筒点检要点；吊钩点检要点；车轮与轨道点检要点；制动器点检要点。

9. 辊道

辊道的分类；辊道的日常点检要点；辊道的堆焊修复；辊道的安装要点。

10. 辊类

胶辊的基本结构；金属辊和胶辊点检内容；刷辊点检内容；刷辊组装及加工要求；胶辊的质量检验。

11. 通风机

通风机的分类；通风机的点检维护要点。

12. 空压机

活塞式空压机点检要点；螺杆式空压机点检要点；离心式空压机点检要点。

13. 液压设备

液压设备点检要点；液压油使用要点；密封使用要点；液压泵和液压马达的安装和调试；普通液压阀的安装和调试；比例阀的安装和调试；伺服阀的安装和调试；液压系统的安装和调试。

14. 气动

气动装置点检要点；气动装置安装要点；常用资料。

15. 锅炉和压力容器

锅炉点检要点；锅炉安全附件点检要点；压力容器点检要点；压力容器安全附件点检要点。

16. 布袋除尘设备

布袋除尘器的主要结构；布袋除尘器点检要点；布袋除尘器维修要求；除尘器相关标准。

第6章 电气部分

1. 电气点检作业安全要点

电气点检常用工具；电气点检提示要点；电气点检中的安全要点；电气点检禁止的要点。

2. 电气测量技能

仪器、仪表安全使用要点；常用仪器、仪表使用要点；一般专业仪器仪表使用须知。

3. 电气绝缘诊断技能

电气设备的绝缘；电气绝缘的老化；绝缘老化的主要特征；绝缘老化的主要原因；绝缘老化的主要类型；绝缘的热老化及产生的主要原因；热老化对电气绝缘的影响；绝缘材料热老化的显著特征；油浸设备油绝缘发生热老化的特点；固体绝缘介质发生老化的特点；绝缘的电老化；电老化主要表现形式；电击穿；热击穿；环境老化的主要形式；环境老化对绝缘的影响；其他老化对绝缘的影响；电气绝缘诊断的主要目的；绝缘诊断的主要方法；感官检查法；简易诊断；精密诊断；绝缘简易诊断的基本技能；利用感官功能进行绝缘检查；一般目视外观检查能发现绝缘的缺陷；一般气味检查能发现绝缘的缺陷；一般声音和振动检查能发现绝缘的缺陷；温度检查的简易方法；绝缘耐温等级的最高允许温度；电气设备的最高允许温度；电动机各部分最高允许温度与温升；电缆导体的长期允许工作温度；兆欧表电压等级的一般选择；常用电气设备绝缘测试兆欧表的接线方法；高压回路设备的绝缘电阻最低允许值；兆欧表测量设备的绝缘电阻应注意事项。

4. 变压器

变压器的分类及特点；变压器视觉点检要点；变压器听觉点检要点；变压器嗅觉点检要点；变压器点检提示要点。

5. 电动机

电动机的分类；电动机的视觉点检要点；电动机的听觉点检要点；电动机的嗅觉点检要点；电动机的触觉点检要点；电动机点检提示要点。

6. 高压开关柜

高压开关柜视觉点检要点；高压开关柜听觉点检要点；高压开关柜嗅觉点检要点；高压开关柜点检提示要点。

7. 电缆

电缆的分类及特点；电缆的目视点检要点；电缆的听觉点检要点；电缆点检提示要点。

8. 互感器

互感器的种类；互感器的目视点检要点；互感器的听觉点检要点；互感器的嗅觉点检要点；互感器的触觉点检要点；互感器点检提示要点。

9. 保护继电器

继电器的目视点检要点；继电器的听觉点检要点；继电器的嗅觉点检要点；继电器的触觉点检要点；点检过程禁止行为要点。

10. 控制柜（端子箱）

控制柜的目视点检要点；控制柜的听觉点检要点；控制柜的嗅觉点检要点；控制柜的触觉点检要点；控制柜点检其他要点。

11. 传感器及其他

传感器日常点检要点；限位开关日常点检要点；电磁线圈日常点检要点；点检注意要点。

12. 照明设备

日常点检要点。

13. PLC

PLC日常点检要点。

14. 电器传动控制装置

电器传动控制装置日常点检要点。

15. 防雷设施及接地装置

接地的分类及目的；防雷设施及接地装置的目视点检要点；防雷设施及接地装置点检提示要点。

16. 起重机设备

供电装置日常点检要点；限位开关目视点检要点；限位开关听觉点检要点；安全装置视觉点检要点。

17. 直流电源装置

直流电源装置目视点检要点；直流电源装置听觉点检要点；直流电源装置嗅觉点检要点。

18. UPS

UPS目视点检要点；UPS听觉点检要点；UPS嗅觉点检要点；UPS触觉点检要点；UPS点检提示要点。

19. 蓄电池

铅酸阀控蓄电池的目视点检要点；镉镍碱性蓄电池的目视点检要点；蓄电池点检提示要点。

20. 滤波补偿装置

滤波补偿装置视觉点检要点；滤波补偿装置听觉点检要点；滤波补偿装置嗅觉点检要点；滤波补偿装置点检提示要点。

21. 母线

母线视觉点检要点；母线听觉点检要点；母线嗅觉点检要点；母线点检提示要点。

22. GIS

GIS 视觉点检要点；GIS 听觉点检要点；GIS 嗅觉点检要点；GIS 点检提示要点。

23. 感应加热装置

感应加热装置的分类及特点；感应加热装置目视点检要点；感应加热装置听觉点检要点；感应加热装置嗅觉点检要点；感应加热装置定期点检要点；感应加热装置安全要点；感应加热装置疑难故障对策。

24. 架空线

架空线视觉点检要点；架空线点检提示要点。

25. 防爆电器设备

防爆电器设备的点检要点；防爆电器设备的目视点检要点；防爆电器设备的听觉点检要点；防爆电器设备的嗅觉点检要点；防爆电器设备点检提示要点。

26. 防爆电动机

防爆电动机的目视点检要点；防爆电动机的听觉点检要点；防爆电动机的嗅觉点检要点；防爆电动机点检提示要点。

27. 防爆照明设设施

防爆明设设施的目视点检要点；防爆明设设施的嗅觉点检要点。